Barry Stevens
DON'T PUSH THE RIVER

P H
V

Barry Stevens

(1902 – 1985) war bereits 65 Jahre alt, als sie 1967 zum ersten Mal Fritz Perls und der Gestalttherapie begegnete. Und als Fritz Perls 1969 die Gestaltgemeinschaft am Lake Cowichan in der Nähe von Vancouver in Kanada gründete, folgte sie ihm dorthin und begann, zusammen mit rund zwanzig weiteren Personen, ihre Gestalttherapie-Ausbildung.
Ihre Erfahrungen, Erlebnisse und Überlegungen aus dieser Zeit bilden die Grundlage des hier vorliegende Buches, das mit Fug und Recht als Klassiker der Gestalttherapie bezeichnet werden kann.
Ein weiteres Buch von Barry Stevens (das sie gemeinsam mit Carl Rogers, dem Begründer der Klientenzentrierten Gesprächsführung, verfaßt hat) wird im Jahr 2001 in der Edition des Gestalt-Instituts Köln / GIK Bildungswerkstatt im Peter Hammer Verlag wieder veröffentlicht werden: *Von Mensch zu Mensch. Möglichkeiten, sich und anderen zu begegnen.*

therapeutenadressen service
Praxisadressen von Gestalttherapeutinnen und Gestalttherapeuten. Infomationen siehe letzte Buchseite

Barry Stevens

DON'T PUSH THE RIVER

Gestalttherapie an ihren Wurzeln

Mit Beiträgen von Erhard Doubrawa und Detlev Kranz
Aus dem Amerikanischen von Ludger Firneburg

Peter Hammer Verlag
Eine Edition des Gestalt-Instituts Köln /
GIK Bildungswerkstatt

Originaltitel: *Don't Push the River,* Real People Press, Moab/Utah 1970.
Aus dem Amerikanischen von Ludger Firneburg.

Die Deutsche Bibliothek - CIP Einheitsaufnahme
Ein Titeldatensatz für die Publikation ist bei
Der Deutschen Bibliothek erhältlich.

© Real People Press, 1970, 2000
© für die deutschsprachige Ausgabe:
Erhard Doubrawa, Köln 2000
Peter Hammer Verlag, Wuppertal 2000
Alle Rechte ausdrücklich vorbehalten
Umschlaggestaltung: Magdalene Krumbeck
Herausgeber der Edition GIK im Peter Hammer Verlag:
Anke und Erhard Doubrawa
Satz: Edition GIK – Buchproduktion, Köln
Druckerei: Koninklijke Wöhrmann, Zutphen
Printed in the Netherlands

Inhalt

Erhard Doubrawa: Vorwort 7

Don't Push the River

See 9

Blatt 57

Fata Morgana 97

Nebel 133

Stein 237

Detlev Kranz: Barry Stevens. Eine bemerkenswerte Frau 247

Vorwort

Barry Stevens war eine bemerkenswerte Frau: Schon hoch in ihren 60ern entschied sie sich, Gestalttherapie bei Fritz Perls in der gerade neu gegründeten Gestalt-Gemeinschaft am Lake Cowichan in British Columbia/Kanada zu lernen. Ihre Erfahrungen, Erinnerungen und Überlegungen aus dieser Zeit finden Sie, verehrte Leserinnen und Leser, in diesem Buch. Im Anhang dieses Buches stellt der Hamburger Gestalttherapeut Detlev Kranz Ihnen Leben und Werk der Autorin vor. Ihm verdanken wir übrigens, daß Barry Stevens in Deutschland nicht in Vergessenheit geraten ist und letztlich sogar die Idee, dieses Buch zu veröffentlichen.

»Don't push the river« ist ein bemerkenswertes Buch. Gestalttherapie an ihren Wurzeln. Einfach und kraftvoll. Voller Enthusiasmus. Gestalttherapie hat mit Begeisterung zu tun. Und mit dem, was dem Herzen nahe ist. Sie ist weit mehr, als nur irgend eine weitere therapeutische Methode. Sie ist eine Lebensweise. So hat auch Barry Stevens Gestalttherapie verstanden. Als Haltung, die gelernt und immer wieder eingeübt werden will.

So liest sich denn auch ihr hier endlich in deutscher Sprache vorliegendes Buch: Dem, was hier und jetzt ist, die ganze Aufmerksamkeit schenkend. Dem Inhalt, den sie niederschreiben will. Und ihren Gefühlen dabei und darüber. Ihren Erinnerungen, die beim Schreiben an die Oberfläche steigen. Solchen aus der Lerngruppe mit Fritz Perls. Und auch solchen aus ihrem reichen Leben. Ihren Erfahrungen mit den Eingeborenen auf Hawaii in den 30er und 40er Jahren ebenso, wie jene mit den amerikanischen Indianern in den 50ern und 60ern. Und schließlich ihren zahlreichen Freundschaften – u.a. mit Aldous Huxley und Bertrand Russel.

Dieses Buch kann mit Fug und Recht als Klassiker der Gestalttherapie bezeichnet werden. Der Buchtitel ist inzwischen schon längst ein geflügeltes Wort geworden: Auch der bekannte Song des Pop-Musikers Van Morrison »Don't push the river« aus den 70er Jahren hat seinen Titel nach diesem Buch.

»Don't push the river«. Du brauchst den Fluß nicht anzuschieben – er fließt von selbst. Ein anderes Bild (Magdalene Krumbeck hat es in ihre gelungene Covergestaltung für dieses Buch aufgenommen; wir möchten ihr an dieser Stelle ausdrücklich für ihre wunderschönen Umschläge auch der anderen Bücher in unserer Edition im Peter Hammer Verlag danken!): Karotten wachsen nicht schneller, wenn man an ihnen zieht. Na klar. Und das ist in der Psychotherapie genauso. Der Therapeut kann den Klienten nicht verändern. Gestalttherapie hat das tiefe Vertrauen, daß der Klient das selbst tun muß und kann. Und dabei muß der Therapeut sich in Demut üben und immer wieder beachten, daß jede Seele ihre eigentümliche Wachstumsgeschwindigkeit hat.

Schließlich schildert Barry Stevens in ihrem Buch freundlich einen (entgegen dem landläufigen Bild) liebevollen und weisen Fritz Perls. Der Vater der Gestalttherapie ist in seinen letzten Lebensjahren sanfter und wohlwollender geworden. Er selbst sagt es so: »Zum erstenmal in meinem Leben lebe ich in Frieden. Kämpfe nicht mehr gegen die Welt an.«

Wir wünschen Ihnen viel Spaß bei der Lektüre.

Köln, im Juli 2000

Erhard Doubrawa
Gestalt-Instituts Köln/GIK Bildungswerkstatt
Rurstraße 9, 50937 Köln
www.gestalt.de, gik@gestalt.de

See

Lake Cowichan, British Columbia. September 1969. Am Himmel ein paar blaue Flecken und lichterfüllte Wölkchen. Ansonsten vor allem schwere, graue und regenschwangere Wolken über einem rauhen, gekräuselten See. Auf den Wiesen trockene, raschelnde Ahornbäume. Wehende Riedgräser. Reglos die Bäume am anderen Ufer.

In mir geht etwas Seltsames vor. Ich weiß nicht, was ich will. ... Kaum habe ich das aufgeschrieben, weiß ich es.

Im Oktober 1967 schickte mein Sohn mir ein Anmeldeformular und einen Brief, in dem stand: »Melde dich an! Du wirst es nicht bereuen.« Ich meldete mich an. Eine Woche am Gestalt-Institut San Franzisko, morgens von neun bis zwölf, bei einem Mann namens Fritz Perls. Ich hatte keine Idee worauf ich mich da einließ.

Am Montagmorgen trafen sich fünfzehn Leute mit Fritz Perls in einem großen, kahlen Tanzsaal. Das Gestalt-Institut befand sich im Dachgeschoß von Janie Rhynes Haus. Der Gruppenraum wurde von einer anderen Gruppe benutzt. Durch eine der hinteren Ecken des Tanzsaals kam ein wenig Tageslicht herein – dahinter lag ein Raum mit Fenstern. Es gab einen großen, einigermaßen bequemen Stuhl für Fritz. Wir anderen saßen auf Klappstühlen. Fritz sagte: »Ich finde es schwierig, mich in diesem Raum behaglich zu fühlen.« Wir waren eine kleine Gruppe von Leuten inmitten eines recht großen, nackten Raumes. Ich hatte kalte Füße und wünschte, ich hätte mir Wollsocken und feste Schuhe angezogen, anstatt in Sandalen zu gehen.

Fritz bat jeden von uns zu sagen, wie wir uns in dem Raum fühlten. Allen war irgendwie kalt. Eine Frau meinte, daß wir in ihre Wohnung umziehen könnten. Fritz fragte uns, wie wir das fänden, aber wir wollten nicht.

Das ist alles, was ich heute dazu schreiben will. Zwei Jahre später kommt mir das alles schon so weit weg vor, und jetzt sitze ich im Gestalt-Institut von Kanada, Lake Cowichan, British Columbia.

Bei der Arbeit mit Fritz in San Franzisko kam ich mehr und mehr durcheinander. Er wußte natürlich, was er da tat und erzielte gute Ergebnisse. Aber wie zum Teufel machte er das?

Jetzt weiß ich es, und ich vermisse die Verwirrung. Manchmal, wenn ich tue, was er tat, kommt sie zurück, obwohl sie auch anders ist, denn jetzt bin ich es ja. In diesen Momenten geht es mir sehr, sehr gut.

Einmal erklärte ich Fritz, warum ich etwas, wozu er jeden von uns der Reihe nach aufgefordert hatte, nicht tun wollte. Doch dann dachte ich, daß es vielleicht einen Wert haben könnte, der mir nicht klar war, und ich fragte ihn: »Willst du, daß ich es trotzdem mache?« Er sagte nichts. Aber nach Art der

Indianer sagte er damit gleichzeitig alles. Er machte nicht einmal die Andeutung einer Aussage. Es war meine Entscheidung.

Ein anderes Mal, als ich mich auf den heißen Stuhl setzen wollte, fiel mir auf, daß auf dem Stuhl eine Mappe mit Manuskripten lag. Ich sagte: »Soll ich mich da draufsetzen, oder soll ich die Mappe wegnehmen?« Er sagte: »Du fragst mich.«

Beide Male mußte ich selbst entscheiden. Jetzt frage ich nicht mehr soviel. Das gibt mir einen Teil meiner Kraft zurück.

Ein Freund von mir, der in der Mittelstufe unterrichtet, brachte seinen Schülern bei, nicht mehr zu sagen: »Kann ich mir meinen Aufsatz bei Ihnen abholen?«, sondern: »Ich komme nach vorne und nehme mir meinen Aufsatz.« Die ganze Klasse lebte auf.

Als ich klein war, hatte ich ein Bild von der Welt, in dem die Leute vom Globus abstanden wie Haare von einem Kopf, und jeder verbeugte sich vor einem anderen. *Jeder*. *Keiner* tat das, was *er* wollte. In einer solchen Welt war *jeder* außen vor. Das war keine Welt für mich. In meiner Vorstellung war es ein tiefes Schwarz, durchzogen von brennenden Funken und Feuer. In dieser Welt wollte ich nicht leben, aber ich mußte.

Wenn ich sage »Bitte, darf ich?«, dann *denke* ich vielleicht, daß ich mich damenhaft und souverän verhalte. Aber gleichzeitig *fühle* ich mich unterlegen, schwach, bittend und auf die Gnade des anderen angewiesen. Der andere hat mein Leben in der Hand. Indem ich mich vor dir verbeuge, verliere ich mein Gefühl für mich selbst. Wenn ich es hingegen einfach tue (ohne deshalb unhöflich zu sein), fühle ich mich stark. Meine Kraft ist in mir. Wo sonst sollte *meine* Kraft sein?

Natürlich kann es sein, daß ich rausgeschmissen werde.

Fritz machte eine Vorführung in einem High School Auditorium. Jemand stand auf und gab die üblichen Hinweise über Brandschutzvorschriften, daß man nicht rauchen sollte, usw. Nach der Vorführung wurde Fritz, der wie immer die ganze Zeit über geraucht hatte, von einer jungen Frau gefragt: »Welches Recht hast *du*, einfach weiterzurauchen, während wir hier schmachten müssen?«

Fritz meinte: »Ich habe kein Recht es zu tun, und ich habe kein Recht, es nicht zu tun. Ich tue es einfach.«

Die junge Frau: »Aber stell dir vor, du wirst rausgeschmissen.«

Fritz: »Dann werde ich rausgeschmissen.«

Eine Horrorvision! All diese Leute sehen, wie ich rausgeschmissen werde. Ich habe nie ganz verstanden, was Introjektion oder Projektion bedeuten, also irre ich mich vielleicht, aber es kommt mir vor, als hätte ich die Vorstellung introjiziert, daß es schlecht ist, rausgeschmissen zu werden, und dann projiziere ich diese Vorstellung auf andere. Denn natürlich weiß ich nicht, wie viele der anwesenden Leute mich wirklich so betrachtet hätten, und wie viele mich dafür beneidet hätten, daß ich einfach getan hätte, was ich tun wollte – ganz abgesehen von den vielen Möglichkeiten, die ich noch gar nicht in Betracht gezogen habe. Wenn ich in mir selbst ruhe, spielen die anderen keine Rolle.

Als ich jung war, wußte ich das. Meine Tante Alice hatte ein Haus am Strand. Für mich war dieser Strand ein magischer Ort. Der Wind wehte, die Sonne schien, oder die Wolken jagten über den Himmel, und die Brandung dröhnte in einem alles durchdringenden Rhythmus. Leuchtend weiße Muscheln. Golden schimmernde Muscheln. Ein kilometerlanger weißer Strand. Ständig wandernde Sanddünen. Riedgras. Rotgetupfte Stare. Winzige Puffottern. Hier und da ein Blaureiher auf einem Holunderbusch. Alles sang. Auch ich, selbst wenn ich keinen Laut von mir gab. *Agito ergo sum.*

Einmal im Sommer, ich war vierzehn, ließ Tante Alice mich mit einem jungen Mann allein. Er war sechsundzwanzig. Er war mir unsympathisch. Er war ein Schmarotzer, eine Schlange. Er meinte, »Mrs. B.« hätte ihm gesagt, daß ich für ihn kochen würde, und das hörte sich für mich irgendwie glaubwürdig an. Aber ich wollte nicht für ihn kochen, also sagte ich ihm das. Wenn ich für ihn kochen würde, wäre all meine Heiterkeit dahin, und er konnte sich ja auch selbst was kochen. Aber er hörte nicht auf, mich damit zu nerven. Ich wollte nicht. Vielleicht würde Tante Alice mich deswegen rausschmeißen und nach Hause schicken, aber wenn ich für Ruddy kochte obwohl ich ihn haßte, obwohl ich es haßte zu kochen, dann wäre ich haßerfüllt und könnte *jetzt* den Strand nicht genießen. Aber ich freute mich *jetzt* am Anblick des Strandes, und diese Freude konnte mir niemand nehmen.

Jetzt geht es mir ähnlich. Ich liebe Lake Cowichan, und wenn ich nicht bei mir bleibe, kann ich ihn nicht lieben, und dann es ist in Ordnung, wenn ich rausgeschmissen werde.

Ich habe wieder dieses seltsame Gefühl. Ich weiß nicht, was es heißt, »bei mir zu bleiben«.

Letzte Woche in Kalifornien habe ich etwas geschrieben, das vielleicht ganz gut hierher paßt:

Bevor ich mich heute morgen an die Schreibmaschine setzte, ging mir so viel durch den Kopf. Jetzt sitze ich vor der Schreibmaschine und nichts passiert.

Ich sitze auf einer Veranda und schaue durch das Fenster ins Haus. Der Garten hinter mir spiegelt sich im Fenster. Da, wo der Schatten meines Körpers das reflektierte Bild unterbricht, sehe ich einen Tisch – einen halben Tisch. Er endet genau da, wo auch mein eigenes Spiegelbild endet, und geht in eine Wiese mit Pflanzen und Bäumen über. Dazwischen hier und da ein Tischbein, ein Büfett oder eine Wand. Ich mag dieses Durcheinander. Nichts Festes. Keine klare Trennung zwischen »drinnen« und »draußen«.

»Ich bin so frustriert von dem Versuch, deutlich zu machen, daß Gestalttherapie nicht aus *Regeln* besteht«, meinte Fritz eines morgens in einer Gruppe am Lake Cowichan.

»Er ist neu in dem Job, aber er macht es ganz gut.« Ich lese diesen Satz und achte darauf, wie er sich anhört. Ich ersetze das *aber* durch ein *und*. »Er ist neu in dem Job, und er macht es ganz gut.« Ich lese diesen Satz, erfasse ihn – es ist nichts. Wenn ich es immer wieder einmal *tue*, dann wird es zu einem Teil von mir. Tue ich es hingegen *immer*, so daß ich gleichsam eine Regel befolge, dann wird es wieder zu nichts.

Nimm das, was gerade zur Hand ist.

Ein junger Mann setzte sich auf den heißen Stuhl und arbeitete so offen und freizügig an seiner Impotenz, als ob wir gar nicht da wären. Zwei Tage später setzte er sich wieder auf den heißen Stuhl, wibbelte hin und her und meinte: »Es ist mir peinlich, daß mich alle anschauen.« Fritz stand auf, ging in einen kleinen Nebenraum, holte einen Stapel Papier und reichte ihn herum. Jeder der Anwesenden nahm sich ein Blatt und gab den Stapel weiter. Alle fingen an zu lesen – es war ein Aufsatz von Fritz. Der junge Mann sagte: »Jetzt ärgert es mich, daß alle lesen, anstatt mich anzusehen.« Er lachte. »Eine witzige Art von Peinlichkeit!«

Er war auf etwas aufmerksam gemacht worden, dessen er sich vorher nicht bewußt gewesen war.

»Lernen heißt entdecken.«

»Selbst wenn ich mit meiner Interpretation recht habe: wenn ich es ihm sage, nehme ich ihm die Gelegenheit, es selbst zu entdecken.«

In Kanada fuhr ein Vertreter des Bureau of Indian Affairs gemeinsam mit Wilfred Pelletier, einem Indianer, auf einer Fähre. Der Regierungsbeamte ging an Deck, und kaum daß er durch die Tür war, flog ihm fast der Hut davon. Er wußte, das Wilfred ihm folgte, wollte ihn warnen, tat es dann aber doch nicht. Wilfred kam nach draußen, und sein Hut flog weg. Er sagte: »Warum haben Sie mich nicht gewarnt?« Der Regierungsbeamte antwortete: »Ich wollte Sie schon warnen, aber dann fiel mir ein, daß Indianer andere niemals belehren. Sie lassen sie es selbst herausfinden.« Wilfred bog sich vor Lachen. »Sie werden nochmal ein richtiger Indianer!«

Was seinen wegfliegenden Hut betraf, war Wilfred kein Indianer. Er bemerkte den Wind nicht rechtzeitig. Er war nicht selbstsicher. Er war sich dessen nicht bewußt.

Der eine Vogel schimpft: »ch–ch–ch–ch–ch.« Ein anderer Vogel tiriliert in sanften Tönen. Jeder ist er selbst. Keiner versucht, der andere zu sein. Die Spottdrossel mach sich die Lieder und Klänge vieler anderer Vogelarten zu eigen – das ist *ihre* Eigenart.

Ich mache eine Pause. Ich spüre Schmerzen in der Brust – sanft, leicht und schmerz-voll. Was soll ich damit machen? Geschehen lassen, was geschieht. Mein Atem wird tiefer und kräftiger. Dann wieder flacher. Wasser in meinen Augen. ... Ohne zu versuchen es zu verstehen, nur darauf achtend, was geschieht, beginne ich, auf eine Weise zu verstehen, die nicht mitteilbar ist. Es ist mein ganz eigenes Wissen.

.... Jetzt bin ich in den Autismus gegangen: Gedanken, Bilder und Szenen. Planen, wann ich was tun werde – und das ist nicht das, was ich wirklich tun werde. Unbewußt. Nicht bemerken. Keine Vögel, keine Lieder, keine Bäume, kein Ineinander von drinnen und draußen – nichts, außer dem, was sich in meinem Kopf abspielt, keine Verbindung mit der Wirklichkeit. Nicht einmal ein Spüren des Schmerzes an der Stelle, wo meine Oberschenkel die Stuhlkante berühren. Ohne Gewahrsein für den Schmerz in meiner Brust und an anderen Stellen meines Körpers.

Dieses »Jetzt« ist wie jedes Jetzt – wenn ich es bemerke, ist es bereits vergangen. Schon hat es sich in etwas anderes verwandelt.

Kennt jemand die Geschichte von Epaminodas? Epaminodas war ein kleiner Junge, der immer gut sein wollte und ständig Fehler machte. Ich weiß nicht mehr, wie er die Butter nach Hause brachte, aber sie war völlig geschmolzen und nicht mehr zu gebrauchen. Seine Großmutter sagte ihm, er hätte die kühle Blätter in seinen Hut legen, kaltes Wasser dazugeben und die Butter in diesem Gefäß nach Hause bringen sollen. Das nächste Mal brachte er einen kleinen Welpen mit. Er erinnerte sich an Großmutters Rat. Der Welpe ertrank. Seine Großmutter sagte ihm, wie er den Welpen hätte nach Hause bringen sollen, und beim nächsten Mal machte er es genau so, aber da ging es nicht mehr um einen Welpen, und wieder klappte es nicht. Und so weiter.

Ich habe mich daran erinnert, was ich in sechzig Jahren aus dieser Geschichte gelernt habe. Mir fiel ein, wie eine junge Frau mich einmal zum Flughafen brachte und darauf bestand, so lange zu warten, bis sie sicher war, daß ich gut weggekommen wäre. Sie meinte, sie hätte einmal zwei Leute mit ihren vier Kindern zum Flughafen gebracht, »und sie mußten zwölf Stunden warten!«

Was hat das mit mir zu tun?

Ich war allein, und manchmal, wenn alles schiefläuft, passieren tolle Dinge, und ich genieße das, was ich verpaßt hätte wenn alles glatt gelaufen wäre. Wenn nicht, kann ich ja schlafen.

Ich mag es nicht, so behandelt zu werden, als wäre ich jemand anderes. Das gibt mir das Gefühl, als gäbe es mich nicht.

Als ich an diesem sonnigen Septembertag auf der Wiese mit einer jungen Frau sprach, kamen wir irgendwie auf Weihnachten. Sie sagte, eigentlich möge sie Weihnachten nicht, aber sie käme damit klar, weil es ein paar Dinge gibt, die sie doch mag, wie z.B. Plätzchen zu backen und sie den Nachbarn zu schenken.

»Warum nur an Weihnachten?«

»Du meinst, man könnte sie das ganze Jahr über backen?« Sie wirkte ganz aufgeregt und klang auch so.

(»Es geht nicht um die Ketten, die den menschlichen Körper fesseln, sondern um die, die seinen Geist fesseln.«)

Einmal verschickte ich im Juni Weihnachtskarten. Viele Leute freuen sich über eine Weihnachtskarte im Juni. Weitaus mehr, als sich Weihnachten darüber freuen.

Als ich einmal krank und völlig am Ende war, schickte mir jemand ein Carepaket mit allem möglichen Zeug. Unter anderem war ein Kästchen mit lauter Geburtstagskarten dabei. Ich weiß nie, wer wann Geburtstag hat, und meistens vergesse ich sogar meinen eigenen. Ich verschicke »nie« Geburtstagskarten. Aber ich hatte welche, also schickte ich immer, wenn ich an jemanden dachte, den ich mochte und von dem ich eine Weile nichts gehört hatte, eine Geburtstagskarte. Eine ganze Reihe Leute schrieben mir, wie sehr sie sich gefreut hatten.

Es gibt drei Menschen, die immer an meinen Geburtstag denken und mir jedes Jahr eine Karte schicken. Ich finde das langweilig.

Auf einem Ast hinter mir ist gerade ein Vogel gelandet. Jetzt sitzt er auf dem Rasen, und ich sehe, daß es ein Rotkehlchen ist. Spielt es eine Rolle, was für ein Vogel es ist? Es gefällt mir, sein Spiegelbild zu sehen, etwas hinter mir zu sehen, anstatt immer nur das, was vor mir ist. Es gibt ein Augentraining-Experiment nach Bates-Huxley, das geht so: Man schließt die Augen und schaut auf einen Punkt am unteren Teil des Schädels, da wo der Kopf in den Hals übergeht. Das ist sehr beruhigend. Wen ich das mache, merke ich, wie meine Augen immerzu vorwärts, vorwärts, vorwärts drängen. Umkehrungen sind Teil der Gestalttherapie. Ein paar Ketten sprengen.

Die konzeptionellen Werkzeuge der Gestalttherapie sind zweifellos hilfreich. Es ärgert mich, wenn die Werkzeuge benutzt werden, ohne daß man wirklich oder aber nur unvollständig versteht, was Gestalt bedeutet. Ändere »es«. »Es« verschiebt alles irgendwo nach außen, so als ob es (!) nicht ein Teil von mir wäre. *Ich bin ärgerlich.*

»Wenn die falsche Person die richtigen Mittel einsetzt, funktionieren die richtigen Mittel falsch.«

Wenn diese Mittel von Leuten eingesetzt werden, die einen guten Willen haben und sie nicht oder nur unzureichend verstehen, passieren häufig gute Dinge. Manchmal wird jemand unnötig verletzt oder geschnitten. Das ist ein Schaden. Wenn jemand ohne diesen guten Willen – jemand, der seinen eigenen Kopf hat – diese Werkzeuge gebraucht, richten sie häufig Schaden an. Sind es also gute Werkzeuge? Sollten sie zur Verfügung stehen? Oder sollten wir das Skalpell, die Nadel usw. wegwerfen? Oder ihren Gebrauch beschränken?

Die Antwort liegt/lügt in der Person, die sie gibt. Dieses »liegt/lügt« gefällt mir. Es ist eine Lüge, wenn jemand glaubt, die richtige Antwort zu haben. Was er hat, ist nicht mehr als seine eigene Antwort.

Meine eigene Antwort, die sich sozusagen selbst aus mir herausreißt. ... Die Antwort bin ich, und was sich aus mir herausreißt, bin ich. Was also will ich sagen? Ich habe einen schützenden Teil, der nach Sicherheit strebt. Ich habe einen risikofreudigen Teil, der weiß, daß es *meine* Aufgabe ist, meinen eigenen Weg zu finden, meine eigenen Entscheidungen zu treffen, und wenn ich zu viele verpatze, dann ist das eben so.

Wenn ich andere Leute für mich entscheiden lasse, blockiere ich mich. »Respektsperson« ist einer der erfolgreichsten Blockierer – eine Autorität zu respektieren, ohne daß es mir entspricht, also meiner eigenen Autorität oder Autor-schaft. Ich bemerke, verstehe und handle nicht aus mir selbst heraus. Ich *denke*. Ich *denke*, daß jemand anders recht haben muß, aufgrund seiner Position, seiner Ausbildung, seines Alters etc. Ich »sage mir«, daß er recht haben muß. Was immer ich mir selbst sage, gilt mir als Lüge, und ich bin diejenige, die ich belüge.

Ich war mit einer Frau zum Essen verabredet, die ich von früher her kannte. Damals hatte sie etwas sehr Rebellisches, und ihr Leben war von großer Unsicherheit geprägt gewesen. Während des Essens zeigte sich, daß sie ihren rebellischen Geist aufgegeben und jene Art von Sicherheit erreicht hatte, die sich darin äußert, daß man ein nettes Haus, ein gutes Einkommen und einen zuverlässigen Ehemann sein eigen nennt. Über Schwierigkeiten wurde nicht gesprochen. Alles war so richtig nett, und ich wurde traurig. Ich sagte mir, daß es in Ordnung sei, daß sie sich für diesen Weg entschieden hatte, und es war ja in der Tat sehr nett und angenehm und ganz bequem so. *Ich* war den ganzen Abend hindurch sehr »nett« (glaube ich). »Bring hier nichts durcheinander!« – Dieser Satz lag so klar und deutlich in der Luft. Wie Äther atmete ich diesen Satz und schläferte mich damit ein.

Sie fuhr mich nach Hause. Als sie fort war, bemerkte ich, daß ich eine Melodie summte, die ich nicht zuordnen konnte. Ich summte weiter, bis zum

Schluß; erst da merkte ich, was mein organismisches Selbst da tat. Am Ende der Melodie kamen mir die Worte in den Sinn: »Armer Schmetterling«. Ich fühlte meine Traurigkeit, und sie war echt.

Nicht die anderen verwirren mich. Das tue ich selbst.

Fritz nennt diesen Bereich, in dem ich mich selbst verwirre, die »mittlere Zone«. Krishnamurti nennt es den »flachen Geist«, der seiner Natur nach keine Tiefe erreichen kann. Egal wieviel dieser Geist auch denkt, er denkt doch nur alle möglichen Dinge, die *nicht* meine sind und von denen ich doch als *ich* denke.

In seinem Buch *Einbruch in die Freiheit* schreibt Krishnamurti, wie er einmal zusammen mit zwei anderen Männern und einem Chauffeur durch Indien fuhr. Die beiden Männer sprachen über Gewahrsein und wandten sich mit einigen Fragen an Krishnamurti. Der Chauffeur überfuhr eine Ziege, die er übersehen hatte. Das bekamen die beiden Männer nicht mit. »Und bei den meisten von uns ist es genau dasselbe. Wir bekommen die äußeren und die inneren Dinge nicht mit.«

Fritz hat uns gelehrt, zwischen äußeren (»äußere Zone«) und inneren Dingen (»innere Zone«) hin und herzupendeln und dadurch Gewahrsein zu entwickeln.

Jetzt, in diesem Moment möchte ich zu den »konzeptuellen Mitteln« zurückkehren, zu meinem schützenden Selbst und meinem risikobereiten Selbst. ... Mein Geist ist wieder leer. Was vorhin noch da war, ist es jetzt nicht mehr. Ich merke, daß ich mir einen Tee machen möchte. Das ist keine *Vermeidung*! Wenn diese Schreibmaschine eine Taste für »Schreien« hätte, dann wäre mein Schrei jetzt auf dem Papier. Natürlich vermeide ich. Sehr häufig sogar. Es gibt gute und schlechte Vermeidungen, und manchmal ist es keine Vermeidung, leer zu sein. Ich schreie, weil Fritz die Vermeidung so sehr betont und die Leute nicht vermeiden läßt, was nicht vermieden werden sollte (Gewahrsein). Viele Leute hören, Vermeidung sei schlecht und wenden diese Regel auf alles an, *was sie als Vermeidung betrachten*.

Manchmal ziehe ich Zen vor, auch wenn das zwanzig Jahre dauert.

Ich bin mir nicht sicher, ob Gestalt nicht auch zwanzig Jahre braucht, um dasselbe Ziel zu erreichen.

Ich kenne überhaupt keine Methode, einschließlich Zen, durch die man den Mißbrauch verhindern könnte, den Menschen immer wieder betreiben.

Und so bin ich schließlich doch beim Problem des Mißbrauchs gelandet. Habe ich demnach die Tasse Tee, die ich nicht bekommen habe, vermieden? Oder hat mein Organismus – mein vollständiges Nichtdenken – von dem Gebrauch gemacht, was gerade zur Hand war, und mich auf andere Weise zu dem geführt, was ich will?

Jetzt weiß ich, was mir eine Weile gefehlt hat. Der schützende Teil meiner selbst will Sicherheit für alles und jeden – keine Betrüger, keine Schwindler, keine Ausbeuter, keine Quacksalber .... Was als nächstes kommt, mag ich nicht sagen, weil es so idiotisch ist – keine unvollkommene Therapie bzw. Therapeuten.

Gleichzeitig habe ich die Erfahrung und die Beobachtung gemacht, daß der Versuch, überall Sicherheit schaffen zu wollen (wie die USA das lange Zeit getan haben), zu einem Wahnsinn führt, der auch im Vietnamkrieg sichtbar wird. Hätten wir eine narrensichere Welt, dann könnten nur Narren in ihr leben. So eine Welt will ich nicht. Ich protestiere gegen das Sicherheitsbedürfnis meiner eigenen Gesellschaft.

Die Lebensweise der Indianer, die sich auf ihre eigenen Sinne verlassen, erscheint mir sinnvoll.

An dieser Stelle kommt ein Teil der Gestalttherapie ins Spiel, den ich mag. – Ein Teil? Es ist das Ganze:

»Lose your mind and come to your senses.«

Dieser Satz kann sowohl mißverstanden als auch mißbraucht werden.

Als ich vor vier Tagen nach Lake Cowichan zurückkehrte, war ich verwirrt, teilnahmslos, nicht *hier*. Ich wußte nicht, was mit mir los war. Ich versuchte, es herauszufinden. Ich fand kein Ende, sondern immer nur neue Antworten, aber das brachte mir nichts.

Meine Betrübnis schien mit diesem Ort zu tun zu haben. Am 1. Juni zog Fritz mit zwanzig Leuten hier ein. Er kannte nicht jeden einzelnen, und viele von uns kannten höchstens einen der übrigen Teilnehmer. Wir hatten vorher noch nie zusammengelebt. Wir zogen ein, bauten um, richteten uns ein, und am nächsten Morgen um acht Uhr begann der erste Workshop. Um zehn Uhr sprachen wir über praktische Dinge wie z.B. die Verpflegung. Es war wunderbar zu sehen, was passierte, und daran teilzuhaben.

Fritz teilte uns mit, daß morgens von acht bis zehn Uhr Seminare stattfinden würden, und daß danach zwei Stunden Arbeit in der Gemeinschaft auf dem Programm stünden. Von zwei bis vier Uhr hatte jeder die Möglichkeit, nach eigenem Belieben Massagen, Tanz, Kunst oder sonstwas anzubieten. Von vier bis sechs sollte gearbeitet werden. Von acht bis zehn gab es wieder Seminare und im Anschluß daran ein Gemeinschaftstreffen. Einiges wurde später abgeändert oder getauscht, manches auch wieder rückgängig gemacht – wie es gerade kam. Auf diese Weise lief das Ganze bis zum 24. August, als Fritz für einen Monat fortging. Ich selbst ging für drei Wochen, und viele andere gingen ebenfalls weg. In dieser Zeit machten Teddy und Don einen Workshop.

Als ich vor vier Tagen zurückkam, war alles ORGANISIERT. Listen. Wer wo wohnt, wann was getan werden muß. Pläne für die ganze Gruppe – wie die Ablösung der Wache – jene nicht-organismische Art von Organisation, die ich so überhaupt nicht mag und die für mich nichts mit *Gemeinschaft* zu tun hat.

Ich sah keine Möglichkeit, das zu ändern. (Abgesehen von der Frage: warum, und ob ich das könnte oder nicht.) Ich wollte nicht Teil dessen sein. Ich wollte hierbleiben. (Abgesehen von den Gründen hierfür.) Ich versuchte zu entscheiden, was ich tun wollte. Es gab ein paar Dinge, die ich tun konnte und wollte, und selbst die erschienen mir nicht attraktiv. Ich war irgendwie angewidert. Ich ging von dem Versuch, darüber zu lachen (ohne daran zu denken, daß versuchen lügen heißt) dazu über, auszuprobieren wie es ist, mich dem Ekel zu überlassen, mit ihm zu gehen – und wieder zurück. Ich beschloß, abzuwarten, bis Fritz am Ende der Woche zurückkäme. Spott. Das paßte mir nicht. Ich faßte Beschlüsse, verwarf sie, faßte andere Beschlüsse und verwarf auch diese. Keiner meiner Beschlüsse paßte. Offensichtlich. Ich hatte ein sonderbares Gefühl.

In der dritten Nacht konnte ich nicht schlafen. Das ist ungewöhnlich. Die Ölheizung machte Geräusche. Ich schaltete sie ab. Mir war kalt. Ich stand auf und machte mir eine Wärmflasche. Ich weiß nicht mehr, was in mir vorging, aber was immer es war, ich schaltete es ab oder wärmte es mit auf und geriet in ein neues Durcheinander. Gegen halb fünf ging ich schlafen. Als ich aufwachte, machte ich mir eine Tomatensuppe; das schien mir besser zu sein als Nudeln mit Huhn. (Ich habe meine Vorräte noch nicht aufgefüllt.) Während ich in der Suppe rührte, bemerkte ich, daß in meinem Kopf ein Lied summte. Ich hörte hin, um mitzubekommen, welches Lied es war, und hörte: »The old grey mare, she ain't what she used to be, ain't what she used to be. ....«

Welche Freude in meinem Lachen! Das Organismische – *mein* Organismus – *ich* bin wieder da, stimmig, direkt – von mir zu mir. Wie eine kleine Sonnenexplosion kam mein Gespür wieder und löste den Nebel der Taubheit auf, der mich eingehüllt hatte. Und dann geschahen Dinge, die vorher nicht möglich gewesen waren, als ich taub und von Sinnen gewesen war und nicht reagiert hatte. Ich bin eins mit mir selbst.

Das war gestern. Heute ist ein herrlicher Tag. Wolken am Himmel, Regen. Ich ziehe einen Poncho über den Schlafanzug, um nach oben ins Haupthaus zu gehen und ein Ferngespräch entgegenzunehmen. Es war Neville, der aus New York anrief, um nach den Terminen für die Workshops im Oktober und November zu fragen. Es war belanglos, und doch war ich so froh, mit ihm sprechen zu können. Ich bin immer noch froh, so als ob es auf der ganzen Welt nichts gäbe, was mir meine Freude nehmen könnte. Natürlich stimmt das nicht, aber gleichzeitig stimmt es *doch*. Nichts in der Welt kann mir *jetzt* meine Freude nehmen.

Was ich hier tun soll, ist verlorengegangen. *Ich tue es*. Ich bin raus aus der Zukunft, wo ich *nichts* tun kann, außer in meiner Phantasie, und in der Gegenwart gelandet, wo sich alles abspielt.

Ich habe etwas gelernt.

Ich habe etwas ent-deckt, oder aufgedeckt und wieder-entdeckt, so wie Fritz ein Wieder-entdecker von Gestalt ist.

———•———

Juni 1948. Ich wurde von der Verde Valley School gefeuert, die sich damals noch im Bau befand. In der Bretterbude, die das Büro bildete, warf Ham mich raus und meinte: »Es gefällt mir überhaupt nicht, das tun zu müssen. Du bist sehr tüchtig«, und ich versicherte ihm, daß es in Ordnung sei. Ich mag es nicht, Leute leiden zu sehen, selbst wenn sie etwas selbst vermasselt haben. Nur komme ich mir nachher selber lächerlich vor.

Willie, der Koch, fragte mich: »Wieviel Geld hast du noch, baby?«

Ein paar Hopi-Arbeiter luden mich ein, mit meinem dreizehnjährigen Sohn bei ihnen im Reservat zu wohnen.

Blackie, der Manager von Sedona Lodge, kam mit einer Hand auf dem Rücken auf mich zu. Kurz darauf kam die Hand zum Vorschein, und er bot mir ein tiefgefrohrenes Huhn an.

Lisbeth Eubank lud uns ein, sie in Navajo Mountain zu besuchen. Das liegt an der Grenze zwischen Arizona und Utah.

Ich fuhr in einem Wagen mit einer Krankenschwester namens Josephine Scheckner und ihrer Mitarbeiterin Grace Watanabe. Vor uns her fuhr ein große Laster, mit dem die Röntgenapparate transportiert wurden. Er hatte spezielle Stoßdämpfer, um die Geräte vor Erschütterungen zu schützen. Der Laster schwang auf den Stoßdämpfern hin und her und sah aus, als ob er jeden Moment umkippen würde. Mein Sohn fuhr in dem LKW mit. Am Red Lake verloren wir sie. Der Laster verschwand.

Ich halte inne. ... Eigentlich will ich darüber nicht schreiben. Das war eine sehr unsichere Zeit in unserem ohnehin ständig unsicheren Leben, und ich machte mir Sorgen um uns. Diesen Teil habe ich nicht vergessen. Und doch gab es so viel Lebendiges und Schönes, soviel Wärme – im glorreichen Red Rock Country – der blaue Himmel, die Sonne ...

Wir waren schon ganz in der Nähe von Navajo Mountain, als wir im Sand steckenblieben. Wir stiegen alle aus, gruben Löcher und legten Wacholderäste vor die Räder des Wagens. Ein Navajo tauchte auf. Er war nicht dagewesen, aber plötzlich war er da. Er war sehr dünn und trug eine zerrissene Schlafanzughose und ein abgenutztes schwarzes Jackett. Damals waren die Navajos ungeheuer arm. Er lächelte, gestikulierte und sagte ein paar Worte. Wir hatten keine Ahnung, wovon er sprach. Er zeigte zum Himmel und machte mit der Hand die Bewegung eines kreisenden Flugzeugs. Dann fragte er: »Lady doctor?«, und wir dachten, er meinte Josephine, die Krankenschwester, obwohl das Flugzeug nicht viel mit der Tatsache zu tun zu haben schien, daß wir im Sand feststeckten. Dann machte er eine Handbewegung, als ob er rauchte und fragte: »Cigarette?« Wir gaben ihm ein paar Zigaretten.

Josephine setzte sich ans Steuer. Grace und ich positionierten uns hinter dem Wagen, um ihn anzuschieben. Wir deuteten dem Navajo an, sich zwischen uns zu stellen und uns beim Schieben zu helfen. Er legte seine Hände auf das Heck des Wagens – genau wie wir. Josephine legte den Gang ein, und als der Wagen anfing, sich in Bewegung zu setzen, schoben Grace und ich mit aller Kraft, um ihn aus dem Sand zu befreien. Der Wagen fuhr zuerst sehr langsam weiter, dann schneller – und kam schließlich tatsächlich frei. Wir richteten uns auf und schauten zurück – und da stand der Navajo noch immer in exakt derselben Position, die wir ihm gezeigt hatten, so als ob der Wagen noch an genau der gleichen Stelle im Sand feststeckte. Er hatte überhaupt nicht geschoben! Er lachte mit dem freudigen Entzücken eines Kindes.

Als wir an den Berg kamen und Lisbeth von dem Navajo erzählten, meinte sie: »Oh, dieser Hosteen Yazzie!« Später, als Josephine und Grace fort waren, ging ich mit Lisbeth zu einem »sing«, einer rituellen Veranstaltung, die in einem Navajodorf etwa zehn Meilen weiter stattfand. Als wir dort ankamen, entdeckte ich unseren Komödianten. Als er mich sah, verdeckte er sein Gesicht mit den Händen, als ob er errötete. Er schüttelte sich vor Lachen. Ich war sicher, daß er sich köstlich darüber amüsiert hatte, die Gesichter dreier weißer Frauen zu sehen, die ernsthaft bemüht gewesen waren, den Schabernack, den er mit uns getrieben hatte, zu verstehen.

Ich hörte auf zu schreiben und machte einen Spaziergang durch den feuchten Nebel. Ich wollte wieder da sein. In mir war so viel traurige Erinnerung. Alles in mir war so traurig, daß ich selbst die Traurigkeit *war*.

Am Abend, nach dem Essen, machten mein Sohn und Robert Tallsalt archäologische Ausgrabungen. Die Gegenstände, die sie ausgruben, stammten von den Anasazi, nicht von den Navajo; aber die Anasazi waren gewissermaßen die Vorfahren der Navajo und lebten hier etwa 500 Jahre vor ihnen, deshalb hatte Robert keine Bedenken, sie auszugraben. Eines abends sagte mein Sohn zu Robert, der gerade mit Graben beschäftigt war: »Da ist eine Klapperschlange an deinem Fuß.« Robert erwiderte: »Die tut mir nichts«, und grub einfach weiter.

Nicht alle Navajos gingen so mit Klapperschlangen um.

Vorigen Monat erzählte mir ein kanadischer Medizinmann: »Mein Wissen ist nur ein Tüpfelchen von dem Wissen meiner Vorfahren.« Als er das sagte, machte er mit dem Zeigefinger einen Punkt in die Luft. *Wir* glauben, wieviel *mehr* wir wüßten als unsere Vorfahren. ... Jetzt denke ich an meine Eltern, die schon mit dreizehn Jahren nicht mehr zur Schule gingen. Ich weiß so viel mehr als sie damals – einerseits. Andererseits bin ich mir nicht so sicher. ... Sie verließen sich sehr viel mehr auf ihre eigene Wahrnehmung, ihre eigene Erfahrung, ihr eigenes Wissen, und so viel weniger auf Spezialisten und Autoritäten. Eben deshalb bin ich überhaupt am Leben. Nach meiner Geburt mußte ich in einen Brutkasten. Die Ärzte in Manhattan gaben mich meinem Vater zurück, weil ich sowieso sterben würde. (Meine Mutter blieb lange in der Klinik, sie war sehr krank.) Mein Vater studierte keine Bücher. Er studierte *mich* und machte eine Entdeckung. Und hier *bin* ich. (Seine Entdeckung wurde später von der Medizin bestätigt, als die Ärzte ihre Ansichten über die Behandlung Frühgeborener revidierten.)

Gewahrsein. Wahrnehmen. Das ist Gestalt. Es ist auch Gestalt. Und indianisch – auf die alte, ursprüngliche Weise, die es kaum noch gibt.

Während ich das hier schreibe, geht es mir gut. Ich fühle mich stark und froh. Die Traurigkeit ist weg.

Ich gehe zurück in das Jahr 1948. Natürlich gehe ich nicht zurück, ich *erinnere* mich, ich nehme Kontakt mit den Erfahrungen meiner Vergangenheit auf, die alle in mir verkörpert sind. Das ist der einzige Ort, an dem sie existieren. Wo ist »die Vergangenheit«? Vorbei. Die Erinnerung erzeugt in mir die Illusion (Täuschung?), es gäbe eine Vergangenheit.

Die Leute, die 1948 im Navajo-Reservat lebten, waren (in unseren Augen) unglaublich arm, hungrig und krank, und doch lebten sie sehr intensiv und hatten unglaublich viel Freude. Ich quälte mich förmlich mit einem Konflikt herum. Ich konnte unmöglich irgend jemandem wünschen, so arm zu sein, so hungrig und krank, und doch waren diese Menschen glücklicher als jeder andere Mensch, den ich kannte. Ich wußte nicht, wie ich damit umgehen sollte.

1966 sprach ich im Navajo-Reservat mit einem Händler. Er liebte Ayn Rand und haßte den »Kollektivismus«. Mit beiden Armen machte er eine Geste, in die er die armen Navajos (zu dieser Zeit waren nicht mehr alle Navajos arm, vielleicht nicht einmal die meisten), die außerhalb seiner Niederlassung auf dem Boden saßen, mit einschloß und sagte: »Hier sehen Sie, was der Kollektivismus anrichtet!«

Eines Tages erzählte er mir, daß er ein Haus in Farmington, New Mexico, besaß, »aber da kann ich nicht mehr leben. Außerhalb des Reservats werde ich verrückt«, sagte er. Ich fragte ihn, worin der Unterschied bestehe, und er meinte: »Das ist schwer zu sagen.« Ich fragte ihn noch ein paar andere Dinge, aber er konnte mir keine Antwort geben – er konnte einfach nicht. Dann sagte ich: »Was gefällt Ihnen so an den Navajos?«, und er antwortete sofort und ohne zu zögern: »Ihre Lebensfreude!«

Es ist eigenartig. Damals schien ich die Polynesier und ihre Lebensfreude völlig vergessen zu haben. Sie waren nicht so schrecklich arm und krank und hungrig. Als ich in Hawaii lebte (1934-1945) waren die meisten von ihnen weder das eine noch das andere. Ich erinnere mich nicht, mich im Navajo-Reservat 1948 daran erinnert zu haben.

1966 erzählte eine Navajo-Frau mir von ihrem Leben 1949. »Alle waren so glücklich, und irgendwie war es traurig, denken zu müssen ›Was werden wir morgen essen‹, wissen Sie? Und doch hatten wir so ein gutes Gefühl. Ich glaube, es liegt daran, daß wir zusammen gelebt und gearbeitet haben, damit haben wir uns gegenseitig glücklich gemacht. Und wenn der Frühling kommt, dann gehen alle raus aufs Feld und pflanzen Mais und alles Mögliche, und im Herbst essen sie entweder davon oder lagern es ein – für den Winter. ...(Ein Seufzer) Manchmal frage ich mich, was wir falsch gemacht haben.«

Als ich über diesen Sommer schrieb und Traurigkeit wurde, verglich ich hier mit dort. Jetzt vergleiche ich nicht mehr. Ich genieße wieder einmal Vancouver Island. *Hier* geht es mir gut. Die Wolken sind wunderschön, wie sie über die Berge ziehen. Was nicht hier ist, existiert nicht, nicht einmal die Wärme, die Sonne und das Schwimmen vor drei Monaten, im Juni. Ich finde es schwierig, mich an irgend eine Zeit vor diesem Augenblick zu erinnern, und jede noch kommende Zeit weigert sich, sich selbst in meinem Kopf zu phantasieren.

Vor einer Stunde fragte ich mich, wann wohl die Post kommen würde. Post erschien mir wichtig. Ich hungerte danach, etwas von draußen zu bekommen. Jetzt spielt es keine Rolle ob sie überhaupt jemals kommt.

So würde ich gerne bleiben. Aber es gibt keine Möglichkeit, wie ich mich selbst dazu bringen könnte. Wenn überhaupt, müßte ich mich selbst nirgendwohin bringen. Ich habe keine Ahnung, wie ich diesmal *hierher* gekommen bin, ich erinnere mich nicht, was ich geschrieben habe oder was in mir vorging. Ich erinnere mich nur vage, daß ich traurig war.

Ich bin jetzt nicht das, was ich »glücklich« nenne. Ich fühle mich einfach nur gut, und alles ist in Ordnung. Ich sehe eine schwache Verbindung zwischen diesem Zustand und dem der Betäubung, und das nächste, woran ich mich erinnere, ist, als mein Mann und ich ungeheuren Ärger hatten und ich Mononukleose bekam. Der Arzt gab mir ein paar Medikamente und ich fiel in ein leichtes Halbkoma. Er sagte: »Es tut mir leid. Es tut mir so leid. Das war meine Schuld«, und ich antwortete »Machen Sie sich nichts draus. Es ist *herrlich*.«

Damals fühlten sich meine Lippen komisch an, meine Aussprache war zäh und ungeschickt, und ich konnte nichts tun. Jetzt kann ich normal sprechen –

ich habe es gerade ausprobiert. Ich kann tippen. Ich kann aufhören zu tippen und etwas anderes tun. Meine Fähigkeiten sind verfügbar. Ich kann mich selbst zum Lachen bringen. Wenn ich das versuche, fühlt sich mein Gesicht ganz merkwürdig an. Um lächeln zu können, muß mir nach Lächeln zumute sein. Wie ein Indianer? Hast du jemals versucht, einen Indianer *zum Lächeln zu bringen*?

Als den Hopi-Indianern, die auf der Baustelle der Verde Valley School arbeiteten, nicht nach Lächeln zumute war, versuchte Ham, sie »aufzuheitern«. Er sang »Come on and dance!« Er war »humorvoll«. Auf uns machten die Hopi damals einen mürrischen Eindruck. Ich beneidete sie dafür, wie sie Ham standhielten. Jetzt fühle ich mich nicht mürrisch. Ich fühle mich auch weder komisch, noch ist mir zum Lachen zumute, und ich glaube, den Weißen um mich herum *käme* es mürrisch *vor*, und wenn sie versuchen würden, mich aufzuheitern, würde ich ihnen noch mürrischer *erscheinen*, obwohl ich doch dieselbe bin. Ihre Bemühungen blieben erfolglos. Fehler. *Widerstand*. Ich würde sie scheitern lassen. Während ich das geschrieben habe, habe ich ein bißchen gelächelt. Es ist alles so albern. Ich lächle dich an, um dich dazu zu bringen, zurückzulächeln, damit ich mich gut fühle.

»Das nennen sie Leben!«, kam mir dann in den Sinn, in genau demselben Ton, den ich vor ein paar Jahren bei einem Hopi hörte. Es war Sommer, und ich war mit Barbara Bauer nach Second Mesa gegangen, um einige meiner Hopi-Freunde zu sehen. Es sollte dort ein Tanz stattfinden, einen Hopi-Tanz. Nach der Tanzzeremonie schien sich so etwas wie eine Comedy-Veranstaltung anzuschließen, in der man sich über die Weißen lustigmachte. Einer der Hopi-Männer wählte aus den Zuschauern eine Hopi-Frau aus, mit der er dann zusammen die Standarttänze der Weißen durch den Kakao zog. Die Botschaft war klar. Ich dachte, sie könnte nicht mißverstanden werden. Aber der Hopi ging auf Nummer sicher. Er drehte den Kopf und rief über seine Schulter hinweg: »Das nennen sie tanzen!«

All die indianischen Bräuche sind nichts für mich. Die ganze Gestalttherapie ist nichts für mich. Was mich interessiert, sind die Orte, an denen sich beide begegnen.

Gerade bin ich aufgestanden und zur Toilette gegangen. Dabei habe ich gesungen. Mein Singen geschah, und ich hatte Freude daran. Der Klang, die Schwingung in meiner Brust, in meinem Nacken, und vor allem in meinem Kopf, obwohl sie irgendwie auch in meinen Zehenspitzen zu spüren waren. *Agito ergo sum.* Jetzt machen meine Schultern eine schwingende, pendelnde Bewegung. ... Mein Rumpf schwingt mit – ein weiteres, raumgreifenderes Schwingen – jetzt eine rollende Bewegung, wie eine dieser kleinen Zelluloid-Puppen, die einen beschwerten, halbrunden Fuß haben und immer hin und herpendeln, wenn man sie anstößt.

Jetzt sitze ich, aber mein Sitz ist anders – locker, frei, leicht. Meine Wirbelsäule fühlt sich an, als ob sie wachsen würde, so wie es sich häufig angefühlt hat, wenn ich mit Fritz »gearbeitet« habe. (Wir beide wünschten, wir hätten ein besseres Wort für »arbeiten«.)

Ich bin immerhin 67 Jahre alt und nicht gerade in einem guten gesundheitlichen Zustand. Wo ist bei all dem Regen und Nebel – die Regentropfen benetzen die Stromleitungen – meine Steifheit, mein Rheuma geblieben (die Schmerzen sind selten und klein, aber scharf)? Ich fühle mich so *warm* – als ob ich alles um mich herum aufwärmen könnte. (Bei den Menschen bin ich mir nicht so sicher!)

Durch die Gestalttherapie habe ich etwas verstanden; ich habe eine neue Erfahrung gemacht. Früher war ich mit einigen Leuten manchmal ego-los – wenn sie es auch waren. ... Ich bin aufgestanden, um eine Tasse Tee zu machen und habe etwas anderes verstanden. Unglaublich! – nach *all* den Jahren verstehe ich etwas über mich. Jetzt weiß ich nicht, was ich zuerst schreiben soll, also mache ich Tee und sehe, was passiert.

Der Regen tropft vom Dach. Das Ofenrohr macht Geräusche: Ping-ping. Ich mag die Pausen – und das Geräusch. Am offenen Fenster bläht sich der Vorhang ein wenig auf. Rauch steigt von einer Zigarette im Aschenbecher nach oben und wirbelt um die Schreibmaschine herum. Die Leiter am Dock sieht aus, als hätte sie jemand dahingestellt, damit einer oder etwas aus dem Wasser steigen kann. Wer? Was? Jeder soll sich seinen eigenen Jemand vorstellen. Meiner ist freundlich. Er geht über ins Unfreundliche. Ich drehe ihn zurück. Unecht. Es ist weder ein wer, noch ein was, eher ein ›etwas von‹. Ein kleiner Schlepper, mit schwarzem Rumpf und weißem Aufbau. Er zieht kleine Wellen hinter sich her und spritzt weißes Wasser entlang der Trosse in Richtung des Auslegers, den der Schlepper hinter sich herzieht und auf dem massenhaft Baumstämme liegen. Was, wenn der Ausleger den Schlepper rückwärts ziehen würde, gegen seine eigentliche Fahrtrichtung? Ich stelle mir das vor; es sieht komisch aus, vorwärts zu wollen und rückwärts gezogen zu werden. Mir scheint, daß die meisten von uns ein ähnliches Leben führen. *Ich* habe zu oft und zu lange so gelebt. Projektion? Introjektion? Retroflektion? Egal? Manchmal habe ich den Eindruck, daß ich introjiziere, das Introjekt projiziere und sowohl das Introjekt als auch die Projektion retroflektiere. Ob das einen Sinn ergibt oder nicht, ist mir egal. Mir gefällt, wie es klingt. Das alles ist ja ohnehin nicht real, sondern nur eine bestimmte Betrachtungsweise, und mit solchen Konzepten kann ich nichts anfangen, weil ich sie nicht mag. Andere können viel damit anfangen, weil sie solche Konzepte mögen, und wieder andere vermehren den Unsinn unter den Menschen, indem sie einerseits zwar nicht wissen, wie sie sie anwenden sollen, es andererseits aber trotzdem tun.

Eine Sozialarbeiterin in Harry Rands Seminaren äußerte sich in aller Ausführlichkeit (unter dem Vorwand einer Frage) über Objekt-Beziehungen und einige andere Dinge, von denen ich nichts verstehe. Für mich waren es einfach nur viele Worte. Als sie fertig war, nahm Harry seine Zigarre aus dem Mund und meinte: »Das klingt mir nach vielen Worten. Sag mir, was du meinst.« Aber das konnte sie nicht.

Harry stammte aus Boston und ist (war?) Psychiater und Psychoanalytiker, aber was er sagte, erschien mir sehr sinnvoll, und manchmal hatte er Ähnlichkeit mit Fritz. Ein Student berichtete über einen Patienten in der Klinik und überflutete uns mit einem Schwall von Fachwörtern. Harry hörte bis zum Schluß zu (anders als Fritz) und meinte dann: »Du meinst, der Mann hat *Angst*.«

Harry hatte einen Patienten, der hereinkam und kein Wort sagte. Er konnte ihn nicht bewegen, irgend etwas von sich zu geben. Plötzlich sah Harry sich selbst, wie er als Zehnjähriger zum Direktor mußte, und der Direktor kam ihm vor wie ein Riese, so daß Harry einfach keinen Ton herausbrachte. (Das hat eine gewisse Ähnlichkeit mit Fritz' Arbeitsweise.) Harry erzählte dem Mann, was in ihm vorging (das hat viel Ähnlichkeit mit Fritz, obwohl es auch noch Unterschiede gibt), und daß er den Patienten als jemanden wahrnahm, dem er (Harry) wie ein Riese vorkam. Da fing der Mann an zu reden.

———•———

Ich weiß nicht mehr, was ich vorhin erzählen wollte. Versuche nicht, es zu fassen: laß es wiederkommen. Es kommt wieder.

Eines abends bat Fritz hier zwei Männer, Co-Therapeuten zu sein, d.h. eigentlich fragte er sie nicht, und er bat sie auch nicht wirklich. Es war eine Mischung aus beidem, oder etwas dazwischen. Er sagte (*das* trifft es), sie sollten sich einen von uns als Patienten aussuchen. Die beiden saßen in zwei benachbarten Ecken des Raumes, und ich saß auf der anderen Seite, genau gegenüber. Ich sah, wie ihre Augen sich bewegten, bei jemandem stehenblieben, dann zum nächsten wanderten und so weiter. Die Blicke der beiden trafen sich bei mir, und beide bekamen leuchtende Augen. Ich stellte mich zur Verfügung und hatte das Gefühl, als ob zwei Monster, vor denen ich keine Angst hatte, sich auf mich gestürzt hätten. Ich setzte mich auf den heißen Stuhl. Don und David setzten sich auf die Couch neben mir – sie hielten einen gewissen Abstand zwischen sich. In dieser Situation waren sie nicht wirklich freundlich.

Ich weigere mich, weiterzuerzählen. Ich will nicht weitererzählen. Der Grund dafür ist, daß ich darüber *nachdenke*, daß ich versuche, mich daran zu erinnern, was wann passierte, und auszusortieren, was wichtig ist und was weggelassen werden kann. Auf diese Art komme ich in Schwierigkeiten (in mir selbst – und dann auch mit anderen, und manchmal mit diesem oder jenem, oder ich lasse etwas fallen oder verbrenne mir die Finger oder so, oder mir passiert etwas ganz Unmögliches, z.B. daß ich einen Brief wegwerfe, den ich eigentlich unbedingt behalten wollte, oder ich zerreiße ein paar Seiten eines Manuskripts, das ich gar nicht gelesen habe und von dem ich nicht weiß, was drin steht). Also gehe ich ein wenig im Regen spazieren, vergesse die Dinge und sehe, was kommt.

Die Reihenfolge spielt keine Rolle! Diese Einleitung zu dem, was passiert ist, ist nur eine Skizze, für die irgendein beliebiger Teil völlig ausreicht. (Als mir das klar wurde, war ich nicht mal bis zur Tür gekommen.)

Vorhin dachte ich, ich müsse Erklärungen abgeben, damit keiner sagen kann: »*So* läuft das also im Gestalt-Institut-Kanada.« »*Das* ist also Gestalttherapie.«

Diesmal war es das, in *dieser* Situation und mit diesen drei Leuten – und mit Fritz.

Don und David sprachen über mich. Ab und zu machte Fritz eine Bemerkung, vielleicht auch nur einmal. In der Gestalttherapie liegt die Betonung darauf, *mit* dem anderen zu sprechen anstatt *über* ihn. Ich schimpfte mit Don und David, weil sie tratschten. Das machte mir Spaß. Dann bemerkte ich, daß ich stärker zitterte als sonst. Es kommt gelegentlich vor, daß ich zittere (der medizinische Ausdruck ist *Tremor*), aber diesmal war mein Zittern intensiver als sonst. Das sagte ich ihnen, und dann sagte ich: »Und ich habe keine Angst.« Ich hatte keine Angst. Ich hatte angefangen zu spüren, wie Ordnungen und Gegenordnungen in mir aufeinandertrafen und das Zittern auslösten. Ich spürte in mich hinein und merkte, daß mein Körper von dem Stuhl aufstehen wollte und daß ich ihn darauf festhielt. Ich stand auf, ging ein paar Schritte und drehte mich um. David sagte: »Ich erlebe dich so, daß du dich von mir wegbewegst«, als sei das der Grund für meine Bewegung. Ich spürte meinen Körper und merkte wie ich zögerte, auf David zuzugehen, allerdings war das ein Zögern, das ich leicht hätte übergehen können. Ich überging es – leicht. Dann spürte ich wieder ein Zögern – ich wurde zu einem Zögern, und zwar *voll und ganz*. Nicht: »ich zögere«, sondern »Ich bin Zögern.« Selbst dieses »ich bin« ist eigentlich schon zuviel gesagt. Als nächstes nahm ich Don wahr, die Beine an den Körper gezogen, den Rücken an der Wand – als hätte er Angst vor mir. Ich machte Don gegenüber eine Bemerkung in der Art. Fritz meinte: »Ja, das stimmt. Er sieht aus wie ein Affe vor seiner Höhle.«

Don meinte: »Eben hatte ich einen Flash (diesen Ausdruck gebrauchte er häufiger), daß ich gerne mit dir spazierengehen würde.«

Ich: »Möchtest du jetzt mit mir spazierengehen?«

Don sagte ja und stand auf. Arm in Arm gingen wir durch den Raum.

Ich weiß nicht mehr, an welchem Punkt es war, aber irgendwann hatte ich kein Ego mehr. Es gab nur noch Gewahrsein.

Nachdem wir einmal durch den Raum gegangen waren, sagte Don, daß er sich von mir angetrieben fühlte. Ich sagte: »Nach den ersten drei Schritten.« Don stimmte zu. »Am Anfang sind wir zusammen gegangen.« Er sagte noch etwas, aber ich weiß nicht mehr was. Ich sagte: »Erklärung.« Er meinte: »Du willst eine Erklärung von mir?« Ich: »Nein. Du hast mir eine Erklärung gegeben. Dasselbe hast du eben schon einmal gesagt« (ich deutete mit dem Kopf auf das andere Ende des Raumes).

Wir sahen uns an. Seine rechte Hand hielt meine linke. Ich streckte ihm meine rechte Hand entgegen und sagte: »Würdest du diese Hand auch halten?« Er legte seine linke Hand in meine rechte.

Während all das geschah, hatte ich keine Gedanken, keine Phantasien, keine Anweisungen, nichts. Ich war einfach nur *da*. Was immer ich wahrnahm, wurde einfach wahrgenommen – ohne Absicht, ohne Ziel und ohne Meinung. An diesem Punkt nahm ich meinen Körper wahr und drückte aus, was ich wahrnahm. »Bis hierher bin ich gekommen. Weiter komme ich nicht.« Kein Denken, nur Ausdruck der Wahrnehmung dessen, was mein Körper tat. Ich spürte, daß ich wie angewurzelt dastand. Ich blieb wo ich war.

Don sagte: »Genau so möchte ich es haben.«

Wie in der Gestalttherapie, gibt es nicht nur eine Möglichkeit, etwas zu sagen, sondern immer nur viele verschiedene Möglichkeiten. Als ich mich hinsetzte, kamen mir die Bilder von dem Ochsen und dem Mann in einem von Suzukis Zen-Büchern in den Sinn. Das letzte Bild ist ein leerer Kreis. Es trägt den Titel »Der Ochse und der Mann sind verschwunden.«

Patient und *Therapeut* waren verschwunden. Keiner von beiden war mehr da. Mann und Frau waren verschwunden. Ich war mir Dons und meiner selbst bewußt – sehr viel genauer – und gleichzeitig waren Don und ich auch »verschwunden«. Ich war verschwunden. Es gab nur noch Ereignisse, Geschehnisse, und jedes Ereignis war – ebenso wie jeder Augenblick – einfach da, und dann nicht mehr. Es war nirgendwo. Nur dieser Augenblick – *jetzt*. Und doch war alles aufgezeichnet und mir zugänglich.

Vollkommene Ruhe, und keine Fehler. Das ist Vollkommenheit. Das »Streben nach Vollkommenheit und Perfektion« erscheint mir sinnlos; es sei denn, man versteht darunter ein so hartes Bemühen und Feststecken, daß es zu einer Explosion kommt. Ich (Ego-Ich) bin in Stücke gerissen, und der Organismus, der ich bin, übernimmt das Ruder. Das ist eine ziemlich anstrengende Vorgehensweise.

Während ich das schreibe, habe ich Abendessen gemacht. Süße Backkartoffeln mit Möhren. Gleich kommt das Steak in die Pfanne, und dann bleibe ich dabei und höre auf zu schreiben. Ganz leicht gehe ich hin und her, während ich das, was ich gerade nicht »tue«, weder vergesse noch mich daran erinnere.

Als Kay abreiste und niemand sich anbot, um Fritz das Frühstück zu machen, sagte Fritz: »Ich werde lernen, mir selbst Frühstück zu machen.« Eines Tages erzählte er mir ganz fröhlich – in aller Bescheidenheit und mit einem Hauch von Ehrfurcht – daß er an diesem Morgen die Eier perfekt hinbekommen hatte, ohne Uhr.

Ich weiß noch, wie ich als junge Frau immer ohne Uhr gekocht habe. Selbst wenn ich in ein Buch vertieft war, nahm ich *Gerüche* wahr und wußte, wann es »Zeit« war, etwas zu tun. ... Plötzlich ist mein Kopf voll mit all den Uhren und Zeitmessern und anderen Geräten, *die wir nicht brauchen*. Was für ein Wahnsinn. Wieviel Mühe die Menschen sich machen, um sie herzustellen; und wieviel Mühe die Leute sich machen, um Geld zu verdienen und sie kaufen zu können. Die ganze Verschwendung von natürlichen Rohstoffen. All die *Abhängigkeit*. Man hält die Wirtschaft in Gang, man hält die Menschen in Gang, um die Wirtschaft in Gang zu halten, um die Menschen in Gang zu halten. ...

Als Alan Watts über das garantierte Einkommen für jeden sprach (und nicht diesen Unfug über negatives Einkommen, wo man Plus oder Minus angeben muß) sagte er, die Leute wollten wissen, woher das Geld kommen soll. »Es kommt nirgendwo her. Das hat es noch nie getan.« Er erklärte, daß Geld lediglich eine Maßeinheit sei, wie Zentimeter. Während der Depression von 1929 verloren sehr viele Menschen plötzlich ihre Arbeit. Das ganze Wissen, die Fähigkeiten, das Material war noch da, nur das Geld fehlte. Er sagte, das sei dasselbe, wie wenn ein Mann ganz normal zur Arbeit ginge und der Chef ihn wegschicken und sagen würde: »Tut mir leid. Es gibt keine Arbeit. Wir haben keine Zentimeter mehr.« Das ganze Wissen, die Fähigkeiten, das Material ist noch da, nur die Zentimeter fehlen.

Das ist mein Gefühl in bezug auf unsere »Wirtschaft«. Ganz abgesehen davon, daß es sich um eine »Wirtschaft« handelt, die auf Abfall basiert.

Ich mag Knappheit – nicht Entbehrung. Aber Knappheit ist ganz gut.

Die Erleuchtung, die mir vor ein paar Seiten kam, war folgende: Mein Leben lang haben mir die Leute erzählt, ich könnte (und sollte deshalb) bessere Jobs annehmen. Ich wollte nicht. Mir gefiel die Arbeit in irgendwelchen Hinterzimmern, bei denen ich niemandem etwas vorspielen mußte. Einmal machte ich einen Bürojob, bei dem ich innerhalb von drei Jahren im Vorzimmer landete, mit feinen Gardinen an den Fenstern und einem Vorgarten. Ich hatte keine Wahl und hätte es einfach so hinnehmen können, aber ich entschied mich, mir eine schöne Lampe und einen Holzschnitt von zu Hause mitzubringen. Allerdings gab es auch Zeiten, in denen der Chef hereinkam und auf seine Schuhe starrte, weil ich einen dreckigen Kittel trug und meine Haare völlig durcheinander waren, weil ich mich in irgend etwas hineinvertieft und mir dabei die Haare gerauft hatte.

Etwas an der Frage, warum ich keine besseren Jobs annehmen wollte, verstand ich jedoch nicht. Ich wußte nur, daß sie mich nicht interessierten. Ich wollte keine Chefin sein. Daran gibt es keinen Zweifel. Wilfred Pelletier bezeichnet das System der Weißen als »vertikale Organisation«, und dieses System gefällt mir nicht. Er schreibt darüber in seinem Artikel »Einige Gedanken zum Thema Organisation und Führung« – ein Aufsatz, den er 1969 für die Manitobia Indian Brotherhood schrieb.

Vor etwa einem Monat fuhr ich zu einer einwöchigen interkulturellen Konferenz in Saskatchewan. »Durchgeführt« wurde diese Konferenz von Wilfred, aber eigentlich ließ er sie einfach nur laufen und hatte selbst keine andere Funktion, als daran teilzunehmen. Es gab kein Programm, keinen Zeitplan und nur einen einzigen Vortragenden. Ich bin mir nicht sicher, ob das so geplant war, aber dieser Vortragende sprach immer weiter und weiter und weiter. Ich ging raus, holte etwas Obst, kam wieder herein und ließ die braunen Papiertüten herumgehen. Wie immer verstand ich nicht, wie die Indianer einfach dasitzen und so freundlich dreinschauen konnten, während vorne ein Weißer eine langweilige Rede hielt. Später fand ich heraus, daß sie in Gedanken fischen oder jagen gehen. Wilfred erzählte mir, wie »der Bär – FLATSCH! – ins Wasser sprang und das Wasser zu allen Seiten wegspritzte.« Mit seinen langen Armen machte er eine weite, ausladende Geste. Gott, wie er das genoß!

Fritz sagt: »Wenn du dich langweilst, dann zieh dich an einen Ort zurück, an dem du dich wohler fühlst.«

Bei einem Wochenend-Workshop mit Jim Simkin machte ich es genauso. Ich weiß nicht, ob es Langeweile war, aber ich bekam Kopfschmerzen (selten) und solche Nackenschmerzen, daß ich mich auf nichts anderes einlassen konnte. Ich sagte mir (Barry, die Barry anlügt – wie so oft), meine Kopf- und Nackenschmerzen kämen daher, daß ich in der vergangenen Nacht nicht genug geschlafen hatte. Ich hätte mich auf den Boden legen und schlafen können, aber statt dessen »ging ich fort« – zuerst nach Salmon Creek. Ich fühlte den Wind und spürte den Sand unter meinen Füßen, hörte die Brandung rauschen, atmete den Duft der salzigen Luft und sah die Farben des Himmels, der Brandung, des Sandes und der grasbewachsenen Dünen und spürte das Federn meines Gangs während ich den Strand entlangwanderte. Dann kehrte ich in den Raum mit den Menschen zurück – und kam wieder nach Salmon Creek. Bei Sonnenuntergang spazierte ich zu einem Ausleger von Lake Mead, wo die goldschimmernden Klippen des anderen Ufers sich im Wasser spiegelten, wo die Fische aus dem Wasser sprangen, einen Bogen machten und wieder untertauchten. Die Büsche am Ufer des Sees raschelten, die Vögel zwitscherten, und mit meinen Händen ertastete ich die weichen Formen der Strandsteine. (Als ich das einer Freundin erzählte, meinte sie, daß jemand, der mich anscheinend kennt, zur selben Zeit am Strand gewesen sei und ihr erzählt hatte: »Ich hätte schwören können, daß ich Barry gesehen habe, aber dann war sie auf einmal nicht mehr da.«)

Ich glaube nicht, daß das Ganze länger als fünf Minuten dauerte. Solche Reisen gehen ungeheuer schnell. Keine Kopfschmerzen mehr, weder in diesem Moment, noch später.

Die interkulturelle Konferenz wurde auf eine Art durchgeführt (indem sie nicht durchgeführt wurde), die Wilfred als »horizontal« bezeichnete. »So wie ich die Dinge sehe, scheint mir, daß die vertikale Organisation das Ergebnis einer Abnahme oder des Fehlens von Kommunikation darstellt. Wenn man nicht auf die eine oder andere Weise eine Gemeinschaftsbewegung erhält, die einer Art von spontanem Drang entspringt und aus der dann etwas hervorgeht, dann besteht die einzige Alternative darin, eine Art Pyramide zu bauen, an deren Spitze man den Stärksten stellt; oder vielleicht stellt man ihn gar nicht dahin, sondern er steht automatisch da oben. Man erhält eine Organisation, innerhalb derer es keine Kommunikation gibt, sondern lediglich ein Weiterleiten von Anweisungen, und zwar von der Spitze zu den verschiedenen Ebenen, und das ist keine Gesellschaft mehr, das ist eine Maschine.«

Horizontale Organisation, so wie ich sie bei den Hawaiianern erlebt habe (das war vor vielen Jahren – ich weiß nicht, wie es heute ist), entspricht dem, was Wilfred als die indianische Lebensweise beschreibt. Jemand tritt in einer bestimmten Angelegenheit und zu einer bestimmten Zeit als Führer in Erscheinung und zieht sich zurück, sobald diese Zeit vorbei ist. Kommunikation findet statt. Auch mit Weißen habe ich das erlebt – gelegentlich. Auch Vertrauen hat seinen Platz. Hier in Lake Cowichan haben wir auf die horizontale Organisation hingearbeitet. Sobald irgend etwas außer Kontrolle geriet, gab es einige, die unbedingt den vertikalen Weg einschlagen wollten. Aber letztlich brachten wir es dann doch wieder in die Horizontale. Jetzt, wo Fritz weg ist, ist es vertikal geworden. Organisation. Intellektuelle Organisation statt organismische Organisation. Der weiße Mann bemerkt nicht, daß die Last, die er trägt, die ist, die er sich selbst aufgeladen hat. Und dann sorgt er dafür, daß alle gebildet werden und sich die Last ebenfalls aufladen.

»Das ist eine Maschine.« Ich sehe, wie die große Maschine jeden auffrißt, der an ihr mitgebaut und sie auf seine Schultern geladen hat.

Während des Vortrags auf der interkulturellen Konferenz lag ein indianisches Mädchen plötzlich ächzend und stöhnend auf dem Boden. Kurz zuvor hatte sie noch ruhig dagesessen und zugehört. Der Redner unterbrach seinen Vortrag (für ein paar Minuten). Er fragte einen der Indianer: »Was ist mit ihr los?« Der Indianer antwortete sehr sachlich und nüchtern: »Ihr Großvater ist letzte Nacht gestorben.«

»Oh«, sagte der Redner, »und ist sie auch krank?«

»Ich glaube nicht«, meinte der Indianer.

Nicht alle weißen Männer haben Erfahrung mit Gestalt (oder etwas Ähnlichem) gemacht und wissen um den Wert der Fähigkeit, sich auf organismische Weise – also mit dem ganzen Körper – von Streß zu befreien. *Dieser* Mann jedoch, der Vortragende, war der Vorsitzende eines Indianer-Zentrums in den

USA, und das war anscheinend alles, was er über Indianer wußte. Die Einbahnstraße. Wir führen euch in unsere Gesellschaft ein. Wir sind nicht daran interessiert, etwas über eure zu lernen.

Eine Frau, die bei einem Sozialdienst in der Abteilung für Indianerangelegenheiten arbeitete, setzte sich so sehr ein, daß sie auf Berge stieg und durch Canyons lief, um hilfsbedürftige Menschen zu finden. Als sie kurz vor der Rente stand, setzte sich an einen Küchentisch, ließ ihren Kopf in die Hände sinken und sagte traurig, bestürzt und verwirrt: »Und am Ende verstehe ich sie immer noch nicht.«

In meiner Sprache und aus meiner Beobachtung heraus hieß das: »Egal wie ich es anstelle, sie tun einfach nicht das, was ich ihnen sage. Ich habe keinen Weg gefunden, sie mir gleich zu machen.«

Ein paar Monate vorher hatte ich mitbekommen, wie sie sich über ein Navajo-Mädchen empört hatte, das in ihrem Büro arbeitete. »Sie hat gesagt, ihr gefällt die Art nicht, wie wir die Dinge angehen. Ich habe ihr gesagt, ›Das geht dich NICHTS an.‹ Sie meinte ›Aber das sind doch meine Leute.‹ Ich sagte ›Das hat NICHTS miteinander zu tun.«

Vertikale Organisation ist eine Maschine, und diejenigen, die dabei bleiben, werden selbst kleine Maschinen innerhalb der großen Maschine und können diejenigen, die sich dagegen wehren, Maschinen zu werden, nicht verstehen.

Ich weiß. Die Frau vom Sozialamt hat mich auch nicht verstanden.

Ebenso wenig wie der Lehrer der Hopi, dem es ganz gut ging – beiden ging es ganz gut, sie hatten viel Mitgefühl füreinander. Ich spülte das Geschirr und versuchte, so wenig wie möglich von dem Vortrag mitzubekommen. »Indianer sind so dumm.« (Wie kann man Leuten helfen, die man für dumm hält?) »Indianer sind so undankbar.« Immer weiter. Als es hieß »Sie sind so rüde!« – »Ich weiß. Sie sagen nicht ›Danke‹!«, konnte ich mich nicht mehr raushalten. »Ist es nicht so,« fragte ich (wohl wissend, daß es stimmte, und die Leute vom *Bureau of Indian Affairs* glauben, daß nur sie sich mit Indianern auskennen, deshalb fragte ich nach) »daß sie untereinander niemals ›Danke‹ sagen?« (Mir gefällt dieses Nicht-Danke-Sagen, und ich wünschte, wir würden auch damit aufhören.)

Der Hopilehrer wandte sich mir zu und sagte: »Stimmt, das tun sie nicht! Sie sind *sehr* rüde.«

(»Und trotzdem verstehe ich sie nicht.«)

Darauf fiel mir nichts mehr ein. Jetzt habe ich das Gefühl, als ob die Quelle versiegt wäre – als ob es nichts mehr zu schreiben gäbe. Ich könnte zurückgehen und nachsehen, was ich schon geschrieben habe und den Faden wieder aufgreifen. Aber das will ich nicht. Ich bin neugierig womit ich am Morgen aufwache. Im Moment habe ich das Gefühl, als ob der Morgen nichts hervorbringt, weil es nichts gibt, das hervorgebracht werden muß. Ich kann immer hin und her pendeln und sehen, was passiert. Etwas passiert immer.

Die Prismen an meinem Fenster leben von den Farben, die durch die Scheibe reflektiert werden. Wo kommen sie her? Eine kleine Stadt aus Lichtern, Spiegelungen, Farben. Was das für eine Welt wäre! Ich glaube, daß ich sie ziemlich schnell satt hätte.

———•———

Am nächsten Morgen: Letzte Nacht habe ich geträumt, ich hätte einen Brief von Bertrand Russel bekommen. Er schrieb, er habe die ersten sechs Seiten von *Person to Person* (dt. C. Rogers/B. Stevens, *Von Mensch zu Mensch. Möglichkeiten, sich und anderen zu begegnen.* Neuauflage in Vorbereitung: Edition des Gestalt-Instituts Köln/GIK Bildungswerkstatt im Peter Hammer Verlag, Wuppertal 2001) gelesen und wolle mich unbedingt treffen. Ich war verletzt, weil er sich nicht erinnerte, daß wir uns drei Jahre lang sehr nahe gestanden haben. Er sagte, es sei das erste Mal, daß er in die USA reise. Daraufhin war ich nicht mehr ganz so verletzt, denn offenbar erinnerte er sich nicht daran, schon einmal in den USA gewesen zu sein. Aber ein bißchen verletzt war ich dennoch, weil ich dachte, daß unsere gemeinsame Zeit unvergeßlicher gewesen sei als die USA. Er sagte, er fürchte sich ein wenig zu kommen, es sei angsteinflößend. Er habe immer ein bißchen Angst vor den USA. Mir ging es nicht so.

Ich liebe den Regen. Ich sitze hier schon eine ganze Weile und habe nicht gemerkt, daß es regnet. Heute kann man die erste Hügelkette sehen, die hinter dem See aufragt – die Hänge voll mit Ahornbäumen, und oben auf dem Kamm weiße Pinien. Die dahinterliegenden Berge sind nicht da. Natürlich *weiß* ich, daß sie da sind, aber in diesem Augenblick sind sie für mich nicht da. Die Szene hat sich verändert. Ich lebe in einer kleineren Welt und fühle mich wohl darin.

Ich denke nicht, daß ich mit diesem Traumfragment gestalttherapeutisch arbeiten kann. Das, was ich »denke«, ist normalerweise gelogen. Wenn ich mir also selbst erzähle (noch eine Lüge), daß ich nicht weiß, wie *ich* damit arbeiten kann, muß ich eben warten bis Fritz zurückkommt und sehen, was er mit mir und dem Traum anfangen kann. Und ihn in bezug auf Gestalt vielleicht (ein bißchen) widerlegen? Diese Boshaftigkeit in mir, Fritz zu widerlegen, ist klein, sporadisch und nicht sehr ausgeprägt, weil ich weiß, daß Fritz seine Arroganz selbst nicht mag, und was das betrifft ist er wunderbar bescheiden. Das ist die »Sanftmut«, von der Jesus sprach und die so viele von uns ablehnen, weil sie selbst im Wörterbuch als fromme Demut und Unterwürfigkeit beschrieben wird, als ein Sich-der-Verletzung-Aussetzen usw. Wir lehnen unsere eigene Bedeutung ab, die wir der Welt geben, und zwar zu Recht. Geht man aber zurück und nähert sich den Worten Jesu und der Übersetzung ins Englische, dann bedeutet das Wort einfach »sanft und freundlich«.

Hier macht sich jeder sein eigenes Frühstück. Eine Ausnahme machte nur Fritz – am Anfang. Kay, die dafür und für ein paar andere Dinge bezahlt wurde, machte Frühstück für Fritz – obwohl Fritz wollte, daß hier eine Gemeinschaft entsteht, in der niemand für irgend etwas bezahlt werden sollte. Als Kay ging, machte ich zweimal Frühstück für ihn – das ergab sich so. Am nächsten Morgen machte ich keins. Ich sagte ihm, daß ich an diesen beiden Tagen für uns beide Frühstück gemacht hätte. Hätte ich es auch am dritten Tag noch gemacht, wäre es nur für ihn gewesen. Er zeigte Verständnis und akzeptierte meine Entscheidung ohne auch nur ein Wort zu sagen. (Wenn ich nicht jeden Tag fünf Stunden in Gruppen verbringen würde – abgesehen von allem anderen, würde ich es wohl genießen, für uns beide Frühstück zu machen. Ich würde es richtig gern tun und hätte nur selten keine Lust.)

Fritz hatte gelegentlich angedeutet, er habe keine Ahnung vom Kochen und habe es nie gelernt. An dem Tag, an dem ich ihm kein Frühstück gemacht hatte, sagte er sanft und freundlich: »Ich werde lernen, mir selbst Frühstück zu machen.« Sanft, freundlich und *neutral*. Ohne Märtyrertum, ohne Einspruch, ohne Stolz. Ich besorgte ihm eine Kaffeemaschine, die sich selbst abschaltete, füllte seinen Kühlschrank mit Lebensmitteln, die er morgens gerne aß und legte noch ein paar Dinge dazu, von denen ich dachte, daß er sie mögen würde. Seitdem hat er sich sein Frühstück immer selbst zubereitet. Das ist sein Ort. Er hat ihn gekauft, und er hat das Risiko übernommen. Was wir (über neunzig Leute) bis jetzt aus unserem Aufenthalt hier gewonnen haben ist durch ihn möglich geworden. Er ist der Begründer der Gestalttherapie. Sein neues Buch *Gestalt Therapy Verbatim* (dt. F. S. Perls, *Gestalttherapie in Aktion*. Klett-Cotta, Stuttgart 1993) ist innerhalb eines halben Jahres 20.000 mal verkauft worden, und zwar ohne die üblichen Werbemaßnahmen, nur durch Mund-zu-Mund-Propaganda. Bei der Jahresversammlung der American Psychological Association erhielt er eine Auszeichnung (ohne Mitglied zu sein). Er ist 76 Jahre alt und weithin bekannt für seine Arroganz. Er macht sich sein eigenes Frühstück und freut sich, wenn die Eier auch ohne Uhr genau richtig sind.

———•———

Wie kann ich gestalttherapeutisch mit einem Traum arbeiten, in dem nebelhaft ein Brief von Betrand Russel durchscheint – er erscheint wie von Nebel umhüllt, ich kann ihn nicht wirklich sehen, und seine Handschrift, die ich doch so gut kenne, taucht nicht auf – obwohl ein Teil der Botschaft deutlich wird? Das scheint mir unmöglich zu sein. Das ist eine Lüge. Ich *denke* (diese Lügnerin), daß es unmöglich ist. Ich *weiß,* daß es geht. Wenn *nichts* da wäre, würde Fritz sagen: »Sei das, was nicht da ist.«

Ich habe angefangen, für mich alleine mit dem Traum zu arbeiten. Ich habe mir die ersten sechs Seiten von *Person to Person* angesehen, die Bertie gelesen hat und über die er mit mir sprechen wollte. Diese ersten Seiten enthalten das Vorwort von Carl Rogers und meine Einleitung. Pah! Was soll das bringen? Darum ging es doch überhaupt nicht. Wenn er zumindest den Anfang gelesen hätte, wäre es etwas anderes gewesen.

Ich war kurz davor, daß Buch wegzulegen – in meinen Gedanken –, aber ich traue meinen Träumen. Ich habe diese sechs Seiten noch einmal gelesen und dabei ein paar Dinge entdeckt, die ich vergessen hatte und die mir jetzt, in diesem Moment wichtig sind. Eigentlich habe ich sie mehr überflogen, werde sie aber noch einmal in Ruhe lesen. Für mein Leben hier und jetzt haben sie eine tiefe Bedeutung.

Ich möchte damit weitermachen. ... Ich befürchte, daß mein Ego sich davon faszinieren lassen wird, denn mein organismisches Gefühl ist Hunger, und »jetzt weiterzumachen« würde diesem Hungergefühl entgegenstehen. Intellekt/-Ego/Ich ist nicht stark genug, um mir zu widerstehen. Ich verlasse die Schreibmaschine und gehe zum Kühlschrank und zum Ofen.

Ich muß meinen Hunger eine ganze Zeit lang ignoriert haben. Beim Zubereiten so einfacher Dinge wie Eier und Toast war ich ganz nervös. Ein Gefühl von Eile, obwohl es keine Eile gab. Ich fühlte mich schwach. Ich hatte nicht rechtzeitig aufgehört. Hätte es einen Notfall gegeben, wäre ich einfach nur sprachlos gewesen. Zum Glück war das nicht der Fall – wie so oft, natürlich – aber leben heißt, auf eine Notsituation vorbereitet zu sein (ohne darauf zu warten). Das Abendessen gestern lief gut. Heute Morgen waren die Eier ein bißchen zu hart.

Wie ich diesen frischgepreßten Orangensaft liebe! Schon auf den Lippen schmecke ich ihn, dann im Mund und dann in dieser Röhre, was immer das für eine ist, die den Saft in den Magen transportiert. Dort verliere ich dann den Kontakt mit ihm. Lieber würde ich nur ein einziges Mal im Monat frischen Orangensaft trinken, als jeden Tag dieses malträtierte, künstlich bearbeitete Tiefkühlzeug. Das einzige, was man heute mit den meisten Nahrungsmitteln tun kann, ist sie herunterschlucken und dann vergessen – und das tun die meisten Leute ja auch. In Kanada ist es noch nicht ganz so schlimm wie in den USA, aber es geht in dieselbe Richtung. Ich weiß nicht, was zuerst da war, das Schlucken und Vergessen oder das schlechte Essen, auf jeden Fall müssen wir diesen Kreislauf anhalten und umkehren. Ich glaube, nicht, daß das mit Gesetzen, Programmen und Planung zu machen ist. Jeder muß bei sich selbst anfangen. Dann funktioniert es. Ich brauche niemanden dazu zu bringen, ich muß es einfach nur selbst in die Hand nehmen. Dann habe ich meinen Teil getan, und mein Teil ist der einzige, den ich zu tun habe. Darüber hinauszugehen ist Phantasie und bedeutet Kraftverlust.

———•———

Bertie gefiel »Amerika« nicht besonders. Einmal meinte er, daß es ihm diesmal besser gefallen hätte als früher. Jedesmal wenn er da war, geriet er für ein paar Tage in so eine Art inneren Strudel oder inneres Durcheinander.

> *In America I am a Personage, which I loathe. But otherwise I liked America better this time than on former occasions. It's a queer country.* (1)

Er liebte die Küste der Conemara in Irland, wo er etwas erlebt hat, für das wir so viele verschiedene Namen haben, und die doch alle so dumm klingen, daß ich es lieber gar nicht benennen will. Es entzieht sich auch jeder Benennung. Jedenfalls kam er an dieser rauhen und stürmischen Küste (wie er sie beschrieb – ich selbst war nie dort) so intensiv mit dem Universum in Kontakt, daß dieses Erlebnis alles, was er in seinem normalen Leben tat, lächerlich erscheinen ließ, nicht wert, sich damit zu beschäftigen. Es schien dieselbe Bedeutung zu haben, wie das Entfernen einer einzelnen Ameise von einem ganzen Planeten.

So ähnlich ging es mir, als ich an der University of New Mexico Press als Lektorin arbeitete. Sobald das Manuskript eines Professors anerkannt wurde (sie brauchten Jahre, um ein einhundert Seiten starkes Manuskript zu schreiben), fingen sie an, Druck zu machen. Ob ich schon damit angefangen hätte? Ob ich es schon in die Druckerei gegeben hätte? Wann es erscheinen sollte? Druck, Druck und nochmals Druck. Eine Zeit lang konnte ich widerstehen, auch wenn das für gewöhnlich nicht ausreichte. Aber manchmal verlor ich den Boden unter den Füßen, und dann drängte ich mich selbst noch mehr als sie mich drängten. Und dann plötzlich die Explosion. Ich war gleichzeitig in mir und außer mir. Am Schreibtisch saß das kleine Ameisen-Ich und hatte nur das Manuskript im Sinn, an dem ich arbeitete. Es nahm alles viel zu ernst. Und hier war das große Ich und erfreute sich an dem ganzen gottverdammten Planeten, auf dem ich geboren worden war. Die Absurdität des Ameisen-Ich! Ich mußte lachen und lachte immer weiter. Ich war so ungeheuer lächerlich, wie ich da saß und einen Haufen Wörter so ernst nahm, und nicht nur das; hinzu kam noch die Eitelkeit (oder das Ego) der Männer, denen es so viel bedeutete, diesen Haufen Wörter

---

1) In Amerika bin ich eine Berühmtheit, was ich verabscheue. Aber ansonsten gefiel mir Amerika diesmal besser als bei früheren Gelegenheiten. Es ist ein merkwürdiges Land. (Bertrand Russel)

gedruckt zu bekommen. Mir war danach, jeden freundlich zu durchzuschütteln und zu rufen »WACH AUF!« Noch besser, ich würde es von einem Berg herab BRÜLLEN. In was für verrückte kleine Phantasien ich mein Leben doch investiert hatte, von denen ich auch noch dachte, sie seien *wirklich*. Das Universum war ich – und ich war das Universum. (Warum gebrauchen wir im Englischen einen Großbuchstaben für »I« und einen kleinen für »me«? Diese Frage kann man nicht beantworten, aber es ist ein gutes Gefühl, sie zu stellen. Es ist, als ob man etwas öffnet, das bisher verschlossen war, und es gibt keinen Lehrer, der mir sagt: »So *ist* das nun einmal, also lerne es, und hör auf, die Klasse zu stören.«)

———•———

Die Schreibtischlampe leuchtet auf meine Schreibmaschine. Je weiter sich der Lichtkegel von der Lampe entfernt, desto schwächer wird der bläuliche Schimmer. Der Schatten des Schlittens wandert mit dem schwächer werdenden Licht, bis er schließlich ganz verschwindet. Das kleine Anzeigelämpchen für den Motor der elektrischen Schreibmaschine (als ob ich ihn nicht hören würde, und selbst wenn ich keine Augen hätte, würde ich doch sein Vibrieren spüren) leuchtet gleichmäßig orange und erscheint robuster als die Maschine selbst. Hände, die Tasten anschlagen. Während ich diese Berührung spüre, werden meine Hände sanfter als zuvor, freundlicher – sie brauchen gerade soviel Energie wie nötig ist, um die Tasten zu drücken – nicht mehr – und es gibt keinen Rückschlag. Es hat eher etwas Musikalisches. Ich fühle mich in Harmonie. Selbst der Anschlag der Hämmer gegen die Walze erscheint mir sanfter und weniger widerständig, wenn ich die Tasten sanfter anschlage. Durch meinen Körper und über mein Gesicht läuft eine kleine Welle, die sich wie ein Lachen anfühlt, kein großes Lachen, sondern ein leichtes, kitzelndes, federleichtes Lachen. Ich bin, was ich gerade tue.

———•———

Wenn wir bei unseren Wanderungen durch die Moorlandschaft von Cornwall an ein Tor kamen, öffnete Bertie das Tor, während ich durch die kleine Zauntür ging. Beim vierten Tor meinte er: »Du glaubst doch nicht etwa, daß ich diese Tore für mich selbst aufmache, oder?«

Ich war geknickt.

Aber wenn er die Tore nicht für sich selbst öffnete, warum ging er dann nicht wie ich durch die Zauntür?

Damals war er schon ein alter Mann, fünfundfünfzig Jahre alt. Jetzt ist er über neunzig, und ich weiß nichts mehr über seine Gefühle.

Damals erschien es mir ungeheuer wichtig, herauszufinden, welchen der beiden Männer, die ich liebte, ich heiraten sollte. Dreißig Jahre später kam es mir vor, als hätte es keine Rolle gespielt. Ich kann das nicht erklären. Es kommt mir immer noch so vor. ... Nachdem ich das geschrieben habe, kann ich es nicht erklären. Ich fing an, nach einer Erklärung zu suchen, ich wollte eine finden. Welchen Unterschied würde es machen, wenn ich eine Antwort fände? Selbst wenn sie wahr wäre. Was könnte ich damit anfangen? Mein Ego würde sich ein bißchen aufblasen, weil es so klug ist, aber das wäre auch schon alles. ... Witzig. Damals kam es mir so vor. Es fiel mir so schwer, mich zu entscheiden, und ich dachte, ich doch in der Lage sein, eine Wahl zu treffen. Also wählte ich und machte mir Gründe zurecht, um meine Wahl zu untermauern.

Mein erster Mann war anders. Er war ein Fehler, den ich wiedergutmachen konnte. Die beste Entscheidung, die ich jemals rückgängig gemacht habe. Ich will damit nicht sagen, daß er »schlecht« war. Er war nur einfach nicht der richtige für mich.

———•———

Mein Traum. Hmmm. Ich kann mich immer noch nicht entschließen, gestalttherapeutisch mit ihm zu arbeiten. Ich weiß nicht, wofür dieser Widerstand steht. Ich fühle mich nicht bedroht. Ich habe so ein Gefühl von: »Ach, zu viel Ärger.« »Wofür?« Mir fällt auf, daß der Regen inzwischen stärker geworden ist. Meine Augen fallen zu – wie wenn ich müde bin und einschlafen könnte. Ich gähne – ein schönes, ausgedehntes Gähnen, weil ich jetzt weiß, wie gut es sich anfühlt und es ich nicht mehr unterdrücke, weil das so »üblich« ist.

Es ist nicht einfacher, zu tippen, als an einem Traum zu arbeiten. Wenn ich müde bin, ist es einfacher, mit dem, was ich tue, weiterzumachen, als es zu unterbrechen und etwas anderes anzufangen. Diese Worte kamen im Halbschlaf, müder und müder. Bin ich dabei, mich selbst zu hypnotisieren? Oder bin ich einfach müde, und das Geräusch des Regens verstärkt meine Müdigkeit noch? Wenn ich dem nachgebe, fühlt es sich gut an, und es ist mir egal. Die Fragen verschwinden. Ich gähne, und mit dem Gähnen kommt ein Ton: »Ahhhhhhhhhhh«, und auch das fühlt sich gut an. Manchmal denke ich, daß Gefühle eigentlich immer gut sind und daß nur die Gedanken über die Gefühle mich in Schwierigkeiten bringen. Sobald die Gedanken aufhören, sind die Gefühle in Ordnung, selbst die schmerzlichen. Wenn ich mich auf sie einlasse, anstatt sie zu verdrängen. Jetzt tränen meine Augen beim Gähnen, und das Gähnen wird von Mal zu Mal größer und stärker, und meine Augenlider pressen sich aufeinander. Mein ganzer Körper schwingt in Richtung Schreibmaschine und wieder zurück. Diese Art, die Dinge geschehen zu lassen, fühlt sich gut an. Gerade eben klang mein Gähnen wir ein Geräusch aus einem Tierpark. Meine Füße waren unter dem Stuhl, jetzt sind sie unter dem Tisch – die Beine gestreckt, die Hacken auf dem Boden, die Zehen in der Luft. Jetzt gehen sie hin und her. Selbst jetzt, während ich tippe, ist mein ganzer Körper in Bewegung – hin und her und hin und her. Ich komme mir vor wie bei diesem alten Spiel: »My grandmother went to London. ...« Wieviel Spaß wir dabei hatten. Ich würde es hier gerne mal spielen. Irgendwie scheint es ein ganz gutes Gestalt-Spiel zu sein. Ich fürchte nur, daß sich hier niemand dafür begeistern würde oder es auch nur probieren wollte – es sei denn, wir würden es in der Gruppe spielen und es als Gestalttherapie deklarieren.

———•———

Ich schaukle noch immer.

———•———

Jetzt kann ich beim Schaukeln nicht weitertippen, weil meine Arme weit hin und herschwingen, rhythmisch – wie ein Automat. Der Stuhl knarrt. Meine Hacken schlagen auf den Boden. In der Rückwärtsbewegung wirft sich Mein Nacken nach hinten. Jetzt bin ich ganz in der Bewegung.

Plötzlich hört der Automat auf. Ich sinke in den Stuhl, die Arme hängen seitlich herunter, ein Gefühl wie nach einer wohltuenden Gymnastikübung. Ich atme tief aus. Aus/ein – aus/ein. Es geschieht von selbst.

Ich fühle mich durchbewegt und bin nicht mehr müde.

Also gut. Der Traum.

Ich bin der Nebel. Ich bin zwischen mir und allem anderen. Gleichzeitig mache ich alles weich, und diese Weichheit ist gut. (Ich bin wieder der Nebel. So beweglich und erfrischt fällt es mir viel leichter.) Ich bin ein lustiger Nebel – warm. Fließend. Gleitend. Der Brief würde sehr viel härter klingen, wenn ich ihn nicht filtern würde. Ich mache ihn sanft und weich. Ich verwische ihn nicht. Du liest ihn direkt durch mich hindurch, d.h. du konntest ihn nicht durch mich hindurch *sehen*, sondern hast ihn durch mich *gehört*. Als Nebel habe ich deinen Blick verschwimmen lassen, nicht aber dein Gehör.

»Was? Welchen Sinn soll das haben?«

Kümmere dich nicht um den Sinn, folge einfach deinen Sinnen.

Ich bin Nebel zwischen Brief und Barry. Zwischen Nachricht und Barry. Ich bin weich und sanft. Ich mag meine Sanftheit. Ich mag mich. Wo ich anfange, ist der Brief hart, wo ich ende, ist Barry weich. Der Briefes tut nicht so weh, ist nicht so schmerzhaft, wenn er durch mich hindurchgeht.

Barry: Schmerz? Welcher Schmerz? Sicher, ein bißchen Schmerz, aber nicht so viel, daß du ihn mildern müßtest. Mach mir die Dinge nicht leicht! Geh weg! ... Das ist besser. Jetzt ist mir der Brief näher, und wir gehören zusammen.

Als Brief konnte ich nicht mehr weiterschreiben. Um Brief zu sein und mich entsprechend zu fühlen, mußte ich mich auf einen anderen Stuhl setzen. Ich weiß nicht warum. Jetzt sieht es so aus, als hätte die Sanftheit auf diesem Stuhl gesessen. Als ich den Platz tauschte und wieder der Brief wurde, war ich stärker und fester. Ich ließ meine Hände die Beine hinuntergleiten – bis zu den Knien, dann wieder rauf und wieder runter – immer hin und her. Mein Atem wurde viel klarer, als ob er durch eine Röhre ginge, und nicht durch den offenen Raum meiner Mundhöhle. Acht mal, zehn mal? So ungefähr. Dann hörte er ganz auf.

Wie geht es mir jetzt?

Ich fühle mich nicht mehr wir siebenundsechzig. Ich fühle mich immer noch dick, aber nicht wie eine alte Frau.

Wieder als Brief: (ein bißchen bissig) Ich habe es dir gesagt. Ich habe diese sechs Seiten gelesen, und ich will dir begegnen.

Barry: (auch bissig) Du *bist* mir begegnet! Du kennst mich! Du hast all die Jahre vergessen.

Brief: *Du* hast sie vergessen.

Barry: Habe ich nicht! Ich erinnere mich – du nicht. Du sprichst davon, mir zu *begegnen*, als ob es das erste Mal wäre.

Brief: (mit gedämpfter Stimme) Jedes Mal ist das erste Mal. (Lauter) Ich sagte *begegnen*. Wir sind uns nie wirklich begegnet.

(Durch meine Wirbelsäule steigt wieder Leben auf.)

(Ein bißchen Feuchtigkeit tritt in meine Augen. Ich fange an, dieses »Wir sind uns nie wirklich begegnet« zu verneinen, und die Feuchtigkeit in meinen Augen ist eine Verneinung meiner Verneinung.)

Barry: (demütig) Du hast recht. Wir sind uns nie wirklich begegnet. Obwohl wir das dachten. (Ein bißchen ärgerlich) Bin ich überhaupt *jemals jemandem* begegnet?

Brief: Vergangenheit. In die Vergangenheit zu schauen ist so, wie in die Zukunft zu schauen.

Barry: Du meinst die Vergangenheit ist wie eine Kristallkugel? Man kann alles in ihr sehen? Alle Illusionen.

Brief schweigt, und das Schweigen spricht Zustimmung.

Barry: Aber das mit Bertie und der Zauntür *ist* passiert. Und es *stimmt*, daß als er in New York zu mir zum Essen kam und mich fragte, ob ich eine Büroklammer für ihn hätte, ich die Matratze hochhob und eine aus den Matratzenfedern holte, und er fragte: »Hebst du Büroklammern immer da auf?«

Brief: Also was hast du davon?

Barry: (Nach einer Pause) Es zeigt mir, daß ich einmal am Leben *war*.

Brief schweigt.

Barry: Das war ich! *War* ich. WAR!

Brief schweigt.

»War« klingelt in meinen Ohren. *War*.

Drei kleine Buchstaben – w a r – umfassen meine ganze Vergangenheit.

Puh.

Auch alles andere, was ich war, ist darin enthalten. Damit fühle ich mich gut! Auch all die schrecklichen kleinen Dinge. Alles eingebunden in einem kleinen war. Ich halte sie in meiner Hand, schüttle die Hand und WERFE sie weg.

Das Komische ist, es funktioniert. Und das *alles* kam aus *mir*.

Die existentielle Botschaft dieses Traumes ist nicht neu, nicht einmal mir ist sie neu. Aber mein Wissen von ihr hat sich verändert. In diesem Augenblick habe ich das Gefühl, daß jede meiner Zellen sich dessen bewußt ist, und daß meine Gegenwart von jetzt an ein bißchen gegenwärtiger sein wird.

Jetzt bin ich bereit, den nächsten Schritt zu machen und mich »Berties« Angst, in die Vereinigten Staaten zu kommen, zu widmen. Jeder kleinste Teil meines Traumes bin ich. Es ist *mein* Traum, nicht der eines anderen. *Meine* Erfahrung und mein Erleben stecken in jedem seiner Elemente. ... Ein paar der Wolken sind jetzt heller geworden. Die Berge hinter den Hügeln sind zum Vorschein gekommen, und die Wolken sind wie Berge hinter den Bergen, gewaltig und schön. Mächtig. Welche ungeheure Kraft und Macht in all diesen Dingen, in die ich meine Hand stecken könnte, wenn ich dort wäre!

Ich spüre diese Macht in mir, und sie *ist* in mir. Ich fürchte mich jetzt nicht davor.

Wenn du versuchst, meinem Weg zu folgen, wirst du ihn nicht finden, denn meine Reise hat woanders begonnen. Mach deine eigene Reise, wohin auch immer dein Weg dich führen mag.

Jetzt, in diesem Moment, gehe ich essen. Mein Essen wird deinen Bauch nicht füllen.

Der See schimmert.

Es geht mir nach wie vor gut damit, daß ich diesen ganzen kleinen Vergangenheits-Sack weggeworfen habe. Ich hoffe, daß er da bleibt, wo er jetzt ist.

Ich bin wieder leer. Was wird es morgen zu schreiben geben?

Keine Antwort.

Wenn es soweit ist, werde ich es wissen.

Ich hasse Übungen.

Experimentieren, herausfinden, Freude erleben. Ich weiß nie, was als nächstes kommt.

Früher hat mir das Experimentieren mit mir selbst manchmal Schwierigkeiten gemacht. Ich wußte was passierte. Ich hatte ein Ziel. Ich drängte. Ohne Ziel zu experimentieren und ohne den Versuch, irgendwo anzukommen, hat mir nie Schwierigkeiten gemacht. Wenn ich es irgendwann in der Zukunft doch wieder versuchen sollte, stehen die Chancen immer noch ziemlich schlecht.

Ich würde sagen, wenn ein Therapeut ein Ziel für seinen Klienten hat, dann ist der Klient in Schwierigkeiten. Natürlich ist der Therapeut selbst ist dann auch in Schwierigkeiten, aber das ist »normal«, und wir sind daran gewöhnt. Die Art von Schwierigkeiten, in die ein Klient gerät, wenn der Therapeut ein Ziel für ihn hat, ist eine Weiterführung seiner ursprünglichen Schwierigkeiten, auf Grund derer er sich an den Therapeuten gewandt hat.

»Ich versuche so gut wie möglich, nicht zu denken.« – Fritz über sich selbst als Therapeut. Wenn ich in Hochform bin, gibt es keinen Therapeuten. Ich weiß nichts und weiß nicht, was ich tue. In solchen Momenten finden die anderen mich »erstaunlich«, dann »habe ich meinen eigenen Stil« und freue mich über das, was geschieht.

»Einer sich verändernden Spezies eine starre Norm aufzudrängen, heißt einen fliegenden Vogel aus nächster Nähe abzuschießen.«

Heute Morgen habe ich jede Menge Tippfehler gemacht. Ich kam nicht weiter und hatte keine Freude an dem, was ich tat. Was ist mein Ziel?

Ich möchte mit diesem Buch fertig werden. Was zuerst da war, weiß ich nicht. Je weniger ich mich an meiner Arbeit freue, desto mehr wünsche ich mir, damit fertig zu werden. Je mehr ich mir wünsche, damit fertig zu werden, desto weniger erfreue ich mich an meiner Arbeit.

Was passiert in meinem Körper? Diese Spaltung mache ich jetzt absichtlich. Oder nehme ich einfach zur Kenntnis, was ist? Auf jeden Fall bin ich nicht ganz, wenn ich *meinen Körper* zur Kenntnis nehme. Aber ich mache einen Schritt aus der Spaltung heraus, mit der ich mich über meinen Körper hinweggesetzt habe, als wäre er ein Etwas, das zu mir gehört. Ich bringe ihn dazu, etwas zu tun, genau wie viele Leute ein Pferd reiten oder ein Auto fahren oder einen Besen nehmen, um zu kehren.

Als ich gestern meinen Körper spürte und »ihn« tun ließ, was er wollte, als ich »ihm« das Ruder überließ (gegen alle Verbote meiner Gesellschaft) und »mich« (mein falsches Selbst) »ihm« unterordnete, wurde ich *ich*. Heute Morgen bin ich wieder gespalten. Ich *weiß*, daß meine Schultern schmerzen, aber ich bin mir ihrer nicht gewahr, ich reagiere nicht auf sie. Genauso wie ich *wissen* kann, daß jemand bei mir ist, ohne auf ihn einzugehen. Wenn ich weiß, daß jemand bei mir ist und ich ihn ausschließe, bin ich mir seiner Gegenwart nicht bewußt. Wenn ich ihn hereinlasse, werde ich mir seiner bewußt.

Ich sage nicht, daß es »schlecht« wäre, jemanden auszuschließen. Wenn ich meinen Körper ausschließe, ist das etwas anderes.

»Meinen Körper anzunehmen« – im Sinne von Nacktheit oder Sex – ist nicht dasselbe wie *meinen Körper* anzunehmen. Es bedeutet, eine *Idee* anzunehmen, eine Abstraktion.

> The Arch-Fiend in his universe may be summed
> up in the word abstraction, meaning any idea
> to which a man subscribes as if it were
> more living than himself –
>
> (leaving a perfectly distinct unhe;
> a ticking phantom by prodigious time's
> mere brain contrived: a spook of stop and go)
>
> e.e.cummings

In einer Welt, in der alles »sofort«, schnell und ohne Aufwand gehen muß, schmerzfrei, ohne Beobachtung und ohne Selbstbeteiligung, nehmen (oder abstrahieren) die Leute einen kleinen Teil der Theorie eines Menschen, einige seiner Arbeitsmittel, und geben sie anderen als »Erlösung« weiter. Das ist Quacksalberei.

─────•─────

Wir haben lange Zeit gebraucht, um das ganze Freudsche Zeug zu entlarven. Jetzt treten wir in eine neue und gefährliche Phase ein. Wir treten in die Phase der Aufputscher ein: sich aufputschen und augenblicklich Spaß haben, augenblicklich wache Sinne haben, auf der Stelle geheilt sein. Wir treten in die Phase der Quacksalber und Betrüger ein, die glauben, daß du geheilt bist, wenn du irgendeinen Durchbruch schaffst – und die jegliche Erfordernisse des Wachstums außer acht lassen; die den natürlichen Genius in jedem von euch, jegliches wirkliche Potential, mißachten. (aus: F. Perls, *Gestalttherapie in Aktion*. Klett-Cotta, Stuttgart 1993, S.10)

Fritz, in *Gestalttherapie in Aktion*

In unseren Augen ähnelt der Therapeut dem, was der Chemiker einen Katalysator nennt, einem Ingrediens, das eine Reaktion beschleunigt, die anders möglicherweise nicht eintritt. Es schreibt weder die Art der Reaktion vor, die von den Reaktionseigenschaften des vorhandenen Materials abhängt, noch wird es zu einem Teil der wie auch immer gearteten Verbindung, zu deren Entstehung es beiträgt. Seine Funktion ist es, einen Prozeß in Gang zu setzen. Es gibt nun einige Prozesse, die, einmal in Gang gesetzt, sich selbst erhalten oder autokatalytisch sind. Dies ist, wie wir meinen, der Fall in der Therapie. Was der Arzt in Bewegung bringt, setzt der Patient selbständig fort. Der »erfolgreiche Fall« bedeutet nicht eine »Heilung« im Sinne eines fertigen Produkts, sondern einen Menschen, der jetzt das Werkzeug besitzt, um mit Problemen aller Art umzugehen. Er hat Ellbogenfreiheit gewonnen, mit der er arbeiten kann, und ist nicht länger eingeengt von dem verworrenen Durcheinander begonnener, doch unerledigter Geschäfte.

In Fällen, wo unter diesen Vorzeichen behandelt wird, stehen die Kriterien des therapeutischen Fortschritts nicht mehr zur Debatte. Es geht nicht um größere »gesellschaftliche Eignung« oder verbesserte »zwischenmenschliche Beziehungen«, wie es in den Augen einiger anmaßender und selbstgerechter Außenstehender erscheinen könnte, sondern um das Gewahrsein des Patienten von erhöhter Lebenskraft und gesteigerter Handlungsfähigkeit. Sicher vermögen auch andere die Veränderung zu bemerken. Ihre gute Meinung ist aber dennoch nicht der Prüfstein der Therapie.

(»Um von *ihrer* Meinung unabhängig zu sein.« Als ich vor ein paar Jahren zu malen anfing, zog mein Sohn mich mit meinen Bildern auf. Ich malte weiter. Als eine Künstlerin einige meiner Bilder rahmen lassen wollte, erklärte ich ihr: »Ich weiß, daß sie dann besser *aussehen* würden, aber die Fehler, die ich in diesen Bildern erkenne, wären immer noch da.« Ich malte weiter und folgte *meinem* Weg, meiner Entwicklung, meiner Beobachtung, meinem Wissen und wurde entweder damit aufgezogen oder hoch gelobt. So mache ich es nicht mit allem, aber ich werde stärker.)

Solche Therapie ist flexibel und selbst ein Abenteuer des Lebens. Aufgabe des Arztes ist nicht, wie ein weitverbreitetes Mißver-

ständnis lautet, »herauszufinden«, was dem Patienten fehlt, und es »ihm zu sagen«. Man hat es ihm schon sein ganzes Leben lang »gesagt«, und in dem Maß, wie er die Worte der anderen akzeptiert hat, hat er sie sich selbst »gesagt«. Noch mehr Worte können das Blatt nicht wenden, selbst dann nicht, wenn die Autorität des Arztes hinter ihnen steht. Wesentlich ist nicht, daß der Therapeut etwas über den Patienten lernt und es ihm dann beibringt, sondern daß der Therapeut den Patienten lehrt, etwas über sich selbst zu erfahren. Dazu gehört aber, daß der Patient sich unmittelbar dessen bewußt wird, wie er als lebendiger Organismus »funktioniert«. Das geschieht aufgrund von Erfahrungen, die wesentlich nonverbal sind.
(aus: F. Perls/R. Hefferline/P. Goodman, Gestalttherapie. Praxis. DTV, München 1991, S.33f.)

Eine Tasse Tee

Nan-in, ein japanischer Zenmeister, empfing einen Univeritätsprofessor, der ihn über die Kunst des Zen befragen wollte.
Nan-in servierte Tee. Er füllte die Tasse seines Besuchers bis zum Rand und goß immer weiter.
Als der Professor die Tasse überlaufen sah, konnte er sich nicht mehr zurückhalten. »Sie ist übervoll. Es paßt nichts mehr hinein!«
»Wie diese Tasse«, sagte Nan-in, »bist auch du voll – mit Meinungen und Spekulationen. Wie kann ich dir zeigen, was Zen bedeutet, wenn du nicht zuerst deine Tasse leerst?«

(aus: Paul Reps, *Zen Flesh, Zen Bones*. Charles E. Tuttle Co., Inc., Tokyo)

———•———

Ich bin und tue mein Bestes – sowohl in Hinblick auf meine praktischen Fähigkeiten als auch auf meine Beziehungen zu anderen Menschen – wenn ich nicht darüber nachdenke.

Brich mit deinem psychologischen Gedächtnis, sagt Krishnamurti. Wirf Überzeugungen und Interpretationen über Bord – alles Selbst-Hypnose. Ich spiele mit der Sprache herum und suche nach Möglichkeiten, um auszudrücken, was passiert, wenn ich das tue. Ich gebe den unmöglichen Kampf auf.

Klar. Weißt du, was *klar* ist? Ich nicht. Ich erinnere mich nur daran – jetzt.

———•———

Fritz: Wenn ihr versucht, zu helfen, seid ihr verloren.

»Du versuchst, zu helfen«, ist eine der kritischsten Äußerungen, die Fritz uns als Therapeuten gegenüber macht. Wenn jemand auf dem heißen Stuhl sitzt und zu Fritz sagt: »Ich weiß, du willst mir helfen«, sagt Fritz »Nein.« Manchmal sagt er noch etwas *darüber*, was in ihm vorgeht und was nichts damit zu tun hat, helfen zu wollen.

Wenn ich versuche, zu helfen, habe ich die Idee zu helfen. Ich beginne mit einem Konzept, habe eine Meinung, eine Überzeugung, eine Ahnung, was »hilfreich« wäre, und ich habe ein Ziel. All das spielt sich in meinen »Gedanken« ab. Der frei fließende Prozeß, der ich bin, hat keine Ziele und kann nicht stattfinden, wenn ich welche habe – oder wenn ich denke.

Krishnamurti geht manchmal sehr hart mit Leuten um, die herumlaufen und anderen helfen. Jemand fragte ihn: »Wie ist das bei dir?«

Krishnamurti: Nun, ich tue das nicht absichtlich, verstehst du?

Das ist der Unterschied.

Krishnamurti: Ein religiöser Mensch ist ein Mensch, der allein ist – nicht einsam – ohne Dogmen, ohne Meinung, ohne Hintergrund – frei von Konditionierung und allein; und er freut sich daran.

»Beobachtung/Verständnis/Handlung!« sagte er letztes Jahr in Berkeley und zwischen diesen Worten ließ er keinen Raum zum Nachdenken.

In den letzten fünf Jahren hörte ich ihn einige Male sagen, daß stufenweise Veränderung nicht gut sei, daß wir (ich) eine radikale Veränderung herbeiführen müßten, und daß diese radikale Veränderung *jetzt* stattfinden muß, *genau jetzt*. Dabei dachte ich jedesmal: »Gut. Hervorragend. Ich bin bereit. Ich will. Aber *wie* kann ich das *jetzt* tun? Das schien mir völlig unmöglich zu sein.

Jetzt weiß ich, das jetzt der einzige Zeitpunkt ist, an dem ich etwas verändern kann.

Dann kommt die Stille. Totale Stille. Und gleichzeitig tanzt alles.

Ohne die mitte-lose Stille ist das Tanzen *mein* – und vorgetäuscht.

———•———

Manches von dem, was Fritz gesagt oder geschrieben hat, hat mich gestört, ohne daß ich hätte sagen können, was es eigentlich war. Einmal habe ich versucht, mich mit ihm über seine Autobiographie (*In and Out the Garbage Pai,* dt. F. S. Perls, *Gestalt-Wahrnehmung. Verworfenes und Wiedergefundenes aus meiner Mülltonne.* W. Flach, Frankfurt/Main 1981), die damals nur als Manuskript vorlag, zu unterhalten. Es brachte nichts. Ich fühlte mich von ihm blockiert. Doch dann wurde mir klar, daß ich mich ihm nicht verständlich machen konnte, weil ich mich selbst nicht verstand. Er meinte, daß ich versuchen würde, ihm etwas aus der Nase zu ziehen. Ich? Warum? Mit diesen Dingen kannte ich mich besser aus als er. Deshalb wollte ich ja, daß er sie ändert. Er müßte mir etwas aus der Nase ziehen! Dann verstand ich, daß ich ihn benutzen wollte, um in mir selbst Klarheit zu schaffen, und er wollte sich nicht dafür hergeben. Nun ja, auch ich lasse andere mich nur so benutzen, wie es mir paßt.

Jetzt ist mir klar, daß Fritz (aus meiner Sicht) nicht den Fehler gemacht hat, Zen als schnelle Erlösung zu propagieren: er hat den Fehler gemacht, den Zendo zu verwerfen, ohne sich auf ihn eingelassen zu haben. Ich glaube, daß Zen überleben wird.

In den drei Monaten, die ich jetzt hier bin, habe ich immer wieder gedacht, daß ich jetzt einige Aspekte der Gestalttherapie einfach nicht kapiere, weil meine Auffassungsgabe dazu nicht auszureichen scheint. Das war nicht schlimm; ich dachte einfach: so ist das wohl. Diejenigen Aspekte der Gestalttherapie, die mich ansprechen, habe ich wirklich gelernt, und damit war ich beschäftigt. Der Rest konnte ja später noch dazukommen. Ich ging für drei Wochen weg und dachte, daß ich dann wiederkommen und den Rest kapieren würde. Als ich zurückkam bemerkte ich, daß diese anderen Aspekte mich nicht ansprechen. Ich *will* sie gar nicht lernen, und deshalb werde ich sie auch nicht lernen, genau wie ich nie etwas *über* Adjektive, Adverbien und Aussagesätze gelernt habe. Ich mag sie nicht. Aber ich kann sie gebrauchen.

———•———

Es war witzig, in dieses Trainingscenter zu kommen, denn es war das erste Mal in meinem Leben, daß ich an einem Training teilgenommen habe. Ich kam nach Kanada, um mich nach einer Ranch oder einer Farm umzusehen, nach einer Gemeinschaft oder einem Kibbuz. Diese Idee habe ich immer noch, obwohl der Preis für das Land und die Schwierigkeit, geeignete Plätze zu finden, ihre Umsetzung bisher unmöglich gemacht hat. Als ich nach Vancouver ging, hatte ich keinen anderen Plan, als mir ein Ticket zu kaufen und ins Flugzeug zu steigen. Ich wollte herausfinden, ob ich immer noch in der Lage war, in eine fremde Stadt zu kommen und mich alleine zurechtzufinden. Es gab zwei Leute, die ich anrufen konnte, einer von ihnen war Fritz, aber ich wollte sie nicht anrufen bevor ich nicht sicher war, daß ich auch ohne sie auskommen würde.

Bis heute hatte nicht daran gedacht, daß dies eine Art ist, bewußt mit den Dingen umzugehen. Ich erkannte, daß meine Art, diesem Land und den Menschen hier zu begegnen, eine andere sein würde als wenn ich Freunde hätte, die mich unterstützen und anderen vorstellen oder mich begleiten würden, und die mir sagen könnten, wo die schönsten Plätze zu finden sind.

Ich rief Fritz nicht an, bis ich einen gewissen Grad von Verzweiflung überschritten hatte, so sehr in der Klemme saß, daß ich nicht mehr wußte, wie ich wieder da herauskommen sollte, Panik bekam, meine Panik wieder verlor und schließlich doch einen Weg fand. Da wußte ich, daß ich es immer noch konnte – und rief Fritz an. Eines Tages traf ich in seiner Wohnung in Vancouver ein paar Leute, die für in ein paar Wochen hier herkommen wollten. Ich wollte auch herkommen und mir diesen Ort ansehen, um herauszufinden, was hier los war, aber ansonsten hatte ich nichts damit zu tun.

Zwei Tage bevor sie alle eintrafen, kam ich zurück. Ich hatte mich nach einer Farm umgesehen, kam mit meiner Suche aber nicht weiter und dachte, daß ich mit ihnen zusammen herfahren, mir den Platz ansehen und dann über Victoria und Seattle wieder nach Kalifornien zurückkehren würde.

Ich ging in ein Café, um etwas zu essen – es war schon spät – und fühlte mich irgendwie unwohl und unbeholfen. Die Sitzplätze waren festgeschraubt. Ich nahm einen Platz, neben dem noch ein Hocker frei war und hätte mir gewünscht, daß auf der anderen Seite auch noch ein Hocker frei gewesen wäre. Dann kam ein Mann und setzte sich auf den leeren Hocker neben mir. Warum hätte er nicht woanders hingehen können?

Irgendwie war ich auch paranoid. Gordon hatte meinen Koffer ins Hotel gebracht – lange Haare, die Ärmel bis über die Ellbogen hochgekrempelt. Es war nicht diese Art von Hotel. Ich hatte das Gefühl, sie wollten mich nicht. Ich hatte noch eine kleine Plastiktasche dabei, in der ich meine Zahnbürste, Zahnpasta, eine Bürste und einen Kamm aufbewahrte. Als ich mich an der Rezeption anmeldete, legte ich sie auf die Theke. Aber diese Art von Hotel war es auch nicht. Als ich die Rezeption verließ, um mir von dem eleganten jungen Mann, der meinen Koffer trug, mein Zimmer zeigen zu lassen, meinte er: »Oh!«, und ging zurück, um mein Plastiktäschchen zu holen, das ich auf der Theke vergessen hatte. Im Aufzug standen ein halbes Dutzend Leute, alle piekfein gekleidet – wie feine Leute eben aussehen. Der elegante junge Mann hielt mein Plastiktäschchen als wäre es eine Schmuckschatulle. Er *machte* es zu einer Schmuckschatulle. Für einen Augenblick betrachtete ich es selbst so. Ich war beeindruckt. Clevere Leute, diese Chinesen.

Der Mann, der sich auf den Hocker neben mir setzte und den ich ignorierte, machte eine Bemerkung darüber, wie schön ich sei. Das passiert mir häufiger, und wenn ich merke, daß sie es ernst meinen, bin ich immer ziemlich durcheinander. Ich hatte nicht den Eindruck, daß dieser Typ es ernst meinte. Ich gab ihm irgendeine Antwort, von der ich hoffte, daß sie kühl wirkte, während ich aber gleichzeitig den Verdacht hatte, daß sie eher die selbe Wirkung hatte, wie meine Mutter, wenn sie wütend auf die Katze war und ihr einen Klaps gab. Ihre Klapse waren so sanft, daß die Katze anfing zu schnurren. Als erstes aß er eine halbe Grapefruit. Jedesmal wenn er hineinstach, spritzte der Saft mir auf die Stirn oder ins Gesicht. Mir fiel auf, daß er wartete, bis er fertig war, bevor er mich schließlich fragte: »Habe ich sie bespritzt?«

Ich schaute ihn an, und seine Haut war so rein – er sah aus wie poliert; sein grau-gewelltes Haar perfekt frisiert, sein Hemd so weiß und sein Jackett so schwarz, als ob er es gerade erst aus der Verpackung geholt hätte. Alles an ihm war so rein und unberührt, daß ich noch paranoider wurde. Er kannte sämtliche Kellnerinnen. Ob die Hoteldirektion ihn wohl beauftrage hatte, mich zu überprüfen? Bevor ich zum Essen gegangen war, hatte ich mir gerade mal einen nassen Waschlappen durchs Gesicht gezogen, meine Haare zurückgekämmt, ohne sie neu zu frisieren, und mir etwas anderes angezogen. Ich hatte ziemlichen Hunger. Auf unserer Tagestour von Kootenay Lake hatten wir nur einmal angehalten, bei Keremos, wo ich in einem netten kleinen Laden ein eher spärliches Sandwich gegessen und eine Tasse Tee getrunken hatte. In Keremos traf ich einen blinden Imobilienmakler. Als ich in sein Büro kam, stand er auf, streckte seine Hand aus und sagte ganz leicht : »Sie müssen zu mir kommen. Ich bin blind.« Er beschrieb Grundstücke besser als jede andere Makler, den ich bis dahin getroffen hatte. Er sagte: »Die Preise sind im Augenblick völlig durcheinander!« Uns beiden war sehr schnell klar, daß er nichts Passendes für mich hatte, und er versuchte nicht, mir irgend etwas Unpassendes zu verkaufen.

Der polierte Gentlemen neben mir fragte mich, was ich hier machte, und mir war nicht danach, es ihm zu erzählen. Er verhielt sich weiterhin wie ein Gentleman. Ich sagte irgend etwas, ich weiß nicht mehr, was. Wir kamen auf Gestalttherapie zu sprechen, und er fragte mich, was das sei. Ich sagte: »Sie macht die Leute für sich selbst verantwortlich.« Er nickte. »Freies Unternehmertum«, meinte er.

Er aß sehr viel schneller als ich – das tut eigentlich jeder –, und als er mit seinem Steak fertig war, hielt er mir seine Wange hin und sagte: »Küssen Sie mich.« Ich aß gerade ein heißes Roastbeef-Sandwich und war mir durchaus darüber im klaren, daß ich Fett auf den Lippen hatte. Diese Lippen auf seine polierte Wange? Ich fragte: »Mit diesen fettigen Lippen?«

»Mit diesen fettigen Lippen«, sagte er, seine Wange noch immer in Position haltend.

Ich küßte ihn auf die Wange. Er ging.

Vielleicht hatte das etwas damit zu tun. Alles hat immer irgend etwas damit zu tun. Als ich auf mein Zimmer ging, war mein Entschluß, hierher zu kommen, noch nicht sehr alt. Einen Tag später meldete ich mich an, und noch einen Tag später traf ich hier ein. Nur für mich. Ich wollte keine Therapeutin werden.

Nachdem die Dame von der Lokalzeitung mich interviewt hatte, erschien folgender Bericht in der Zeitung:

Wir fragten sie nach ein paar persönlichen Anmerkungen bezüglich des Gestalt-Workshops unter der Leitung von Dr. F. Perls, Psychiater. Wir zitieren:
Ich würde gerne sagen, daß Fritz Perls ein Genie ist, aber er selbst sagt, man bezeichne ihn schon sein Leben lang als Genie. Für ein paar Monate glaubte er es selbst, aber dann wurde ihm klar, daß er dieser Erwartung nicht entsprechen kann. Also sage ich nur, daß ich in Workshops mit ihm mehr Möglichkeiten und Ansätze kennengelernt habe, mit den Problemen des Menschseins fertig zu werden, als ich es vorher für möglich gehalten hätte.
In erster Linie geht es mir um mein eigenes Menschsein. Nach all den Jahren, in denen mir gesagt wurde, daß ich »an andere zu denken habe«, tut es gut, das zu sagen. Die Alternative schien immer darin zu bestehen, »an mich selbst zu denken«, und das mochte ich nicht. Es war eine wunderbare Entdeckung, daß ich gerade dann, wenn ich nicht denke, anderen gegenüber am aufgeschlossensten bin, bewußter erlebe, was um mich herum geschieht, und am besten funktioniere. Das klingt verrückt. Aber ich glaube, daß wir alle die Erfahrung kennen, etwas gerade dann wirklich gut gemacht zu haben, wenn wir nicht darüber nachgedacht haben bzw. unser Gleichgewicht und unsere Fähigkeiten dann eingebüßt zu haben, wenn wir anfingen, darüber nachzudenken. Es kommt auch vor, daß wir Fehler machen und anschließend sagen: »Ich habe gerade über etwas anderes nachgedacht.« Ich habe gehört, wie Fritz Perls über sich selbst als Therapeuten sagte: »Ich versuche, so weit wie möglich nicht zu denken.« Indem ich an mir selbst arbeite und versuche, das, was mich davon abhält, menschlich zu sein, loszuwerden, bringe ich sehr viel mehr Menschlichkeit in die Welt.
Wir bekommen gesagt, daß es »schlecht« sei, Fehler zu machen. Aber Fehler zu machen und sie zu bemerken, gehört zum Lernen dazu. Wenn wir nicht gegen unsere Fehler ankämpfen, korrigieren sie sich selbst. Wie sonst könnte ein Baby laufen lernen?

———•———

Ich verstehe das »Genie« inzwischen ein bißchen besser. Ich bin ein Genie, wenn mein Genie da ist, genau wie ich ein Koch bin, wenn ich koche, und eine Autorin, wenn ich schreibe. Zu anderen Zeiten bin ich das nicht.

In der vierten Woche hier forderte Fritz uns auf, Therapeut-Patient-Paare zu bilden. Wenn ich das Lachen, das in mir hochstieg, herausgelassen hätte, hätten sich alle daran erfreuen können. Ich behielt es für mich und war die einzige, die sich daran freute.

Als am Ende der Woche bekannt wurde, wer für ein weiteres Training akzeptiert worden war, stand auch mein Name auf der Liste. Ich war froh, dabei zu sein, hatte aber kein so gutes Gefühl was meine Zukunft betraf. Wenn ich jetzt dabeibliebe, müßte ich das Training sehr ernstnehmen. Ich würde Therapeutin werden müssen.

———•———

Meine Schmerzen haben mich schon vor längerer Zeit verlassen. Ich habe gespürt, wie sie weggingen. Ich habe es genossen, ohne an das »Buch« zu denken oder es »fertig bekommen zu müssen.« Wenn ich das, was ich tue, gern tue, ist es unsinnig, Geld dafür zu nehmen, sei es jetzt oder später. Wenn ich das, was ich tue, nicht gern tue, gibt es keinen Lohn, der groß genug wäre, es sei denn, es wäre so viel, daß ich den Job aufgeben könnte.

———•———

Ich habe Hunger. Nicht zuviel, sondern gerade genug. Ich habe meine Arbeit unterbrochen, und mir kommt der Gedanke (oder: das Gewahrsein, das sich in Worte verwandelt, wenn ich es zu Papier bringe), heute nach Lake Cowichan zu gehen und ein paar Sachen zu besorgen, damit ich den Schokoladenkuchen für Deke backen kann, den ich ihm im Juni versprochen habe, und um ein paar Lebensmittel für Fritz einzukaufen, bevor er übermorgen zurückkommt, denn übermorgen ist Sonntag, und dann sind die Geschäfte geschlossen. Und am Montag sind sie auch zu.

Als ich von der Schreibmaschine aufstand, dachte ich, daß ich mich umziehen muß. In diesem Aufzug (ich trage einen Flanellschlafanzug) »kann ich doch nicht« in den Ort gehen. Ich erzähle mir selbst (da ist wieder die Lügnerin), daß ich nicht im Schlafanzug nach Lake Cowichan gehen kann, weil (und wie oft ist *dieses* Wort eine Lüge) dieses Verhalten dem Ansehen des Instituts schaden würde. Aber – würde ich es tun, wenn es das Institut nicht gäbe? Ich besitze nicht die Dummheit (in Frankreich sagt man: blessé), das zu tun.

»Weil« ist in der Gestalttherapie ein Schimpfwort. Als ich damit experimentierte (das ist keine *Regel*), bemerkte ich, wie das »Weil« mich mehr und mehr von mir selbst und meinem Tun (egal, ob gut oder schlecht) entfernt, während ich ohne dieses »Weil« schlicht und einfach sage, daß ich etwas getan habe. Und dann kehrt meine Kraft zu mir zurück. (In unserer Gesellschaft hören wir den Satz »Warum hast du das getan?« schon sehr früh, und meistens handelt es sich dabei nicht um die Bitte um Information, sondern um einen Vorwurf.) Ohne »Weil« werde ich mehr zur Indianerin, ich lebe mit Tatsachen – ohne Lob oder Tadel, jenem Auf und Ab unseres Lebens, das dazu führt, daß wir unseren Mittelpunkt und damit unser Gleichgewicht verlieren.

Im *Garbage Pail* spricht Fritz darüber, wie er sich einmal spontan für eine Weile zum Trottel gemacht hat. Es wundert mich nicht, daß das für ihn eine ungewöhnliche Erfahrung war. In den Gruppen bittet er manchmal jemanden, den Dorftrottel zu spielen, das gehört zur Therapie. Bis jetzt hat noch niemand *meinen* Trottel gespielt.

———•———

Also zog ich mich um, und während ich das eine aus- und etwas anderes anzog, erinnerte ich mich daran wie es war, als ich noch jung war und die verregneten Tage soviel Glück versprachen. Nicht nur war es schön, im Matsch zu spielen und kleine Bäche und Flüsse zu bauen, nein, an solchen Tagen konnten wir auch mit alten Klamotten in die Schule gehen. Wir trugen *alte*, abgetragene Kleider, die manchmal sogar geflickt waren, es sei denn, in der Schule gab es irgend etwas Besonderes – dann zogen wir unsere Sonntagskleider an. An regnerischen Tagen trugen selbst die Leute, die an der Wall Street arbeiteten, alte Klamotten. In einer Zeit, als es noch kaum Überfluß und keine Reinigungen gab, und längst nicht jeder Weg gepflastert war, war das einfach »praktisch«. Meine Tante Alice (die ich manchmal so sehr liebte wie ich sie zu anderen Zeiten haßte) liebte es, an Regentagen zur Arbeit zu gehen. Dann watete sie zur Straßenbahn und freute sich, und außerdem machte es ihr an verregneten Tagen nichts aus, daß sie arbeiten mußte.

Wenn man sich ihm ganz hingibt, kann ein richtiger Notfall einen eigenen Reiz entwickeln. Ein weiterer Vorzug ist der, daß angesichts eines Notfalls Unwesentliches keine Rolle mehr spielt.

Wieviel ist wesentlich? *Wirklich* wesentlich. Wir haben nur wenige biologische Bedürfnisse.

———•———

Marcia wollte nach draußen. Ich hörte auf, Geschirr zu spülen – Unsinn. Ich sagte ja. Mir war nicht klar, daß ich wieder schreiben wollte. Als ich von Cowichan zurückkam und die Schreibmaschine sah, hatte ich überhaupt keine Lust. Als ich das Essen weggepackt hatte, hatte ich wieder Lust. Jetzt merke ich, daß ich langsamer geworden bin, etwas träge. Ich mache viele Pausen und habe nicht das Gefühl, daß es gut läuft. Ich fühle Marcia auf meinen Schultern, obwohl sie auf der Couch liegt. Sie stört mich nicht. Sie hat auch gar nichts gesagt. *Ich* störe mich selbst. Ich will mich dadurcharbeiten. ... Gut, das ist vorbei. Marcia ist gerade gegangen. Bevor sie ging, stand sie zweimal auf, ging ins Badezimmer, machte den Küchenschrank auf, und ich war genervt. Was machte sie da? Was wollte sie? Würde das den Dorftrottel interessieren?

»Ich kenne Marcia nicht sehr gut.«

Das ist ein »Weil«, eine Lüge.

Jetzt mag ich mich selbst nicht besonders.

Ich fühle mich unleidlich und griesgrämig und müde, und darüber nachzudenken bringt gar nichts. Wenn ich auf »gute Gedanken« umschalte, geht's mir vielleicht besser, oder ich glaube es zumindest, aber dann sitze ich immer noch in derselben Falle, der Trennung von mir selbst.

Pendeln. Sehen, was passiert.

Ein kleiner Schlepper fährt über den See. Er hat keine Stämme dabei. Ein kleines Schnellboot saust in die entgegengesetzte Richtung. Wie ein Streifenmuster überziehen lauter kleine Wellen den See. In der Lagune ist die Wasseroberfläche fast still. Regentropfen fallen auf den See. Mein Kopf schüttelt sich: Nein, Nein, Nein. Ich schließe meine Augen und spüre dem Gefühl nach, während ich den Kopf weiter hin und herschüttle. Nein nein nein nein nein nein. Oh nein. Ohh nein. Ich sage es laut. Meine Stimme klingt irgendwie tief, fest und sicher und gleichzeitig sanft. Sie paßt zu der Bewegung meines Kopfes, entspricht dem Rhythmus, stimmt überein. Ich öffne meine Augen, und auf den ersten Blick scheint der See auf dem Kopf zu stehen – wie ein schwebender Himmel. Das interessiert mich. Mein Kopf hört auf, nein zu sagen. Auf der Mitte des Sees gibt es eine scharfe Trennung. Der mir näherliegende Teil ist schwärzlich, der entferntere gleicht schwerem Frost. In der Lagune, ganz in meiner Nähe, spiegeln sich die Hügel der anderen Seite im Wasser. Ich schalte die Schreibmaschine aus, und plötzlich – Stille. ... Ich sehe, wie sich meine hüpfenden Finger in der Fensterscheibe spiegeln. Hinter dem Fenster werden die Wellen immer welliger. Sie heben sich und werden wieder zum Himmel. Ich habe das Gefühl, mich selbst mit derselben langsamen Dünung zu heben, wie ein Atemzug. Der Teil, der vorher dunkel war, hat jetzt ein schwarz-silbernes Muster, schwarze und silberne Linien, dünne Linien, die sich verdrehen und bewegen. Die Veränderung nimmt kein Ende.

Mein *Nein* scheint jetzt dem Feststecken zu gelten; ein Nein zu diesem Feststecken in der Vergangenheit vor beliebig vielen Minuten, wo nichts geschehen kann außer immer demselben.

Alles Phantasie. Alles Illusion. Wach auf! Wach auf!

»Der Schöpfer hat die Welt gemacht. Komm und siehe.«
　　　　　　　　　　　　　　　　Gebet der Pima Indianer

———•———

Achtung!

Jetzt funktioniere ich. Das Tippen klappt viel besser – und es ist keine Arbeit, oder kommt mir zumindest nicht so vor. Was ist überhaupt »Arbeit«? Was das betrifft, sind wir so verwirrt. Ich lasse die Frage fallen.

Im Navajo-Reservat Beulah gab der Koch den Kindern im Schlafsaal eines Morgens gebratene Eier. Er gab sie ihnen in die Hand. Sie trugen sie in den Speisesaal, setzten sich an den Tisch und aßen sie aus ihren Händen.

HORROR!

Im gesamten Reservat sprach man geschlagene zwei Wochen darüber – d.h. die Weißen.

———•———

Als ich zur Verde Valley School ging, lebten wir in Zelten. Die Schule wurde gerade gebaut. Ungefähr ein Dutzend Hopi arbeiteten dort, und ich hatte keine Ahnung, was sie über mich dachten. Irgendwie hielten sie sich auf Abstand. Küche und Speiseraum waren in einem kleinen Haus aus rotem Sandstein untergebracht, das nur aus einem einzigen Raum bestand und das zusammen mit dem Land gekauft worden war. Man legte neue Dielen auf den Boden und stellte einen nackten Holztisch hinein – sonst nichts. Eines Abends, nachdem Boden und Tisch gründlich gescheuert und richtig sauber gemacht worden waren, stieß ein kleiner Hopi-Junge sein Glas Milch um. (Ich bin »zu tief« ins Schreiben gekommen. Mein Gewahrsein hat nachgelassen. Gerade eben habe ich Rauch bemerkt und abgeschaltet, was gar nicht erst hätte angeschaltet werden sollen. Ich hätte den Geruch bemerken sollen, bevor sich Rauch entwickeln konnte. Ich habe das spontane Pendeln, das Gewahrsein bedeutet, ausgelassen.)

Die Milch, die auf dem Tisch verschüttet war, floß schnell in Richtung Tischkante, von wo aus sie weiter auf den Boden zu laufen drohte. Ich nahm den Kopf des Jungen, drückte ihn mit dem Gesicht zur Milch und sagte: »Schnell, leck sie auf!« Fröhlich leckte er die Milch auf, wobei er seinen Kopf leicht drehte, so daß er mich mit einem Auge ansah.

Seine Mutter, Mona Lee, lehnte sich auf ihrem Stuhl bequem zurück und meinte: »Sie sind nicht wie andere weiße Frauen. Die würden sagen: »Schnell, hol einen Aufnehmer!«, aber bis man den geholt hat, ist die Milch längst auf den Boden gelaufen.«

Später an diesem Abend ging ich ins Küchenhaus. Mona Lee saß mit dem Rücken zu mir und unterhielt sich mit einem Hopi-Mann, der gerade erst angekommen war. Als ich zur Tür kam, hörte er auf zu reden. Mona Lee drehte sich um, sah mich und sagte: »Sie ist in Ordnung.« Sie sprachen weiter.

In meiner eigenen Gesellschaft –

Mein Leben *dort* war so viel kraftvoller, und ich so viel spontaner und lebendiger.

Wir töten die Indianer.

Amerika braucht Indianer. Wir töten uns selbst.

Auch die Indianer glauben, daß wir sie brauchen.

»Indianisch« ist keine Hautfarbe. Es ist eine Lebensweise, die nicht nach Vietnam führt.

»Indianisch« ist eine Navajo-Frau, die mir erzählte, wie ihre weiße Sportlehrerin ihr das Schwindeln beigebracht hatte (man stolpert, so daß ein anderer Spieler hinfällt und es aussieht wie ein Unfall) und ihr gezeigt hat, wie man *gewinnt*. »Und jetzt«, sagte sie, »habe ich *so sehr* dafür gekämpft, das wieder aus mir herauszubekommen.«

Einige von uns kämpfen genauso hart dafür. Andere machen zum erstenmal die Entdeckung, daß wir permanent damit beschäftigt sind, Spiele zu spielen und zu gewinnen versuchen. Das machen selbst Männer mit Frauen, Eltern mit Kindern, Kinder mit Eltern und Kinder mit Kindern.

Auf der interkulturellen Konferenz in Saskatchewan meinte ein Mann, daß man den Indianern doch helfen würde, wenn man ihnen beibrächte, wie unser Rechtssystem funktioniert. Alle stimmten darin überein, daß Indianer gegenüber der Polizei und vor Gericht benachteiligt seien, weil sie, ihrer natürlichen Haltung entsprechend, die Wahrheit sagen.

Wer sollte sich ändern, die Indianer oder wir?

In welcher Welt würdest du lieber leben?

———•———

Heute habe ich ein Set mit Meßlöffeln gekauft. Ich wollte welche mit kurzen Griffen, die an einem Ring befestigt sind, mußte aber welche mit eckigem Schöpfteil und langen Griffen nehmen, die an einer Stange hängen, die in die Wand geschraubt wird. Mir fiel die Erfolgsgeschichte von Donald Stewart ein. »Wenn jemand eine *Zwei*-Cent-Briefmarke wollte, verkaufte ich ihm eine für *zehn* Cent. Wenn jemand in den sechsten Stock wollte, fuhr ich ihn in den zwölften!«

Sie sind nicht an einem Ring befestigt, und die Griffe sind sehr lang. Ich dachte, daß ich sie ebenso gut an die Seitenwand des Schrankes hängen könnte. Ich bekam die Stange nicht gerade. Einen Augenblick dachte ich: »Das ist schlecht.« Dann sah ich, daß die Löffel unten sowieso nicht gerade hingen, sie sind nach der Größe der Griffe und der Meßteile abgestuft. Es war witzig zu sehen, wie sich die Stange nach links unten, und die Reihe der Löffel nach links oben neigte. In diesem Moment bemerkte ich etwas an mir, das meinen Mann immer gestört hat, was ich wiederum nie verstanden habe. Es machte ihn immer verrückt, wenn die Dinge nicht *gerade* und *eben* waren, *wie es sich gehörte*. Inzwischen kann ich das verstehen; es geht mir oft genug selbst so. Zwar nicht so sehr, daß es seinen Ansprüchen genügen könnte, aber doch genug, um mich selbst zu stressen. Es ärgert mich, daß mich so etwas stört, daß ich einen Teil meines Lebens damit verbringe, mich darüber zu ärgern, daß die Dinge nicht so sind wie sie sein sollten. Deshalb war ich in meinen Büroklammer-in-der-Matratze-Jahren lebendiger, ja sogar, als ich zwanzig Jahre später in Deep Springs lebte. Ich trug einen Anzug aus englischer Wolle, den ich in Kanada gekauft hatte; es war ein wunderschöner Anzug aus feinstem Material. Ich glaubte nicht, daß ich einen solchen Anzug ein zweites Mal finden würde. Ich saß in der Küche auf einer Art Barhocker. Der Mann der Köchin, ein verbitterter Moralapostel, sagte: »Der Stuhl ist naß.« Nachdem ich mich hingesetzt hatte, war mir das auch aufgefallen. Der Mann der Köchin sagte mit klagender Bewunderung: »Dich scheint nichts besonders aus der Ruhe zu bringen.« Ich war zu glücklich, um mich aus der Ruhe bringen zu lassen. Grausamkeit oder Unterdrückung von Menschen – solche Dinge brachten mich aus der Ruhe, aber ansonsten nicht sehr viel.

Jetzt bin ich nicht *so* glücklich, nicht so lebendig. Meine Gläser fallen mir zu oft von der Nase. Ich habe nicht mehr diese passende Umgebung. Mit Hilfe der Gestalttherapie versuche ich, dort, *wo ich bin*, glücklich zu sein. Ohne so zu tun als ob. Ohne nach dem Silberstreifen am Horizont zu suchen. In Kontakt mit einer Leichtigkeit, und in einer Umgebung, die mich freiläßt. Ich arbeite daran, mich selbst freizulassen. Dies ist ein guter Ort dafür. Die meisten Menschen sind nicht sehr spontan, und meistens bin ich es auch nicht. Aber die Gestalttherapie und Fritz' Arbeit tragen dazu bei, daß ich freier und spontaner werden kann. In dieser Gemeinschaft spüre ich, daß ich unter dem konzentrierten Druck meiner Gesellschaft lebe, während dieser Ort gleichzeitig daran arbeitet, mich zu befreien. Noch habe ich es nicht geschafft, aber ich spüre, wie die Spontaneität mehr und mehr an die Oberfläche steigt. Das ist aufregend.

Im CoOp-Laden hatten sie heute Blumenkohl. Es waren ein paar kleine dabei, von denen ich einen in zwei Tagen essen kann. Ein paar waren riesig. Ich schaute auf den Preis, und sie kosteten 39 Cent das Stück. Alle kosteten dasselbe. Komisch, dachte ich.

Dann fiel mir auf, daß die kleinen sehr frisch und zart waren – und aromatisch, wie man an den Blättern sehen konnte. Und *dann* fiel mir ein, wie schwierig es damals war, die japanischen Farmer in Hawaii zu überreden, ein paar junge Bohnen und Möhren für mich zu pflücken, obwohl ich ihnen anbot, den Preis für ausgewachsene Früchte zu zahlen, so daß sie keinen Verlust hatten.

Ich kaufte einen von den kleinen. Ich habe schon so lange keinen Blumenkohl mehr gegessen, der wirklich nach Blumenkohl schmeckt, daß ich vergessen hatte, wie gut er sein kann. Ich dachte schon, ich mag keinen Blumenkohl mehr. Auch mein Magen fühlte sich gut an – keine Verdauungsstörungen. Es ist interessant zu sehen, wieviel weniger ich essen muß, wenn das Essen wirklich gut schmeckt. Ich fühle mich befriedigt. Es ist ein Gefühl wie nach dem Nachtisch. Oben im Haus aßen ein paar Leute Eis und guckten Fernsehen. (Es ist Freitag abend, und bis Sonntag abend finden keine Gruppen statt.) Ich liebe Eis, aber ich wollte keins.

Letzte Nacht ist im Schlaf so viel passiert. Seit August kommt das häufiger vor. Als ob ich die Sprache der Träume nicht mehr bräuchte und statt dessen direkt angesprochen würde. Nein. Es ist, als ob die Therapie während des Schlafs in mir weitergeht. Fritz meinte, das sei das Ende der Therapie – der Organismus macht von sich aus weiter.

Ich habe ein Problem. In diesem Buch wollte ich einiges über Gestalttherapie erzählen. Aber je besser ich die Gestalttherapie kennenlerne, desto weniger weiß ich zu sagen.

Als ich nach Hawaii ging, war ich wie verzaubert und wollte ein Buch schreiben. Drei Jahre später wollte ich noch immer ein Buch schreiben und bemerkte, wie anders dieses Buch werden würde, nachdem ich Hawaii intensiver erlebt hatte. Das ging immer so weiter, und als ich zehn Jahre dort gelebt hatte, wurde mir klar, daß ich kein Buch über Hawaii mehr schreiben konnte.

―――•―――

»Möchten Sie, daß ich Ihren Koffer trage?«

Die Gestalt-Version dieser Frage lautet: »Ich würde gern Ihren Koffer tragen.«

Der nächste Schritt hat keine Worte.

The Ex-Poet

Timber floats in the water. The trees
Arch over, it is green there, the shadow.
A child is walking on the meadow.
There is a sawmill, through the window.
I knew a poet once who came to this:
Love has not gone, only the words of love,
He said. The words have gone
Which would have painted that ship
Colors red lead never took
In sunsets lived at the Cape.
I said it was a good thing too.
He smiled and said: Someday
I shall have left this place as words left me.

Malcom Lowry
(Copyright 1962 Saturday Review, Inc.)

Blatt

Als Überschrift für diesen Abschnitt kam mir natürlich »Zwei« in den Sinn. Das war's. Dann dachte ich an »Blatt«, und so bleibt es jetzt.

Ich verstehe nicht, was in mir vorgeht. Irgendeine Art von Veränderung ist im Gange. Ich werde durchgeschüttelt und von Schmerzen und Schwächeanfällen überwältigt. Nichts an mir, das nicht davon betroffen wäre. Dann wieder Ruhe und Kraft. Es ist nie gleich. ... Im Moment spüre ich den Schmerz – als ob ich überhaupt keine Kraft hätte. ...

———•———

Ich bin keiner Idee nachgegangen. Das Problem der Verantwortlichkeit taucht auf. Ich sehe es aus zwei verschiedenen Perspektiven gleichzeitig und bin verwirrt. Ich lasse los. ... Wieder überkommt mich der Schmerz. Ich werde auf so vielfältige Weise an meine Krankheit erinnert. Jetzt war es der Arzt, der mich im Krankenhaus fragte: »Ja, *wo* fühlen Sie sich denn *normal*?« Im Augenblick fühle ich mich nirgendwo normal. Ich weiß nicht einmal, was normal ist. Die Frage hat sich mir nicht gestellt, aber die Antwort kam trotzdem: »Das Normale ist wie das Wetter: Regen oder Sonne, Wind oder Stille – und auf den Tag folgt die Nacht, und auf die Nacht wieder der Tag – das Wachsen und das Sterben.«

Heute morgen meinte Fritz: »Während des dreiwöchigen Workshops warst du nicht hier.« Eine Aussage. Ich antwortete: »Nein, ich war nicht hier.« Das war alles. Es war kein Programm. Ich hielt mich nicht zurück. Es folgte einfach keine »Erklärung«. Eltern verlangen Erklärungen. Lehrer verlangen Erklärungen. Wenn ich klein bin, nehmen Eltern und Lehrer in meinem Leben soviel Raum ein. Und später dann: »Freunde«, Chefs, Partner. ...

Gestern abend erzählte Fritz über die Gruppe in Esalen, von der er gerade zurückkam. Über sich selbst sagte er: »Zum erstenmal in meinem Leben war ich perfekt.« Er sagte, daß er die *Maya*, die Illusion, deutlich erkannt habe. Einen Moment lang erkannte auch ich ganz deutlich die Illusion. Was spielt es für eine Rolle, was mir oder anderen widerfährt, wenn alles nur Illusion ist – wie jemand, der in einem Theaterstück tot umfällt?

Dann trat diese Erkenntnis ein bißchen in den Hintergrund. »Verantwortung« machte sich breit, riß sie auseinander und machte sie kaputt. Manches *ist* schlecht, und Therapeuten »*sollten nicht*« –

Fritz läßt manches zu, was er nicht zulassen »sollte«. Er unternimmt nichts dagegen.

Fritz läßt auch mich so zu, wie ich nicht sein »sollte«. Er unternimmt nichts dagegen.

Das alles gehört zum selben Spiel.

Ich fange an, das anzustreben und stelle fest, daß ich es nicht kann. Mein Geist ist kein leeres Blatt. Was »ich« anstreben wollte, oder wovon ich dachte, daß ich es »sollte«, ist einfach nicht darin vorhanden. Aber auch nichts anderes. Und dennoch bin ich nicht »leer«.

———•———

Zwei Tage habe ich nichts geschrieben. Bis heute morgen. (Die Perfektion, jetzt hier zu sein, überwältigt mich. Um die Perfektion zu sehen, muß man sämtliche Teile sehen. Ich kann es nicht beschreiben. Kannst du mir bitte die Welt beschreiben?) Ich backte einen Schokoladenkuchen für Deke, das hatte ich ihm im Juni versprochen. Seit mindestens zehn Jahren habe ich keinen Kuchen mehr gebacken, und das war, bevor das Zittern anfing. Das Abmessen der Zutaten, vor allem von kleinen Mengen, fiel mir so schwer, daß es anfing, absurd zu werden. Ich machte so viele Fehler, die ich dann so gut es ging wieder hinbog. Als der Kuchen bereits im Ofen war, fiel mir ein, daß ich die Vanille vergessen hatte. Also streute ich nachträglich auf jede Schicht etwas Vanillepulver und mischte es mit einer Gabel unter.

Ich war ein bißchen traurig. Das war nicht der Kuchen, den ich Deke versprochen hatte. Alle, einschließlich Deke, fanden ihn hervorragend. Sie hatten nichts anderes erwartet.

Als der Kuchen fertig war, wurde ich müde und ging ins Bett. Ich legte mich hin, konnte aber nicht schlafen. Die Zeit verging. Sie muß vergangen sein. Sie vergeht immer. Dann bemerkte ich, daß ich mich darüber freute – eine richtiges Glücksgefühl – wie die Blätter in dem Wäldchen vor meinem Fenster sich bewegten, über die schmalen braunen Stämme, die vielen unterschiedlich geformten Blätter, die feinen Farbunterschiede. Ohne sie zu *denken*. Ohne Worte. Ohne zu analysieren. Ohne Meinung. Nur Freude.

Ich freute mich weiter in dem Wissen, daß ich das schon häufig getan hatte. Als ich ein Kind war, kam manchmal ein Erwachsener oder meine Schwester und störte mich mit irgendeiner blöden Frage oder weil sie etwas wollten, und wenn ich mich ärgerte, daß ich unterbrochen worden war, hieß es: »Aber du hast doch überhaupt nichts *getan*.«

———•———

Auf der interkulturellen Konferenz kam ein Mann vom Bureau of Indian Affairs herein. Ich mochte ihn. Er wirkte wie ein Sturm, der hereingebraust kam und alles durcheinanderwirbelte. Er hämmerte seine Fragen heraus, die auf seinen eigenen Antworten basierten. Die meisten von uns wurden sehr unzufrieden, vielleicht sogar alle, aber bei einigen bin ich mir nicht sicher.

Als er am nächsten Tag gegangen war, fragte ein weißer Priester einen Indianer: »Habt ihr dasselbe Gefühl, wenn wir (die Weißen) in eine (indianische) Gemeinschaft hineinplatzen?« Einer der Indianer antwortete voller Freude: »Wenn Sie das gelernt haben, dann hat sich die ganze Konferenz schon gelohnt!«

———•———

Übelkeit. Dann war mir übel. Ich ging ins Bett und begann zu zittern. Schüttelfrost. Dann Schluchzen. Die Augen nur ein bißchen feucht. Ganz leise. Ein einziges großes Schluchzen, das ich im ganzen Körper spürte, die Hüften schluchzten, die Brust schluchzte, die Arme schluchzten, selbst in den Füßen ein leichtes Gefühl von Schluchzen. Wellenartig, wie Erbrechen – sobald es »vorbei« ist, fängt es wieder von vorne an.

Später dann ein kleiner Seufzer. Dann große Seufzer, schnell, scharf, tief.

Jetzt fühle ich mich nicht mehr zittrig, eher gelöst, und meine Gelöstheit hat eine gewisse Kraft. Ich lasse es geschehen. Wieviele Jahre habe ich mich selbst zusammengehalten?

Auf die Blätter achten. So voll. Vollständig. Es gibt nichts hinzuzufügen und nichts wegzunehmen. Kein Wunsch nach Veränderung. Freude. Glück. Nicht für immer und ewig so im Bett zu liegen, kein solches Leben zu leben, aber wieder einmal da hineinzutauchen – das tut gut. Eines der Löcher in meiner Erfahrung ist keine Leere mehr.

Gestern abend nahm ich an Davids Gruppe teil. Alles war so hell. Die Farben beglückten mich. Jeder war so vollkommen und einzigartig er selbst. Das Licht war »da draußen« und in meinem Sein.

»Zum erstenmal in meinem Leben war ich perfekt.« Es kommt mir vor, als ob wir diese Möglichkeit der Perfektion kennen und sie auf alle möglichen Arten anstreben würden, die uns nicht ans Ziel, sondern nur noch weiter von ihm *wegbringen* – als ob wir vorwärts paddeln, um ein Ziel zu erreichen, das hinter uns liegt.

Eine Weile nach meinem Schluchzen »sah« ich etwas, das sich in die Worte fügte: »Das Problem von Gut und Böse ist, daß wir Gut und Böse erschaffen – erst das läßt das Problem entstehen.«

———•———

Ich erinnere mich, daß ich die vage Erkenntnis hatte, daß wir uns alle möglichen Probleme erst machen – wie Hindernisse, uns darüber hinwegschleppen und uns dann für unsere Leistung auf die Schulter klopfen. Das wurde mir klar, während ich mich selbst und andere dabei beobachtete.

»Denken heißt üben.«

Das ist offensichtlich. Ich kann mein eigenes Denken wahrnehmen, jederzeit, und da ist es. Solange ich es nicht bemerke, ist es nicht offensichtlich.

Eines der Gestalt-Experimente besteht darin, daß die Leute Paare bilden und abwechselnd sagen: »Es ist mir offensichtlich, daß ...«, und dabei darauf zu achten, daß man nicht interpretiert. Es klingt nicht nach einer großen Erkenntnis, wenn man hört, wie jemand sagt: »Es ist mir offensichtlich, daß du lächelst«, »Es ist mir offensichtlich, daß deine Hand auf dem Knie liegt«, und so weiter. Aber wenn »Es ist mir offensichtlich, daß du lächelst« und »Es ist mir offensichtlich, daß deine Stimme zittert« zusammenkommen, ist noch etwas anderes offensichtlich geworden. Wenn ich mich an das Offensichtliche halte, verschwindet das Verborgene und Umständliche, und ich selbst werde weniger umständlich und bin direkter im Kontakt. Wenn ich, nachdem ich das Offensichtliche am anderen wahrgenommen habe, zu *mir selbst* gehe: »Es ist mir offensichtlich, daß ich ...«, bemerke ich an mir selbst alle möglichen Dinge, die mir vorher nicht aufgefallen waren und bin mir meiner selbst und dessen, was ich tue, sehr viel bewußter. Das ist mit Sicherheit *keine* sofortige Freude, ihr geht eine Art Arbeit voraus.

———•———

Es ist wirklich verrückt, daß wir die Illusion »Wirklichkeit« nennen, und die Wirklichkeit »Illusion«.

———•———

Fritz sagte: »Während des dreiwöchigen Workshops warst du nicht hier.«

Ich sagte: »Nein, ich war nicht hier.«

Wir waren beide Indianer.

———•———

»Phantasie!« sagt der Mann, der Fakten liest, zu dem, der Fiktion liest, nicht wissend, daß die Fakten Phantasie sind, und selbst wenn sie es nicht waren, als sie geschrieben wurden, sind sie es doch, wenn sie gelesen werden.

Dieser Ort ist schön. Wegen des vielen Regens hat die Gartengruppe nichts zu tun. Die meisten von ihnen sind inzwischen zur Bäckergruppe übergewechselt, die es vorher gar nicht gab. Die Küche scheint jetzt mit horizontaler Organisation zu laufen – zum erstenmal. Bei der vertikalen Organisation mußte jeder, der nicht in der Küche arbeitete, draußenbleiben. Bei der horizontalen Organisation können wir reinkommen und einen Tee oder Kaffee trinken, miteinander plaudern und uns besser kennenlernen.

———•———

In meiner Hütte mache ich Back-Experimente. Zuerst der Schokoladenkuchen mit all den Mißgeschicken und Verbesserungen. Das ging ganz gut.

Irgend etwas muß man mit Hirsemehl machen können, aber ich habe noch nicht herausgefunden, was. In Victoria kaufte ich ein »Hirsebrot«. Deke und ich aßen es auf dem Rückweg und teilten es mit ein paar Leuten, die wir im Auto mitnahmen. Ich fand es schade, daß ich nur ein Hirsebrot bekommen hatte. Im CoOp sah ich Hirsemehl und kaufte eine Tüte voll. Auf der Tüte stand ein Rezept für Porridge. Ich probierte es aus, und es schmeckte ziemlich eigenartig. Selbst mit Zucker und Sahne kam der seltsame Geschmack noch durch. Also dachte ich, daß ich ja versuchen könnte, damit zu backen. In meiner Erinnerung schmeckte das Hirsebrot nach Kuchen, also nahm ich ein Kuchenrezept und ersetzte das weiße Mehl durch Hirsemehl, und anstatt weißen nahm ich braunen Zucker. Der Teig schmeckte grauslich. Ich versuche an etwas zu denken, das mir den Geschmack aus dem Mund nehmen könnte. Vielleicht würde der Geschmack neutralisiert, wenn ich etwas anderes äße, das genauso schlecht schmeckt. ... Gerade habe ich im Ofen nachgeschaut. Das Zeug geht nicht richtig auf. Alles, was ich bisher gelernt habe, ist wie man mit Hirse nicht backen soll.

Mein Gott, sind die schön! Ich habe sie in Muffin-Förmchen gefüllt. Als ich sie aus dem Ofen holte, sahen sie *perfekt* aus. Leicht, fein und von einer goldschimmernden Farbe, für die ich keinen Namen habe. ... Sie schmecken auch gut. Ein bißchen sandig; ich glaube, das liegt an dem Hirsemehl. Ich lasse den Geschmack ein wenig wirken, um dann den Nachgeschmack bestimmen zu können, bevor ich sie jemandem anbiete.

... Was ich nicht erwähnt habe ist, daß ich mir *zuerst* die Rezepte in zwei Backbüchern angeschaut und sie sozusagen vorgeschmeckt habe, bevor ich mich entschied, welches ich für die Hirse nehmen wollte. ... Jetzt habe ich wieder den Hirsegeschmack im Mund, und nicht den von braunem Zucker und Vanille.

———•———

Heute bin ich in die »Projektion« gegangen. Ich glaube, es fing schon gestern an. Anstatt einfach zu tun, was ich hier tun will, dachte ich (sic!), daß die anderen denken, ich sollte mehr tun. Dafür gab es nicht einen einzigen Anhaltspunkt, d.h. selbst wenn es stimmt, ist es doch Projektion. Die Wahrheit scheint zu sein, daß ich mehr tun *will*. Es ist die alte Mischung aus Müssen und Wollen, an der ich letztes Jahr so intensiv gearbeitet habe. Es scheint wieder einmal Zeit für einen Hausputz zu sein. Wenn ich mir anschaue, was ich »muß«, dann findet sich so vieles, was ich eben *nicht* muß. Und alles andere erweist sich als etwas, das ich »will«. Wenn ich meine, daß ich zu viele Dinge »sollte«, dann fühle ich mich so belastet und so mürrisch, daß ich nicht einmal mehr die Dinge tun mag, die ich eigentlich tun will, und dann fühlt sich alles wie ein »Muß« an. Ich bin »nichts als« eine Sklavin, bedrängt und belästigt, und das Leben ist alles andere als lebenswert. Es ist dieses »Nicht-Leben«, das nicht lebenswert ist.

Fritz hatte die Idee, eine Industrie für die Gemeinschaft zu gründen, die *Un*glückskekse fabriziert, auf denen Sätze stehen wie: »All deine katastrophalen Erwartungen werden eintreffen.« (A.d.Ü.: Im Chinarestaurant bekommen die Gäste nach der Mahlzeit sog. Glückskekse, z. B.: »Alle deine Wünsche werden sich erfüllen.«)

―――•―――

Als ich heute morgen aufwachte, hörte ich den Regen. ...

Ich stecke fest. Gefangen in der Falle der Sprache. Ich wollte gerade schreiben: »Ich öffnete meine Augen«, und das sah irgendwie lächerlich aus. Wie habe ich das mit mir selbst gemacht? Mit den Fingern? Ich verbesserte es in »Meine Augen öffneten sich«, aber das sah genauso albern aus. *Meine* Augen. Gehören sie zu mir?

Im *Haiku* sehe ich etwas, das mir vorher noch nicht aufgefallen war. Mir gefällt das Gefühl der Frische, das mir aus dem *Haiku* entgegenkommt, seine Direktheit und Aufgeräumtheit. Mir ist aufgefallen, daß viele amerikanische Haiku-Versuche sentimental sind, und nicht eigentlich *haiku*. Was mir jetzt in meiner Erinnerung auffällt, ist mir früher nicht aufgefallen. Stimmt meine Erinnerung? Ich weiß es nicht. Es spielt keine Rolle. Ich habe etwas erkannt.

Angenommen ich ... Da, schon wieder. Unnötige Worte.

> Ohren offen
> Regen
> Augen offen
> Sonne

Das habe ich heute morgen erlebt.

Als ich an dem Nachmittag, als ich auf der interkulturellen Konferenz in Regina ankam, in den Saal ging, meinte Wilfred, daß die Indianer einfach nur »Regen« sagen. Sie verstehen unsere Sprache nicht. Wilfred: »*Es* regnet. Wo ist dieses *Es*?«

Vor zwei Jahren erhielt ich einen Brief von einem Professor der Universität von Chicago. Ich hebe nur wenige Briefe auf. Diesen behielt ich, um mich an ein paar Dinge zu erinnern, die ich schon weiß.

> So häufig schienen Sie exakt dasselbe zu sagen, was ich während der letzten Jahre selbst gesagt habe. Nicht daß die Tatsache meiner eigenen Äußerung bedeutet, daß ich es nicht auch lernen müßte. Ich glaube, daß ich es nötiger habe, an Dinge erinnert zu werden, die ich schon weiß als Dinge gesagt zu bekommen, die ich nicht weiß.
> In jeder ehrlichen Autobiographie müßte der Satz »Ich war verwirrt« immer wieder vorkommen. Ich sage das und weiß, daß das für mich selbst gilt, aber die Komplimente, die ich für meine

Lehrtätigkeit, meine Bücher und für diverse Gespräche bekomme, enthalten immer Worte wie »einleuchtend« oder Sätze wie »Sie machen die Dinge so klar und nachvollziehbar.« Das freut mich, aber ich bin mir nicht sicher, ob ich das verstehe. Jede Klarheit, die ich erreiche, entwickelt sich aus so viel Verwirrung, daß ich mir des Durcheinanders häufig bewußter bin als alles anderem.

Ich bin nicht sicher, wohin meine Reise geht. Ich habe mehr und mehr den Wunsch, Studenten und Kollegen zu unterbrechen und zu sagen: »Das sind die falschen Fragen, die falschen Worte, die falschen Kategorien, die falschen Annahmen. In diesem Vokabular kann man nicht einmal denken. Es führt euch nur noch tiefer in die Verwirrung und die Bedeutungslosigkeit.« Und manchmal tue ich das auch. Dabei will ich sie nichtmal wirklich unterbrechen, weil ich dann bloß in einen Streit verwickelt werde, der sich desselben verdammten Vokabulars bedient. Und genau davon will ich ja wegkommen und eine Sprache gebrauchen, in der ich denken kann.

Wenn die Reaktionen der Studenten eine Bedeutung haben, scheine ich ein guter Lehrer zu sein. Aber ich habe angefangen, mich zu langweilen. Ich bin es satt, Dinge zu wiederholen, die ich als selbstevidente Binsenweisheiten betrachte. Und wenn ich feststelle, daß sie für die Studenten radikal neue Erkenntnisse darstellen, weiß ich nicht, ob ich glücklich oder deprimiert sein soll. Zum Beispiel: Ich erkläre einer sehr intelligenten Studentin im fortgeschrittenen Semester, daß sie in einer schriftlichen Arbeit dem offensichtlichen Problem ausgewichen ist. Sie stimmt mir zu und sagt, sie habe dem Problem ausweichen müssen, weil sie keine Lösung finden konnte. Ich erwidere, sie brauche keine Lösung zu finden, da es ohnehin keine Lösungen gäbe, daß die Probleme, die sie nicht lösen kann exakt diejenigen seien, die sie bearbeiten solle und daß wenn es ihr gelänge, eine oder zwei wirkliche Fragen herauszuarbeiten, sie eine enorm nützliche und vergleichsweise seltene Arbeit leisten würde. Eine Woche später kommt sie wieder und erzählt mir, daß meine Rückmeldung eine überwältigende Offenbarung für sie gewesen sei und daß sie zum erstenmal verstanden habe, daß es nicht immer darum gehe, Antworten oder Lösungen zu finden. Und sie sagt: »Wie bin ich ohne diese Erkenntnis nur jemals so weit gekommen?« Nun, die Antwort auf diese Frage kennen wir alle.

Ich glaube, daß es hilfreich ist, wenn ich die Studenten auch weiterhin auf solche Dinge aufmerksam mache, aber ich habe es doch auch satt. Ich will mich mit dem beschäftigen, was ich nicht weiß. In Deep Springs machte ich die Entdeckung, daß ich

wirklich genau das war, was ich zu sein vorgab, und ich versuche immer noch, die Konsequenzen dieser Erkenntnis zu verarbeiten. In ein oder zwei Monaten wird mein Buch (meine damalige Dissertation) erscheinen. Ich schicke Ihnen eine Kopie. Teilweise wegen des Themas, der Ton ist überwiegend pessimistisch oder satirisch, aber davon abgesehen glaube ich, daß es einige Punkte anspricht, die Sie bedeutsam finden könnten. Auch dieses Buch habe ich satt. Solche Dinge werden so häufig gegengelesen, daß man schon ungemein narzißtisch sein muß, um es nicht irgendwann satt zu haben. Ich möchte noch etwas anderes ansprechen.
Ich bin nicht ganz so bedrückt, wie ich vielleicht klinge. Aber an mir haftet all dieser Müll, dieses und jenes alte und abgetragene Selbst, und oft genug sieht es so aus, als ob die Welt darauf bestünde, sie wieder zusammenzuflicken, anstatt mich zu ermutigen, sie über Bord zu werfen. Und als öffentlich lehrender Professor bin ich mehr als andere solchen Ansprüchen ausgesetzt.

———•———

Ich mache mit dem weiter, was wir »Sprache« nennen.

Als ich heute morgen aufwachte, war ich schlecht gelaunt. Was heißt das, »schlecht gelaunt«? Jeder weiß es, und niemand weiß es. Ich ändere es in »verärgert«. Ich war verärgert. Ich war nyahnyahnyah. Ich habe wieder getan, was ich nicht beabsichtigte. (Also muß ich einen Entschluß gefaßt haben, der mir bis jetzt nicht bewußt war.) Gestern abend habe ich zu viel geredet, zu laut – richtigen Unsinn. Ich habe das Gefühl, als hätte es sich stundenlang aus mir herausgekotzt. Das kann nicht sein. Um viertel vor elf verließ ich meine Hütte, und um halb zwölf war ich wieder zurück, und während der *ganzen* Zeit habe ich nicht gesprochen. Es fühlt sich immer noch so an, als ob es Stunden gewesen wären, die ganze Nacht, als ob mich eine Wolke aus Erbrochenem umgeben hätte, so weit wie die Nacht.

Ich will das nicht. Es ist eine meiner Schwierigkeiten in meiner eigenen Gesellschaft. Meine eigene Gesellschaft ist hier, und ich versuche einen Weg zu finden, um in ihr leben zu können, hier, wo es zudem eine Unterstützung gibt, die ich sonst fast nirgendwo habe.

Es war nicht *alles* Verschwendung. Es war zu 95% Verschwendung.

Ich beantwortete Fragen, völlig unsinnige Fragen, wie z.B. was mein Sohn macht, was meine Tochter tut. Diese Frau, mit der ich sprach, weiß, daß sie das nicht wirklich will. Ich bin nicht für sie verantwortlich. Indem ich nicht auf mich geachtet habe, habe ich uns beiden nicht gutgetan. *Einmal* bemerkte ich, was ich tat – und achtete nicht weiter darauf. Vor allem erfreute mich der Anblick ihres Gesichts – eine Mischung aus schwer gezeichneten Zügen und einem immer wiederkehrenden Lächeln, wie wechselnde, einander überlappende Farben. Das habe ich gelernt als mir langweilig war und ich nicht wußte, was ich sonst tun sollte. Diese Zeit des Nichtwissens gehört der Vergangenheit an, aber ich verhalte ich mich immer noch so. Ein überholtes Verhaltensmuster.

Vor einiger Zeit dachte ich: »Und wieder geht eine Theorie dahin. Was ich selbst bemerke, reicht aus. Diese Torheit habe ich bei mir eine ganze Zeit lang festgestellt; sie ging nicht weg.

Aber diese Feststellung kommt erst *später*, und ich fasse den Entschluß, es nicht wieder zu tun. So bin ich zum Scheitern verurteilt.

Und vor allem bin ich gestern abend deshalb in Haus raufgegangen, weil ich dachte (sic!), daß ich das »sollte«, und nicht, weil ich es wollte. So bin ich zum Scheitern verurteilt.

Am frühen Abend, als ich noch nicht müde war, ging es mir mit dieser Frau sehr viel besser, auch wenn es nicht perfekt war.

Ich mag sie. Wenn ich nicht mehr auf *mich selbst* achte, werde ich aufhören, *sie* zu mögen, vielleicht werde ich *sie* sogar hassen und *ihr* ausweichen. Ich werde das Gefühl haben, mich selbst zu bewahren, und so wird es sein – einschließlich des Umstandes, daß ich *mir* ausweiche. *Dieses* Ausweichen geschieht nicht in bewußter Absicht. Jetzt, da ich mich selbst – diesen Prozeß – besser kenne, *will* ich um so mehr »dabeibleiben«. Jedes andere »dabei« ist eine Illusion.

Bis jetzt habe ich so geschrieben, wie es gerade kam. In diesem Moment habe ich damit aufgehört. Ich schrieb einen Absatz dreimal bis ich feststellte, daß ich keine Lust habe, jetzt weiterzumachen, daß ich *versuche*, etwas zu sagen. Dadurch wird es zu »Arbeit«. Ich habe »darüber nachgedacht«, was eigentlich dasselbe ist wie ... – nun, *wie darüber reden*.

In den Gestaltgruppen (hier spüre ich jetzt wieder Interesse, fühle mich gespannt und bin neugierig, was als nächstes kommt) wird derjenige, der auf dem heißen Stuhl sitzt, manchmal aufgefordert, nicht zu »tratschen«. Wende dich *direkt* an den anderen. Ob das, was du zu sagen hast, »gut« oder »schlecht«, »negativ«oder »positiv« ist, spielt keine Rolle. Sag nicht zu einem anderen »Er ...«, sondern wende dich direkt an denjenigen, über den du sprichst und sage »Du ....« Wenn die Person, über die gesprochen wird, nicht da ist, dann setze sie (in deiner Phantasie) auf einen leeren Stuhl und sprich zu ihr.

Diese Aufforderung, nicht zu tratschen, entsteht in einer konkreten Situation. Die Person wechselt. Wenn sie das tut, wird so vieles deutlich, das mit Worten unmöglich gesagt werden könnte, was dann durch ihre Erfahrung und ihr Erleben zu einem Teil ihrer selbst wird.

Ich als Gruppenmitglied hatte nicht *ihr* Erleben, sondern *mein* Erleben dessen, was passiert ist, und bei anderen Gelegenheiten kann ich es selbst genauso machen, sei es innerhalb der Gruppe oder außerhalb: sei es ganz direkt, oder mit einem leeren Stuhl oder mit was auch immer.

Wenn ich eine *Regel* daraus mache, was eben *nicht Gestalt* wäre, gerate ich in Schwierigkeiten.

In der Küche sprach ein Mann über sein Gefühl, von einem Therapeuten betrogen worden zu sein, der keine gute Arbeit gemacht hatte. Ein Mädchen (alt genug, um eine Frau zu sein, aber sie ist nicht sehr groß) sagte: »Nun, er hatte eine schwere Zeit«, und sagte ein paar Worte über das Leben dieses Mannes (das »Warum«, das *das Geschehen* auslöscht). Dann zitterte sie und sah über ihre Schulter. »Ich habe das Gefühl, als ob jemand hinter mir steht. Ich tratsche.« »Tratsche nicht« ist zu einer Regel geworden, ein Verbot, noch ein Affe auf ihrem Rücken, obwohl es schon genug Affen gibt, die sie gehindert haben, zu wachsen.

Das ist nicht Gestalt.

Unterdrückung ist *überhaupt keine* Therapieform.

»Ich bin frustriert von dem Versuch, deutlich zu machen, daß Gestalttherapie nicht aus *Regeln* besteht.«

Das ist die Gefahr: nach Regeln zu suchen und sie zu finden. Wenn man »Regeln« findet, hat man nicht kapiert, worum es in der Gestalttherapie geht, genauso wenig wie man kapiert hat, was klientenzentrierte Therapie bedeutet. Oder Jesus oder Buddha oder John Dewey oder Maria Montessori oder A. S. Neill. Man kann von seinem Meister lernen, aber dann muß man ihn hinter sich lassen und seinen eigenen Weg gehen. Als ein junger Mann aus London Szent-Gyorgi fragte: »Wie forscht man?«, antwortete dieser: »Wenn überhaupt, dann so, wie es Ihrer eigenen Persönlichkeit entspricht.«

Fritz: »Michelangelo wäre auch dann Bildhauer gewesen, wenn er keinen Meißel gehabt hätte.«

»Ich habe nur gefragt, ob du dir dessen bewußt bist, was du tust. Ich habe nicht gesagt, du solltest es nicht tun.«

———•———

Ein Buch ist etwas Merkwürdiges. Zwischen diesen beiden Absätzen habe ich die Bratensoße gemacht. Auch das Leben ist merkwürdig, auf eine ganz ähnliche Weise.

———•———

Morgens haben Teddy, Don und David kleine Gruppen mit jeweils zehn Leuten. Abends treffen wir uns alle für zwei Stunden mit Fritz, manchmal auch länger. Er scheint zu denken, daß er ein paar Vorträge halten sollte. Der erste dauerte nicht sehr lange. Der zweite war sogar noch kürzer. Er meinte, daß er Schwierigkeiten damit habe, was er erzählen soll, daß er sich nicht gerne wiederhole und daß er natürlich all das schon einmal erzählt habe. Danach setzten sich einige Leute auf den heißen Stuhl, und er »arbeitete« mit ihnen. Er ist weicher, freundlicher, aber noch genauso scharfsinnig und entschieden. Ich habe keine Spur von Bitterkeit oder Boshaftigkeit entdeckt, dafür allerdings mehr Mitgefühl. Er scheint in allem etwas leichter geworden zu sein. »An meiner Methode muß etwas dran sein. Ich lerne immer noch dazu.«

———•———

Ich habe den »Tratsch-nicht«-Teil nicht zu Ende gebracht. Außer dem Nicht-Tratschen und dem, was geschieht, habe ich noch eine Reihe anderer Dinge bemerkt. Wie einfach es ist, wenn ich bei dem bleibe, was ich *weiß*, was mein *gesamtes* Wissen umfaßt. Wie aufgeräumt ich bin, wenn ich das weglasse, was ich gehört habe und also nicht weiß, sondern lediglich glaube oder *auch* glaube.

Ein Indianer sagt häufig: »Ich weiß es nicht«, und die Weißen sind sicher, daß der Indianer lügt, weil er es wissen *muß* (was gestern abend in Cilchinbito passiert ist) – sein *Bruder* war ja *dort*.

Wilfred Pelletier sagt über Indianer, also auch über sich selbst, »Er wird jeweils nur die eine Frage beantworten.« Das gefällt mir. Wie oft habe ich nicht schon zu viele »Antworten« bekommen, die aber keine Antworten auf meine *eine Frage* waren. »Hast du in letzter Zeit Hal gesehen?« »Nein«, wäre eine Antwort auf diese Frage. Oder: »Vor zwei Monaten« wäre eine Antwort. In diesem Fall könnte der andere nicht wissen, was ich über Hal wissen möchte. All die »Informationen«, die ich bekomme, wo und wann er Hal gesehen hat und unter welchen Umständen und wo er war, bevor er ihn getroffen hat. All das mag für *ihn* interessant sein, für mich ist es uninteressant. Es hat nichts mit meiner Frage zu tun.

Mache ich das so? Ich bin sicher, daß es mir inzwischen auffällt, wenn ich es tue.

Wie sehr mir Alex gefiel, ein kleiner Junge, der in dem Haus, in dem ich lebte, einen Freund besuchte. Eine Frau fragte ihn: »Hast du noch Geschwister?«

»Eins«, sagte Alex.

———•———

Heute kam Fritz herein und sagte: »Was den Brief von John betrifft ...« Ich wußte nichts von einem solchen Brief. Fritz erwähnte »die Einleitung«, »Paperback« und »Broschüre«. Als er weitererzählte wurde mir alles klar, und als er ging, schrieb ich den Brief, den er von mir geschrieben haben wollte, obwohl er das nicht gesagt hatte.

Ich mag diese Art. Sie ist langsam, gibt nur die notwendigen Informationen und läßt genügend Platz dazwischen, damit ich mir in Gedanken ein Bild machen und es vervollständigen kann. Als Fritz ging, war mein Bild fertig. Ich hatte keine Fragen.

———•———

Wilf Pelletier schreibt: »Die Sprache der Indianer malt ein Bild nicht in derselben Weise wie die Englische Sprache. Das heißt, im Englischen neigen die meisten Menschen dazu, über Details zu sprechen, aber auch über das Offensichtliche. In den Indianischen Sprachen, d.h. bei den mir bekannten Dialekten, spricht man nicht über das Offensichtliche. Die Indianer sagen weder Guten Morgen, wenn offensichtlich ist, daß der Morgen gut ist, noch sprechen sie über die Straßenverhältnisse, wenn klar ist, daß der, mit dem sie sprechen, sie selber kennt. Es kann sein, daß ich das in gewissem Maße überbetone, aber ich tue das nur, um mein Anliegen deutlich zu machen. Wenn ich von einer Bildersprache spreche, meine ich damit, daß man sich seine eigenen Bilder von dem macht, was vielleicht vorgefallen ist, so wie die meisten Indianer einem nur den Anfang erzählen, und dann das Ende. Daraufhin macht man sich seine eigenen Bilder von dem, was passiert ist – je nachdem, in welcher Beziehung man zu dem Ereignis steht, und nicht, wie man es z.B. im Englischen erzählt bekommen würde, also mit all den vielen Worten. ...
Diese bedeutsamen Unterschiede lassen sich auf vielfältige Weise auf Organisationen beziehen. Wenn eine Gruppe von Indianern zusammenkam, um eine Organisation zu bilden, sprachen sie nicht darüber, wie sie die Organisation bilden oder organisieren wollten. Statt dessen sprachen sie über ihre Beziehung zu dieser Organisation. Es gab kein Bedürfnis danach, über die Organisation zu sprechen, da sie ja der vornehmliche Grund ihres Zusammentreffens war.

Dieselbe Erfahrung habe ich beim Koolaupoko-Förderverein auf Oahu gemacht, der gegründet wurde, weil so viele Hawaiianer daran interessiert waren, ungewollte Verbesserungen von Koolaupoko *fernzuhalten*. Ich wurde Vorstandsmitglied. Ich wurde nicht gewählt oder berufen, es passierte einfach oder ergab sich zu einer Zeit, als das für mich ein guter Platz war. Erst später verstand ich, wie mächtig unsere nicht-organisierte Organisation war, nämlich als einer der Großen Fünf (die fünf Verwaltungen, die die Insel damals kontrollierten) kam, um uns aufzulösen, zu diesem Zweck einen hinterhältigen Trick anwenden mußte und trotzdem erfolglos blieb. Sie *taten nur so*, als ob sie uns auflösten. Es bedurfte des japanischen Angriffs auf Pearl Harbor, der Folgen der Vereinigung und Henry Kaisers, um das wirklich durchzusetzen. Dieses Trio brachte den gesamten Lebensstil auf Hawaii zu Fall.

Auch die indianische Lebensart ist fast verschwunden. Nicht ganz zwar, aber wir haben sie fast ausgelöscht, und in welcher Unordnung leben *wir* jetzt; ich höre keinen Widerspruch, es sei denn von offizieller oder diplomatischer Seite.

Als ich *Person to Person* geschrieben hatte, war mir allein aus dem Schreiben so viel Gutes erwachsen, daß mir egal war, ob es gedruckt werden würde, oder nicht. Jetzt erzählt Kolman mir, daß er, bevor er hierher kam, in New York gewesen sei und ein Freund ihm *Person to Person* gegeben habe. Er erzählt, wie ihn das Buch darin bestärkt habe, auf seinem ganz *eigenen*, erst kürzlich gewählten Weg weiterzugehen. Ich finde es gut, daß mein Sohn das Risiko eingegangen ist, ins Verlagsgeschäft einzusteigen, was für ihn eine neue Sache ist, mit der er keine Vorerfahrung hat, und jeder sagt ihm, daß er damit scheitern werde, weil er keinen Distributor finden werde, der das Buch in den Handel bringt. Aus diesem Grund hielt er die Kosten auch so gering wie möglich, einschließlich seines eigenen Gewinns. Das ist nicht die amerikanische Art. Das gefällt mir. Es gibt nicht viele Leute, die anerkennen, daß ich meinen Geldmangel selbst gewählt habe – nicht daß das einen großen Unterschied gegenüber denen machen würde, die ihren Mangel nicht frei gewählt haben. Wenn ich eine solche *Wahl* treffen würde, wäre ich nicht dumm, sondern verrückt. Ich habe gerne Geld, genau wie jeder andere auch. Am liebsten hätte ich haufenweise Geld. Ich kann das Geld nur nicht an die *erste Stelle* setzen, es sei denn in Notfällen, von denen es allerdings nur sehr wenige gibt, die diesen Namen auch verdienen. Angesichts dieser wenigen fühlte ich mich sehr schlecht, bis ich im *Panchatantra* las: »Verfall nicht der Gefräßigkeit (ein bißchen hilft – in schlechter Zeit).« Ein anderer Vers, der mir gefiel, lautet:

Allein wegen der Professionen
Macht man zu viele Konzessionen
An seine Lehrer.
Ohn' Sinn ist die Gelehrsamkeit,
Drum sieh nach vorn und werd gescheit.

Es kommt einem merkwürdig vor, daß es dieses Problem, mit dem wir gerade erst anfangen, uns zu befassen, schon vor dreitausend Jahren gab.

——•——

Ich wünschte, daß jeder, der es wichtig findet, anspruchsvoll reden zu können, die Bedeutung dieses Wortes im Wörterbuch nachschlagen würde. Was, wenn man sich anspruchsvoll fühlt, und diese Erkenntnis auch ohne Wörterbuch hat.

Am Anfang, wenn wir jung sind, kennen wir das aus eigener Erfahrung. Wir »machen eine Schau.« Wir merken nicht, daß alle anderen genau dasselbe tun, und wenn diese anderen älter sind als wir, haben sie es wahrscheinlich vergessen.

Eine meiner Freundinnen hat eine Tochter, die wenige Tage nach ihrer Geburt blind wurde. Sie wurde zu früh geboren und bekam zuviel Sauerstoff. Ihre Augen schrumpften zusammen wie getrocknete Erbsen. Sie ist nicht nur blind. Sie hat auch keine Augen. Als Teenagerin sagt sie: »Bäh! Ich mag ihn nicht. Er ist *häßlich*.« »Die Farbe dieses Kleides gefällt mir nicht!« Das sind Dinge, die ihre Schwestern sagen. Über wie vieles rede *ich*, von dem ich keinerlei Erfahrung, sondern nur »Wissen« habe?

———•———

Es gibt *Walden* und *Walden Zwei*. In seinen Möglichkeiten fühlt sich das Leben hier für mich wie Walden Fünf an. Kolman ist hocherfreut, daß ein Teil der Gegend, in der die Farm liegt, die er für uns gefunden hat – obwohl noch nicht klar ist, daß wir sie bekommen werden – »Skinners Bluff« genannt wird, und Walden liegt ganz in der Nähe.

Gestern abend haben wir uns Karten angesehen, und er hat uns gezeigt, daß sich die Farm in einer »strategisch sehr günstigen Lage befindet – auf beiden Seiten Indianerland.« Die Indianer schützen uns vor der Invasion durch andere Weiße.

———•———

Bei jedem neuen Workshop habe ich denselben Gedanken: »Diesmal scheinen keine Juden dabei zu sein.« Und dann fangen die Leute an, sich in der einen oder anderen Weise auf ihre jüdischen Wurzeln zu beziehen, oder ich sage: »Ich finde, Ilana sieht irisch aus, ich glaube sie ist Irin«, und nach anfänglichem Erstaunen sagt jemand anders: »Ich glaube, daß kann nur ein Nichtjude sagen.« Nach vier Wochen weiß ich dann, daß eine ganze Reihe von uns Juden sind, und dann bekommen wir wieder einige Nichtjuden.

Fritz. ... Ich war dabei, etwas über Fritz zu schreiben. Ich schrieb das erste Wort, das mir in den Sinn kam, dann das nächste, und dann das nächste. Sie alle sind so verschwenderisch benutzt worden, daß sie abwertend klingen. Ich fange noch einmal an.

Heute abend habe ich Fritz erzählt, was mir seit seiner Rückkehr an seiner Arbeit aufgefallen ist. Das heißt, eigentlich habe ich ihm gesagt, *daß* mir etwas aufgefallen ist und wie ich mich darüber gefreut habe. Er sagte – ohne Stolz oder Angeberei, sondern als einfache Feststellung – »Am Ende bin ich perfekt. Ich bin angekommen. Besser kann ich es nicht.« Ich habe das gleiche Gefühl bei dem, was er jetzt macht – oder wie er ist. Jetzt, da er in dieser Weise perfekt ist – wie lange wird er noch Interesse daran haben und weitermachen?

Außerhalb der Gruppen suchte er nicht nach Bestätigung. Er überließ die Gemeinschaft mehr und mehr den Leuten selbst, er vertraute ihnen und ließ sie selbst machen. Das betrifft auch die finanziellen Angelegenheiten von Cowichan

Lodge. Das ist Vertrauen zu den Menschen – denn die Leute wechseln, und die Lodge läuft weiter.

Ich fragte ihn nach der Fortsetzung seiner Autobiographie; diese Frage entstand aus meinem Gefühl heraus, daß Fritz jetzt so anders ist als im *Garbage Pail*. Er meinte, er habe diesbezüglich keine Absichten mehr. Was die Autobiographie betrifft, habe ich keinen Zweifel, daß er das ehrlich meinte. Er ist nach wie vor daran interessiert, daß der *Garbage Pail* als Buch erscheint. Aus meiner Sicht ist das auch eine Absicht. Aber sein Eifer hatte nicht mehr diesen Drang wie früher; vielleicht wird auch das weniger.

Ich habe diesbezüglich keine Absichten. Was mich am Schreiben interessiert, ist das, was *ich* dadurch gewinne. Wenn niemand es liest, okay.

Was also ist meine Absicht? Einige Leute haben sich immer wieder darüber beschwert, daß ich keine hätte. Van Dusen meinte, das stimme nicht, ich wäre spirituell ambitioniert – womit er wohl sagen wollte, daß ich mehr mystische Erfahrungen machen wollte. Im Augenblick habe ich keine solche Absichten. Was ich will, ist, den ganzen Mist in meinem Kopf abschalten. Es ist bei weitem nicht mehr so viel wie früher. Aber ich will *gar keinen*.

Heute abend hat David den Vorschlag gemacht, uns in kleinere Gruppen aufzuteilen und mit mehr Therapeuten zu arbeiten. Fritz schien auch so etwas vorzuhaben. Er wird die Aufteilung der Gruppen am Sonntagabend vornehmen und selbst die Therapeuten benennen. Ich möchte das, weil *ich* daraus etwas lernen könnte. Ich müßte ohnehin mehr tun. Ich habe Angst davor – Erwartungen – weil ich mich (jetzt) mit Fritz und David hier vergleiche, und mit Bob Hall in Mill Valley, mit Larry Bloomberg in San Franzisko und Frank Rubenfeld in New York. Das gehört auch zu dem Müll, den ich gerne loswerden würde. Normalerweise vergleiche ich mich nicht mit anderen. In *dieser* Situation tue ich es aber, und das gefällt mir nicht. Daß ich das tue zeigt sich schon in meiner Phantasie, obwohl ich noch gar nicht weiß, ob Fritz mich auswählt. ... Da ist noch etwas. *Ich* als Leiterin einer Gruppe, in der auch *Therapeuten* sitzen? Ich sitze wieder im selben Boot mit Kolman, aus dem ich dachte schon vor Jahren ausgestiegen zu sein: der Mangel an Vertrauen in meine eigenen Fähigkeiten, weil ich keine jahrelange »Ausbildung« hinter mir habe. Ich *weiß* es besser, und das tut mir überhaupt nicht gut – eine typisch neurotische Situation. Ich will an mir selbst arbeiten, um das loszuwerden, und gleichzeitig scheint es mir zuviel zu sein – eine ganze Wand aus Schwierigkeiten (die ich selbst aufgebaut habe, so daß ich sie durchbrechen *kann*), die mir viel zu groß vorkommt. »Ich brauche Hilfe.« Ich brauche *keine* Hilfe. Ich kann das alleine. Ich kann es.

Ich habe keinen Plan.

Ich habe es getan.

―――•―――

Inzestuös.

Ein geschlossenes Irrenhaus.

So kommt mir dieser Ort heute morgen vor.

Bin *ich* das?

Zusammengepreßt. Das bin ich. So fühle ich mich.

Gestern abend habe ich aufgehört zu phantasieren und mit dem hier angefangen, was sich anders anfühlt. Mein Kopf ist fast leer. Diese Gedanken kommen an. Ich übe nicht. Ich reagiere nicht auf den See, die Wildente auf dem See oder – auf mich. Ich bin ein bißchen wütend.

Ich bin nicht aufgeschlossen. Ich verschiebe. In gewisser Weise bin ich immer noch dabei, mir etwas auszureden. Gerade eben sah ich die Ente wieder, und ihr Spiegelbild auf der Wasseroberfläche – jetzt ist sie abgetaucht. Nur ein Kreis kleiner Wellen. Wo wird sie wieder auftauchen? Jetzt ist sie wieder oben. Sie hat etwas im Schnabel – sie ist wieder abgetaucht. Sie redet sich nichts aus. Sie *weiß*.

Was also weiß ich?

Ich weiß, daß ich duschen will.

———•———

An dieser Stelle gehe ich.

Während ich mir die Nase putzte dachte ich: »Wieviel Geld werde ich noch haben, wenn ich Kanada verlasse und wieder in die USA zurückgehe?« Das heißt weggehen. Die Entscheidung ist schon gefallen, ohne daß ich mich entschieden hätte. Es ist noch nicht Zeit zu gehen. Ich fühle mich stark.

Ich war draußen im Dock. Es war wunderschön dort, mit den hell gestrichenen Strandhäusern, die sich im Wasser spiegeln, und der klaren, sauberen Luft.

»Zurück in die USA? Was werde ich dort tun – mit derselben Bruchstückhaftigkeit des Lebens, die mir hier schon nicht gefällt, und dem Smog ...«

Keine Antwort. Mir war, als käme ich in meine Hütte zurück, um zu packen, rauszuschmeißen und überflüssiges Gepäck loszuwerden. Auf dem Rückweg hörte ich die Schreie aus dem Gruppenraum und wußte, daß es in den beiden Gruppenräumen allen irgendwie ähnlich ging. Als ich über die Wiese ging, kam ich mir vor wie die Wärterin eines Irrenhauses. Ich fing an, es mir auszureden: »Natürlich ist es so nicht.« Ob es so »ist« oder »nicht so ist«, hat nichts mit mir zu tun. So *fühle* ich mich nun einmal, und genau das *hat* mit mir zu tun, und mit niemandem sonst.

Was ich hier habe, werde ich behalten, und das ist ein sehr gutes Gefühl.

———•———

Danke!

Du warst genau, was ich brauchte.

Ich werde dich immer lieben!

Auf wiedersehen!

———•———

Wenn ich bleibe und du nicht mehr genau das bist, was ich brauche, wird sich mein »ich werde dich immer lieben« verändern.

Ich denke ans Packen, und es kommt mir lächerlich vor. Wofür soll ich packen? Ich weiß ja nicht, wo ich hingehe. Vielleicht ist das nur eine Phantasie, und ich werde wieder auspacken. »Unsinn, warum die Eile?«

Ich habe keine Eile. Ich habe es nicht eilig. Mir ist nur nach Packen zumute, und das Packen tut mir gut, obwohl ich es hasse zu packen. Ich schmeiße gerne weg.

Hier zu sein hat mir so viel gebracht. Das tut gut. Ich weiß etwas, das ich vorher nicht wußte, und ich habe einen Fehler korrigiert, bevor ich ihn gemacht habe, und *das* tut gut. Ich dachte, es wäre eine gute Idee, innerhalb eines Kibbuz ein Trainig-Center aufzubauen. Jetzt weiß ich, daß ich in *meinem* Kibbuz keines haben will.

Ich habe das Gefühl, so viel Zeug zu besitzen. Puh!

———•———

»Ein Brief von meinem Sohn.« (Mein Ex-Sohn. Jetzt ist er selbständig.)

Letzte Woche war der Workshop mit Ralstons Gruppe. Es lief sehr gut! Zuerst, Freitagabend, war ich ein bißchen unsicher (mein »Kleiner-Junge-Thema«) und machte erstmal die Phantasiereise mit den Pfahlhütten. Ein Mädel ging tatsächlich in ihre Hütte und fing an zu weinen, also arbeitete ich damit. An diesem Abend und am Samstagmorgen war ich nicht wirklich da, obwohl einiges an lohnender Arbeit stattfand.
Am Samstagnachmittag, nach dem Essen, gingen dann die Raketen los. Der eine löste was beim anderen aus, und es passierten ein paar ganz schöne Dinge. Ich war ganz da, und es (ich) war großartig. Eine Frau hatte ein dreizehn Monate altes Kind mit einem Herzfehler. Sie entschlossen sich, es zu operieren, aber ohne

Erfolg. Seit sechzehn Jahren macht sie sich Vorwürfe, aber diesmal hat sie wirklich den Durchbruch geschafft. Vor ein paar Jahren hatte sie schon einmal daran gearbeitet. Die Trauer allein genügte nicht. Aber als sie das Kind spielte und ihr (sich) sagte, daß es (das Kind) die Operation auch wollte, um die Chance auf ein normales Leben zu bekommen, konnte sie loslassen und sich verabschieden.

Nach ihr wurde eine Frau verrückt, und ich meine wirklich verrückt. Sie spielte verrückt, wirklich. Sie sank zusammen, zuckte, hatte schizophrene Episoden, völlig ohne Kontakt, sie weinte, schrie usw. Ich spürte einfach meine Indifferenz gegenüber ihren Mätzchen, und nachdem sie ein paar Anweisungen ignoriert hatte, entspannte ich mich einfach und wartete, bis sie wieder runterkam. Dann fragte ich sie, wofür das ganze Theater gut war. Sie hörte plötzlich auf, wartete einen Moment und wich wieder aus. Schließlich brachte ich sie dazu, sich zu entspannen (sie war wieder in Kontakt mit ihrem Körper und mit uns) und beließ es dabei. Ich war völlig ruhig, verblüfft und keineswegs abweisend, nur irgendwie interessiert. Die meisten Leute waren tief beeindruckt von der Show als ich sie fragte, was die ganze Aufführung sollte. Das war wirklich etwas ganz Neues für mich. GOTT! Natürlich sind die Menschen verschieden, aber ich sehe doch bestimmte Muster; die Vielfalt ist phantastisch. Und ich muß noch so viel lernen! Ich schätze, ich muß das einfach noch zehn bis fünfzehn Jahre machen und jede Menge Erfahrungen sammeln, um nur halbwegs zu wissen, was wahrscheinlich passieren wird. Irre.

Meine Seminare laufen ganz gut, es geht echt ab. Am Freitag kam in einem Seminar ein dreißig Jahre altes Mädel schluchzend aus einer Phantasiereise. Heute kam sie rein und sah aus wie ein Leuchtturm. Am Freitag kam sie an irgendwas dran, und am Wochenende hat sie daran gearbeitet und einen Durchbruch geschafft.

———•———

»Ich spürte einfach meine Indifferenz. ...«

Genau darum geht's. Was habe ich nicht alles angestellt, um mir darüber klarzuwerden, daß ich hier weggehen will. Keine Entscheidung meines Ego-Ich. Ich brauchte nichts weiter zu tun, als es wahrzunehmen. Am Ende machte ich genau das.

Wenn Stolz oder Scham oder Gut oder Schlecht oder *irgend eine* Meinung da ist, bin ich nicht »ganz da«.

———•———

Wenn jetzt jemand denkt, daß ich meinen Sohn zur Gestalttherapie gebracht hätte, dann muß er nochmal an den Anfang zurück. Umgekehrt stimmt es auch nicht. Als er sich mit achtzehn um den Status eines Commanding Officer bewarb, gehörten dazu die üblichen Ermittlungen des FBI, und das FBI schickte ihm einen Lebenslauf. Es wurden keine Namen genannt. Orte schon. Es gab Zitate von einigen Leuten. Ungefähr die Hälfte der Befragten meinte, er stünde unter meiner Fuchtel. Die andere Hälfte meinte, er hätte mich um den kleinen Finger gewickelt. Die Leute auf beiden Seiten sahen jeweils einen Aspekt von dem, wie es wirklich war, und das war in der Tat ein Hin und her. Mit dreiundzwanzig meinte mein Sohn: »Seien wir ehrlich. Du bist meine Therapeutin, und ich bin dein Therapeut.«

Er gab mir einen Aufsatz von Carl Rogers zu lesen, der schließlich zu *Person to Person* führte. Er machte dann nicht mehr weiter. Immer und immer wieder las er Schachtels *Metamorphose*, das ich einmal gelesen, und abgesehen von einem Kapitel verworfen hatte.

Wir sahen uns damals nur ungefähr zwei Wochen im Jahr. Wir interessierten uns beide für Psychologie, ich in Albuquerue und er in Pasadena. Mein Interesse basierte auf einigen Entdeckungen, die ich gemacht hatte als ich krank war. Sein Interesse begründete sich aus einem Aufenthalt in Caltech, wo »ich so viele Leute kennenlerne, die hinter ihren Möglichkeiten zurückbleiben.« Damals studierte er Chemie. Chemie hat mich nie interessiert. Er wollte sich auf Virologie und Genetik spezialisieren. Virologie und Genetik interessieren mich nicht. Davor wollte er die Landwirtschaftsschule besuchen und eine Art Landwirtschaft lernen, die mich nicht interessiert. Die Leute meinten, ich würde ihn ruinieren, wenn ich ihn dahin gehen ließe. »Er ist ein so kluger Kopf.« (Als ob man einen klugen Kopf nicht für *alles Mögliche* einsetzen könnte.) Davor ruinierte ich ihn dadurch, daß ich ihn in einräumige Schulen schickte und zuließ, daß er einen großen Teil der Schule verpaßte. »Er wird nie aufs College gehen können.« Es kostete mich so viel Energie, mir und ihm all diese Vorwürfe vom Leib zu halten. Als er sich dann in Caltech und Berkeley bewarb und von beiden angenommen wurde, meinten dieselben Leute: »Einen klugen Kopf kann man eben nicht aufhalten.«

———•———

Hier in Lake Cowichan gab es einige Leute, die zu mir kamen oder an den Workshops teilnahmen und mir erzählten, wie begeistert sie von *Person to Person* waren. Wahre Begeisterung ist eine Art von Anerkennung. Vorgespielte Begeisterung – auch die bekomme ich mit – ist Aberkennung. Die Leute kamen hier an. Ich kam hier an.

Kommt vor.

———•———

Hier bin ich viel weniger spontan als an vielen anderen Orten. Viele Professionelle, die hierher kommen, empfinden diesen Ort als unglaublich freizügig, was er für ein Psychotherapie-Institut auch ist. Ich lerne Möglichkeiten kennen, den Menschen (echte) Spontaneität zu ermöglichen. Wenn ich gehe, nehme ich das mit.

Auch ich bin ein Mensch.

Nachdem Fritz drei Abende lang als perfekter Gestalttherapeut auftrat, war er gestern abend nicht so gut. »Drei Schritte vor, und zwei zurück«?, sagt Fritz manchmal über die Art wie Klienten Therapie machen. Ich hatte immer den Eindruck, daß Kinder auf diese Art wachsen. Manchmal scheinen es auch fünf Schritte zurück, und sechs nach vorne zu sein.

Gestern abend jedenfalls lag er völlig neben der Spur. Er verfolgte ein System anstatt sich selbst wahrzunehmen. Das machte er eine ganze Weile, obwohl klar war, daß das nirgendwo hinführte, bevor er abbrach und sagte: »Komm hierher zurück. Wir sind in einer *Sackgasse* gelandet.« Einem Mann gab er eine Diagnose, einem anderen ein Rezept. Nach zwei Stunden meinte er schließlich: »Heute bin ich schwerfällig.«

Im *Garbage Pail* erzählt er, daß er den größten Teil seines Lebens verwirrt war, aber schließlich gelernt hat, die Verwirrung zuzulassen.

Genau das habe ich während meiner Krankheit über das Chaos gelernt. Als ich versuchte, es zu ordnen und die einzelnen Teile zu einem Muster zusammenzufügen, verlor ich an Kraft und kam zu keinem Ergebnis. Als ich lernte, es sich von alleine ordnen zu lassen, kam ich aus dem Chaos heraus.

———•———

Ich dachte (sic!), daß ich damit weitermachen würde, Unerledigtes zu erledigen. Auch das gehört dazu, in Ruhe zu packen. Als ich heute morgen anfing zu tippen, verschwendete ich keinen Gedanken daran. Jetzt kommt es wieder, und ich mache weiter. Es ist nicht wichtig, nur bequem. Gestern abend habe ich den Ausschnitt eines relativ neuen Kleides genäht; er war nicht besonders ordentlich verarbeitet und ging auseinander. Jetzt kann ich das Kleid anziehen, anstatt es in der Gegend rumzutragen. Wenn ich solche unerledigten Situationen abschließe (manchmal auch dadurch, daß ich etwas loswerde oder wegwerfe), dann wird mir im Kopf vieles klarer. Fritz meint, wir müßten lernen, »uns selbst den Hintern abzuputzen.« Für mich gehört das dazu. Im Augenblick belastet mich nichts, und wenn ich sterbe wird niemand anderes belastet. Ich mache das weder täglich noch regelmäßig. Es ist eher so, wie wenn man den Staub so lange liegenläßt, bis er immer noch gut wegzuwischen ist und dann saubermacht, bevor es zuviel wird. Manchmal gelingt mir dieses Timing nicht, z.B. als ich monatelang damit beschäftigt war, die Bänder für *Verbatim* zu transkribieren und meine Korrespondenz vernachlässigt habe; aber meistens häuft sich nicht soviel an.

Fritz' Hütte ist voll von Unerledigtem und Liegengebliebenem. Als ich noch ein Haus und eine Familie hatte, ging ich zweimal im Jahr durchs ganze Haus, und warf alles weg, was während der letzten sechs Monate nicht gebraucht oder benutzt worden war. Wir sind so besorgt darum, daß wir etwas noch einmal brauchen könnten. Glenn, der in großen Firmen gearbeitet hat, sagt, daß eine Menge Zeug weggeworfen wird, einschließlich wichtiger Papiere, und anschließend sagt man einfach: »Es ist nicht da.« Die Welt dreht sich weiter. ... Ich weiß noch, wie schrecklich es für meinen Mann war, als ich kurz nach unserer Hochzeit unsere Heiratsurkunde wegwarf. Er meinte, ich würde sie vielleicht irgendwann *brauchen*.

Wir stopfen unser Leben voll und jammern und klagen neurotisch über die Last, die wir zu tragen haben. Wie die Bürde der Weißen, die Welt in Unordnung zu stürzen, anstatt sie einfach laufen zu lassen. Jetzt stopfen wir die Stratosphäre und den Mond voll. Hör mir auf mit »Man kann den Fortschritt nicht aufhalten.« Wir müßten lediglich aufhören, es Fortschritt zu nennen.

Jetzt bin ich wieder leer, und das andere Unerledigte taucht wieder auf.

Ich verlasse die Schreibmaschine mit der leichten Neugier, was wohl auftauchen und den Rest dieser Seite füllen wird, wenn ich zurückkomme. ... Jetzt kommt mir etwas anderes in den Sinn. Es spielt keine Rolle. Entweder kommt es später wieder, oder etwas anderes kommt. Was spielt es bei den Millionen Dingen, die gesagt werden können, und den Millionen Möglichkeiten, sie zu sagen, für eine Rolle, welche davon zuerst auftaucht und welche danach? Dem einen gefällt das eine besser als das andere, dem anderen gefällt das andere besser als das eine. Irgend eine innere Ordnung wird sich zu gegebener Zeit von selbst einstellen.

———•———

Vereinfachen. Wen versuchst du zu beeindrucken?

———•———

Ich habe geduscht, mich angezogen, etwas gegessen, gespült, ein paar Kleider gewaschen. Jetzt zieht es mich an die Schreibmaschine, um aufzuschreiben, was ich entdeckt habe.

Ein paar Wochen bevor wir von Vancouver aus hierher kamen (und bevor ich wußte, daß ich kommen würde) erzählte ich Fritz, daß ich zusammen mit einer kleinen Gruppe von Leuten gern eine Ranch oder eine Farm gründen würde, und wenn wir die Dinge gemeinsam geregelt haben würden, könnten andere dazukommen. Er sagte: »Ah!«, und ich dachte, daß er mir zustimmte, daß wir dieselbe Vorstellung hätten. Wir kamen hierher, und sehr bald hatte ich den Eindruck, daß er die Idee einer kleinen Gruppe außer acht ließ und jede Menge Leute herbrachte, warum auch immer – mehr Geld zu machen, oder mehr Leute für Gestalttherapie zu interessieren, waren zwei mögliche Gründe, die mir einfielen. Aber wenn er unter einer »kleinen Gruppe« etwas anderes verstand als ich ...

Meine eigene Sichtweise, die sich durch die Erfahrungen, die ich hier gemacht habe, erweitert hat, ist folgende:

Ein paar von uns, die stärker gestaltorientiert leben, würden den Anfang machen – so wie wir hier ankamen: Leute, die bereit sind, ein Risiko einzugehen und die nicht »alles« im vorhinein wissen müssen (was ohnehin nicht geht). Ich war eine von denen, die davon ausgingen, auf dem Boden schlafen zu müssen, denn obwohl das Haupthaus mit den zwei Zimmern am Tag unseres Einzugs frei war, waren die Mieter nicht bereit, die Hütten abzugeben. Ich kaufte einen Daunenschlafsack, den man auch als Decke benutzen kann, und eine Unterlage, die sich zu einem Poncho umfunktionieren läßt. Ich brauchte nicht auf dem Boden zu schlafen. Die Decke habe ich den ganzen Sommer über benutzt, und den Poncho immer dann, wenn es regnete. Bis jetzt habe ich noch nicht auf dem Boden geschlafen, aber das *wußte* ich vorher nicht.

Gestern kam ein Psychiater von der Air Force mit seiner Frau und sechs Kindern. Sie hatten Fritz zum erstenmal am letzten Wochenende in Esalen getroffen. (Heute ist Freitag.) In der Zwischenzeit hatten sie beschlossen, hierher zu kommen und mieteten vor ihrer Ankunft ein Haus in Lake Cowichan. Sie kümmerten sich selbst darum. Sie wollten hierher kommen. Sie kamen. Sie scherten sich nicht um »sämtliche Einzelheiten.«

Wildgänse fliegen umher und setzen sich ab und zu auf den See.

Fritz war hier und fragte, ob ich Lust hätte, eine Woche lang die Leitung zu übernehmen – während ich in meiner Phantasie nach Okanagan ziehe. (Ich hatte beschlossen, dorthin zurückzugehen und mich nach einer Ranch umzuschauen – ich hatte richtig Lust bekommen, zu gehen.) Ich wollte das nicht »aufgeben«. Jetzt weiß ich, daß ich Angst davor habe, wieder eine Gruppe zu leiten, also ist es besser, ich mache es, denn sonst trage ich diese Angst so lange mit mir herum, bis ich es schließlich irgendwann doch tue. Ich habe sogar ein bißchen Angst davor, mich in Okanagan umzuschauen. Ich wünschte, die Gruppe würde schon jetzt anfangen, und nicht erst nächste Woche. Ich will mich nicht ins Schreiben stürzen und es dann »vergessen«. Je mehr ich jetzt lebe, in Kontakt mit mir selbst und allem anderen, und bemerke, wann ich anfange zu proben, desto besser werde ich es machen. In diesem Augenblick besteht mein Jetzt darin, daß ich Angst davor habe, daß meine Brust schmerzt und mir nach Weinen zumute ist. Ich möchte auch schreien, und das will ich *nicht* in einer Gruppe. Also geschehen lassen.

Indem ich den Schmerz und die Angst in mir gewähren und sich in Ton und Bewegung ausdrücken lasse, werde ich nun nicht mehr von Angst und Schmerz beherrscht. Und – oh! – die Welt erscheint mit einem Mal so klar und hell!

———•———

Fritz erwähnte, daß einer der Psychiater, die an dem Training hier teilnehmen, in seiner Klinik sechzig Leute unter sich hat und die Arbeitsweise dort umstellen will. Er hat Fritz eingeladen, in die Klinik zu kommen und dort etwas zu machen. Fritz interessiert sich nicht für die Einzelheiten, und ich will auch nichts damit zu tun haben. Indianische Rede. Du machst dir dein eigenes Bild, und wenn es *auf diese Weise* gemacht wird, dann fällt es dir (mir) leicht, und du bekommst keinen Streß, so wie wenn du (ich) (man) sämtliche Informationen bekommst und sicher bist (erwartest), daß es genauso ist, wie du glaubst, und dann ist es doch anders.

Dieser Psychiater fragte mich: »Du suchst keinen Job, oder?« Mit Sicherheit nicht.

Weil mein Mann darauf bestand, und weil ich ihn glücklich machen wollte (damals wußte ich nicht, daß er das nur selbst tun kann, abgesehen davon, daß es sowieso eine blöde Idee war), ging ich (mit ihm) acht Jahre lang in sämtliche Dokumentarfilme über Hawaii. Ich fand einen Filmverleiher, der mich auf dem laufenden hielt, und so gingen wir nach Brooklyn, Queens, uptown, downtown und überall hin, um uns diese Filme anzusehen. Ich las über Hawaii. Ich lernte so viel, daß ich eines abends, als ich beim Essen neben einem jungen Mann saß, der in Hawaii gewesen war, so locker über die Inseln erzählte, als ob ich selbst dagewesen wäre (Kennen Sie diesen kleinen Strand Lumahai, direkt hinter Hanalei« und so weiter), daß er schließlich sagte: »Ich weiß nicht. Ich war nur sechs Monate dort.« Das Darüberreden klappte gut, aber als ich hinkam, merkte ich, daß das, was ich im Kopf hatte, mit den Inseln, die ich vorfand, nichts oder kaum etwas zu tun gehabt hatte.

Fritz hat gesagt: »Ich bin so glücklich hier, seit ich wieder zurückbin.« Ich glaube ihm. Das Gefühl zu haben, »schwerfällig« zu sein, heißt noch nicht, daß man unglücklich *sein muß*. Nur wenn ich denke, daß ich etwas anderes »sein sollte«, werde ich unglücklich und versuche es zu ändern. Schwerfälligkeit ist. Schmerz ist. Traurigkeit ist.

Happiness is letting all the happenings happen.

Ich sehe auch (mit dem bißchen, das er gesagt hat), daß *sein* Kern für ihn stimmt. Meiner stimmt für mich. Also mache ich mit meinem weiter.

Dieser Kern von Leuten wird – im Gestaltsinne – gut funktionieren, nicht perfekt. Das wäre *wirklich* eine Phantasie. Aber irgendwie muß man damit klarkommen. Die Leute werden von diesem Projekt erfahren. ... So weit ist das in Ordnung. Das wird mit Sicherheit passieren. Wenn ich weitergehe, und ich war schon kurz davor, werde ich die ganze Sache vermasseln. Die Leute werden mit ihrem Intellekt kapieren, wovon ich rede, und das wird alles vermasseln. Das ist also das Ende dieser paar Seiten, die ich schreiben wollte.

Ich bin nach wie vor froh, daß ich angefangen habe, »zu packen«, und daß ich mich auf diesen Weg gemacht habe. Das fühlt sich richtig an.

Ich habe hier sicherlich eine Menge gelernt, sagte ich heute morgen zu Fritz. Ja, das habe ich. Manchmal kam mir der Gedanke: »Ich will diesen Ort nicht.« An diesem Punkt kommt die Zukunft ins Spiel. Ich bin hiergeblieben. Ich ging weg und kam wieder. Wenn ich bleibe, dann deshalb, weil ich es will. Selbst wenn ich glaube (und das habe ich seit Jahren nicht mehr, aber vor Jahren habe ich es gedacht), daß ich hierbleibe, weil ich nirgendwo anders hingehen kann, stimmt das *nicht*. Man kann *immer* woanders hingehen. Ich habe mir diesen Ort ausgesucht, weil ich ihn anderen Möglichkeiten vorgezogen habe. Meine Wahl mag gut oder schlecht gewesen sein, aber sie bleibt doch meine Wahl, und es hat keinen Sinn zu sagen, ich wäre »dazu gedrängt worden«. »Ich hatte keine andere Möglichkeit.« Die Welt ist voll von anderen Möglichkeiten. Sie besteht aus lauter anderen Möglichkeiten.

Wenn das »Ich konnte nichts anderes tun« organismisch ist, kommt es auch hin. Als Mimi mir erzählte, daß sie schließlich doch nicht schwanger war und wieder ihre Tage bekommen hatte und deshalb nicht mit ihrem Mann und mir in die Stadt kommen und neunzig Meilen über staubige Straßen fahren würde, hatte ich keinerlei weitere »Information«. Ich mochte Mimi nicht und dachte, es wäre besser, wenn sie kein Kind bekäme. Mein organismisches Selbst zählte die Dinge irgendwie zusammen, unabhängig von meinem »Denken«, und sagte Mimi, daß sie lieber zu einem Arzt gehen sollte. Keine Erklärungen, keine unnötigen Worte. Das, was ich sagte, klang klar und entschlossen und ohne jeden Druck. Mimi fuhr und blieb auf Anweisung des Arztes zwei Monate in der Stadt. Sie war schwanger, und wenn sie keine medizinische Versorgung bekommen hätte, hätte sie das Kind verloren. Ich fühlte mich gut. Wäre ich über mein organismisches Wissen hinweggegangen, hätte ich mich schlecht gefühlt. Und ich wäre es gewesen. Dies ist für mich das einzige »Schlecht« – ein Fehl-griff, eine falsche Wahl. Wenn ich darüber trauere, halte ich daran fest, und der Fehlgriff bleibt bei mir. Es ist besser, einen Weg zu finden, ihn loszulassen, denn sonst mache ich immer noch den alten Fehl-griff.

Was Mimi und ich erlebten, war Gewahrsein: Ich war gewahr. Und dann weiß ich nicht, wie ich die Antwort bekomme.

Ich bin auf eine Seite aus Irwin Schroedingers *What Is Life* gestoßen, das ich seit Jahren mit mir herumtrage. Es muß 15 Jahre her sein, seit ich es das letzte Mal gelesen habe.

Ein blauer Eichelhäher läuft über die Wiese. Er trägt einen schmucken Helm – vom Kamm bis zur Brust.

Schroedinger zitiert Theodore Gomperz (wer immer das sein mag):

Nahezu unsere gesamte intellektuelle Bildung geht auf die Griechen zurück. ... Man braucht die Lehren und Schriften Platons und Aristoteles' und der anderen großen Meister der Antike nicht zu kennen, man muß nicht einmal ihre Namen je gehört haben, und doch steht man im Bann ihrer Autorität. Nicht nur ist ihr Einfluß von der Antike bis in die heutige Zeit von Generation zu Generation weitergegeben worden, unser kreatives Denken, die logischen Kategorien, in denen es sich bewegt, die sprachlichen Muster, derer es sich bedient (und von denen es daher beherrscht wird) – das alles ist in nicht geringem Maße ein Artefakt und im wesentlichen das Produkt antiker Denker. Wir müssen den Prozeß des Werdens in aller Sorgfalt erforschen, damit wir nicht fälschlicherweise das für primitiv halten, was in Wahrheit aus Wachstum und Entwicklung entstanden ist, und nicht für natürlich, was in Wahrheit künstlich ist.

Was ist »Therapie«?

Nicht Psychotherapie oder Physiotherapie. Therapie. Für mich macht es keinen Unterschied, ob ich sie in der Badewanne oder in der Gruppe bekomme. Einmal habe ich mich selbst durch die Arbeit total frustriert, nämlich als ich krank war und versuchte (sic!), einen Absatz zu schreiben. Es blieb bei drei Seiten. Schließlich ließ ich diese wahnsinnige Idee fallen und nahm ein heißes Bad. Zing! – war ich im Alter von zwölf Jahren gelandet, durchlebte drei miteinander zusammenhängende Szenen (an unterschiedlichen Orten), verstand in aller Klarheit (nicht intellektuell) etwas, das mich vierzig Jahre lang beschäftigt hatte und lernte etwas darüber, wie »ich« funktioniere. Das meiste davon hat hier keine spezielle Bedeutung, aber in einer der Szenen, die ich erlebte, ging ich auf den staubigen Wegen des Ortes, in dem ich lebte (ich hatte diese staubigen Wege vergessen), auf und ab und konzentrierte mich ausschließlich darauf, immer und immer wieder zu sagen: »Es ist mir egal, es ist mir egal, es ist mir egal, es ist mir egal« – bis es nicht mehr wehtat. Ich hatte eine eigene Entscheidung getroffen. Sie war mir nicht aufgedrängt worden. Meine Mutter sagte nur: »Ohh«, und was ich in ihrer Stimme wahrnahm, ließ mich – aus meiner Liebe zu ihr heraus (Verantwortung als Fähigkeit zu antworten) – eine Möglichkeit loslassen, die ich sehr, sehr gerne verwirklicht gesehen hätte, so daß ich überall

Schmerzen hatte, zuerst mit meinem Verlangen, und dann mit meinem Verzicht. Meine Entscheidung war in Ordnung. Mit zwölf war ich bereits zu erwachsen, um in die Wälder zu gehen und mit Steinen und Stöcken zu werfen, es in die Außenwelt zu schießen, und *das* war falsch, war nicht in Ordnung. Dafür haben wir jetzt Gruppen. Wir fangen zumindest an, Sinn zu machen, auch wenn damit häufig sehr viel Un-sinniges und Un-sinnliches verbunden ist und die Idee zwar aufgegriffen wird, aber das wirkliche Verständnis fehlt. Das führt dann zu Erleichterung ohne die Freiheit zu wachsen: ich bin erleichtert genug, um so weiterzuleben wie bisher: ich kann jederzeit zurückgehen und mir meine Dosis abholen. Vielleicht probiere ich eine andere Gruppe aus. Auf diese Weise treffe ich mehr neue Leute. »Wir Gruppenleute wissen, wo was los ist.« Der soziale Wirbel, der in einen anderen Wirbel mündet ist immer noch ein Wirbel. Dreh dich, Baby, dreh dich. Ist das nicht toll?

»Sie nennen es den Tanz.«

———•———

Fritz ist glücklich mit dem »wunderbaren Beispiel der Gestaltbildung«, das er entdeckt hat. Das schwarzweiße Bild einer Frau mit hochgestecktem Haar, die im Abendkleid an einem Frisiertisch sitzt und in den großen runden Spiegel schaut, der ihr Gesicht widerspiegelt. Wenn man ein bißchen weiter weggeht, ist es ein Totenkopf. Ihr dunkles Haar, das vom Spiegel reflektiert wird, sind die Augenhöhlen. Die anderen Details habe ich vergessen. Welches ist nun »das Bild?«

———•———

Teddy macht Fritz' Hütte sauber. Darüber kann man alles Mögliche denken, Gutes oder Schlechtes. Ich kann etwas Gutes darüber denken (fühlen). Ich kann etwas Schlechtes darüber denken (fühlen). Das Gefühl folgt meinem Denken. Ich kann beides durcheinanderbringen und sehr verwirrt werden.

Also »denk gute Gedanken.«

Nicht gut. Illusion.

Benenne sie alle, und sie heben sich gegenseitig auf. Keine Gedanken. Teddy macht Fritz' Hütte sauber. So ist das. Der Rest ist Phantasie.

Ich schreibe.

Wie läuft es?

Es läuft. *Wie*, weiß ich nicht. Darüber denke ich nicht nach.

Ich schreibe.

Bin ich eine Schriftstellerin?

Nein.

Mein fester Entschluß, niemals ein Jemand zu werden (Karriere) erscheint mir jetzt sinnvoll. Gelegentlich fand ich den Gedanken widerwärtig. Wenn ich ein Jemand wäre, würde ich mich selbst als diesen Jemand betrachten und entsprechend zurechtmachen und dieser Jemand werden, was eine Illusion ist.

Jetzt bin ich ins Bad gegangen. Ich dachte: »Ich muß Fritz sagen, meine Antwort ist Ja.« Dabei hatte ich keine Angst. Keine Bilder oder Gedanken wie: »Was soll ich da machen«, nur ein Ja.

Sämtliche »Warum's«, hier und jetzt keine Gruppe zu leiten, waren völlig in Ordnung. Das einzige Problem ist, daß es Phantasien waren. Bis zu diesem Moment konnte ich nicht wissen, was ich fühlte. Ich konnte mir nur *vorstellen*, was es *sein würde*. Als Fritz mich fragte, fühlte ich mich nicht so, wie ich *dachte*, daß ich mich fühlen würde; ich fühlte mich so, wie ich mich *fühlte*. Um es aber zu fühlen, mußte ich die Okanagan-Phantasie hinter mir lassen.

Wenn all das zu kompliziert erscheint, dann wohl deshalb, weil es kompliziert *ist*. Am besten nicht denken. Ich habe meine eigene Dummheit abgeschrieben, so daß man den Prozeß betrachten kann. Emerson hat gesagt, er sei ein Architekt gewesen, der ein Haus gebaut und die Treppe vergessen hat. Ich zeige dir ein paar von meinen Stufen.

»Sei ehrlich, verdammt nochmal!«, schreit es in meinem Kopf. Ich schreie es heraus. Wenn ich es aufschreibe, wird es für mich unausweichlicher. Daß es dir dadurch auch zugänglich wird, ist Zufall.

Und wenn das passiert, dann durch jemand anderen, nicht durch mich. Dieses Manuskript wird nicht sehr viele Leute erreichen, wenn nicht jemand anders etwas dafür tut.

———•———

Navajo Mountain. Die Küche ist ein sehr gemütlicher Ort mit dicken Steinwänden. Draußen liegt Schnee. Ken, ein Halb-Cherokee, Kee, ein Navajo, und ich haben eine gute Zeit zusammen und erholen uns von unserem angestauten Frust über die fehlende Menschlichkeit in dem von der Regierung speziell für die Indianer eingerichteten Sozialdienst. Ken meint: »Was soll's, ich habe meine Ranch, auf die ich zurückkehren kann, also werde ich wohl keine Magengeschwüre kriegen.« Ich sage: »Ich habe zwar keine Ranch, aber ich kann jederzeit die Biege machen.« Kee meint: »Ich auch!« Wir haben alle unsere Phantasien und Zufluchtsorte. Und wir wissen, daß das eine Illusion ist. Wir bekunden unsere Freude über diese Freiheit und fühlen uns gut – ja großartig. Wir lachen und freuen uns. Dieselbe Szene spielt sich hier unter völlig anderen Umständen ab als anderswo – in Häusern, Bars oder wo auch immer. Und auch der nächste Moment sieht anders aus.

Ein junger, ärmlich gekleideter Navajo kommt zur Tür herein, steht zunächst still da und sagt dann, er müsse zum Empfang, ob ihn jemand mitnehmen könne. Ken antwortet: »Da kommen wir nicht vorbei.« Der Navajo steht. Kee sitzt. Gelegentlich sagt einer von beiden etwas, dann der andere. Dann wieder sagt keiner etwas. Ich frage mich, ob ich Zeuge einer privaten Unterhaltung bin, ob ich mich mit Ken weiterunterhalten und Kee und den jungen Mann lieber alleinlassen sollte. Ich habe nichts zu dieser Unterhaltung beizutragen. Kee und Ken kennen dieses Land und seine Menschen auf eine andere Weise und besser als ich.

Ich schaue zu Ken rüber, um ein Stichwort aufzugreifen. Er hat die Beine übereinandergeschlagen und schaut zur Decke. Nicht nur, daß er nichts sagt, er scheint sich auch zurückgezogen zu haben. Warum spricht er nicht mit dem jungen Mann und *versucht* zumindest, ihm zu helfen, anstatt ihm praktisch den Rücken zuzuwenden.

Ich greife das Stichwort auf. Ich werde selbst ganz still. Sämtliche Gedanken sind wie weggeblasen. Mein Geist ist leer. Ich tue nichts. Dieser Zustand hält eine Weile an. Dann ein kleines Stückchen Information, und ich sage: »Der Bote ist heute nicht gekommen (am regulären Tag). Er kommt morgen.«

Kee und der junge Mann wechseln ein paar Worte auf Navajo. Der junge Mann geht. Er wird morgen mit dem Boten zur Rezeption fahren.

Kee, Ken und ich rücken zusammen, um uns ein paar Bilder von Franz Marc anzusehen. Unsere Stimmung hat sich verändert.

Wo bleibt in unserer Gesellschaft jeder stehen, wenn ein Fremder kommt und nach einer Mitfahrgelegenheit fragt?

Gewahrsein.

Ohne Gewahrsein hätte ich nicht gemerkt, daß ich etwas beizutragen hatte. Ich hätte weiter nachgedacht, und mein Denken wäre genauso weitergegangen, wie es angefangen hatte, wie: »Das weiß Kee doch selbst. Und wieder einmal bin ich die weiße Frau, die sich einmischt.«

Aber als die Information, die ich ihnen gab, aus meiner inneren Stille hervorgegangen war, gab es kein »Sich-Einmischen«.

Aus dieser Stille kamen meine besten Interventionen als Therapeutin. »Der Ochse und der Mann sind verschwunden.«

Ich fürchte, daß wenn ich nächste Woche eine Gruppe leite, mir diese Stille fehlen wird. Wenn ich wüßte, daß ich nur diese Stille hätte, würde ich nichts anderes brauchen. Bewußt wahrnehmen und antworten – ohne irgendwelche störenden Gedanken. Dann geschehen die Dinge, und irgend etwas passiert, das Veränderung bewirkt. Die Analyse ist unmöglich, selbst nach dem Ereignis.

»Hast du gemerkt, was heute abend in den Hamburgern war?«, fragte Kolman. Er hatte sie gemacht.

»Bei dem ganzen Krach schmecke ich sowieso nicht sehr viel«, sagte ich. Ich dachte, daß ich mich dafür entschuldigte, daß ich es nicht gemerkt hatte. Dann, immer noch meinen Hamburger essend, merkte ich, daß es stimmte. Mit zwanzig Leuten, dem Wein und einer Geräuschkulisse wie in einer Großfamilie, die in einer kleinen Küche sitzt, schmeckte ich tatsächlich nichts, es sei denn, es war so durchdringend wie der Knoblauch auf dem Brot.

Ich hätte wissen sollen, daß das, was ich sagte, stimmte. Etwas so Lächerliches wie eine Geräuschkulisse, die den Geschmackssinn auslöscht, konnte ich mir nicht »ausdenken«, und als ich es gesagt hatte, war ich erstaunt und dachte, ich hätte Unsinn geredet.

Wenn mein Gefühl ja sagt, und mein Denken nein, gibt es Verwirrung. Was ich denke, bringt Gefühle mit sich, und das steigert die Verwirrung. Und dazu kommt dann noch, daß mein Gefühl solche Dinge sagt wie: »Bei dem ganzen Krach kann ich überhaupt nichts richtig schmecken«, und das *sieht aus wie* Denken.

———•———

Die Absurdität des Probens! Ich habe meine Phantasien über das Leiten der Gruppe nächste Woche beobachtet – nicht nur, daß ich sie habe, sondern was sich in ihnen abspielt. Heute morgen hatte ich eine Gruppe von sechs Leuten im Kopf. Drei von ihnen waren etwas undeutlich, die anderen drei waren Peter, Marcia und Charlotte. Sie gingen herum und unterhielten sich, und ich unterhielt mich mit ihnen. Nein, ich sprach mit Peter. Ich ahmte ein paar Bewegungen von Marcia und Charlotte nach. Abgesehen davon, daß ich keine Ahnung habe, was *sie* tun werden, gibt es dreißig Teilnehmer, vielleicht sind es inzwischen sogar mehr, die in Gruppen von vielleicht sechs, vielleicht zehn Leuten aufgeteilt werden, und ich habe keine Ahnung, wer von ihnen am Montag in meiner Gruppe sitzen wird und ob diese drei überhaupt in der selben Gruppe sein werden. Diese drei Menschen sind wie alle anderen Menschen erst dann wirklich in meiner Welt, wenn sie körperlich in ihr sind. Solange sie in meinem Kopf sind, sind sie nicht wirklich. Und dann haben sie nicht einmal ein eigenständiges Leben. Sie bewegen sich, sagen und tun, was ich mir vorstelle, und mehr nicht.

———•———

Der See ist jetzt ganz hell, mit dunklen Linien, die sich von rechts nach links bewegen. Mein rechts. Mein links. Jetzt sind die Linien verschwunden. Dunkle Kreise mit hellen Zentren machen ... Jetzt machen sie es nicht mehr.

Auch in mir finden all diese Veränderungen statt. »Wie geht es dir?«

Ich weiß es nicht. Sobald ich es bemerke, bin ich schon wieder woanders.

Jetzt zieht sich ein weiches, silbriges Gekräusel über den ganzen See, soweit ich sehen kann, und es bewegt sich von links nach rechts.

———•———

Wie kann die Gestalttherapie mit Hilfe von Phantasien traumatische Erfahrungen auflösen?

Das tut sie ja nicht.

Sie bedient sich einer Phantasie, um eine Phantasie aufzulösen.

1953 war ich einen Monat im Krankenhaus. Als ich dort hinging, hatte ich Erwartungen. Eine sah so aus: Ich war in etwas hineingegangen, das ich nicht verstand. Gegen Abend wurde mir manchmal plötzlich sehr kalt. Mein Sohn machte mir dann eine Wärmflasche und zündete im Kamin ein Feuer an, während ich mich unter sämtlichen zur Verfügung stehenden Decken verkroch. Dann lag ich da und hatte das Gefühl, in einen Tunnel gezogen zu werden, in dem allerhand merkwürdige Dinge passierten. Ich versuchte, auf diese Dinge zu achten und sie mir zu merken, damit ich sie später dem Arzt würde erzählen können. Aber nachher konnte ich mich an nichts mehr erinnern, an keine einzige Begebenheit. Das machte mir Sorgen. Ich verstand nicht, was da ablief und hatte Angst, daß es schlimmer werden könnte. In was geriet ich da hinein?

Als ich ein paar Tage später in die Klinik ging, meinte der Arzt, daß ich ihn rufen sollte, wenn dieser Zustand während meines Aufenthalts dort eintreten sollte, er würde dann sofort kommen. Die Klinik, in der er arbeitete, war gleich nebenan. Während dieser Phase war ich sehr stark an die medizinische Sichtweise gebunden und dachte, daß die Untersuchung meines Körpers ihm einen Hinweis geben könnte. Wenn es passierte, während er dabeiwäre, könnte ich ihm vielleicht etwas Aufschlußreiches darüber erzählen. Im Krankenhaus zu liegen hatte für mich etwas Tröstliches.

Jedesmal wenn ich spürte, wie dieses seltsame Gefühl aufkam, rief ich ihn an. Aber ich bekam den Arzt nicht an den Apparat. Ich hinterließ eine Nachricht. Er kam nicht. Jedesmal wenn er dann zur Visite kam, entschuldigte er sich und erzählte mir, warum er nicht hatte kommen können. Ich wußte, was für eine Art von Leben er führte. Ich glaubte ihm. Ich wollte ihn nicht quälen; ich quälte mich selbst. Das fing an, als er nicht kam: Zuerst die Hoffnung und ein umfassendes Gefühl von Erleichterung. Dann Schmerz und Verzweiflung als er nicht erschien und ich dieses befremdliche und beängstigende Gefühl wieder allein durchleben mußte. Ich war wütend, daß er nicht kam. Ich war nicht wütend *auf ihn*. Ich war wütend.

Nichts von alldem drückte ich aus – den Schmerz, die Verzweiflung, die Wut. Es kam mir nicht einmal in den Sinn, und in einem Krankenhaus wird man nicht gerade dazu ermutigt. (»Und sie hat auch eine Krankheit?«) Ich band das alles fest in mir zusammen, hielt es mit meinen Nerven und Muskeln fest (und fragte mich, warum es mir in diesem Krankenhaus nicht besser ging, jetzt, da ich mich »erholte«).

Nachdem ich zwei Jahre lang die meiste Zeit im Bett verbracht hatte, verstand ich, daß ich mich so krank sein lassen mußte, wie ich war und nicht versuchen sollte, gesund zu werden und so zu tun als ob ich besser wäre als ich in Wirklichkeit war. »Gestalttherapie versucht, die Harmonie mit dem herzustellen, was *ist*.« »Wir können Veränderungen bei uns und anderen nicht bewußt und absichtlich herbeiführen.« »Der Organismus *trifft* keine Entscheidungen. Die Entscheidung ist eine von Menschen gemachte Institution. Der Organismus arbeitet immer auf der Grundlage von *Präferenzen*.«

―――•―――

Damals versuchte ich, mich an eine Aussage von Fritz zu erinnern, die ich dachte hier gebrauchen zu können (was natürlich nicht klappte), und sah schließlich in meinen Notizen nach, die ich aus anderen Gründen gemacht hatte. In diesem Fall wollte ich seine Worte gebrauchen, nicht meine. Während ich nachschaute, kam Fritz herein. Wie verrückt von mir. Erst als er schon gehen wollte und ich daran dachte, meine Aufzeichnungen wieder hervorzuholen (die ich bereits durchgesehen hatte – ohne zu finden wonach ich suchte), dachte ich: »Aber er ist doch jetzt hier!« (The old grey mare, she ain't what she used to be.)

Ich fragte ihn nach seinen Worten, und er sagte sie mir: »Jeder Versuch, etwas zu verändern, ist unweigerlich zum Scheitern verurteilt.« Ich fing an zu tippen und schrieb »Jeder Versuch zu scheitern ...« Fritz vervollständigte den Satz » ... führt unweigerlich zu Veränderung.«

(In der Ausbildungsgruppe für Fortgeschrittene sagte Fritz uns einmal, wir sollten versuchen, die schlechtesten Therapeuten der Welt zu sein.)

»Jeder Versuch, etwas zu verändern, ist unweigerlich zum Scheitern verurteilt. Er ruft eine Gegenkraft ins Leben. Wenn du auf etwas Rotes starrst und dann die Augen schließt, siehst du das Grün, das unweigerlich folgt.«

―――•―――

Verrückt. Irre. Irre, irre, irre. Das wonach ich suche, kommt geradewegs auf mich zu und ich sehe es nicht. Wo bin ich?

―――•―――

Als mein Sohn zwölf war – damals lebten wir in Arizona – wollte er einmal sonntags auf Hasenjagd gehen. Aber auf dieser Ranch durften Kinder nicht alleine auf die Jagd gehen, also ging ich mit ihm. Wir gingen immer weiter durch das Unterholz. Weit und breit keine Hasen. Er wollte zu einem kleinen

See, wo er (mit einiger Sicherheit) jede Menge Hasen vermutete. Ich sagte nein, und daß wir zum Abendessen zurücksein müßten. (Egal »warum«. Jede Menge Erklärungen. Und eine Menge Lügen.) Er erzählte weiter über die Hasen an dem kleinen See. Wahrscheinlich stellte er sie sich dort vor, unzählige Hasen.

Ein paar Meter vor uns hoppelte ein Hase aus dem Gebüsch und blieb dann reglos stehen. Da hockte er nun. Wir gingen noch fünf Schritte weiter, bevor mein Sohn den Hasen entdeckte und ihm gebannt nachschaute, als er auch schon davonlief. Zu spät.

———•———

Zwei Jahre nach meinem Klinikaufenthalt sah ich meine Erschöpfung in einem anderen Licht. Ich begann zu merken, was mich so erschöpfte, während es passierte, und es auf die eine oder andere Weise abzustellen, was auch immer es war. Dann bemerkte ich, daß das, was im Krankenhaus geschehen war, mich immer noch erschöpfte. Damals sah ich es nicht so wie jetzt, da ich es aufschreibe, aber etwas fiel mir doch auf. Wie zum Teufel konnte ich etwas loswerden, das zwei Jahre zuvor geschehen war?

Noch während ich fragte, bekam ich die Antwort. (»Um seine Intelligenz zu entwickeln, muß man aus jeder Frage eine Aussage machen. Wenn man seine Frage in eine Aussage verwandelt, öffnet sich der Hintergrund, aus dem die Frage entsprungen ist, und der Fragende selbst findet die Möglichkeiten ihrer Beantwortung.«)

Ich wollte immer noch etwas, das ich nicht bekommen konnte. Ich gab es mir selbst. Ich legte mich wieder ins Krankenbett und rief den Arzt. Er kam aus der Klinik nebenan herbeigeeilt. Das gefiel mir. Ich schickte ihn wieder zurück und ließ ihn noch *schneller* zu mir ans Bett kommen. Es ging mir besser. Ich schickte ihn wieder zurück und ließ ihn *noch schneller* zu mir kommen. Wieder ging es mir besser, und wieder schickte ich ihn zurück. Es tat mir so gut, *ihn* zu kontrollieren, und nicht mich!

Aber etwas fehlte noch immer. Der Arzt wußte vieles über meinen Körper, das ich nicht wußte, aber er wußte mit Sicherheit nicht mehr als ich über all die verrückten Dinge, die sich in meinem Kopf abspielten. Wer konnte mir damit helfen? Aldous Huxley. Also holte ich ihn dazu; er stand auf der anderen Seite meines Bettes. Ich brauchte ihn nicht rennen zu lassen – immerhin hatte er mich ja nicht gequält. Also stellte ich ihn einfach dorthin. Dann fiel mir etwas anderes auf, das mir nicht gefiel, das Krankenzimmer. Es war nicht gemütlich. Also brachte ich uns alle in ein Zimmer in Huxleys Haus in Kalifornien. Auf der linken Seite des Bettes stand der Arzt, der meinen Körper besser kannte als ich selbst. Auf der rechten Seite stand Huxley, der meinen Geist besser kannte als ich selbst. Ich brauchte nichts zu tun, sondern konnte es einfach ihnen überlassen. Ich ließ los und fing an, mich zu winden, zu jammern, zu zittern und zu springen (Hüften und Schultern). All das geschah, während »ich« ganz bequem innen bleiben konnte und mir keine Sorgen zu machen brauchte. Danach geschah noch etwas anderes. Ich weiß nicht mehr, was. Ich wiederholte diese Phantasie mehrere Male an verschiedenen Tagen und hörte jedesmal an derselben Stelle auf. Ich hatte Lust, weiterzugehen. Ich hörte auf. Als ich dem Arzt davon erzählte (verwirrt, anders als jetzt), sagte er: »Das klingt gut, aber machen Sie sich keine Sorgen.« Auch er hatte keine Ahnung, was passierte.

Ich schrieb an Huxley, und er antwortete:

> Ich stehe unter enormem Termindruck. Aus diesem Grund war und bin ich über die Maßen beschäftigt. Daher die Verspätung meiner Antwort auf Ihre interessanten Ausführungen, und daher die Unangemessenheit dieser kurzen Mitteilung auf Ihre vielen Anmerkungen über das Pseudo-Schluchzen und das Zittern und Zucken, das zu einem Gefühl der Befreiung führte und Sie einer Heilung zugänglich machte. Es handelt sich dabei um ein Phänomen, das ich schon bei anderen beobachtet und an mir selbst erfahren habe, und scheint einer der Wege zu sein, auf dem die Entelechie, die körperliche Intelligenz oder das tiefere Selbst sich von den Hindernissen befreit, die das bewußte, oberflächliche Ego ihm in den Weg stellt. Zuweilen kommt es zu einer Erinnerung längst begrabenen Materials mit entsprechenden Abreaktionen. Aber keineswegs immer. Und wenn eine solche Erinnerung nicht stattfindet, werden viele ihrer heilsamen Folgen dadurch erreicht, daß das tiefere Selbst diese Unruhe im Organismus selbst herbeiführt – eine Unruhe, die offensichtlich viele organische und muskuläre Knoten und Verspannungen löst, die wiederum aus seelischen Verspannungen resultieren bzw. diesen entsprechen. Solcherart Störungen waren unter den frühen Freunden durchaus üblich und führten dazu, daß sie als Quäker bezeichnet wurden. Das Wort »quake« [deutsch: beben, zittern] ist offensichtlich eine Art somatisches Äquivalent zu Bekenntnis und Absolution, der Wiedererinnerung längst vergessener Erfahrungen und deren Abreaktion und der Auflösung der in ihnen liegenden Kraft in Form von schädigenden Handlungen. Wir sollten dankbar sein für die kleinsten und unscheinbarsten Gnaden – als deren Teil dieses Beben offensichtlich betrachtet werden kann, und nicht einmal als der kleinste.

Ich fragte den Arzt, was »Abreaktionen« seien. Das Wörterbuch gab nicht viel her. Der Arzt zitterte, als er sich erinnerte und erzählte mir, wie er einmal bei einem Mann war, der die Explosion in einer Mine, in der er sich aufgehalten hatte, wiedererlebte und »das ganze Ereignis genauso durchmachte, wie er es früher erlebt hatte.« Der Arzt beschrieb den immensen Schrecken im Gesicht dieses Mannes, seine Schreie und wie er mit den Armen explodierte.

Das klang schrecklich – wie etwas, das ich nicht durchmachen wollte. Ich prüfte das nicht anhand *meiner eigenen Erfahrung* und brachte es nicht mit meinem eigenen Heulen und Jammern in Verbindung, ebensowenig wie der Arzt. Ich kam nicht einmal auf den Gedanken, daß die Erfahrung dieses *Mannes* sich davon unterschied, wie der Arzt diesen Mann erlebte. Ich bekam Angst und brach die weitere Erforschung dieser Richtung ab. Welche Schrecken mögen aus meiner Vergangenheit auferstehen und mich niederschmettern? Wer weiß, welches Übel im Herzen der Menschen lauert?

———•———

Als ich ins Krankenhaus ging, hatte ich vor allem Erwartungen, und das heißt mit Phantasien. Als meine Phantasie nicht durchkam, hatte ich mich selbst unter Kontrolle, was wiederum eine Illusion und also ebenfalls nicht wirklich ist. Als ich bewußt mit der Phantasie arbeitete, hatte ich mich zwei Jahre nach dem Ereignis immer noch unter Kontrolle, und auch das ist nicht wirklich. Was ich tat, obwohl ich das damals nicht wußte, war, daß ich eine Phantasie mit einer anderen austrieb. Dann war ich mit beiden fertig und – in dieser Hinsicht – wirklich, von der Vergangenheit befreit und offen für die Gegenwart. Plong! Die Vergangenheit war vorbei, abgesehen von der nüchtern-sachlichen Erinnerung. Aber diese Art der Erinnerung beunruhigt mich in keinster Weise. Sie ist weder gut noch schlecht, sie ist einfach da – wie jetzt die Dunkelheit vor meinem Fenster. Als ich später an diese Zeit im Krankenhaus zurückdachte, fühlte ich mich nicht mehr erschöpft. Ich hatte sie hinter mir gelassen.

Ich bemerkte noch eine andere Art, mich zu erschöpfen. Wann immer ich daran dachte, wann ich das nächstemal zum Arzt gehen würde, war ich auf einmal unheimlich müde. Ich verstand das nicht. Ich ging *gerne* zu diesem Arzt. Er war der einzige Mensch, mit dem ich eine wirkliche Kommunikation hatte, wie ich das in *Person to Person* beschrieben habe. Dann bemerkte ich, daß wenn ich daran dachte, wieder zu ihm zu gehen, ich mir vorstellte, auf dem Stuhl neben seinem Schreibtisch zu sitzen und mich so schwach und müde zu fühlen, daß ich mich kaum »aufrecht halten konnte«. So war es jedesmal wenn ich zu ihm ging. Wenn ich mir vorstellte, daß ich mit ihm sprach und dabei auf dem Boden lag, wurde ich nicht müde.

Als ich zum erstenmal zu diesem Arzt ging – ich war bereits krank – hatte ich den Eindruck, daß wenn ich nur auf dem Boden liegen könnte, ich ihm besser erklären könnte, was los war. Vielleicht hätten wir beide es auf diese Weise schneller herausgefunden. Zum Arzt gehen und sich auf den Boden legen? Tchktchk. Der sieht doch sofort, daß man neurotisch ist, verrückt, ein Exhibitionist oder sexbesessen (je nachdem, welche Phantasien *er* hat).

Als ich neunzehn war, lernte ich etwas über Ärzte. Einer sagte zu mir, ich solle mich »ausziehen«. Ich zog mein Kleid über den Kopf, zog meinen Slip aus und war nackt. Völlig entsetzt schaute er mich an. Ich fühlte mich schlecht. Gleichzeitig sagte ich mir selbst: »Ich bin nicht schlecht! Ich habe nur getan, was Sie gesagt haben! Ich dachte, Ärzte wären daran *gewöhnt*, nackte Körper zu sehen.« Ich fühlte mich immer noch schlecht und war beschämt. Als ich mit Freundinnen über dieses Erlebnis sprach, ließ ich diesen letzten Teil weg und machte eine witzige Geschichte daraus, aber *die* war verfälscht.

Nach diesem Zwischenfall war ich Ärzten gegenüber etwas vorsichtiger. Ich fragte genau nach, was sie meinten. Daraufhin wurde ich selbst ein bißchen behutsamer.

Diese ganze verdammte Geschichte hätte nie stattgefunden, wenn ich dem Arzt erzählt hätte, was in mir vorging. Daneben. Es ist vorbei.

———•———

Mit dreißig hatte ich eine ganze Menge verschiedener Kategorien über Bord geworfen, weil ich viele Menschen in sehr unterschiedlichen Kategorien getroffen und kennengelernt hatte. Die Kategorie des »Direktors« war eine, die ich nur in sehr offiziellen Zusammenhängen kennengelernt hatte, wenn sie ihre Rolle sehr perfekt spielten.

Gegen Ende eines zweimonatigen Urlaubs war ich so durcheinander und in der Klemme, daß ich zu meinem Chef ging und ihm sagte, es täte mir leid, daß ich meine Ferien versaut hätte, aber das wäre nun einmal so, und daß ich, wenn ich wieder zur Arbeit ginge, ihn ebenfalls aufmischen würde. Ich hatte diesen Urlaub mit meiner Familie verbracht. Er sagte, er würde mir zwei weitere Wochen bezahlten Urlaub geben, wenn ich diese Zeit alleine verbringen würde. Ich fuhr alleine nach Bermuda, und nicht einmal in Gedanken nahm ich irgend jemanden mit. Ich spürte, wie gut mir das tat. Im Hotel *kümmerte* es niemanden, ob ich da war oder nicht, und es *kümmerte* auch niemanden, ob ich aß oder eine oder zwei Mahlzeiten ausließ. Ich lieh mir ein Fahrrad. Ich suchte mir ein Ziel, änderte die Richtung, fuhr woanders hin und brauchte niemandem *Rechenschaft* abzulegen. Ich brauchte an niemanden zu *denken* oder mich zu fragen, ob sie wohl mürrisch oder besorgt wären, wenn ich zurückkäme. Es ging mir hervorragend – ich war wach, interessiert und froh.

(»Übernimm die Verantwortung für jedes deiner Gefühle, jede deiner Bewegungen, jeden deiner Gedanken – und lehne die Verantwortung für jeden anderen ab, *wer es auch sei.*«)

(Was wäre für andere gut – oder schlecht – daran gewesen, wenn ich sie in meinem Kopf behalten hätte?)

Ohne Denken kam ich so oft so gut zurecht. Ganz einfache Dinge. Was sonst ist das Leben? Ich ging zu einem Fahrradverleih, sagte dem Mann dort, daß ich seit fünfzehn Jahren nicht mehr gefahren sei und deshalb eins für einen Tag mieten wolle, und wenn ich feststellte, daß ich es noch könnte, hätte ich diesen Tag gerne auf den Preis für eine Woche angerechnet, was verhältnismäßig billiger war. Ich konnte noch Fahrrad fahren.

Ich radelte zum Aquarium in einer anderen Stadt – in Bermuda liegt nichts wirklich weit auseinander. Ich betrachtete die Fische in einem großen Becken, das kurz über dem Boden anfing und nach oben hin über meinen Kopf hinausreichte. Ich hatte richtig Freude an diesen Fischen. (Es gab auch andere Zeiten, in denen ich einsam war, aber nicht jetzt.) Eine Stimme sagte: »Guten Morgen.« Ich wußte, daß sich außer mir niemand in dem Raum befand. Ich schaute in die Richtung, aus der die Stimme gekommen war, und auf dem Rand der Rückwand des Beckens bemerkte ich einen Kopf. Dieser Kopf gefiel mir. Der Kopf sagte, er sei der Direktor des Museums. Wir plauderten ein wenig, der Kopf lud mich zum Essen ein und fragte mich, ob ich Lust hätte, Fische zu fangen. Ich stellte mir alle möglichen Fischarten vor, die ich noch nie gesehen hatte, mit allen möglichen Farben und umgeben von sprudelndem Wasser. Zu dieser Phantasie sagte ich ja.

Als ich am nächsten Tag zum Boot kam, war ich überrascht, dort nur den Direktor und einen schwarzen Jungen vorzufinden. Ich hatte mehr Leute erwartet (phantasiert). Sobald wir Hamilton Harbor verlassen hatten, fing der Direktor an, den Jungen immer wieder mit einem Seil zu schlagen. Der Junge zuckte jedesmal zusammen. Und der Direktor sah mich jedesmal an. Ich war empört. Ich wußte nicht, was ich tun konnte. »Sei still.« Ich wußte nicht, ob das richtig oder falsch war, aber es schien mir das einzig Mögliche zu sein. Ich war still. Der Direktor schlug mit dem Seil, der Junge schreckte zusammen, der Direktor sah mich an, und das glitzernde Wasser rauschte am Boot vorbei.

Wir segelten die Küste entlang in einen anderen Hafen, ich glaube, es war Castle Harbor. Es gab dort nirgendwo auch nur ein einziges anderes Boot. Wir segelten sehr nah an eine Felseninsel heran und ankerten. Der Direktor zog das Schlauchboot längsseits heran und stieg ein. Er streckte mir seine Hand entgegen. Ich sprang in das Boot und fühlte nichts anderes als Erleichterung darüber, daß der Junge jetzt in Ruhe gelassen würde (so wie ich auch). Wir stiegen auf den Gipfel des Felsens. Ich erfreute mich an dem Aufstieg, dem Felsen, der Sonne, der Luft und lachte mit dem Direktor, der ebenfalls sehr fröhlich zu sein schien.

Als wir oben ankamen, packte er mich plötzlich. Ich fühlte mich ausgeliefert, hilflos, hoffnungslos verloren. Er schubste mich auf den Boden. Der Junge konnte mir ebensowenig helfen, wie ich ihm hatte helfen können. Es gab niemanden, den ich zur Hilfe hätte rufen können.

Über der rechten Schulter des Direktors bemerkte ich eine Wolke, die keiner anderen Wolke glich, die ich bis dahin in meinem Leben je gesehen hatte. Außer, daß es sich dabei um eine Wolke handelte, hatte sie nichts mit anderen Wolken gemein. Ich schoß mit meiner linken Hand über seine Schulter (jetzt übernehme ich Verantwortung für das, was mir damals so vorkam, als geschähe es ohne mein Zutun. »Es geschah«, könnte man sagen .... Jetzt sehe ich es so, daß ich »Verantwortung für jede meiner Handlungen« übernehmen kann ...)

Ich habe mir ein Sandwich gemacht und es mit nach draußen aufs Dock genommen. Meine Beine hingen über dem Rand des Docks, und meine Füße berührten die Wasseroberfläche. Das Auf und Ab des Wassers übertrug sich auch auf meine Füße.

Ich sagte zu Peter: »Es fühlt sich an, als ob das Wasser mit mir spielt.« Ich dachte nicht, daß das Wasser dieses Gefühl hätte, aber wenn ich es anders ausdrücken und sagen würde: »*Ich* fühle, daß es mit meinen Füßen spielt«, passierte etwas. Ein sehr kleines Etwas, so als ob ich dadurch ein klitzekleines bißchen mehr ich selbst würde.

»Übernimm die Verantwortung für jede deiner Handlungen.« Wenn ich für diese Handlung keine Verantwortung übernahm, war ich um genau dieses Maß weniger ich selbst. Wenn ich andererseits jemanden töte und sage: »Gott hat es mir befohlen«, ist das auch nicht gut. *Ich* habe es getan.

———•———

Als ich die ersten Male zum Direktor sagte »Sehen Sie!«, veränderte sich nichts bei ihm. Das war mir durchaus bewußt, aber meine Aufmerksamkeit gegenüber dieser Wolke war stärker als alles andere in meiner Welt. Der Direktor schaute sich um und sah zu der Wolke hinauf. Er nahm mich beim Handgelenk und zog mich mit einem Tempo die steilen Felsen hinab, daß ich ein Bild von mir selbst hatte, in dem ich die Form eines Bogens annahm, während meine Knöchel an den Felsen entlangkratzten. Wir erreichten das Schlauchboot, fuhren zum Segelboot und verließen den Hafen. Es gab nichts Un-sinniges – nur Sinnliches. Er meinte, das sei eine Hurricane-Wolke gewesen. Als wir in Hamilton Harbor ankamen, waren die Hurricane-Signale bereits aufgestellt worden.

Ich sprach nicht gerne über die gelungenen Rettungsversuche, die hier und da unternommen worden waren. Manchmal versuchte ich, etwas über sie zu erfahren. Sie fanden statt. Häufig schien mein Leben ein Wunder zu sein. Ich konnte nicht glauben, daß ich Gott mir besondere Aufmerksamkeit schenken sollte. Wenn ich Ärger hatte, war ich ihn im Nu wieder los, und zwar mit einer unglaublichen Leichtigkeit. Zu glauben, daß ich auch das tat, schien mich in eine besondere Kategorie zu versetzen, und das mochte ich nicht – vor allem dann nicht, wenn es nachher so aussah, als wäre ich bei solchen Gelegenheiten geführt worden.

Etwa zehn Jahre später hatte ich einen ersten Schimmer von dem, was mir als Wahrheit erschien. Mein neunjähriger Sohn und ich wohnten an einem Strand auf Hawaii, den wir beide sehr gut kannten – seit seiner Geburt. Er war schwimmen gegangen, und ich war am Strand geblieben. Er rief mich und sagte: »Ich komme nicht mehr zurück!« Ich schwamm raus, um ihm zu helfen.

Aber als ich bei ihm war, gelang es auch mir nicht, zurückzuschwimmen. Am Strand war niemand mehr, den ich hätte rufen können. Er lag auf dem Rücken, und ich hatte meinen rechten Arm in seinen eingehakt. Ich schwamm und schwamm und kam nicht von der Stelle. Er bekam Panik, drehte sich und landete auf mir mit seinen vierzig Kilo. Ich bekam selbst Panik, konnte mich aber zusammenreißen.

Aus dem Eisenbaumwald am Strand tauchten zwei Leute auf. Hoffnung! Ich rief ihnen zu: »Hilfe!Hilfe!« Sie sahen sich um und schauten zu uns rüber, drehten sich dann um und liefen den Strand entlang. Nie habe ich mich mehr verloren und ausgeliefert und von der ganzen Menschheit verlassen gefühlt. Sie trödelten, und es war ein langer Strand. Bevor ich zu Sinnen kam, waren sie fast außer Sichtweite.

Ich sah ein paar größere und kleinere Holzstücke, die hinaus aufs Meer trieben. *Hinau*s. Sie hätte zurücktreiben sollen. Links von mir bemerkte ich eine Stelle, an der das nicht passierte. Dort ging die Bewegung der Wellen zurück, in Richtung Strand. Ich schwamm parallel zum Strand und brachte uns an die Stelle, wo das Wasser sich Richtung Strand bewegte. Von da aus brachten das Wasser und ich uns gemeinsam zurück. Wir waren fast in der Brandung, als ich so erschöpft war, daß ich nicht mehr konnte. Ich schob meinen Sohn mit aller Kraft, die ich noch aufbringen konnte, und dachte: »Immerhin, er wird es schaffen«, und ging unter. Mein Kopf befand sich bereits im Wasser, und der Rest meines Körpers folgte ihm. Dann berührten meine Zehen den Sand. Ich drückte so fest ich konnte gegen diesen Sand (diesmal wußte ich, daß ich es war) und schien aus diesem Drücken Kraft zu schöpfen. Als ich oben ankam, fing ich an, auf die Brandung und den Strand zuzuschwimmen.

»Heldenhaft« puuh! Ich hätte diese Holzstücke sofort sehen können – sage ich *jetzt*.

An diesem Nachmittag kam uns eine junger Mann besuchen und wollte mit uns schwimmen gehen. Ich erzählte es ihm nicht. Statt dessen erzählte ich es mir selbst. Ich sagte mir, daß er jung und stark und ein exzellenter Schwimmer sei, und daß ich in Not geraten war, weil ich eine schwache Frau war, und wenn ich etwas sagen würde, würde er mich auslachen, weil ich aus einer Fliege einen Elefanten machte. Vielleicht hätte er. (Das *Wie* meiner Erzählung wäre damals anders gewesen als heute.) Als er zurückkam und meinte: «Puh! Fast hätte ich es nicht zurück geschafft«, fühlte ich mich miserabel. Er war stark genug, um gegen die Strömung zurückzuschwimmen. Was, wenn er es nicht geschafft hätte? Ich fühlte mich schuldig, und dieses Gefühl hatte nichts mit Unwillen oder Groll zu tun.

Gewahrsein. Wenn wir beide gewahr gewesen wären, hätte die ganze Geschichte in dem einen Satz erzählt werden können: »Ich bemerkte die Strömung, suchte die Stelle, wo keine Strömung war und schwamm zurück an den Strand.«

Als mein Sohn und ich wieder am Strand waren, standen wir da, den Kopf zwischen den Knien. Ich weiß nicht, warum wir das taten. Dann, nach einer Weile sagte er: »Jetzt gehen wir wieder rein.« Nein, das wollte ich nicht. Auf keinen Fall. Ich fühlte, wie ich ertrank. Das Meer war ein schwarzes Monster, ein Horror. Und ich war so klein und schwach. Brrrrh! Ich hätte mich übergeben können.

Mein Sohn hatte oft bessere Einfälle als ich. Wir gingen wieder rein.

Es ist dasselbe wie mit meiner Angst, eine Gruppe zu leiten. Wenn ich weglaufen würde, hätte ich immer noch Angst davor. So wie es jetzt aussieht, habe ich ein bißchen Angst vor dem nächsten Mal, aber längst nicht mehr so wie früher. Ich war weder gut noch ganz schlecht, eher mittelmäßig. Nicht annähernd hinreichend bewußt – der anderen, meiner selbst. Das Beste war – man kann es eigentlich nicht erzählen, aber ich erzähle es trotzdem – als Fritz hereinkam, während Roy auf dem heißen Stuhl saß. Fritz – wie soll man das sagen. Er war ganz und gar bei Roy, nicht gespielt, sondern wirklich ganz da. Der un-wirkliche Roy wurde ein kleines bißchen wirklicher. Was für ein Kampf. Wie lange es dauert – dieses kleine bißchen. Und doch ist das der Anfang, mit dem alles anfängt, genau wie meine Gruppenleitung heute Morgen der Anfang ist.

———•———

Valerie, Fritz und ich unterhielten uns noch eine Weile nachdem die anderen fort waren. Valerie sprach von einer Frau, die jetzt hier ist und die in New York vier Jahre Reichianische Therapie gemacht hat. Sie hat nicht das Gefühl, hier Hilfe zu bekommen. Fritz: »Für sich genommen ist nichts genug. Der Körper ist nicht genug. Der Geist ist nicht genug. Die Seele ist nicht genug.« Amen.

Fritz blieb auf eine Tasse Tee mit Rum. »Ich komme mehr und mehr dahin, der ganzen Person zu begegnen. Genau das ist es, was er mit Roy gemacht hat. Er sagte zu Roy: »Seit du hier bist, höre ich dich krächzen. Du hast keine Stimme.« Er sagte: »Du bist ein Artefakt.« Seine Stimme klang sanft und neutral, ohne dabei zaghaft zu sein.

———•———

Vacation [Urlaub].

Vacate – [lat. vacare: räumen, niederlegen, aufgeben]

Leer sein.

Als ich krank und pleite war und versuchte, mich von beidem zu erholen, war ich die ganze Zeit damit beschäftigt. Jeden Freitag gegen Abend brachten die Nachbarn Sachen ins Auto und fuhren weg. Ich tat mir sehr, sehr leid. *Ich brauchte Urlaub* – mehr als jeder andere, aber ich konnte nicht weg. Ich *mußte* weiter versuchen, mich zu erholen und einen Weg finden, um Geld zu verdienen.

Ich hasse es, mir selbst leid zu tun.

Nach ein paar Wochenenden machte ich den Laden am Freitagabend zu und dachte bis Montagmorgen nicht mehr daran, mich zu erholen oder Geld zu verdienen. Ich hatte eine herrliche Zeit – mit all den guten Gefühlen, die dazugehören.

Als ich an *Person to Person* arbeitete, fiel mir eines morgens auf, daß ich aufwachte, aufstand und mich direkt an die Schreibmaschine setzte – wie eine Maschine. Ohne es zu merken hatte ich mich seit mehreren Wochen auf diesen Zustand zubewegt. Als ich es merkte, hörte ich mit dem Schreiben auf und tat genau das, wonach mir war. Ich hängte mich an die Eingangstür, um mich zu strecken. Danach ging ich in die Küche, legte eine Hand auf den Ofen, die andere auf die Anrichte und wippte hin und her. Ich bekam Hunger und öffnete den Kühlschrank. Mir war nach einem Steak. Morgens um zehn machte ich mir ein Steak. Dazu eine Folienkartoffel. Ich ging durchs Wohnzimmer. Und so weiter. Als ich Lust hatte, in die Stadt zu gehen, um Farben und Pinsel zu kaufen, erzählte ich mir nichts, sondern ging einfach los und kaufte sie. Bemerken – tun; bemerken – tun. Sonst nichts, zwei Tage lang. Am Abend des zweiten Tages ging ich ins Badezimmer, setzte mich auf die Toilette, und während ich mich hinsetzte, dachte ich mit einem Gefühl unsäglicher Freude: »Mann, jetzt hatte ich aber einen richtig schönen Urlaub!«

Das war das erste Mal, daß ich es als Urlaub betrachtete. Es lag an meinem Gefühl.

Danach kehrte mein Interesse an dem Buch wieder zurück, und ich war keine Maschine mehr.

Fata Morgana

Heute morgen in der Gruppe war mir nicht alles entfallen, und mit dem, was mir entfallen war, geht es mir gut. Ich vergaß, daß unter den Teilnehmern einige Psychiater und Psychologen waren, obwohl ich einen Psychologen und einen Psychiater kenne und glaube, daß es noch zwei andere mit einem ähnlichen Beruf gibt. Fritz, der hereinkam, während ich mit Roy arbeitete, vergaß ich fast völlig. Vielleicht werde ich morgen noch mehr vergessen. Leer werden.

———•———

» – und lehne die Verantwortung für jeden anderen ab, *wer es auch sei.*« Auf der Ranch (60 Quadratmeilen) und in der Schule (ein einziger Raum), wo ich einige Jahre arbeitete, fragten mich eines Tages mehrere Schüler um Erlaubnis, etwas tun zu dürfen – ich weiß nicht mehr, was es war. Auf dieser Ranch taten die Kinder Dinge, die einigen Besuchern das Blut in den Adern gefrieren ließ. Was sie wollten, war *so* gefährlich, daß ich unmöglich ja sagen konnte. Sie sprangen hin und her, forderten und insistierten. Aus lauter Verzweiflung sagte ich: »In Ordnung, dann macht's, aber denkt dran! Wenn ihr das macht, dann auf eure Verantwortung, nicht auf meine.« Sie hörten auf zu springen und zu schreien, gingen leise und nachdenklich weg und taten etwas anderes.

Im Augenblick bin ich der Worte müde. Wenn ich daran denke weiterzumachen, selbst später, kommt es mir hoch.

Der arme Aldous Huxley mit seinen Terminen, der noch im Sterben einen Artikel fertigschrieb – schwach, krank, kaum fähig zu sprechen. Und Laura hält ihn für besonders edel.

Maya. Illusion. »Welt: das Ding, in dem wir leben.« – aus einem *Wörterbuch von fünf Wörtern*, geschrieben von einem Siebenjährigen.

———•———

Auch letzte Nacht lag ich nicht wach, um für die Gruppe heute zu proben. Ich vergaß – und ging schlafen.

———•———

Als Adrian van Kaam aus Holland hierher kam, war er empört über die amerikanische Idee, daß ein Professor für jedermann erreichbar sein sollte. Wir saßen in seiner Mansarde und unterhielten uns; irgendwie war es ein intellektuelles Gespräch, aber nicht nur. Ich spürte, wie in mir etwas passierte, und bemerkte, daß auch in ihm etwas vorging. Klopf klopf! Dieser jemand ging. Bevor wir wieder dahin zurückkehrten, wo wir gewesen waren, klopf klopf! Unterbrechung. Jeder der hereinkam, wollte etwas.

In Europa, so scheint es, gewährt die Gesellschaft mehr Schutz, zumindest was Professoren betrifft. In meiner Gesellschaft muß ich selbst für meinen Schutz sorgen, und das ist in Ordnung – solange ich es tue.

Auf dem interkulturellen Workshop in Saskatchewan meinte Wilfred (der Indianer) eines abends: »Ich fühle mich eigenartig.« Er bat seine Schwester Gracia und mich, in sein Zimmer zu kommen. Dort, in seinem Zimmer, war Wilfred dabei, seine »Eigenartigkeit« zu erforschen, und machte eine Entdeckung. Es klopfte an der Tür. Gracia stand vom Bett auf und sagte: »So klopft nur ein Weißer!« Und tatsächlich. Ein paar Weiße polterten »fröhlich« ins Zimmer, und einer von ihnen sprang auf dem Bett herum.

Am nächsten Abend polterte ich woanders herein, ruhiger zwar, aber irgendwie war es doch auch *dasselb*e. Ich spürte, was ich da tat, und wurde traurig. Ich ließ zu, daß mich die Unachtsamkeit eines Weißen überkam. *Ich* machte das.

———•———

Ich glaube, ich werde verrückt. Das Wort ist das Wort ist das Hallabalu. Wenn ich nicht noch verrückter werden kann, stecke ich fest. Eigentlich sieht es sinnvoll aus. Vielleicht würde ich noch Sinnvolleres hervorbringen, wenn ich noch verrückter würde.

Der Versuch, Fritz zu »folgen«, ist verrückt. Wenn man ankommt, ist er schon nicht mehr da.

———•———

Als ich zwanzig war, mußte ich über eine Kindheitserinnerung lachen. Die Straßen und Bürgersteige in unserem Ort waren nicht richtig befestigt und sehr staubig. Ein Junge, den ich sehr mochte, wohnte in einer Straße, die aus irgendeinem Grund aufgerissen wurde. Um in sein Haus zu kommen, mußte man über eine ganze Reihe aufgeschütteter Erdhaufen gehen. In meiner Phantasie ging ich über diese Erdhaufen, um ihn zu besuchen – die Haare trug ich hochgesteckt wie eine Dame, und dazu trug ich ein glänzendes, kupferfarbenes Abendkleid mit einer Schleppe. Es war wie ein Traum, denn diese Vorstellung erschien mir keineswegs lächerlich. Und ich hatte große Brüste. Während ich in meiner Phantasie so da entlangschlenderte, wußte ich, daß er mich sehen *mußte* und wie glanzvoll und prächtig ich aussah.

Mit zwanzig hatte ich andere Phantasien. Ich hielt *diese* Phantasien keineswegs für albern. Schau dir deine eigenen an, bevor du über meine lachst. Dann können wir zusammen lachen.

Phantasien sind manchmal sehr nützlich, solange ich nicht durcheinanderkomme und sie für wirklich halte. Als ich massive Probleme mit meinem Mann hatte und dachte: ich würde durchdrehen, was ich tat, allerdings nicht auf die Art, die er sich vorstellte, bekam ich Nesselsucht und Mononukleose, was mich natürlich noch schwächer machte. Ich hatte die Phantasie, der Arzt wäre ein strahlender Heiliger, der mich liebte, und wenn ich Ruhe brauchte, ruhte ich in dieser Phantasie, ohne dabei jemals zu vergessen, daß er einfach nur ein netter Kerl und ein guter Arzt war, den ich mochte.

Spontane Phantasien sind anders. In einer, die ich immer wieder habe, wenn auch nicht in letzter Zeit, sehe ich mich in einer Hütte in einem sehr schönen Land. Ich liege im Bett, und was auch immer ich brauche, wird mir gebracht, obwohl außer mir niemand da ist. Ich genieße die Ruhe, und bin mir gleichzeitig darüber im klaren, daß diese Phantasie mir sagt, daß ich Ruhe brauche. Ich verstehe die Botschaft und richte mich danach. Ich lasse einiges von dem, was ich gerade tue, sein, und die Phantasie geht weg.

Der erste Schritt ist, die Dinge zu bemerken. Das Gewahrsein dessen, was in mir vorgeht. Jetzt habe ich Lust, zu zeichnen.

———•———

Für heute ist die Gruppe vorbei. Morgen? Morgen bekomme ich die Leute, die Don für seine Gruppe ausgesucht hat, und ich weiß nicht, wer das ist. Ich könnte es problemlos herausfinden. Was würde es nützen, das zu wissen? Es geht mir gut mit etwas, womit es mir sonst schlecht ging – ich will gar nicht wissen, wer in der Gruppe ist. Während des Ersten Weltkriegs stand ich in Verbindung mit einer Reihe von jungen Soldaten, Amerikaner, Engländer, Franzosen, und Soldaten aus Neu Kaledonien, das zu Frankreich gehört. Ein junger Schotte, der nicht in der Armee war, schrieb mir. Er hatte meine Adresse von einem Freund, der sie von dem Paket eines anderen abgerissen, aber nie benutzt hatte. Dieser Schotte starb. Unser Briefwechsel machte uns beiden viel Freude. Meine Schwester fragte mich: »Was *macht* er?« Ich wußte es nicht, und es war mir auch egal gewesen, und so fühlte ich mich schlecht (etwas war falsch mit mir), weil es meiner Schwester wichtig war. »Wie kannst du ihm *schreiben*, wenn du nicht einmal weißt, was er *macht*!«, sagte sie ohne einen fragenden Ton in ihrer Stimme. Sie wollte es gar nicht wissen. Sie sagte mir etwas. Ich wußte nicht was. Ich spürte ein Loch in mir, etwas, das ich bedecken sollte. Meine Schwester war älter als ich, und sie wußte so viel.

Ich hatte immer noch dasselbe Problem wie als kleines Kind, als mein Vater mich trug, wenn wir irgendwo hingingen. Manchmal sonntags gingen wir von zu Hause zur Straßenbahn. Mit der Straßenbahn fuhren wir bis zur Fähre. Mit der Fähre fuhren wir nach New York – Häuser, Häuser, Häuser, hier und da ganze Reihen von Häusern dicht nebeneinander und nicht voneinander zu unterscheiden. Wir verließen die Fähre und nahmen wir wieder die Straßenbahn. Dann stiegen wir aus der Straßenbahn, gingen ein paar Blocks zu Fuß, bogen irgendwo ein und gingen noch ein Stück. Wir gingen eine Treppe hinauf. Meine Mutter oder mein Vater klopften an eine Tür oder klingelten. Die Tür wurde geöffnet – und da waren Leute, die wir *kannten*. Wie um alles in der Welt hatten meine Eltern sie gefunden? Wie klug sie doch waren. *Ich* hätte das nicht geschafft.

Als ich dann die Wahrheit über mich wußte und der eine oder andere von ihnen mir etwas anderes erzählte, wurde die Kraft meines eigenen Wissens dadurch geschwächt, daß ich um ihre Klugheit wußte. Sie *mußten* recht haben. Nein, *ich* hatte recht. Sie *mußten* es wissen. Nein, *ich* wußte es! Sie *mußten* recht haben. Nein, *ich* hatte recht. Sie *mußten* recht haben. Nein, ich hatte recht. *Sie* hatten recht, und ich hatte unrecht.

Denselben Fehler machte ich lange Zeit mit meinem Mann. Er wußte so viel. Er hatte elf Jahre an der Universität verbracht, u.a. drei Jahre in Oxford und vier an der medizinischen Fakultät. Er hatte im Ausland gelebt. Er kannte Frankreich (und konnte Französisch), Deutschland (und konnte Deutsch) und Geologie und Architektur und Medizin und Lateinische Gedichte und berühmte Leute (Julian Huxley, Henry Luce, Archibald MacLeish, Max Beerbohm und einige Mitsuis) und Indien (und er konnte Burmesisch) und Englische Geschichte und Literatur. Wenn er über die Menschen und das Leben sprach, glaubte ich auch, er müsse die Menschen und das Leben besser kennen als ich. Es kam mir zwar auch so vor, als ob das nicht stimmte, aber angesichts all seines Wissens unterdrückte ich diesen Eindruck immer wieder.

Als wir nach Hawaii gingen, war mein Mann nicht imstande, Pidgin zu lernen. Er gab Sato-San, dem Gärtner, der zweimal in der Woche zu uns kam, Anweisungen, und wenn er dann nach Honolulu gefahren war, kam Sato-San zu mir und fragte: »Was Boß sagen?« Pidgin war für mich wie eine frische Brise, ein ausgelassenes Spiel. Mit all seinen Sprachkenntnissen konnte mein Mann diese Sprache weder sprechen noch verstehen. Wie kam das?

Warum konnte er nicht sehen, wie er sich Leute zu Feinden machte, die keine waren? Es gab nur fünf Menschen, denen er vertraute – vier Männer und mich. Ich sah drei dieser Männer »vertrauensunwürdig« werden und hatte das Gefühl, daß auch ich kurz davor war.

Als ich mit dreiundvierzig Jahren Hawaii verließ, hätte ich »niemals *irgend etwas* lernen« können. Warum sollte man so viel wissen, wenn es einem nicht gut damit ging? Auch Bertie Russel ergab keinen Sinn mit all seiner Unzufriedenheit.

Das war, als ich unseren neunjährigen Sohn mitnahm und auf die Ranch nach Arizona zog. Ich hatte von so vielen Seiten gehört, daß ich einen Fehler machte. Eine Japanerin, die als Hausmädchen arbeitete, erzählte mir, daß die edle Gesellschaft in Japan ihre Kinder früher aufs Land schickte, um dort als Bauern unter Bauern zu leben »damit sie nicht den Kontakt zu ihren Wurzeln verlieren.« Das konnte ich verstehen.

Ima, von der ich das wußte, erzählte mir noch andere Dinge. Während des Krieges fuhr sie mit dem Bus durch Honolulu. Ein Seemann spuckte sie an. Sie drehte durch. Dann erinnerte sie sich an eine Zugfahrt in Japan und an einen

Japaner, der gegenüber einem Amerikaner ausfallend wurde. »Es ist dieselbe Sache.« Das war ihre Art, mit der Situation fertig zu werden und ihre Gedanken zu klären. Wegkürzen. Mit Mrs. B., einer blöden alten Ziege, ging sie anders um. Mit ihr, erklärte Ima, »macht man immer mal wieder TSCHHHH! Danach ist wieder für eine Weile Ruhe.«

———•———

Als Natalie sich heute morgen auf den heißen Stuhl setzte, kam Fritz dazu. Ihre Arbeit war wunderbar. Dumm wie ich bin, redete ich einmal dazwischen. Manchmal bin ich froh, daß meine Unterbrechungen so unauffällig sind, daß sie fast unbemerkt bleiben. (Ich merkte nicht, daß es das war, bis ich es getan hatte. Ich redete mit mir selbst und hörte auf die Lügnerin in mir.) Anschließend setzten sich nacheinander zwei Männer auf den heißen Stuhl. Peter will Hilfe und achtet sehr darauf, alles selbst zu machen. Gegen Ende erzählte er von seinem Frust. Ich erwähnte, was Fritz gesagt hatte: »Wenn ich versuche, diese Wand hochzulaufen, fühle ich mich impotent.« Daraufhin versuchte Peter, die Wand hochzulaufen. Er arbeitete wirklich hart daran. Dann versuchte er, sie zu durchdringen, indem er auf sie einschlug. Dann versuchte er, sie zu untergraben. Am Ende sagte er: »Ich könnte ja auch durch die Tür gehen«, öffnete die Tür und ging raus.

Ich dachte an die Zen-Geschichte von dem Mann, der an den Gittern vor seinem Fenster rüttelt, während hinter ihm die Tür offensteht.

Von diesem Vormittag habe ich sehr profitiert. Ich gebe mir selbst eine Richtung, an die ich mich halten kann, um es hervorzuholen und dann festzuhalten, damit ich es nicht vergesse. Ich lasse diese Anweisung fallen, weil ich weiß, daß alles in mir aufgezeichnet ist. Meine Arbeit besteht darin, mich diesem Lagerhaus zugänglich zu machen, damit es mir wiederum auf angemessene Weise zugänglich sein, und ich in den verschiedenen Situationen darauf zurückgreifen kann. Das war heute ein bißchen mehr der Fall als gestern. Wenn ich *versuche*, bleibt mir das Lagerhaus verschlossen, selbst dann, wenn mein Versuch nur darauf abzielt, meine Aufmerksamkeit auf das zu richten, was gerade geschieht. Das einzige, was mir in solchen Momenten in den Sinn kommt, sind *Regeln*, und das ist nicht Gestalttherapie. Diese Art des Versuchens ist wie der Versuch, eine Sprache zu lernen, anstatt sie in sich aufzunehmen, sie mehr schlecht als recht wieder rauszulassen und auf diese Weise Fortschritte zu machen. Es ist wie der Unterschied dazwischen, ob ich ein Buch lese und bei jedem mir unbekannten (noch nicht gelernten) Wort anhalte, oder ob ich ein Buch lese und die Wörter, die ich nicht kenne, errate oder aus dem Zusammenhang erschließe. Wenn meine Vermutung stimmt, wird sie sich bestätigen, wenn das Wort wieder auftaucht. Liege ich falsch, werde ich das beim nächsten oder übernächsten Mal feststellen – solange es mir nichts ausmacht, falschgelegen zu haben.

Heute morgen wurden die Fehler sofort angesprochen. (Nicht erst im *nachhinein*.) Sie werden ernst genommen. Ich »brauche« sie nicht zu sammeln, durchzuarbeiten und mir um die Ohren zu schlagen, während es mir gleichzeitig leid tut und ich versuche, sie zu korrigieren. Einige Fehler werde ich vielleicht wieder machen. Wenn ich mich darauf konzentriere und mich beschimpfe, habe ich all die anderen nicht bemerkt, die ich *nicht* wiederholt habe. Wenn ich mich an ihnen festhalte, dann *muß* ich sie wiederholen. Je mehr ich versuche, desto öfter werde ich scheitern, weil der Irrtum im *Versuchen* liegt.

Ich lerne. Mit so viel weniger Schmerzen und Schlägen und Selbstquälerei – jetzt, da ich willens bin. Weniger zerrissen. Ein Bewegung, die auf mehr Ganzheit abzielt, und in der ich mich dem anvertraue, was *ich mir* selbst bin. Dann sind Ich und Selbst verschwunden.

Fritz hat in seiner Hütte nebenan Musik laufen. In dieser Musik höre ich etwas Trauriges. Meine eigene Traurigkeit wird deutlicher und breitet sich immer mehr aus. Ich spüre, wie sie mich durchdringt. Ich bin Traurigkeit, und daran ist nichts verkehrt. Traurigkeit ist.

Wahrscheinlich kann nichts erklärt werden. Während George an einem Traum arbeitete, war er George, der seine Arme wie Flügel hin und her schlug und zu fliegen versuchte. Dabei sank er immer tiefer und tiefer in etwas hinein. Dann war er der Junge in seinem Traum, dem ein Käfer über die Brust krabbelte. Als George verabscheute er den Käfer. Als Junge erschreckte er sich und sprang auf, als der Käfer über seinen Arm bis in die Achselhöhle gekrabbelt war. George hatte die Botschaft nicht verstanden, aber er *fühlte* etwas. Vielleicht wird es später deutlicher. Wer außer George könnte sie verstehen? Niemand. Es ist seine Botschaft.

Als Natalie heute morgen an einem Traum gearbeitet hatte und an einem bestimmten Punkt angekommen war, fragte Fritz: »Hast du die Botschaft verstanden?« Sie antwortete: »Ja.« Und Fritz: »Ich kenne die Botschaft nicht.«

Er brauchte sie nicht zu kennen. Er fragte sie nicht wie man in der Schule gefragt wird, »Wie lautet sie?« Er ließ sie mit ihrem eigenen Wissen, das seinem nicht zu entsprechen braucht und in jedem Falle *ihr eigenes* ist. (»Ja, wenn du es mir nicht sagen kannst, dann weißt du es auch nicht.« Ich weiß nicht wo das herkommt. Ich höre, wie es jemand zu mir sagt, irgendwann in der Vergangenheit und mit einem Ausrufezeichen am Schluß, das mir sagen will »Du liegst falsch!« – oder »Du lügst.«)

»Seit wir uns das letzte Mal gesehen haben, ist eine Menge Wasser den Fluß hinuntergeflossen«, sagte Liz. »*Gutes* Wasser.«

Der See ist aufgewühlt – wie ein Fluß. Weiße Schaumwellen.

Seit gestern ist so viel in Fluß gekommen. Ich kann mich nicht mehr an gestern erinnern. Wenn ich es nicht weiter versuche, fällt mir als erstes ein, daß ich zu Duncan gegangen bin. Dann, wie ich mit Fritz, Barbara und Marcia noch spät am Abend in der Küche gesessen habe. Dann die Abendgruppe, wir alle mit Fritz. Dann kommt mir das Mittagessen in den Sinn, und daß wir morgens Gruppe hatten. Aber keine Details. Ich versuche, mich zu erinnern und bin wie hohl.

Heute morgen hat es wieder geregnet, und graue Wolken hingen tief am Himmel. Jetzt spiegelt sich die Sonne im Wasser, an manchen Stellen schimmert sie wie Silber, an anderen wie Diamanten. Durch das Fenster scheint die Sonne herein und wärmt die Schreibmaschine und meine Hände. Ich habe nach wie vor keine Erinnerung an die Gruppe gestern morgen, außer daran, daß sie stattfand, und zwar hier. Ich weiß weder wer dabei war, noch wer was gemacht hat oder was ich – Pat. Ich erinnere mich, daß Pat gestern hier war. Peter ... Bruce ... Natalie ... jetzt kommen die Leute wieder zurück.

Keine geordnete Reihenfolge der Erinnerungen. Jetzt fällt mir ein, daß ich gegen halb vier mit Glenn und Tom in der Küche war. Das alles ist mir zugänglich, kann wieder auftauchen. Die ganze Vergangenheit. Was um alles in der Welt würde ich damit anfangen? Besser, ich lasse es los – alles.

Heute morgen, bevor die Gruppe kam, spürte ich, daß wenn sich alle entschließen würden zu gehen, ich das in Ordnung fände. Sie würden genau das tun, was mir am liebsten wäre.

Ich hätte diesen Vormittag nicht vermißt. Ich war heute sehr viel mehr in Kontakt mit meinen spontanen Ideen und konnte besser auf sie vertrauen. Am Anfang ließ ich zu viele dieser Ideen ablaufen, und wenn ich das nicht getan hätte, wäre mir vielleicht ein Umweg erspart geblieben. Aber vielleicht auch nicht. Es ist niemals möglich zurückzugehen und von vorne anzufangen. So vieles hat sich verändert. »Wir steigen niemals zweimal in denselben Fluß.« Was morgen betrifft, habe ich jetzt ein gutes Gefühl. Den heutigen Tag will ich nicht ändern. Morgen ist ein anderer Fluß. Ich fühle mich wohl mit meinem Nicht-Wissen. Interesse. Keine Meinung. Keine Phantasien.

Ein Moment der Vorstellung. Pat war ihr schlaffes, laxes Selbst auf dem Boden, dann ihr trommelndes, hämmerndes Selbst auf einer Bank, wo sie hin und her pendelte. Mir fiel auf, daß ihr hämmerndes Selbst immer schwächer wurde, obwohl sie immer noch Kraft hatte. Ihr schlaffes Selbst war nicht ganz so schlaff. Das gefiel mir. Dann stellte ich mir Pat zwischen ihrem Boden-Selbst und ihrem Bank-Selbst stehend vor und bat sie, sich dort hinzustellen. Was dann geschah, war gut und beendete ihre Arbeit für heute.

In letzter Zeit habe ich Stück für Stück einen Fehler entdeckt, den ich manchmal mache, und ich habe einen Weg gefunden, um diesen Fehler ... Nein, ich lasse das weg.

Ich komme ganz durcheinander mit »ich« und .... das lasse ich auch. ...

Seit ich hier bin, ist mir aufgefallen, wie schwer es mir fällt, die Träume zu behalten, die andere erzählen. Mir war nicht klar, wie Fritz mit jemandem zuerst an einem Teil eines Traumes arbeiten und dann einfach zu einem anderen Teil übergehen kann. Ich dachte, er müsse den ganzen Traum so behalten, wie er erzählt wurde. Das könnte ich nie. Was diesen Bereich der Gestalttherapie angeht, wäre ich eine schlechte Therapeutin.

Neulich habe ich festgestellt, daß wenn ich mich nicht an die Worte klammere und mir den Traum bildhaft vorstelle, mir manchmal Teile des Traumes wieder einfallen. Ich kann darauf vertrauen, daß ich zu dem Abschnitt zurückkehre, der gerade kommt, und den Klienten daran erinnern. Dann geht der Klient mit diesem Teil des Traumes, und ich folge dem Klienten.

Wenn ich das nicht tue, erscheint mir der Traum sehr unscharf, so daß ich kaum etwas wirklich verstehe bzw. nur auf eine sehr vage und tastende Art, auf die der andere sich nicht einlassen kann.

Manchmal geschieht mit diesen Bildern und Vorstellungen etwas Merkwürdiges. Ein Mädchen erzählte ihren Traum (wie in der Gestalttherapie üblich, in der ersten Person), der in irgendwelchen Feldern begann. Sie ging weiter und kam an eine Brücke. Dort hörte der Traum auf. Sie überquerte die Brücke nicht. Das ist einfach zu merken und zu erinnern. Sie wollte mit den Feldern anfangen, und das schien mir in Ordnung zu sein. Danach wollte sie an einen anderen Ort ihres Traumes gehen. Ich bat sie, zu der Brücke zu gehen, die ich mir in diesem Moment vorgestellt hatte. Sie ging also zu der Brücke und sagte, es sei eine Bogenbrücke. Es war eine Bogenbrücke wie ich sie mir von Anfang an vorgestellt hatte. Ich hätte sie fragen sollen, welche Farbe die Brücke hatte – einfach so, um nicht raten zu müssen. Meine war rot. Daß sie von dieser Brücke aus eine Reise antrat, von der sie eine existentielle Botschaft mitbrachte, ist nicht verwunderlich.

In den Gruppen habe ich versucht zu hören, mich zu erinnern, wurde müde und zog mich in meine Gedanken zurück, um mir eine Pause zu gönnen. Das war in Ordnung, solange ich nichts anderes tun konnte, genau wie die Vergangenheit in Ordnung ist, wenn ich nichts anderes tun konnte als das, was ich tat. Etwas anderes war mir eben nicht möglich.

Jetzt kommt es mir vor, als ob meine Vorstellung des erzählten Traums – oder das Bemerken des Bildes, das sich einstellt und das vielleicht seine Wahrheit beinhaltet – mich dafür öffnet, die Bilder zu erkennen, die während der Arbeit auftauchen. Offenheit für Bilder.

Als Runi ihre Arbeit mit Fritz beendet hatte und ging, sagte sie: »Ich bin so feige.« Wir machten eine Pause. Ich räumte gerade die Spüle auf, um Platz zu schaffen, damit die anderen Kaffee kochen konnten. »Angst« war mein Bild – ich stellte es mir als Wort vor. Ich fragte Runi: »Ist das Wort ›Angst‹?«, und fast im selben Moment sagte sie: »Ja.« »Feige« ist ein Urteil, eine Phantasie. Die anderen können sagen: »Nein, das bist du nicht« oder »Ja, das stimmt«, und das kann mich verwirren, und ich kann gegen diese Verwirrung ankämpfen und weiterphantasieren. »Angst« ist eine Realität. Ich kann fühlen und wissen, daß die Angst da ist. Mir ist danach, ein Gedicht einzufügen.

Pusher

Beware the seeker of disciples
the missionary
the pusher
all proselytizing men
all who claim that they have found
the path to heaven.

For the sound of their words
is the silence of their doubt.

The allegory of your conversion
sustains them through their uncertainty.

Persuading you, they struggle
to persuade themselves.

They need you
as they say you need them:
there is a symmetry they do not mention
in their sermon
or in the meeting
near the secret door.

As you suspect each one of them
be wary also of these words,
for I, dissuading you,
obtain new evidence
that there is no shortcut,
no path at all,
no destination.

      Peter Goblen

Erster Oktober. In der Sonne ist mir heiß. Ich ziehe mir ein leichteres Kleid an. Vorhin war das warme Kleid besser, angenehmer. Wie absurd, zu denken, ich müßte anderen gegenüber immer warm oder immer kalt sein – überhaupt so etwas zu denken. Mir ist warm. Mir ist kalt. Ich bin warm. Ich bin kühl. Jetzt liebe ich dich. Jetzt liebe ich dich nicht. Fordere nicht von mir, was ich nicht habe. ... Wer fordert das? Ich. Ich fordere es von mir; in mir gibt es kein Wir. Wenn ich acht gebe, bemerke ich ein Pseudo-Wir. *Ich* gehöre nicht dazu, sondern mein Pseudo-Selbst. Wenn ich nichts von mir fordere, wo bleibt dann die Forderung? Ich fühle sie nicht. Ich kann um die Forderung eines anderen wissen, aber ich kann *seine* Forderung nicht fühlen. Das kann nur der andere selbst.

»Ich kann sehen, daß du einen Kratzer hast. Ich kann nicht fühlen, wie er juckt.«

Ich habe aufgeschaut und auf dem entferntesten Hügel einen Wasserfall entdeckt. Es ist kein Wasserfall. Auf den ersten Blick sah es nur so aus. Hatte ich »unrecht«?

Ich habe mich an dem Anblick des Wasserfalls erfreut. Ein Freudenfunke.

Eher ein Irrtum als ein Fehler.

———•———

Heute in der Pause kam eine Frau, die von einem Mann eine bestimmte Antwort verlangt und nicht bekommen hatte, zu mir und verlangte die Antwort von mir. Ich sagte etwas. Sie machte genauso weiter wie vorher. Ich sagte etwas. Sie machte weiter. Ich hielt ihr meine Hände auf die Ohren und sagte: »Du hörst nicht zu.« Sie sagte: »Wie auch, wenn du mir die Ohren zuhältst?«

Heute in der Gruppe bat Fritz mich, die anderen in den Rollen an der Gruppe teilnehmen zu lassen, »die sie auch in den anderen Gruppen haben.« Das war schon gestern so, also brauchte ich nichts zu verändern. Dann kam noch ein Co-Therapeut und ein Supervisor hinzu. Wenn ich in einer dieser Rollen ein Gleichgewicht gefunden habe, sagt er mir, ich solle wechseln, woraufhin ich ins Schwanken gerate und das Gleichgewicht verliere. Ich möchte wieder in *diese* Gruppe, am besten gleich morgen, aber es ist gut, daß es jetzt diese Wechsel gibt. Ich könnte sonst vergessen, daß ich nicht zweimal in denselben Fluß steige. Wenn neue Leute da sind, *weiß* ich es. Dann *muß* ich es merken. Mit einem Co-Therapeuten arbeiten, andere an der Arbeit beteiligen und »supervidieren« – das alles?

Was heißt »supervidieren«? ... Super-vision. Das ist noch schlimmer. Ich habe es noch nicht kapiert.

Das ist lächerlich! Ich habe im Oxford Dictionary nachgesehen, und das Wort ist nicht verzeichnet. Ob ich es falsch buchstabiere? »Superstition« [Aberglaube], und dann »*supinate*« [auf dem Rücken liegen; die Handfläche nach oben drehen] ... In Webster's Dictionary gibt es das Wort, aber das ist nicht viel mehr als ein Wörterbuch. Es wird als »Überblicker« beschrieben.

Also bin ich wieder auf mich selbst gestellt. Keine äußere Autorität. Was immer es bedeutet, ich muß es selber machen. Ich weiß, was »es« ist.

Es gefällt mir nicht, daß ich wieder dieses Ziehen in der Brust und im Rücken habe. An *dieses* Gefühl erinnere ich mich gut. Immer und immer wieder. Als ich das »Leben« gerade so schön arrangiert hatte und mich gut darin hätte einrichten können – Paaaff! – passierte etwas anderes und machte es kaputt.

Wo war dieses »Paaaff!«?

Was hat mich jetzt wieder »getroffen«?

Bin ich das selbst? Ich denke »Jetzt muß ich mich zusammenreißen und wieder von vorn anfangen.«

Diesmal scheint die Last nicht so schwer zu sein. Ich wehre mich nur dagegen, daß ich es *wieder* tun muß.

———•———

Ich habe »Supervision« auf der vorherigen Seite unter »super-« gefunden. Diese Art der Darstellung gefällt mir nicht, aber ich nehme an, es wird so gemacht, weil es sich um die gekürzte Ausgabe des Oxford Dictionary handelt. Die Bedeutung des Wortes entspricht meiner Vermutung. Ich hatte gehofft, vielleicht einen Ausweg zu finden.

Jetzt brauche ich keinen mehr und trage keine Last auf meinen Schultern.

Gestern abend bei Fritz bestand das Curry fast ausschließlich aus Curry. Er aß Brot und trank Milch, das reichte ihm. Er wollte kein Curry. Das sagte er schon gestern abend beim Gemeinschaftstreffen. Es scheint dasselbe zu sein wie meine eigene Abneigung gegen manche Nahrungsmittel auf diesem Kontinent: nicht nur, daß sie mir nicht gut tun, sie sind auch so geschmack-los. Ich mag den Geschmack von Reis, Bohnen, Erbsen, Möhren, Lamm, Rindfleisch usw. Die meisten Leute, die ich kenne, würzen alles so stark, daß ich nur noch die Gewürze schmecke. Was ich auch nicht mag, sind »Schmortöpfe«, in denen alles so dermaßen durcheinandergekocht wird, daß ich die einzelnen Bestandteile nicht mehr schmecken kann; oder Dinge, die ich zum Mittag mag, aber nicht am Abend, wie z.B. Thunfisch aus der Dose.

Gemischte Gerichte sind in Ordnung, wenn man die Reste verwertet, aber *manchmal* esse ich gerne etwas, wovon etwas übrig geblieben ist.

Ich habe Fritz zum Dinner eingeladen. Nicht zum Abendessen. »Dinner« kommt von den vornehmen Leuten, die »dinierten«, während wir anderen

»Abendbrot« aßen. Dinner gab es nur am Sonntag, gegen ein, zwei Uhr. Wir aßen Dinner, aber wir dinierten nicht.

Für mich war es das schönste Essen seit langem, mit einem Begleiter oder einem Gegenüber, und doch auch so angenehm ruhig und still, und keiner von uns spielte irgendwelche Rollen. Wenn Fritz eine Rolle gespielt hat, habe ich zumindest nichts davon mitbekommen, und ich selbst hatte keine. Er sollte gegen fünf, halb sechs kommen. Um halb sieben war er immer noch nicht da, also ging ich zu seiner Hütte, aber da war er auch nicht, also ging ich hinauf ins Haus, und da saß er im Wohnzimmer und las Zeitung. »Oh! Ich dachte schon, da war doch was ...«

———•———

Heute ist der Tag danach, und die Gruppe ist vorbei. Ich habe sie geleitet. Ich habe ein gutes Gefühl dabei, daß ich nicht versucht habe, irgend etwas zu machen. Es fühlt sich an wie Nichtstun. Nur wahrnehmen und geschehen lassen. Die Folge ist, daß ich jetzt sehr viel bewußter bin. ... Ich erinnere mich, daß ich mich manchmal nach dem Sex so gefühlt habe, diese wunderbare Freude an allem, was geschieht, einschließlich meiner selbst. Bevor Sex ein Teil meines Lebens wurde, gab es das bei so vielen Dingen. Als ich einmal an einem Uhrengeschäft vorbeiging, hörte ich die Uhren im Fenster ticken – es war, als hörte ich *jede einzelne*. Das Geschäft hatte geschlossen, ich hörte sie ganz klar durch die Glasscheibe.

Aus einiger Entfernung höre ich Baggergeräusche. Leute, die auf dem Dock sitzen und sich im Wasser spiegeln. Mann liegt auf Sprungbrett. Im Wasser liegt Sprungbrett auf Mann. Leute stehen auf und gehen weg. Wo *sind* die Leute? Spielt keine Rolle. Nicht in meiner Welt. Tuuut! Irgendwo links von mir eine Flöte. Richtung ist klar. Hügel kräuseln sich im Wasser, dunkle Hügel, helles Wasser. Achte auf das Licht, und es wird zur Oberfläche, die sich wie eine Klippe von der darunterliegenden Dunkelheit abhebt. Als ob man über den Rand einer Wolke hinwegschaut. ... Dann versuche ich, ein Bild zu *erzwingen*. Grrrrrrrrrr. Ich lasse es. Das ist kein Wahrnehmen, sondern ein *Tun*. Nein, der *Versuch* etwas zu tun.

Als ich heute morgen in diesem Sinne nicht versuchte, etwas zu tun, kam ich wieder auf die ursprüngliche Bedeutung des Wortes »versuchen«. Wenn ich das einwerfen würde, würde jemand versuchen, es auf diese Weise zu versuchen. Die *Bedeutung* ginge verloren, wie das ja auch der Fall ist.

Die Leute lachen immer noch über die alte Geschichte von dem Mann, der Kartoffeln sortierte und mürrisch brummte: »Entscheidungen, Entscheidungen, Entscheidungen!« Worüber sie (jeweils) lachen, weiß ich nicht. Wenn der Mann die Kartoffeln aus seinem organismischen Selbst heraus sortiert hätte, dann würde er keine »Entscheidungen treffen«. So aber lächle ich nur mit einem Mundwinkel, während der andere herunterhängt.

Heute morgen habe ich keine Entscheidungen getroffen. Ich hatte kein Programm, weder für mich selbst noch für jemand anderen. Es war leichter, weil ich gestern abend früher ins Bett gegangen bin. Das gehört in Großbuchstaben. ES WAR LEICHTER, WEIL ICH GESTERN ABEND FRÜHER INS BETT GEGANGEN BIN.

Einige Male habe ich so durchgehangen, weil ich erschöpft oder einfach nicht mehr in der Lage war, durchzuhalten. Jetzt geht bin ich so froh, daß es leichter geworden ist. Ich habe es nie gemacht wie in den christlichen Heldenepen, in denen wahnsinnige Künstler auf einmal etwas Wunderschönes hervorbringen. Inzwischen gibt es Künstler, die ihren Selbstausdruck darin finden, mit Eimern voll Farbe herumzuspritzen. Das kann sehr interessant sein. Es ist immer noch Farbe, die aus einem Eimer geschleudert wird. Insofern habe ich damit kein Problem.

Was ich heute morgen aus der Gruppe gelernt habe ist so viel, daß ich verrückt sein müßte, um es alles aufzuschreiben zu wollen. Ich käme zu nichts anderem mehr. Davon abgesehen ist es in jeder Zelle meines Körpers. Ich spüre, daß meine Zehen es wissen, meine Hand weiß es, und *auch* mein Kopf weiß es. Wenn man mir die Hand abschlagen würde, wüßte sie es immer noch. (Das fühle ich.) Und dies ist der Ort, an den mein Wissen gehört. Wenn nicht alles vorbei ist, dann ist es kein *Wissen*. Enzyklopädien sind vollgestopft mit »Wissen«. Aber wissen sie es? Kein Verstehen. Als ich gestern abend mit Fritz zu Abend aß, wechselten wir hier und da ein paar Worte. Nein. Manchmal sagte er etwas. Manchmal sagte ich etwas. Ganz wenige Worte. So viel Verstehen. Und während wir sehr langsam aßen und damit beschäftigt waren, das sehr spärlich gewürzte Essen zu schmecken, sagte er: »Die Leute benutzen Gewürze anstelle von Speichel.«

Er sagte, daß er mich manchmal beneide, daß er Alpträume habe, in denen es darum ginge, zu expandieren. Ich fragte ihn, ob er mehr Wohnmöglichkeiten einrichten wolle usw. »*Echte* Alpträume. Ich weiß, daß es mein Ehrgeiz ist.« Die Dinge sehen wie sie sind. Ohne mich zu drängen, *seinen* Ehrgeiz anzukurbeln. Ohne mir zu sagen, daß ich mehr Ehrgeiz entwickeln sollte. Ohne mich zu verurteilen für das, was ich bin. Er läßt mich sein. Ich lasse ihn sein. Nicht intellektuell: *total*. So wie mein Fußnagel es weiß, wissen es auch meine Augäpfel. Kein Teil von mir hält sich zurück. Ich bin nicht »in Verantwortung«. Trennung und Konfluenz gleichzeitig. Auch nicht unvernünftig. Nur nichtvernünftig. Kein Begründen und Argumentieren. Über Gründe und Argumente hinausgehend. Jenseits von Verstehen und Mißverstehen. Hier ist Friede und Liebe und alles, was ich will – und doch ohne es zu wollen.

———•———

Gestern nachmittag kam George zu mir. (Er ist völlig aufgeregt.) »War Pat heute morgen in deiner Gruppe?« »Ja.« »Seit der Gruppe ist sie da draußen (er zeigt auf die Bäume) und weint. Ich wußte nicht, was ich tun sollte.« Ich sage nichts. »Ich dachte, ich sollte es dir sagen.«

Einen Moment lang war *ich* völlig aufgeregt. »Er schiebt es *mir* zu.« Doch dann wußte ich (am deutlichsten in der Brustgegend, obwohl ich es überall spürte) »Laß es zu.« Am Abend in Fritz' Gruppe setzte sich Pat auf den heißen Stuhl. Sie sagte: »Ich dachte, ich hätte überhaupt keinen Stolz. Heute nachmittag habe ich entdeckt, daß das nicht stimmt.« »Hilfreich sein« ist Raub.

———•———

Forrest atmete heute morgen ganz flach. Er meinte, er fühle sich damit wohl. Wenn ich mit einem Teil von mir lange Zeit Mißbrauch treibe, fühle ich mich damit wohl. Ich gewöhne mich daran. Und wenn ich es verändern will, ist das unangenehm oder tut weh. Wir arbeiteten an seinem Atem (»wir« ist in diesem Fall korrekt), und dabei machte er einige Entdeckungen – nicht nur in bezug auf seinen Atem, sondern auch auf seine ganze Lebensweise. (In dieser Arbeit kam keine einzige Atem*übung* vor.) Meine Lebensweise (oder Pseudo-Lebensweise) ist nicht irgendwo da draußen, sondern hier in mir, und was ich mit meinem Körper mache, ist ein Teil dieser Lebensweise.

———•———

Gestern abend in der großen Gruppe sprach Fritz über das Thema »Der Haken an einer Forderung ist die Frage«, und über das Kauen. Forrest fragte Fritz, ob er ein paar Beispiele dafür hätte, wie man eine Frage in eine Aussage umwandelt. Zwischen den beiden gab es einen kurzen, langsamen Dialog. Der Dialog endete als Forrest klar wurde, daß er aufgrund seiner Frage ein »guter Schüler« war (sein wollte). *Etwas* sein, anstelle eines Prozesses. Ein Artefakt. Jetzt verstehe ich überhaupt erst, was Fritz mit »Artefakt« meint: *Etwas* Menschengemachtes.

Jetzt ist mir danach, Briefe zu schreiben.

———•———

Heute morgen gibt es »da draußen« nichts Konturiertes. Keine Berge. See und Himmel scheinen aus ein und demselben Dunst zu bestehen. Die einzigen Linien sind die Baumstämme und die Pfähle am Dock. Die Welt (meine Welt) endet nach zwanzig Metern.

»Kein Interpretieren.« Kein Denken.

Gestern arbeitete George an seinem Topdog-Underdog-Konflikt. Seit Juni hat er schon häufiger an diesem Thema gearbeitet. Beide, Topdog und Underdog, schienen müde zu sein, schwach, nicht sehr kämpferisch. Die Leute in der Gruppe brachten ihre Langeweile zum Ausdruck. Ich dachte (sic!) ... Ich dachte (sick [krank]) »Wahrscheinlich haben sie das mit George immer und immer wieder erlebt.« Ich dachte (sick) »Vermutlich hat George das genau so satt wie wir.« Als George an einer Stelle einen Dialog zwischen den beiden Teilen führte, sagte er: »Ich bin *zwischen* euch.« Meine Augen suchten die Stelle zwischen dem heißen und dem leeren Stuhl, und ich hatte ein fast bildlose Vorstellung von George, wie er zwischen den Stühlen stand. Ich bat ihn nicht, sich dorthin zu stellen. Larry war der Therapeut. »Laß ihn bei dem bleiben, was er gerade tut.« (Kranker Gedanke.) Ich »vergaß«, daß ich supervidieren mußte. Ich blendete es einfach aus.

Nach George machten wir noch zwei weitere Arbeiten. Als George nach der Gruppe ging, sagte er –

Gerade eben flatterte ein großer, kranichartiger Vogel ungeschickt herum und landete auf dem Dock. Er schlägt mit den Flügeln – und ist oben auf einem Ruderboot. Er schlägt mit den Flügeln und ist unten auf dem Dock. Am Rand des Docks stößt sein Schnabel ins Wasser. Jetzt kauert er sich ein bißchen zusammen und schaut ins Wasser wie eine Katze.

George sagte heiter: »Ich dachte (sick), vielleicht ist mein Topdog organismisch. *Ich bin* dazwischen!« Ich sah, daß sowohl sein Topdog als auch sein Underdog geschwächt waren – deshalb waren sie so schwach und müde. Hätte ich diesen Eindruck (nicht krank) während Georges Arbeit zum Ausdruck gebracht, wäre er vielleicht schneller und weiter vorangekommen. Darin besteht Fritz' Genie.

Die Lebensweise zeigt sich im Körper. Natürlich. Wie sollte es sonst sein? Ich *bin* mein Körper, und mein Körper ist ich. Wie kann ich mich sonst ausdrücken? Wenn ich mich einigele und nichts sage, drücke ich mich aus. Wenn ich mit den Zehen wackele, drücke ich mich aus. Wenn ich meine Schultern steif mache, drücke ich mich aus. Wenn ich »nicht höre«, drücke ich mich aus. Wenn ich ein Gewohnheitsmuster annehme, drücke ich mich selbst als Artefakt aus, eine Art Statue, die *künstlich* atmet und sich *künstlich* bewegt. *Ich* habe *mich* gemacht.

Dieser Kranich hat sich nicht selbst gemacht. Er ist nicht pervertiert (pervertieren: ins Widernatürliche verkehren).

Wir, die wir uns auf eine bestimmte Weise pervertiert haben, sind so aufgebracht gegen die, die sich auf eine andere Weise pervertiert haben, und noch mehr gegen die, die sich nicht so sehr pervertiert haben, daß wir sie am liebsten beiseite schaffen würden. All diese Artefakte kämpfen miteinander. Die Welt der Illusion.

Was ist mit *mir* als Artefakt? Das blende ich aus. Davon will ich nichts wissen. Ich bin doch nur eine nette alte Dame ... Dieses »nett« will ich streichen! Ich weiß, daß ich auch un-nett bin. »Nett« ist relativ zu dem, was ich gewohnt bin: mehr zu sehen, mehr zuzulassen, jetzt – das erscheint *mir nett*. Ich schlage das Wort [engl.: nice] im Wörterbuch nach, um zu sehen, was es *dort* bedeutet. Meine Güte, wieviele Bedeutungen dieses Wort hat, angefangen mit »kaum zufriedenzustellen« bis »freundlich« und abgeleitet aus dem Lateinischen »nescius« – »unwissend, unfähig«!

Ich schlage »innocent« [unschuldig] nach und wähle die Bedeutung aus, die hier am besten paßt »in Unkenntnis des Bösen (ohne Implikation von Tugendhaftigkeit)«. In dieser Richtung mache ich Fortschritte.

Ich werde nicht so wütend.

Ich schlage »anger« [Wut, Ärger] nach. Es kommt von einem Wort, das »trouble« [Schwierigkeiten, Sorgen] bedeutet. Ich bin sehr viel weniger besorgt. »Troubled« [besorgt, unruhig] kommt von einem Wort, das »turbulent« bedeutet.

Ich halte meine Turbulenz nicht zurück; ich *bin* nicht so turbulent.

Bertie Russel sagte über sich und Eifersucht: »Ich schaffe es, mich ganz korrekt zu verhalten, aber innen drin bin ich sehr unleidlich.« Das ist Turbulenz. Außen zurückgehalten und innen aufgewühlt. Wenn der Damm nur ein kleines bißchen bricht, dann verwandelt sich etwas von dem Aufgewühlten in einen Strom. Ein wirklicher Durchbruch führt zu einem reißenden Strom. Wenn dieser Strom nicht aufgehalten wird –

Der Nebel zieht den See hinunter. Warum ist »links« von mir aus gesehen *hinunter*, und »rechts« *hinauf*? Hügel übersät mit Ahornbäumen – mit einer Höhenlinie aus spitzen Kiefern ragen steil in die Höhe. Blauer Himmel. Nebel zieht flach über die Wasseroberfläche. Die zweite Hügelkette, höher als die erste, taucht auf – grün und blau, dunkel und hell, über dem Wasser und als Spiegelbild.

Wenn der Strom nicht aufgehalten wird, herrscht nachher Friede und Glück und ein neues In-der-Welt-Sein. Ich habe das erlebt. Manchmal weint der Strom, und manchmal ist er ein wütender Sturm. Nachher kommt meistens die Gewohnheit der Perversion wieder zum Vorschein, und dennoch bleibt eine andere Erfahrung, und die Arbeit an der Veränderung alter Gewohnheitsmuster hat begonnen. »Drei Schritte vor, und zwei zurück«, sagt Fritz.

Wie das Wachstum der Kinder. Ich glaube, daß sie über ein Stadium der Einfältigkeit hinausgewachsen sind, das sie und mich quält; sie ist verschwunden, die Einfältigkeit, und dann taucht sie wieder auf, und das Kind muß sich wieder damit auseinandersetzen. Wie die Naht, die man Kombination nennt und bei der man drei Stiche vor und einen zurück macht. Dieser Stich zurück macht aus einer ansonsten schwachen, eine feste und widerstandsfähige Naht.

Person to Person endet damit, daß ich beschreibe, wie ich mich um eine Navajo-Frau kümmere, die ein Kind zur Welt gebracht hat. Als die Frau mich vertrauensvoll und ohne Vorurteil anschaute und ich meine Gedanken über sie und mich losließ, gab es nur noch Prozeß – alles war in Bewegung. Keine Grenzen mehr. Ich hörte auf, sie oder mich selbst zu definieren und dadurch einzugrenzen.

Wenn ich spontan bin, gibt es kein Denken *über* etwas. Es gibt nur ein Tun, und manchmal gehen Worte hin ... oder her.... Es gibt kein *hin* oder *her*, kein *rein* oder *raus*. Dann sind die Worte Ausdruck meiner selbst *jetzt, ohne daß ich sie denke*, genau wie mein Lächeln (dann) einfach Ausdruck meiner selbst ist. Ohne Gewohnheit. Ohne Absicht. Ohne Zweck.

Hmmm. ... Wie oft bin ich mir beim Sprechen meiner Absicht dessen, was ich tue, bewußt? *Bewußt*, nicht bloß *wissend*. Ich kann mir darüber im klaren sein, daß »ich versuche, ihn zu manipulieren« und dieses Wissen an mir abprallen lassen und zu etwas anderem übergehen, oder aber mit meinen Manipulationen weitermachen. Bewußtsein oder Gewahrsein heißt, in Kontakt kommen, heißt, daß ich mein Wissen ganz und gar spüre, bevor ich weitergehe. Wenn ich nicht nur *weiß*, daß ich eine Straße entlang gehe, Sondern mir *bewußt* bin, daß ich eine Straße entlang gehe, spüre ich die Bewegung meines Körpers, den Kontakt zwischen meinen Füßen und der Straße – das ist der Unterschied.

Wenn wir bei der Gewahrseinsarbeit mit Fritz ganz langsam sagen: »Jetzt bin ich mir bewußt, daß ...« oder »Jetzt bin ich dessen gewahr ...« usw., dann hilft uns das, in Kontakt zu kommen. Ich kann natürlich ganz schnell sagen, was ich sehe, fühle, denke oder rieche und auf diese Weise ganz schnell eine beachtliche Liste zusammenbringen, ohne jedoch mit irgend etwas in Kontakt zu sein – was übrigens die meisten Menschen fast ständig tun. Ich kann in einem winzigen Augenblick sehen, daß du die Hand auf dem Knie hast, aber zu sagen »Es ist mir offensichtlich, daß deine Hand auf deinem Knie liegt«, erzeugt eine Pause, in der ich in Kontakt kommen kann. Ich fange an, einen Unterschied wahrzunehmen, und zwar zwischen dem, was ich normalerweise tue und dem Gewahrsein. Dieser Langsamkeit bedarf es nur am Anfang, so wie man langsamer wird, um die Spur zu wechseln.

Wenn ich *Dinge* außerhalb meiner selbst mache, sei es ein Möbelstück, ein Essen, ein Kleid oder einen Garten, und das mit Gewahrsein tue, gibt es keine Trennung, keinen Abstand zwischen mir und dem, was ich tue, es gibt keine Gefühllosigkeit, sondern Inter-Aktion. Ich bin *involviert*. Ich habe keinen Plan, den ich Schritt für Schritt ausführe. Ich bewege mich Schritt für Schritt, und das Design nimmt Formen an, ohne ein vorweggenommenes Abbild der endgültigen Form.

Wie ich die Kartoffeln kochen werde, hängt vielleicht davon ab, was ich entdecke, während ich sie schäle und dabei mehr über *diese* Kartoffeln und ihre Eigenschaften erfahre. Oder ich koche sie anders als sonst, weil es andere Veränderungen gibt: der Herd funktioniert nicht, oder jemand kommt zum Essen nach Hause, will aber gleich nach dem Essen wieder weg. Wenn ich frei bin und die Dinge mit Gewahrsein tue, spielt das keine Rolle. Veränderungen »bringen mich nicht raus«, sie sind Bestandteil. Ko-operation. Ich genieße die Veränderungen, ohne sie oder mich selbst zu wichtig zu nehmen, und eine »stumpfe Routine« wird unmöglich. Und genauso kann man auch mit Menschen - kooperieren, und auf eben diese Weise kann die warmherzige und lebendige, kooperative Gesellschaft entstehen, die sich so viele von uns wünschen.

Wenn ich anfange, ein Kleidungsstück zu nähen, kann auch ein anderes daraus werden; das geschieht scheinbar von selbst, und doch bin ich mit meinem Gewahrsein bei dem Material. Ich bin mit dem Material verwoben.

Wenn ich aus Holz oder Stein etwas forme, dann ändern sich Form und Konturen während ich mit dem Material und seinen speziellen Eigenschaften in Berührung komme. Wenn ich eine Mauer bauen will, werden die Steine und ich eine Mauer bauen, aber viele ihrer Eigenarten und Eigenschaften zeigen sich erst, wenn sie fertig ist.

Kein Zwang.

Laß es geschehen.

Wenn ich male, *denke* ich manchmal, daß ich schon weiß, welche Farbe ich als nächstes verwenden will. Das Denken entspringt meiner Konditionierung und meiner Vergangenheit. Nicht der Gegenwart. Manchmal bewege ich den Pinsel auf die Farbe zu, die ich zu wollen glaube, aber meine Hand führt den Pinsel zu einer anderen Farbe – so als ob nicht meine Hand den Pinsel, sondern der Pinsel meine Hand führen würde. Mir fällt gerade ein, wie Fritz in Esalen zu einem Maler sagte: »Solange der Pinsel nicht von alleine malt, malst du nicht.«

Die *Dinge* außerhalb meiner selbst so zu machen, daß die Dinge selbst daran beteiligt sind ... Der Wortschatz, die Grammatik, die Konzepte sind gegen mich, wenn ich versuche, dieses Ineinanderverwobensein, diesen Fluß zu beschreiben. Mit meinen Händen und Armen könnte ich es besser ausdrücken. ... Ich stelle mir eine Maschine vor, die Karamelbonbons herstellt. Ja, so ähnlich ist das: die Rührstäbe und die Karamelmasse sind ständig in Bewegung und erscheinen als Ganzes. Man kann nicht wirklich nachvollziehen, was gerade geschieht.

Wenn ich auf diese Weise vorgehe, bin ich nicht »intellektuell.« Der Intellekt arbeitet mit dem Rest des meines Organismus, der *mich* ausmacht, zusammen, wobei der Intellekt den kleineren Teil bildet – klein und wesentlich. Dann ist es unmöglich, mich und das Leben zu »akzeptieren.« Ich bin *ich*, und *ich* bin das Leben, auch wenn das unscharfe Beschreibungen dessen sind, was ist. Es gibt kein »ich«, kein »mein«, kein »mich«, kein »Leben.«

Wenn ich in unserer fiktiven Welt »zu Sinnen gekommen bin«, heißt das normalerweise, daß ich die Werte derer, die mich umgeben, akzeptiert habe, daß ich so *denke* wie sie. Wie konnte die Bedeutung des Wortes *Sinn* sich in die von *Denken* verwandeln und schließlich sogar die von *Urteil* und *Meinung* annehmen?

Mit den *Sinnen* wahrzunehmen ist vorsprachlich. Als Kleinkind nahm ich meinen Hunger sinnlich wahr, mit meinen Sinnen spürte ich den groben Stoff, aus dem der Anzug meines Vaters war oder die weiche Gesichtshaut meiner Mutter, noch bevor ich Worte hatte, um diese Erfahrung zu benennen. Ich *fühlte* es. Heute benutze ich meistens nur die Worte – und fühle nichts. Wenn ich sage, daß ich überrascht bin, oder daß ich überrascht war, oder daß ich überrascht wäre, *wenn* ..., fühle ich nichts, und am wenigsten »Überraschung.«

»Voids, voids, voids – noddings!« (1), sagte eine deutsche Frau und klopfte mit ihrem Schirm auf die Bücher in den Regalen der Bibliothek.

Die Worte, die ich schreibe, sind nicht die Worte, die du liest.

Wir müssen uns auf den Kopf stellen und unseren Zugang zum Leben umkehren.

Das Licht der Prismen sieht heute merkwürdig aus. In meinem Fenster ist es rot, orange, gelb, grün, und an einer anderen Stelle, ebenfalls von rechts beginnend, ist es blau, weiß, gelb, orange. Auf meinem Schreibtisch ist ein großer, kräftiger Streifen Gelb, der in ein sattes Rot übergeht, und ein Zentimeter weiter zieht sich ein langer, schmaler Streifen von dünnem Rot, sattem Gelb und dann Grün mit einem purpurfarbenen Rand. Am unteren Ende des Fensterrahmens ist ein tropfenförmiges Prisma, rot an der Spitze, dann ein schmaler gelber Streifen, über die Länge grün, dann blau, mit einem langen, violetten Ende. Direkt dahinter ein rotes Viereck. Ein feurig roter Strahl, der glänzt, wie der See in der Sonne, beginnt auf der Innenseite eines der Prismen und endet auf dem Sanddollar auf Fensterbank. Über diesen Strahl legt sich ein Bündel heller Farben, mit einem satteren Grün in der Mitte. Wo er anfängt, ein glühendes Gelb, von dem dann rechtwinklig mehrere Streifen ausgehen. ... Während ich das beschreibe, verändert sich alles. Das kleine Viereck ist auf einer Seite gelb geworden. Das Violett des Bündels ist – war ... Bevor ich es aufschreiben konnte, hat es sich von gelb in pink verwandelt. Jetzt ist der rote Strahl auf einer Seite orange, und in das kleine Viereck kriecht ein Grün hinein. Die kräftigen weißen Streifen auf dem Schreibtisch sind verschwunden. Der »Pfahl« ist noch da. Während ich schreibe, verschwindet ein Klecks – dann taucht er wieder auf. Ich komme nicht hinterher. Ich habe es versucht und dabei Kopfschmerzen bekommen. Ich will eine Pause machen und die Ruhe genießen. Das mache ich. ... Der Moment des Ruhens und der Moment des Schreibens ist nicht

---

(1) Ein kaum zu übersetzendes, unfreiwilliges Wortspiel einer offenbar mit starkem Akzent sprechenden deutschen Frau. »Voids, voids, voids – noddings!« könnte wörtlich übersetzt werden mit: »Lücken, Lücken, Lücken – Nicken!« Was sie jedoch sagen wollte, war: »Words, words, words – nothing!«, also: »Worte, Worte, Worte – nichts!«

derselbe Moment. Kann es nicht sein. Das ist wirklich »unmöglich«. Ein Gesetz meines Seins, dem ich nicht entkommen kann, ebenso wenig wie der Notwendigkeit zu atmen.

Vor ein paar Minuten stand ich auf, kämmte mir die Haare und steckte sie mit Haarnadeln hoch. Dabei merkte ich, daß ich einen Flanellschlafanzug und Stiefel trage. Den Schlafanzug hatte ich die ganze Nacht an. Die Stiefel habe ich angezogen, als meine Füße anfingen, kalt zu werden. Als ich das tat, war ich ganz unschuldig. Ich hatte kalte Füße, also zog ich meine Stiefel an. Als ich das merkte, während ich mir die Haare bürstete, war ich nicht unschuldig. Ich *dachte darüber nach, als ob* noch jemand anderes hier wäre. Phantasie. Hier ist niemand. Meine Gedanken hatten nichts mit *jetzt* zu tun, sondern mit einer möglichen Zukunft, so wie wenn man sich schämt, weil man etwas »Falsches« tut oder daraus eine Tugend macht, indem man lacht und es mit »Humor« nimmt, *falls* jemand kommt. In meiner Phantasie kam jemand. Hier ist niemand, außer mir. Nein, keine Ausnahme. Auch ich war nicht hier. Nicht so wie vorher.

»Verlegenheit ist die mildeste Form von Paranoia.« Ich war paranoid. Ich bin es immer noch ein bißchen. Ich bin nicht so unschuldig wie zuvor. Ich fühle Traurigkeit. Diese Unschuld, die daher kommt, daß ich bin und tue, was *mir* entspricht, ist weg. Ich fühle mich *so als ob*. Als ob ich *sollte*. Als ob ich anders sein *sollte*. Als ob ich *jetzt* anders sein sollte.

Verbunden mit *dieser* verlorenen Unschuld, bin ich auch ein bißchen Stolz über die letzten Sätze, anstatt mich einfach zu freuen – was ich tatsächlich *auch* tue. Der Stolz ist ein Artefakt, ist etwas Künstliches. *Ich habe etwas getan*. Gespalten, nicht ganz.

Ich habe festgestellt, daß die Kinder in vielen Hippie-Familien »frei gelassen« werden. Zum Teil ist das etwas Gutes. Die Kinder ziehen sich an, oder auch nicht – wie sie wollen. Oder die Kinder klettern einer Frau auf den Schoß, und ob ihr das gefällt oder nicht, das Kind bleibt dort, bis *es* keine Lust mehr hat. Diese Beobachtung hat (in mir) ein Gefühl von Krankheit hervorgerufen, ohne daß ich mir über das, was ich da sehe, wirklich klar geworden bin. *In ihrem Kopf* »will« die Frau, daß das Kind auf ihren Schoß klettert. Es ist eine *Regel*. In ihrem Kopf führt sie ein Pseudo-Leben; gleichzeitig redet sie darüber, wie müde sie ist. *Sie bringt sich dazu*, den Mann, der sie verlassen hat, zu akzeptieren, allerdings nur mit ihren Worten, denn ihre Stimme sagt das Gegenteil. Welche Erfahrungen sie auch immer mit Drogen macht, *anschließend* intellektualisiert sie ihre Erfahrung. Ich hatte eine Freundin, die mir erzählte, was sie auf einem Drogentrip gesehen hatte, und anschließend meinte sie: »Alles, was wir also tun müssen, ist ...«

Manche Leute, die durch die Arbeit auf dem heißen Stuhl ein Gefühl der Befreiung erleben, sagen anschließend: »Was ich also tun muß, ist ...«

Was »muß« ich tun? Was »muß ich tun«?

Nichts. Nur gewahr sein.

Das Tun (ohne vorheriges Nachdenken) tut sich selbst.

Ich lege meine linke Hand auf mein rechtes Handgelenk. Meine linke Hand ist das Subjekt, mein rechtes Handgelenk das Objekt. Während ich mein rechtes Handgelenk mit der linken Hand halte, greife ich mit der rechten Hand nach einem Stück Papier. Mein rechte Hand ist zum Subjekt geworden, und das Papier zum Objekt. Ich lege die Handflächen aufeinander – kein Subjekt, kein Objekt, keine Spaltung.

Jetzt habe ich genug vom Schreiben. Ich will nichts anderes tun als einfach nur auf diesem Stuhl sitzen. Ich will aufstehen. Wenn ich aufstehe, weiß ich, was ich als nächstes tun will.

Als erstes habe ich meine Schuhe ausgezogen. Sie fühlten sich schwer an.

Ich habe schon zu viel über Gestalt gesagt. Jetzt (zum Beispiel) weiß jeder, der das hier liest, daß Georges Top- und Underdog nicht er selbst war. Das könnte mißbraucht werden.

Aber, verdammt nochmal, *alles* könnte mißbraucht werden. Wenn wir auf Sand, Blätter, Tische, Spülen, Papier, Treppen, Fleisch, Fisch, Menschen – keine Ausnahmen – schreiben würden: »Achtung! Bei Mißbrauch Gefahr!«, würde das ein nerviges Durcheinander geben, aber es würde *stimmen*.

Wie beängstigend Worte für mich sind. Als ich auf der Liste derer stand, die mit dem Training weitermachen, dachte ich »Therapeut« und bekam Angst. Als Fritz über »Leiter« sprach, bekam ich Angst. Es sind nicht eigentlich die Worte, sondern *meine Konzepte*, die hinter den Worten stehen. Phantasien.

Halb drei. Ich habe den Tag falsch angefangen, diesen Fehler nicht korrigiert, und heute ist alles daneben gegangen, obwohl alles geklappt hat.

———•———

Am nächsten Tag schlief ich lange, tat kurz etwas, schlief wieder lange, unternahm kurz etwas. Die Schlafperioden wurden kürzer, und die der Aktivität wurden länger – ohne das ich das *gemacht* hätte. Am Abend fühlte ich mich wohl – wach, entschlossen, weich und *gegenwärtig*.

Mir ist danach, etwas anderes zu tun. Ich bin gelangweilt.

Fritz: Dann geh irgendwo hin, wo du dich wohler fühlst.

Wenn man sich langweilt, kann man das auch tun – sei es im Kopf oder außerhalb – und erfrischt wiederkommen.

»Was uns die Tür öffnet, ist tägliches Gewahrsein und Achtsamkeit –

Gewahrsein dessen, wie wir sprechen, was wir sagen, wie wir gehen, was wir denken.« Krishnamurti.

»Das Gewahrseinskontinuum ist essentiell.« Fritz, der in den ersten Wochen jeden Tag zwei Stunden mit uns genau daran arbeitete, und das war nur eine Einführung.

Fast immer, wenn Fritz zu jemandem sagt: »Bist du dir bewußt ...« (was auch immer die betreffende Person mit ihren Händen, ihrer Stimme, ihrem Mund oder ansonsten tut), hört derjenige sofort damit auf. Dann sagt Fritz geduldig und voll Mitgefühl: »Ich habe nur gefragt, ob du dir dessen bewußt bist. Ich habe nicht gesagt, du sollst damit aufhören.«

An dieser Stelle möchte ich gerne etwas einfügen, was nicht hierher gehört. Mir ist danach, und es hat seinen Platz. Ich habe es letztes Jahr geschrieben. John Warkentin gefiel es. Seiner Redaktion allerdings nicht. Ich gehe es suchen:

———•———

Ich erinnere mich noch, wie ich als Kind einmal ein ganzes Glas Milch leergetrunken hatte und es mir ungeheuren Spaß machte, meine Spucke in das Glas laufen zu lassen und sie dann wieder zu trinken. Ich tat das immer wieder, bis irgend etwas meine Aufmerksamkeit fesselte, und das nächste Mal, als ich Milch trank, machte ich es wieder. Das ging so lange, bis ich dieser Erfahrung alles abgewonnen hatte und sie mich nicht mehr interessierte.

Als mein Sohn etwa ein Jahr alt war, machte er eines Tages, wie üblich, sein Mittagsschläfchen, aber ich hörte ihn nicht zur gewohnten Zeit aufwachen. Nach einer Weile ging ich hin, um nachzusehen. Er stand in seinem Bettchen und grub in seiner Windel nach irgendwelchem goldbraunen Zeug, das aus ihm rausgekommen war, und verputzte damit sein Gitterbettchen, und zwar mit der konzentrierten Aufmerksamkeit eines Stukkateurmeisters. Er war bereits einige Zeit damit beschäftigt, ein Teil des Bettchens war schon fertig. Sein Interesse und sein Glück zu sehen, war eine helle Freude. In seiner totalen Konzentration hatte er weder gehört, wie die Tür aufging, noch daß ich da stand. Als ich ihn ansprach, sah er mich mit einem freudigen Glucksen an, das nichts mit mir zu tun hatte, außer daß er mir seine Zufriedenheit mitteilte.

Vor einiger Zeit war ich bei einer englischen Familie mit sechs Kindern. Der Jüngste war drei Jahre alt. Ihm lief die Nase, und der Schleim tropfte ihm auf die Oberlippe. Er hatte etwas entdeckt, das er uns erzählte und worüber er sich kaputtlachte, und während er redete, leckte er sich immer wieder den Schleim von der Lippe. Etwas, das er immer wieder sagte, war: »Das ist so komisch ...« Ich fand es schon sehr komisch, daß unsere Wichtigkeiten so verschoben sind, daß wir uns normalerweise über nichts wirklich freuen können, wenn uns die Nase läuft, und daß wir uns *zuerst* die Nase putzen müssen, bevor wir irgend etwas anderes tun.

Etwa zur selben Zeit verbrannte ich einmal Müll in einer Eisentonne im Hinterhof. Es war ein feucht-kühler Frühlingstag. Das Feuer war herrlich. Ich freute mich über all die Frühlingsdüfte, die Gerüche und Geräusche, die Farben und das lodernde Feuer. Meine Nase fing an zu tropfen, und ich fing an, in meinen Taschen zu wühlen. Sie waren leer. Ich dachte: »Ich muß ins Haus gehen und mir ein Taschentuch holen.« Dann dachte ich: »Warum muß ich? Als Kind habe ich das nie getan. Ich hätte alles getan, um nicht ins Haus zu müssen.« Ich putzte mir die Nase am Arm ab. Das war ein gutes Gefühl – die Nase auf dem Arm (mich selbst zu berühren), das Kühle, Nasse, und ich genoß dieses Gefühl zusammen mit allem, was ich auch vorher schon genossen hatte.

Dieses Erlebnis erzählte ich einer meiner »freien« Freundinnen. Sie nahm sich zusammen, um nicht angewidert auszusehen.

Als Kind liebte ich es, wenn ich im Wald war, der auf der anderen Straßenseite anfing, und mußte. Eigentlich durfte ich das nicht: ich sollte nach Hause kommen, und die Toilette benutzen. Aber während die Toilette am Anfang noch interessant gewesen war, bot sie nun nichts Neues mehr, und im Badezimmer roch es nicht nach frischen oder vermodernden Blättern, und es duftete nicht nach all den Pflanzen, die im Wald wuchsen. Davon konnte ich nie genug bekommen. Ich hob mein Kleid hoch, hockte mich hin und senkte den Kopf, damit ich sehen konnte, was da aus mir rauskam, ganz entzückt von der Art, wie es kam, von dem Plop! – mit dem es auf den Boden fiel, und dem Dampf, den es verbreitete. Als nichts mehr kam, machte ich einen Schritt zur Seite und putzte meinen Hintern mit ein paar Blättern ab. Später kehrte ich dann manchmal an diesen Ort zurück, um nach dem zu sehen, was ich dort hinterlassen hatte, und bemerkte die Veränderungen. Manchmal kam ich auch zufällig vorbei und dachte: »Ja, hier war ich«, und ging meinen Weg weiter.

Auch Urin hatte etwas Faszinierendes. Ich kann mich nicht erinnern, ihn jemals getrunken zu haben, aber ich habe zweifellos damit gespielt und mir manches Mal die Finger abgeleckt.

Die Erwachsenen sagten, diese Dinge seien »schlecht«, aber ich war immer noch jung genug, um mir meiner eigenen Freude gewiß zu sein, auch wenn ich das gegenüber meinen Eltern nicht in der Weise geltend machen konnte, wie die Tochter meiner Schwester. Sie hatte eine andere Mutter. Als dieses kleine Mädchen drei Jahre alt war (1920), behaupteten die Kinderärzte, daß Bananen schlecht für Kinder seien und sie deshalb keine essen dürften. Meine Schwester und ich kamen in ein Zimmer und sahen, daß die Kleine eine Banane aß. Meine Schwester sagte (angeregt durch die Kinderärzte, und keineswegs von sich aus): »Bah! Ekelhaft!«, und hielt ihre Hand hin, um die Banane zu nehmen und sie wegzuwerfen. Das Kind schüttelte den Kopf angesichts der klaren Aussage seiner Mutter, während es gleichzeitig lächelte und sich den Bauch rieb. »Hmmmm!«, machte sie, und korrigierte ihre Mutter.

Vor einigen Monaten sagte ein Polizist aus Samoa: »Kinder betrachten die Dinge nicht so wie wir.« Das ist sicher wahr. Als meine Tochter noch nicht laufen konnte und wir im Sommer am Strand lebten, krabbelte sie nackt im Sand und im Dünengras herum und war stundenlang mit sich selbst beschäftigt. Einmal schaute ich zufällig aus dem Fenster und sah, wie sie auf etwas einschlug, das ich nicht sehen konnte, dann steckte sie es sich in den Mund und kaute mit offensichtlicher Befriedigung darauf herum. Das machte sie wieder und wieder. Ich dachte, daß ich mir das vielleicht einmal näher anschauen sollte, und als ich zu ihr kam, war sie gerade dabei, sich wieder etwas in den Mund zu stopfen. Ich zog ihr Kinn nach unten, und eine kleine graue Kröte hüpfte aus ihrem Mund. An der Stelle, wo sie saß, gab es jede Menge davon. Offensichtlich hatte sie bereits einige gegessen. Ich schimpfte nicht mit *ihr*, aber *ich* fühlte mich unwohl angesichts dieser Krötenjungen, die sie lebendig verspeist hatte, und ermutigte sie, doch etwas anderes zu untersuchen.

Kinder sind Forscher, Entdecker, sie probieren die Dinge selbst aus. Wie sonst könnte *ich mich selbst* entdecken? Ein kleiner Junge von fünf Jahren erzählte mir: »Ich bin schlauer als die Leute glauben!« Ich fragte ihn: »Wie meinst du das?« Seine Antwort bestand aus einem sehr fröhlich klingenden Lied: »Ich mache gefährliche Sachen und tue mir nicht weh!«

Ich sagte ihm weder, daß er das tun noch lassen sollte. Wie sonst sollte Freiheit möglich sein? Und wie sonst Freude?

———•———

Heute morgen hatten wir wieder eine dreistündige Gruppensitzung. Anschließend ging ich nach draußen. Es war wichtig, meine Hütte zu verlassen. Mir wurde klar, daß ich die Gruppe *nicht* in meiner Hütte haben wollte, wo sie Unordnung stiften und die Stille und mein Alleinsein stören würde. Als ich zurückkam, schrieb ich einen Brief, und während ich schrieb spürte ich, daß die Leute *immer noch da* waren. Ich wußte, daß sie nicht in meiner Hütte waren, aber mir war, *als ob* sie immer noch da wären. In meinem Kopf stellte ich sie mir »da draußen« vor, dort, wo sie gewesen waren. Phantasien. Um sie loszuwerden, hätte ich einen Medizinmann holen oder Heilkräuter verstreuen können, und wenn ich daran glauben würde, dann *wären* sie verschwunden. Sie sind immer noch da. Ich will sehen, was ich mit ihnen machen kann. Es reicht nicht, zu sagen: »In meiner Hütte ist niemand außer mir.« Vielleicht würde ich es glauben, wenn ich es oft genug wiederholen würde, aber auch das wäre nur Glaube, und ich mag nicht *glauben*.

Ich bin nicht *hier*. *Hier* gibt es nur mich. Ich sitze auf einem Kissen auf einem Drehstuhl, einem schönen, stabilen, alten Eichendrehstuhl. Was ist das für ein Stolz, der mich sicher sein lassen will, daß es kein moderner Bürostuhl aus imitiertem Mahagoni ist? Ich tippe. Ich sehe die Schreibmaschine, und meine Finger hüpfen durch die Gegend und schlagen auf die Tasten. Während ich bemerke, daß ich sie sehe, fange ich an, sie auch zu spüren, was ich vorher nicht getan habe. Jetzt tanzen sie noch lebhafter, und darüber freue ich mich – fühle mich leichter beim Tippen. Meine linke Schulter tut weh, sie fühlt sich schwer an und schmerzt. Ich habe aufgehört zu tippen und mich diesem Schmerz zugewandt. Dann habe ich die Schreibmaschine summen gehört und weitergetippt. Diesmal schalte ich sie ab. ...

Erstaunlich, wie der Schmerz sich zunächst ausbreitet und dann auflöst, wo ich doch nichts anderes getan habe, als ihm meine Aufmerksamkeit zu schenken. Jetzt plagt er mich nicht mehr. Er kommt in meinen Nacken. ... Wenn ich darauf achte – nicht mehr – kein Versuch, irgend etwas damit zu *tun* – wandert er in den oberen Nacken und dann in den Kopf. Ich gehe mit ihm. Begleite ihn einfach. An meinem Ohr verschwindet er, nicht da, wo er angefangen hat, sondern auf der anderen Seite.

Charlotte sitzt auf dem Dock und liest. Jetzt hat sie aufgehört zu lesen. Ich mag Charlotte. Ich wäre gern bei ihr. Aber sie *würde reden*. Das habe ich ihr nicht gesagt. Bis jetzt paßten sie nicht zusammen, mein Mögen und mein Nichtmögen. »Aber« hat das Mögen ausgelöscht. Ich dachte nicht: »Ich mag Charlotte, *und* sie *wird reden*.« Wegen ihres Redens habe ich mich von meinem Mögen abgehalten, und von ihrem Reden wegen meines Redens. Ich bin Charlotte nicht begegnet.

Die Leute sind immer noch hier in meiner Hütte, allerdings inzwischen etwas blasser, und sie sind sehr still – sie bewegen sich nicht und reden nicht.

Der See kräuselt sich. Kleine Wellen in der Lagune – hinter dem Ausleger größere, schnellere. In der Lagune machen die Fische kreisförmige Wellen. Sie berühren die Wasseroberfläche, und von diesem kleinen Punkt aus entsteht dann eine kreisförmige Welle, deren Ausdehnung eine beträchtliche Größe erreicht. Während die Kreise sich ausweiten, werden sie umhergewirbelt. Drei von ihnen sind jetzt in einer Drehung verschwunden, drei neue, verschwunden, jetzt fünf – sieben – jetzt schaue ich nacht rechts, da sind acht Kreise – elf – sie drehen sich und sterben, während gleichzeitig wieder neue entstehen. Ich *kann* sie nicht zählen. Ich kann nur schätzen – und auch *das* ändert sich wieder. Auf der anderen Seite des Sees steht ein einzelnes kleines Haus, die Ahornbäume haben fast alle eine goldene, ins Orange gehende Farbe angenommen. Ich begebe mich in dieses Haus und gehe darin umher, wohl wissend, daß es ganz anders ist, aber ich genieße es, da drüben alleine zu sein.

Ich bin noch nicht ganz allein, hier – wo ich nur weiß, daß ich es bin, aber es nicht fühle, obwohl die Leute von heute morgen fast weg sind. Ich kann sie nicht mehr sehen, aber sie sind immer noch da – mit einer Art von Präsenz, die nicht meine eigene ist.

Ich lehne mich zurück und schaue zur Tür hinaus. So viel Stille. Das ist das erste, was ich wahrnehme. Die Docks sind still. Das Bootshaus ist still. Ich mag diese Stille. Ich spüre die Ruhe. Dann sehe ich am anderen Ufer Rauch aufsteigen – und die Bewegung des Wassers, kaum wahrnehmbar, aber es bewegt sich. An manchen Stellen glitzert es. In diesem Augenblick gefällt mir diese Bewegung nicht. Mir gefällt die Stille. Ich trinke sie, nehme sie auf. ...

Und jetzt ist meine Hütte still. Ich fühle ihre Stille. Stühle, Wände, Boden, Fenster – alles still. Und ich selbst lebendig mittendrin. Mein Gesicht lächelt. *Ich* lächle. Ich spüre, wie ich von Lächeln durchdrungen werde. Hier ist niemand außer mir.

Ich brauche die Gruppe nicht woanders hin zu verlegen. Ich muß sie nur ganz gehen lassen, wenn sie gehen, und alleine zurückbleiben.

Mein Atem vertieft sich. Ich fühle mich gut. Kein beurteilendes oder moralisches »gut«. Einfach gut. Offen für das, was als nächstes kommt, und wenn es nicht kommt, in Ordnung.

———•———

Was ist Gestalt?

Wenn ich es nicht wüßte, könnte ich es nicht sagen, und jetzt, da ich es weiß, kann ich es auch nicht sagen.

Ich spüre, daß es lange her ist, seit ich das letzte Mal eine Einsicht oder Aussicht hatte, und daß es Zeit ist aufzuwachen.

Ich bin nicht einmal mehr mit denen verbunden, die ich in letzter Zeit hatte. Früher hat mich so etwas beunruhigt. Aber dann wurde mir klar, daß es sich damit verhält wie mit den Figuren auf einem Karussell. Es kommt immer und immer wieder zurück, und eines Tages werde ich es kapieren. Ohne es zu versuchen.

Im Augenblick spüre ich nur, daß ich teilweise schlafe, und ich würde gerne aufwachen.

———•———

Nach der Gruppe. Ich fühle mich so viel größer – nein, *länger*. So viel höher über der Schreibmaschine als normalerweise. Dieses Gefühl des »Längerseins« habe ich schon öfter gehabt, und doch fühle ich mich irgendwie neu. Jünger. Mehr Kraft in mir, selbst in meinem Kopf, der so oft ausgeklammert wird. Bewegung.

Heute morgen kamen wieder mehrere von diesen Karusselfiguren vorbei. Jetzt sind sie weg. Macht nichts. Ich habe sie wieder einmal gesehen, und sie kommen wieder – vorausgesetzt, daß ich weder sie noch etwas anderes verfolge.

Kein Wunder, daß meine rechte und meine linke Seite nicht zusammenspielen. Ich bin unsymmetrisch. Hier gibt es einen Mann, der kindlich und kindisch ist. Ich fließe in (genieße) seine Kind*lich*keit und ignoriere seine Kind*isch*keit. An dieser Stelle *fordere* ich ihn nicht. Fritz hat das heute morgen getan, und drei Stunden später fühlte dieser Mann sich gut und sagte: »Ich habe überlebt!«

Allen hat heute morgen an dem Fragment eines Traums gearbeitet. Als er sich auf den heißen Stuhl setzte, drückte er seinen Frust darüber aus, daß er es nicht schaffte, mit seinem Vater zusammenzukommen. »Man kann nichts anderes tun, als von ihm wegbleiben. Ich habe *zwei Stunden* lang dagesessen und ihm geduldig zugehört. ...« usw. Dann arbeitete er an diesem Fragment seines Traumes, und innerhalb von einer halben Stunde erkannte er, daß sein Vater sich verändert hatte, daß er (Allen) diese Veränderung nicht zuließ und an dem alten Bild, das er von ihm hatte, festhielt, und daß er dieses Bild als Entschuldigung für die großen Vorhaben benutzte, die er (Allen) umsetzen wollte, aber nicht umsetzte. Mit einem Wort: das Leben ist fort. Das Ganze ähnelte dem Schein der Polarlichter am nördlichen Firmament. Von Wut und Frust kam er zu Liebe und Zärtlichkeit.

Die meiste Zeit war ich wirklich, folgte meiner Intuition, der spontanen Bewegung meiner selbst, und reagierte im Augenblick *auf* den Augenblick. Das heißt, es ist mühelos, und mit jemandem zu »arbeiten« ist Unsinn. Auch »spielen« ist das falsche Wort. Unsere aufgespaltene Sprache hat kein Wort für das, was *wirklich* passiert.

»Danke.«

»Gern geschehen.«

Rollen, die von der Sprache bestimmt werden. »Danke« – Nutznießer. »Gern geschehen« – Wohltäter. Einer unten, einer oben.

Auf Hawaii:

»Mahalo.«

»Mahalo.«

Keine Unterscheidung zwischen Geber und Empfänger, sondern nur das Bewußtsein eines Flusses zwischen beiden. Kein oben. Kein unten. Keine von der Sprache zugewiesenen Rollen. Glück ist, ohne Gedanken darüber.

Als Allen am Ende liebevoll und zärtlich wurde, war ich gerührt. Ich zeigte diese Rührung nicht. Ich dachte (sic!) »Sauge ihn nicht auf.« Dadurch ließ ich mich weder mich selbst ausdrücken, *noch ihn mich beeindrucken.*

Warum, spielt keine Rolle. Ich könnte dieser Frage endlos nachgehen oder eine Antwort finden, und doch wäre es unwichtig. Wenn ich anfange, »warum« zu fragen, entferne ich mich mehr und mehr vom *Hier*. Ein »weil« folgt dem anderen, und der Sinn entspricht ungefähr der Aussage, daß ich deshalb so bin, wie ich bin, weil Bismarck sauer auf den Kaiser war und die allgemeinen Wehrpflicht einführte. Das veranlaßte meinen Großvater, Deutschland zu verlassen, während meine Großmutter Irland verließ und nach London ging, und wäre das alles nicht gleichzeitig passiert, dann hätten die beiden sich wohl nicht getroffen und geheiratet, und irgend ein anderer Kerl hätte sie früher gekriegt. Das ist wahr. Aber was ist mit all den anderen Ereignissen und »Weil's« und den Vorfahren im Leben meiner Großeltern und Eltern und der Welt, in der sie (alle) (jeder) lebten? Und am Ende wäre *ich* nicht da, wenn meine Eltern sich nicht gefunden und mich zu der Zeit gezeugt hätten, als sie es taten. *Ich* bin nicht meine Schwester, die dieselben Großeltern hat, und ich bin keines der anderen möglichen Kinder, die meine Eltern hätten bekommen können.

Ich ließ mich selbst nicht raus, und ich *ließ ihn nicht rein*. So war das. Ich bin traurig. Ich spüre, daß ich meine Traurigkeit zurückdränge. (»Sei nicht so emotional!«) Jetzt bin ich traurig darüber, daß ich die Traurigkeit nicht spüren kann. Also, laß *diese* Traurigkeit zu. *Diese* Traurigkeit ist hier. ... Feuchtigkeit in meinen Augen. Schmerzen in der Brust. Meine Beine sind traurig. Ich gebe acht und entdecke Traurigkeit in meinem ganzen Körper. Mein Kopf beginnt, sich von links nach rechts zu bewegen. Er macht ein Minuszeichen. Dann rauf und runter. Rauf und runter zieht eine Linie durch das Minuszeichen und macht ein Plus daraus.

Plus. Weiter als ich war.

Jetzt verändert sich die Traurigkeit – verschwindet. Mehr Leben dringt in mich ein, mehr Lebendigkeit. Jetzt kommt das Lachen, das eine Art Die-Welt-Anlächeln ist. »Gott sieht alles und lächelt.«

Nichts ist wichtig.

Die Vergangenheit ist vorbei. Die Zukunft ist *nicht*, ebenso wie die Vergangenheit *nicht* ist.

Ich bin *hier*

und

ich bin frei.

Im Augenblick zählt nichts, und ich mache nichts falsch. Oder richtig.

———•———

Ich lebe nicht oft mit Bildern meiner selbst. Nur, wenn ich mich als klapprige alte Dame sehe.

Ich habe immer noch Regeln. Sie müssen falsch sein. Regeln sind da, um damit zu spielen. Das Leben ist kein Spiel. Das Leben ist auch nicht ernst. Das Leben ist etwas, über das man alles Mögliche sagen kann. Das Leben ist.

»Gestalt sind keine Regeln.« »Gewahrsein ist das ABC der Gestalt.« – Fritz.

»Gewahrsein ist ABC und XYZ. Was es sonst noch gibt, folgt daraus.« – Harry Bone, Psychologe und Psychotherapeut, das einzige nicht-psychoanalytische Mitglied des William-Alanson-White-Insitituts für Psychoanalyse.

Gewahrsein kennt *keinerlei* Absicht. Kein gut. Kein schlecht.

So viel fließt einfach. Don't push the river. Das ist eine Mahnung. Ich war dabei zu forcieren, mehr zu sagen. Warum versuche ich auszudrücken, was ich nicht ausdrücken kann?

Ich möchte meine Entdeckung anderen zugänglich machen. Ich will »hilfreich sein.«

Versuchen.

Wenn ich versuche, habe ich ein Ziel.

»Oh Mann!«, sage ich laut, es klingt nach Entdeckung und Erleichterung.

Wenn ein Baum in meine Richtung fällt, renne ich. Ich versuche nicht. Ich helfe mir nicht selbst. Ich tue es einfach. Wenn ich darüber nachdenke, tue ich währenddessen nichts anderes. Und dann ist es vielleicht schon zu spät.

»Beobachten, Verstehen, Handeln.« – Krishnamurti.

Jede Regel bringt Durcheinander. »Laß die Menschen sein.« Mit der Regel im Kopf, lasse ich andere Menschen sein. Ich lasse *mich* nicht sein. Ich *mache* etwas *mit* mir – die anderen sein lassen. Laß *mich* sein. Mit dieser Regel im Kopf, wird mein Selbstbild verwirklicht, und ich schlachte mich und die Welt, selbst wenn das freundlich geschieht – in guter Absicht.

———•———

Ich erinnere mich, daß ich Carl innerhalb von fünf Jahren zweimal geschrieben habe »Denk daran, auch du bist ein Mensch«, als mir klar wurde, daß er sich selbst aus-schloß, sich durchstrich. ~~Ich war mir bewußt~~.

Ich lasse das Durchgestrichene stehen, als Erinnerung daran, daß ich gerade anfangen wollte zu erklären. Alles zusammenbringen. Anstatt die Dinge so zusammenkommen zu lassen, wie sie wollen, in mir, in dir. »In dir.« Ich grinse. Wer ist dieses »du«? *Ich weiß nicht, wer du bist, wenn überhaupt.*

in mir.

———•———

Dieser Ort *ist* ein Irrenhaus – ein Ort, an dem der Wahnsinn herauskommen und sich klären kann.

———•———

Mir kommt *tatsächlich* das Bild der »alten Dame«. Nicht so sehr in bezug auf das, was ich »sein sollte«, sondern auf das, was ich »nicht tun sollte.« Zum Beispiel sollte ich nicht albern sein. Ich »sollte« ernsthaft sein. Ernst ist anders. Als wir am Sonntag einen riesigen Apfelkuchen backten, erzählte ich Glenn über meine Ernsthaftigkeit, die sich irgendwie falsch anfühlt – ich will sie nicht. Ich weiß, wie sie in mein Leben gekommen ist. Aber dadurch ist sie nicht weggegangen. Wie könnte sie auch? Ich halte *jetzt* an ihr fest.

Heiliger Strohsack. Ich sehe, wie ich mich selbst nicht sein lasse.

———•———

Irgendwo, vor ungefähr einer Seite, habe ich etwas an mir selbst erkannt, das ich niemandem zeigen wollte. Ich bin in der Lage, daran zu arbeiten. Ich dachte (jaajaa) »Ich will das für niemanden aufschreiben. Ich kann mich später darum kümmern, alleine.« Ich habe es dir vorenthalten, und mir selbst habe ich es auch vorenthalten. Ich weiß nicht, was das ist. Verfolge es, und es geht immer weiter weg. Einmal hat es sich gezeigt. Wie ein Fisch, wird es sich wieder zeigen, und wenn es soweit ist, werde ich es erkennen.

———•———

»Indianer« kamen mir in den Sinn als ich ohne Gewahrsein auf die letzten vier oder fünf Zeilen des letzten Absatzes schaute. Ich habe keine Ahnung, was das zu bedeuten hat.

»Zeit für Humor« kam als nächstes, wie »Das will ich.« Erlösung von meiner Ernsthaftigkeit.

Ich spüre, wie ich innerlich lache. Regentropfen, die ins Wasser fielen, tanzen jetzt darauf herum. Ich lächle. Mir ist nach Lachen. Was sich bewegt, lacht mit mir – wie das Buschwerk. Die wehenden Gräser lachen mit mir. Die umgedrehten Boote auf dem Dock und das Dock selbst lachen nicht. Dummköpfe! Dumme Dinger. Wissen nicht, wie man lacht. Tanzende Ahornblätter lachen.

Ich habe für die »Lachstunde« gesorgt. Mehr brauche ich nicht. Meine Augen tanzen.

Also habe ich sofort versucht, das mit »Indianern« in Verbindung zu bringen, und weil ich es versucht habe, bin ich mißtrauisch. Eine innere Stimme, laut und tief, sagt: »Verdammt richtig!« Ein wirklicher Freund.

Wenn ich hierbei jetzt nicht irre bin, ist dieser Ort kein Irrenhaus mehr.

———•———

Mir ist danach, einen Vortrag zu halten. »Euch jungen Leuten da draußen.«

———•———

Ich dachte immer, Romane wären albern. All die verrückten Sachen, die die Leute in Romanen tun und ohne die kein Buch zustande käme.

Immer?

Ungefähr ein halbes Jahr lang las ich Romane, immer solche mit Dienern und so. Die Heldinnen klingelten für alles Mögliche und riefen jeden an, den sie sehen wollten, und dann kamen diese Leute auch. (Wenn jemand nicht kam, übersprang ich diesen Teil.) Ich *war* diese Heldinnen (ohne ihre Gefühle) und während ich las, konnte ich mich wunderbar entspannen.

———•———

Als ich neunzehn und meine Schwester fünfundzwanzig war, erlebten wir eine komische Situation mit ihrem Mann. Eines abends in der Küche bekamen wir beide einen Wutanfall. Ich glaube, diese einfache Ausdrucksweise paßt. Ich erinnere mich nicht mehr an viele Einzelheiten, aber ich weiß noch, daß meine Schwester und ich uns aufeinanderstürzten und heftig weinten. Gleichzeitig sahen wir uns als Schauspieler in einem dieser Melodramen, über die wir sonst lachten, und dann brachen wir beide in schallendes Gelächter aus. Dann bemerkten wir, daß ihr Mann da stand, und verstanden, was er wortlos ausdrückte – daß er sich ausgeschlossen fühlte, sein Erstaunen über unser Zusammensein und die Verwirrung angesichts dessen, was sich hier abspielte. All diese Gefühle schienen ihn ganz einzunehmen und sich in dem einen Satz zu vereinigen »*So sollte es nicht sein*!«

Das war die Art zu leben. Schnell rein, schnell raus, und die Dinge nicht hinauszögern, um daraus ein Buch zu machen. Wir lachten über die Gefühlsausbrüche – unsere eigenen mit eingeschlossen.

Warum hatte jede von uns einen Romantiker geheiratet?

Ich kann nicht für meine Schwester sprechen, die sehr jung heiratete. Ich weiß, daß ich aufhörte, nach dem Mann zu suchen, den ich wollte, und mich für einen entschied, der mehr von dem hatte, was ich mochte und weniger von dem, was ich nicht mochte, und mit den Dingen, die ich nicht mochte, schien ich bei ihm leichter zurechtzukommen als bei den anderen.

———•———

Sehr viel später. Als Ray anfing, an seinem Traum zu arbeiten, war er verärgert und ziemlich durcheinander. Auch während seiner Arbeit war er einen guten Teil der Zeit ärgerlich und durcheinander. Er kam zu der eindeutigen Erkenntnis, daß er sein Kindheitsmuster mit seinem Vater noch beibehalten hatte, *nachdem sein Vater sich verändert hatte*, und daß er an der Klage über seinen Vater *festhielt* und ihn als Entschuldigung dafür benutzte, daß er sein eigenes Potential nicht verwirklichte. Am Ende war er überaus klar und liebevoll, umarmte das Kissen, das er zuvor noch gewürgt hatte (so wie seinen Vater im Traum), und schmiegte sein Kinn daran. »Ich will es nicht loslassen.«

Was gesagt werden *kann*, ist jetzt leicht gesagt. Vorher habe ich nicht darauf gewartet, es sagen zu können.

Ich habe nach einem Buch gesucht. Ich wollte meinem Sohn ein paar Geschichten daraus zuschicken. Ich habe einigen Leuten hier ein paar Bücher geliehen. Als ich *dieses* Buch nicht finden konnte, dachte ich, daß jemand anders es haben muß. Als ich heute nachmittag vom Mittagsschlaf aufwachte, »sah« ich einen Umschlag und meine Hände, wie sie die entsprechenden Seiten des Buches in den Umschlag packten. Ich habe aufgehört, das Buch zu suchen. Alles, was ich wahrgenommen habe, ist hier in mir drin. Wenn ich damit nicht in Kontakt bin, mache ich etwas falsch.

Danach bemerkte ich einen schlechten Geschmack im Mund, der mich in letzter Zeit häufiger stört, und fragte mich, was ich dagegen tun könnte. Ich dachte an einen Apfel. (Oder ein Apfel dachte an sich selbst, je nachdem, ob ich mich mit dem organismischen oder dem intellektuellen Ich identifiziere.)

Als ich den Apfel schälte, dachte ich daran, eine der Gestalt-Methoden »umzudrehen.« Der Apfel fing an, mich zu schälen. Ouuuu. Das gefiel mir gar nicht. Ich schälte den Apfel weiter – mit sehr viel mehr Gewahrsein als vorher. Ob das für den Apfel irgend etwas änderte, weiß ich nicht. Aber mir gefiel die Veränderung in mir.

———•———

Gestern abend setzte sich Bill auf den heißen Stuhl. Es ging um einen Traum, der ihn beängstigte. Ich habe das Wort »anxious« nachgeschlagen. Es kommt von »angere« – *zusammenschnüren, würgen*. [Auch die deutschen Wörter »Angst« und »beängstigen« gehen in ihrer Bedeutung auf Begriffe wie *Enge, Beklemmung, (die Kehle) zusammenschnüren* zurück.]

Bill leierte wieder, wie üblich. Ich finde es schwierig, ihm zuzuhören. Fritz meinte: »Deine Stimme irritiert mich. Ich glaube, wir müssen uns deiner Stimme zuwenden, bevor wir uns mit irgend etwas anderem beschäftigen.« Bill wurde seine eigene Stimme und erlebte, wie er sich selbst würgte usw. Fritz sagte: »Jetzt würge mein Handgelenk – an meinen Hals lasse ich dich nicht ran –, und rede dabei.« Bill tat es, und seine Stimme wurde tief und volltönend. Er konnte ihre Resonanz hören und ihre Schwingungen fühlen, genau wie wir anderen. Er schien plötzlich ein ganz anderer Bill zu sein, nicht nur kraftvoller, sondern auch interessanter, so daß man mehr von ihm hören wollte.

Ein kleiner Schlepper fährt über den See. Er sieht aus, als ob er das Wasser durchpflügen wollte. Er zieht eine gebogene Welle hinter sich her. Ein Mann kam, lehnte sich über das Heck und schien irgend etwas mit der Welle zu machen.

Nachdem Bill eine halbe Stunde an seiner Stimme gearbeitet hatte, bearbeitete er seinen Traum, in dem er eine Bank ausraubte. Fritz sagte, er solle die Bank sein. Bill beschrieb sich als die Bank – strukturell und funktional. Diese Bank langweilte mich. Fritz sagte: »Es gibt keine Menschen in dieser Bank. Ich glaube nicht, daß es die Bank ist, die du ausgeraubt hast.«

Nimm wahr, was fehlt. Wenn ich in einer luftverschmutzten Stadt bin, dann weiß ich, daß die Verschmutzung da ist, und daß saubere Luft fehlt. Aber als ich mir in Torrance Gedanken darüber machte, was da war und was nicht da war, machte etwas, das nicht da war, mich traurig, und ich wußte nicht, was das war. Schließlich merkte ich es. »Keine Neger und keine Juden«, kam mir in den Sinn. Es war leicht, die Abwesenheit von Negern festzustellen. Ich sah lediglich einen, der aus dem Supermarkt gefegt kam. Aber Juden – wie konnte ich das feststellen? Ich dachte an ein halbes Dutzend gängiger jüdischer Namen und schaute im Telefonbuch im Bezirk Torrance nach. Ich schaute noch nach weiteren sechs oder sieben Namen, aber kein einziger von ihnen war darin verzeichnet. Ich schaute in den benachbarten Bezirken wie Hermosa Beach, und in sämtlichen Nachbarbezirken fand ich diese Namen viele Male.

Torrance war wirklich eine merkwürdige Stadt. In dem einen Jahr, das ich dort verbrachte, war das einzige Ereignis, von dem ich hörte, ein Treffen der W.C.T.U. [Women's Christian Temperance Union]. Nie habe ich so viel Höflichkeit erlebt, während ich gleichzeitig das Gefühl hatte, auf einem Friedhof höflicher Geister zu leben. Sie nahmen mich nie wahr. Weich und fließend bewegten sie sich um mich herum und sagten »Pardon«, als sei ich ein Busch oder ein Baum.

Sie kleideten sich durchweg in hellen, sandfarbenen Tönen. Ihre Stimmen waren durchweg weich. Gleichheit. Gleichheit. Gleichheit. Eines Tages als ich mit Zen gearbeitet hatte – Torrance trieb mich wirklich dazu – ging ich in die Stadt, und die Leute waren alle einzigartig, lebendig, originell und schön gekleidet. Spritzig. Ich sehe sie noch vor mir, genau wie damals, obwohl auch etwas fehlt. Ich weiß nicht mehr, ob sie sich begegneten oder ob jeder nur in seiner eigenen Welt lebte und keinen Kontakt zu den anderen hatte. *Damals* wußte ich, was los war oder nicht los war.

———•———

Deke hatte des öfteren Filme von Fritz gezeigt. Er bediente den Projektor. Aber er hatte keine Lust mehr dazu und hat aufgehört. Jetzt machen das zwei andere. Für sie ist es etwas Neues, den Apparat zu bedienen, aber auch die Filme kennen sie noch nicht. Sie wollen sie sich anschauen.

Buchhalter wechseln. Sekretärinnen wechseln. Die Küchencrews wechseln. Manchmal gibt es Durcheinander. Nichts Schlimmes. Und keine guten Aussichten auf eine stabile Ordnung.

———•———

Fritz spricht darüber, innerhalb einer Persönlichkeit »die Löcher aufzufüllen.« Mir gefällt der Klang dieser Formulierung nicht, es klingt, als fülle man sie von außen auf, mit etwas Fremdem. Das entspricht nicht dem, was er *tut*. Mir kommt es eher vor wie ein Aufwallen und Fließen; ich lasse den Fluß fließen, den ich vorher aufgehalten habe.

———•———

Als Clara heute morgen hereinkam, war sie ziemlich griesgrämig und schlecht gelaunt. Später schrie sie, sie sei immer »für andere« dagewesen und bekäme nichts davon zurück. Nachdem sie gearbeitet hatte, fühlte sie sich warm, gebend und satt.

Heute abend in der Küche fragte Fritz: »Hast du heute Geburtstag?« Als ich nein sagte, meinte er: »Du siehst so aus, als hättest du heute Geburtstag.« Mir war nicht nach Geburtstag zumute, und ich wußte nicht, was er meinte.

Etwas später sagte ich, daß ich mir blöd vorkäme, wenn ich für etwas, das ich gern tue, Geld nähme, und das ich überhaupt kein gutes Gefühl dabei hätte, daß der Mann von der University of British Columbia gesagt hatte, er würde mir einen Scheck schicken für die drei Stunden, die ich mit Irwin dort gewesen und an einer Gruppensitzung teilgenommen hätte. Ich hatte nicht gearbeitet. Es war *mir* nicht wie Arbeit vorgekommen, und ich war durch das, was mir die Sitzung selbst gebracht hatte, ausreichend entlohnt worden. Fritz sagte halb scherzhaft, daß eine der Regeln von Gestalt dies und das (ich habe es vergessen) sei, und im übrigen, so viel zu berechnen wie möglich. Ich hörte noch einigen anderen Leuten zu, und wanderte dann in meinem Kopf hierhin und dorthin. In meiner Brust machte sich dieselbe tiefe Stimme bemerkbar, die ich vorher schon mit Entzücken wahrgenommen hatte. Sie unterbrach meine Gedanken und sagte: »Ich *bin* bezahlt worden.« Eine so eindeutige Versicherung – und mit einem so warmen Gefühl. Es gab einfach keinen Zweifel mehr. Ich spürte, daß ich einen Freund in mir trug, und ich brauchte keinen anderen Freund mehr. Behaglich. Mit diesem Gefühl ging ich ins Bett.

Heute morgen begann die Gruppe mit einer Frau, mit der ich nicht arbeiten wollte. Ich dachte: »Nicht noch einmal!« Zwei Dinge hatte ich aus ihrer Arbeit mitbekommen, nämlich erstens, daß ich keine Angst vor ihrer Wut und ihrem Schreien hatte, und zweitens daß sie am Ende eine Erkenntnis gewonnen hatte. Eine andere Frau in der Gruppe erinnerte sie an ihre Stiefmutter. Sie sah diese Frau nicht in ihrer *Gegenwart*, fast überhaupt nicht, und sie haßte sie. Nach einer Stunde sah sie *diese* Frau. Sie griff nach ihrer Hand und sagte: »Du fühlst dich anders an.« Sie berührte zärtlich den Kopf der anderen und umarmte sie. Kurz darauf lachte sie: »Ich hätte nie gedacht, daß ich das hier tun würde!«

Das ist für sie noch nicht das Ende, aber es ist ein weiterer Schritt. Ich habe nicht viele Fehler sehen können. Ich fühlte mich gut dabei, stärker zu werden als nötig war.

Dann sprang Ray, der gestern so gut gearbeitet hatte, auf den heißen Stuhl. Ich hätte gerne mehr Zeit dazwischen gehabt, aber ich sagte nichts. Mehrfach nahm ich etwas wahr, und dann zweifelte ich an meiner Beobachtung. Einmal bemerkte ich etwas, ging ihm aber nicht nach. Meine Beobachtung war klar, nur ließ ich es dabei bewenden. Wir kamen alle völlig durcheinander. Ich ließ jemand anderen einen Vorschlag machen, mit dem ich selbst nichts anfangen konnte, und griff diesen Vorschlag dann selbst auf. Dann kam Fritz dazu. Er ging auf Rays Verwirrung ein, ließ ihn beschreiben, worin sie bestand, ließ ihn seine Verwirrung tanzen und dann den Tanz umdrehen. Ping! Rays Tanz brachte ihm eine Erkenntnis, und ich wußte, daß es die Erkenntnis aus dem Traum war.

Der falsche Vorschlag, den die Frau gemacht hatte und auf den ich eingegangen war, heizte Kolman völlig an. Er war bereit zu arbeiten und machte eine hervorragende Arbeit mit Fritz.

Am Ende schien all das »Richtig« und »Falsch« seine Ordnung zu haben. An mir selbst hatte ich einige Fehler bemerkt, und Fritz griff einen heraus, als er davon sprach, daß man sich immer mit dem »Phänomen« (Rays Verwirrung) beschäftigen solle. Weder ärgerte ich mich über meine Fehler, noch lachte ich über sie hinweg oder nahm mir vor, sie beim nächsten Mal nicht wieder zu machen. Ich tat gar nichts, und es war in Ordnung. Ich hatte sie wahrgenommen, ebenso wie das Gute, das aus dem dicksten Fehler hervorgegangen war. Kein Schweiß. Keine Plackerei. Kein Darüberhinweglachen. Einfach da.

Als die Leute die Hütte verließen, waren sie weg, und ich war alleine.

Ich habe kein Geburtstagsgefühl. Ich fühle mich eher wie ein schnell wachsender Fötus. Heute spürte ich eine Zeit lang, wie meine Ohren wuchsen. Ich konnte körperlich spüren wie meine Ohren wuchsen, selbst die Gehörgänge wurden geöffnet – oder öffneten sich selbst.

Eine Zeit lang war mir, als würde ich »geführt« werden, auf eine bewegende und sich verändernde Art und Weise. Selbst mein Nacken und mein Kopf waren betroffen, so als ob sie mehr spürten, oder als ob Empfindungen in sie eindrangen. Ich wollte mich ganz und gar führen lassen, *jetzt, in diesem Moment*, und es geschafft haben – und wiedergeboren werden. Das passierte nicht. Den ganzen Tag über bin ich durch leichte Qualen gegangen, ich ließ sie kommen und gehen. Ich bin dieser milden Qualen überdrüssig, von denen ich in letzter Zeit einige durchgemacht habe. Aber ich will sie nicht dadurch loswerden, daß ich mich von ihnen ablenke oder irgendwelche Mittel nehme. Das will ich nicht, denn dann würde ich etwas anderes verlieren.

Es ist so schwierig, einfach offen für meinen »Freund« zu sein. Häufig frage oder bitte oder flehe ich, oder ich sage: »*Komm schon*, verdammt!« Wenn wir in Kontakt sind, will ich diesen Kontakt *festhalten*. Ich versuche zu lenken, was nicht gelenkt werden kann. Ich lasse nicht sein. Letzte Nacht kam ich allerdings an den Punkt, an dem ich spürte, daß ich verstanden wurde, daß mein »Freund« wußte, daß ich diesen meinen Unsinn wirklich beenden will, und daß ich daran arbeite. ... Heute habe ich mich ein paar Stunden lang daran erinnert. Während ich von mir selbst geführt wurde, spürte ich, daß ich nicht arbeitete, daß ich nichts tat.

Jetzt bin ich wieder bei der intellektuellen Sicht gelandet – huch. Ich dachte, ich würde »*ich*« schreiben. Nun, ich fühle mich wohl mehr wie eine »Sicht« als wie ein »Ich«, und was zuerst wie Unsinn aussah, entpuppt sich als Sinn – als sinnlich. Sicht sieht.

Mein Essen war fertig. Ich bin aufgestanden und habe ein Stück Huhn auf einen Teller gelegt, eine Kartoffel und ein paar Rüben. Während ich das tat, hatte ich ein freundliches Gefühl – wie die Stimme, die gestern nachmittag sagte »Verdammt wahr!« und letzte Nacht »Ich bin bezahlt worden.«

Was, wenn das alles Unsinn wäre?

(Die Ich-Sicht scheint zu kichern.)

Angenommen es wäre so. Das gefiele mir besser als der Unsinn, darüber zu reden, wer was gesagt hat (seien es Philosophen, Freunde oder Feinde), als die Zeitung zu lesen, als *über Dinge* zu reden und dabei so zu tun, als ob ich mich auskennen würde, als zu bewundern oder zu beklagen, zu verwerfen, zu tadeln oder zu loben, zu schimpfen, überlegen, unterlegen, als zu feiern, was nicht wert ist, gefeiert zu werden – noch ein Jahr, das man damit verbringt, auf die Feier zu warten – oder als Dinge zu kaufen, um sie herzuzeigen, nach Freunden zu jagen, wütend oder süß zu sein, griesgrämig oder fein, als Pillen gegen Einsamkeit und Kummer zu nehmen, als heiß oder kalt zu sein, in der Schule eine eins oder eine sechs zu bekommen oder weise oder dumm zu tun, wenn man eigentlich nur dahinter her ist ...

Nebel

Heute morgen wollte ich keine Gruppe machen. Ich war auch nicht dafür, in der nächsten Woche zwei zweistündige Gruppensitzungen zu machen, anstatt eine dreistündige. Zwei Gruppen an einem Tag. Das ist kein Leben für mich. Ich werde das Fritz sagen. Als ich an die Leute dachte, die an *dieser* Gruppe teilnehmen, wollte ich erst recht keine Gruppe machen.

Guy hatte gerade angefangen zu arbeiten, als Fritz hereinkam. Er arbeitete hervorragend mit Fritz. Es war schön, seine alte, rauhe Stimme (Guy ist jung) seine Gedanken singen zu hören – er hat eine wunderschöne Stimme. Das war mir nicht bewußt gewesen.

Danach setzte sich Natalie auf den heißen Stuhl. Ich hatte mich darauf gefreut, mit Natalie zu arbeiten. Ihre Arbeiten sind immer sehr schön, und ich habe Freude an ihr. Peter kam rein und übernahm die Arbeit. Das war in Ordnung, er hatte die Möglichkeit, einzusteigen wenn und wann er wollte, und ich konnte ebenfalls dazukommen. An einigen Stellen tat ich das auch, allerdings nicht sehr oft. Mir fiel auf, wie Peter sein Psychiater-Selbst auslebte, vermischt mit dem, was er durch Gestalt gelernt hat. Ich dachte daran, ihn auf den Nicht-Gestalt-Teil hinzuweisen. Ich ließ es.

Ich dachte, ich sage Fritz: »Ich habe *kein* Interesse daran, Leute *auszubilden*. Ich bin nicht daran interessiert, mit Psychiatern zu arbeiten. Ich will das nicht, und ich werde es auch nicht.« Weder Kampf noch Feindseligkeit. Ihm gegenüber reichen einfache Feststellungen völlig aus, mir gegenüber auch.

Als die Leute weg waren, hatte ich denselben Gedanken wieder. Dann erinnerte ich mich daran, wie ich mir heute morgen den Ablauf der Gruppe vorgestellt hatte (keine detaillierte Phantasie, eher ein Gefühl der Öde), und es lief anders. Ich habe überhaupt keine Ahnung, was morgen früh sein wird. Ich weiß nicht, wie es sein wird, zwei zweistündige Gruppen zu machen. Was die Ausbildung betrifft, ist das, was mich so aufreibt, der Gedanke daran, was ich tun *sollte*, wie ich klug dasitzen und wahrnehmen und bereit sein muß, etwas aufzugreifen und deutlich zu machen. Das mag ich nicht.

Plötzlich wurde mir klar, daß es ja nicht so sein *muß*. Wahrnehmen und mich selbst wachsen und entwickeln lassen. Das ist alles. Jetzt fasziniert mich die Vorstellung, wie das funktionieren, und was geschehen wird. Mich selbst geschehen lassen. Nicht versuchen, mich zu lenken.

Die Durchhänger von heute spielen keine Rolle. Das war ich heute morgen, bevor ich es getan und mich dabei erlebt habe. Ich konnte es nicht anders machen als ich es gemacht habe.

Alles ist in Ordnung. Ich fühle mich in Ordnung, spüre meine Freude und Vorfreude und fühle mich nicht sehr stark, aber lebendig.

Wenn ich versuche, Dinge im Kopf zu behalten (wenn ich z.B. daran denken will, wahrzunehmen oder auf Fehler hinzuweisen), bekomme ich Kopfschmerzen. Das ist für mich Grund genug, es nicht zu tun. Es geht mir gut damit, daß ich damit so wenig zu tun habe. Wahrnehmen, wahrnehmen, wahrnehmen. Gewahr sein.

Jedesmal, wenn Fritz da war und mit jemandem gearbeitet hat, denke ich hinterher: »Was für eine Vorlage!« Ich habe das Gefühl, als hätte er genau gesehen, ob sich bei einem Zwinkern wirklich beide Augenlider gleichzeitig bewegt haben, oder nicht.

»Ich versuche, so weit wie möglich nicht zu denken.« Das läßt zweifellos eine Menge Raum zum Wahrnehmen offen.

Sobald Fritz die Gruppe verlassen hat, ist er weg. Ich versuche nicht, wie er zu sein, bin nicht erleichtert, daß er weg ist, bin nicht betrübt, daß ich nicht Fritz bin. Wenn er geht, ist er aus meinem Kopf verschwunden, und ich bleibe bei denen, die noch hier sind. Dieser Teil von mir ist in Ordnung. ... Ich habe aber bemerkt, daß ich mich auch nicht frage, was die Leute über *mich* denken, nachdem sie Fritz haben arbeiten sehen. Ich bin ich. Ich lasse ihn gehen. Täte ich das nicht, dann wäre ich annektiert.

Wie kann ich einen Fehler machen, wenn ich kein Ziel habe?

———•———

Lieber Fritz. Heute morgen hatte ich das Gefühl, daß er *alles* wahrnimmt – so als ob er das schon immer getan hätte oder nichts anderes tun würde. Gerade eben war er eine Weile hier, und was er unter anderem sagte war: »Die Sache mit der Stimme ist neu. Hast du das heute morgen bei Guy gemerkt? Ich lasse Ohren wachsen.« Wachsen, wachsen, wachsen. GEWAHRSEIN.

»Im Augenblick bin ich in einer lethargischen Phase. Zu mehr, als die Gruppen zu leiten, bin ich nicht in der Lage.«

Ich habe ihm erzählt, daß ich Fehler bemerke und mich nicht sonderlich damit aufhalte, sondern darauf achte, was manchmal aus Fehlern entstehen kann.

Fritz zuckte mit den Schultern und meinte: »Natürlich. Fehler sind unwichtig.« Ich verstand – und lächelte.

Zehn Minuten später: »Was meinst du (ich) damit: ›Fehler sind unwichtig!‹«, und mir gingen alle möglichen Fehler durch den Kopf, die wichtig sind – natürlich sind sie wichtig.

Dann verstand ich, daß sie nicht wichtig waren.

Dann waren sie es.

Dann waren sie es nicht.

Dann waren sie es.

Und jetzt bin ich plötzlich ganz *hier*, und in mir ertönt wieder dieses Lachen, das ich so sehr vermißt habe.

Mein Mann: Ist nicht *alles* wichtig?

Ich: (mich selbst mäßigend, um nicht zu großartig zu sein und ihn zu schockieren) Nun, nicht *besonders*.

Das war mir nicht immer klar. Es war mir oft klar.

Jetzt »verstehe« ich die kleine Statue aus der Brundage-Sammlung: Maya gebiert Krishna. Sie tanzt.

Ich bin jetzt so beweglich. ... Das war mein Gefühl, und dann stand ich auf, um zu sehen, ob es stimmt. Der untere Teil meines Rückens ist immer noch steif, das konnte ich spüren, und ich konnte nur mit den Fingern den Boden berühren, nicht mit der ganzen Hand. Ansonsten bin ich – fühle ich mich geschmeidig und gelenkig. Und so lebendig. Auf dem Stuhl fühle ich mich nicht schwerelos, aber ich bin nahe daran, so als ob die Schultern meinen Rumpf aufrecht hielten, mein Nacken die Schultern, mein Kopf den Nacken, und was meinen Kopf aufrecht hält, weiß der Teufel. Ich habe keine Ahnung, aber es ist ein tolles Gefühl.

Ich drehe meinen Kopf von einer Seite zur anderen. Kein Problem. Vor nichtmal einem Jahr dachten einige Leute, ich hätte eine »königliche« Haltung, obwohl ich lediglich einen steifen Nacken hatten. Ich drehte mich nur aus den Schultern heraus. Ich bin sicher, das ist nicht ganz vorbei, es war nur das letzte Mal, daß jemand etwas dazu gesagt hat.

Ahornblätter fallen von den Bäumen und werden vom Wind getragen, schweben hoch und landen schließlich auf dem Wasser in der Lagune, wo sie umhertreiben wie Seerosen.

Im Juni habe ich hier an meiner stahlharten Brust, dem Nacken und dem Kopf gearbeitet. Wo sind sie jetzt?

Meine Stimme! Jetzt lasse ich sie einfach kommen.

> The string o'er stretched breaks
> – and music flies
> The string o'er slack is dumb
> – and music dies
> Tune us the sitar neither low nor high

Meine Stimme ist meine Sitar.

———•———

Wie viel diese zwei Wochen, in denen ich »Leiterin« war – wovor ich Angst hatte – mir gebracht haben.

Alles richtet sich selbst auf. Deshalb spielt es keine Rolle, ob ich etwas falsch mache. Diese Erkenntnis kam mir beim Rüben schneiden. Was mich verwirrt, ist der Versuch, keine Fehler zu machen und sie zu korrigieren. Versuchen, versuchen, versuchen, wenn ich so gebaut bin – wie fliegende Vögel.

———•———

Der Satz »Nichts ist wichtig« beschäftigt mich immer noch. Nein das stimmt nicht, er *hat* mich beschäftigt. Jetzt, da ich damit in Kontakt bin, will ich es aufschreiben. Wenn ich in mir selbst an der Stelle bin, wo ich *weiß*, daß nichts wichtig ist, dann bin ich auch warmherzig und liebevoll, nehme nicht mehr als ich brauche, habe keinen Ehrgeiz und suche keine Konkurrenz. Wenn es nur Brot und Butter gibt, bin ich mit Brot und Butter zufrieden. Die kalte Hähnchenbrust, Rüben in Harvardsoße und eine halbe gebratene Kartoffel schmecken wie das Werk eines berühmten Chefkochs. Ich funktioniere gut. Ohne das alles wäre es das falsche »Nichts ist wichtig«. In diesem falschen »Nichts ist wichtig« ändert sich plötzlich alles, wenn mein Leben in Gefahr ist oder auch nur dahinzuschwinden scheint. Es ist ein *gespaltenes* »Nichts ist wichtig«, ein »Angenommen, daß«, oder »Morgen werde ich vielleicht bereuen, daß ich heute etwas weggegeben habe«. Diese Vollkommenheit (alles ist gut) des richtigen »Nichts ist wichtig« kann nicht gestört werden. Vielleicht würde ich morgen nicht dasselbe für dich tun wie heute, aber wenn ich dir gestern etwas gegeben oder für dich getan habe, ist das immer noch in Ordnung.

Wenn Fritz nächste Woche nicht da ist, werde ich keine Gruppe leiten, und morgen kann ich zum Thanksgiving-Tag nach Vancouver fahren und drei, vier Tage bleiben, oder, wenn ich will, eine ganze Woche. Bis ich dort bin, weiß ich noch nicht, was ich will.

———•———

Ich weiß, daß der Zustand, mit dem ich mich im Augenblick sehr wohlfühle (nicht sehr gut, nicht sehr schlecht) nicht so bleiben wird. Er kann jeden Moment »weggehen« – vielleicht auch morgen. Aber jetzt habe ich gerade den Abwasch »gemacht«. Ich habe ihn nicht *gemacht*. Er hat sich selbst gemacht – mit mir, und ich habe mit dem Wasser, dem Schaum, den Tellern und den Töpfen gespielt und die Flecken vom Ofen geputzt, was einem Wunder gleicht: Sie sind da – sie sind weg. Bewegung des Körpers. Mit allen Sinnen spüren.

Vorhin, beim Zubereiten der Harvardsoße, ist mir aufgefallen, wie einfach es war, das Rezept zu lesen und die Zutaten abzumessen. Meine Hände zitterten nur ein kleines bißchen, aber das war kein Problem. Keine Unsicherheit in dem, was ich tat.

Nach dem Treffen heute abend war ich mit Guy noch in der Kneipe in Lake Cowichan. Die anderen waren schon weg. Guys Auto stand weiter weg als ich normalerweise bequem zu Fuß gehen kann, aber nicht zu weit. Außerdem ging es am Anfang leicht bergauf; das steilere, abschüssige Stück lag am anderen Ende. Es war zu schaffen. Während ich ging, merkte ich, daß mir das Gehen leichtfiel. Mein Kreuz war immer noch steif, tat aber nicht weh. Ansonsten war ich beweglich.

Als wir am Auto ankamen, war die Batterie leer, also gingen wir wieder zurück. Ich hatte schon fast den ganzen steilen Hügel geschafft, als ich spürte, daß das Gehen mir leichtfiel, mein Atem ruhig war und ich beim Gehen redete. ...

Pah! Diese Ärzte, die mir vor vierzehn Jahren erzählt haben, daß ich meinen Zustand so akzeptieren solle, wie er ist, weil es sowieso keine Aussicht auf Besserung gäbe. Ich schreibe diesen Satz und merke, daß mein »Pah!« leicht und unbeschwert ist, ein bißchen wie ein humorvoll gesprochenes »Pfh!« Ich bin nicht mehr sauer. Früher war ich sauer, weil sie mich zum Scheitern brachten. Jedesmal, wenn ich sagte, daß es langsam besser wurde – und ich wußte, daß ich Fortschritte gemacht hatte, auch wenn die Ärzte keine machten – und der Arzt mich mitleidig ansah (was mir gefiel, denn das war zumindest ein Zeichen von Respekt) oder angewidert zu sein schien, weil eine alte Dame nicht bereit war, zu akzeptieren was los war, hatte ich das Gefühl, als ob es zwischen mir und meiner Genesung eine meterdicke, bleierne Wand gäbe. Bevor ich weitere Fortschritte machen konnte, mußte ich diese Wand auflösen. Jetzt bin ich nicht einmal mehr sauer auf den Arzt, der meinte, er hätte »hunderte Fälle wie mich« gesehen. Zum Teufel ja. (Leises Kichern.) Sie alle liegen in der Vergangenheit, aus der ich mich aufmache. Ich weiß, daß es mir schon morgen wieder schlechter gehen kann, und was gewonnen war, scheint dann verloren, aber was ich heute abend spüre, fühlt sich fest und sicher an. Wenn ich das verliere, kann ich es loslassen. Es wird zurückkommen.

Meine Augen sind feucht. Nicht *zu* feucht. Einfach feucht, als ob sie vielleicht genau so sein müßten und vorher zu lange trocken waren, weil ich sie nicht ordentlich gewaschen habe.

Ich weiß, daß immer wenn ich es schaffe, zur Ruhe zu kommen, auch mein Zittern sich legt. Ich habe sehr lange gebraucht, um das zu lernen. An die Diagnose »Dauerhafte Schädigung des zentralen Nervensystems« habe ich nie geglaubt. Schädigung – ja. Dauerhaft – nein. Das heißt, es *könnte* sein, wenn ich keinen Ausweg finde und vielleicht, wenn ich nicht genügend darauf achte, aber das muß nicht so sein.

Heute abend war das Zittern nur sehr schwach – nichts Beunruhigendes. ... Gerade muß ich an den Arzt in Kalifornien denken, mit dem ich vor etwas mehr als einem Monat telefoniert habe. Ich weiß nicht mehr, was ich über meinen

Tremor gesagt habe, aber er meinte (vielleicht wollte er helfen?) »Ich weiß, daß das Zittern dich beunruhigt, aber ich weiß nicht warum.« Wenn es wirklich schlimm wird, beunruhigt es mich, z.B. wenn ich nicht in der Lage bin, einen Reisescheck zu unterschreiben. Ansonsten weiß ich, daß ich das Zittern loswerden kann, und genau das will ich. Es ist *albern*, zu zittern, wenn ich nicht *muß*.

Normalerweise nehme ich den Nervenknoten auf meinem Fuß gar nicht wahr, wenn ich nicht vorher daran denke. Er tut nicht weh. Heute abend spüre ich ihn immer wieder, weil er zieht und schmerzt. Ich weiß nicht, was da los ist, aber es fühlt sich gut an – wie eine abgestorbene Stelle, in die wieder Leben hineinkommt. Im Juli fiel mir ein kleiner Knoten auf meinem linken Fuß auf, der vorher nicht da gewesen war. Im August war er schon ziemlich groß. Ich fragte einen Arzt, d.h. mein Sohn fragte ihn. Er hatte Angst, daß es Krebs sein könnte. Ich war mir sicher, daß es kein Krebs war. Jedenfalls meinte der Arzt, das sei ein Nervenknoten, den man wegbekommt, wenn man mit einem Gegenstand wie z.B. einem Buch darauf klopft oder indem man ihn punktiert und den Inhalt heraussaugt.

In Kalifornien traf ich im Zusammenhang mit *Person to Person* einen orthopädischen Chirurgen, der nicht all zu häufig operiert, weil er andere Behandlungsmethoden bevorzugt. Als ich ihn fragte, was ich tun könnte, machte er genau denselben Behandlungsvorschlag. Aber darum ging es mir nicht. Ich erklärte ihm, daß ich wissen wollte, was ich tun könnte. Er fragte mich, ob ich jemals auf der Ebene der Zellen mit mir in Kontakt gekommen sei. Das war ich nicht. Mit seinen Fingern demonstrierte er mir den Ballon, der sich da gebildet hatte, und an dessen Unterseite sich eine schmale Röhre befand. Er meinte, durch diese Röhre steige Flüssigkeit in den Ballon, die dort austrocknete und nicht mehr zurückfließen könne. Er sagte, daß wenn es mir gelingen würde, etwas Flüssigkeit (Körperflüssigkeit) da hineinzulassen, das ausgetrocknete Gewebe sich auflösen und wieder zurückfließen könnte. Noch am selben Abend machte ich mich daran, mir vorzustellen, was er beschrieben hatte, und gleichzeitig in direkten Kontakt mit dem Nervenknoten zu treten – auf dieselbe Art, wie man seinen Zeh spürt. Dann kam mir ein spontaner Gedanke: Die Härte und Zähigkeit kann unmöglich überall gleich sein – es muß ein paar weichere Stellen geben. Sofort tauchten in meiner Vorstellung verschiedene Stellen auf, und ganz oben eine, die größer war als die anderen. Ich hielt diese Stelle in meiner Vorstellung fest – hielt sie einfach fest. Ich war überrascht, als eine winzig kleine Wasseransammlung auftauchte, und dann fing es durch die weichere Stelle im *Innern* des Knotens an zu glitzern.

Während ich das schreibe, kommt mir plötzlich die Erinnerung, wie mein Vater, meine Mutter und ich 1919 in einem Ford T von New York nach Kalifornien fuhren. Mein Vater hatte sich nie mehr als 30 Meilen von zu Hause entfernt. Mein Vater und ich waren nie weiter nach Westen gekommen als bis Tarrytown, und meine Mutter war einmal mit dem Zug nach Ohio gefahren.

Damals gab es nicht viele Leute, die mit dem Auto quer durch Amerika fuhren. Wir trauten uns nicht, den Leuten, die wir unterwegs trafen, zu sagen, wohin wir fuhren. Am Anfang sagten wir: »Zu den Niagara-Fällen.« Als wir dort ankamen, sagte wir: »Nach Cleveland.« In Cleveland sagten wir mutig, daß wir nach Kansas City führen. Dort angekommen wurden wir noch mutiger (oder kühner) und erzählten den Leuten, daß wir nach Kalifornien unterwegs waren. Wenn ich darüber schreibe, was mit meinem Körper geschieht, und dann auf den Nervenknoten komme, mit dem ich noch gar nicht angefangen habe, mich zu befassen, habe ich das selbe Gefühl wie damals, als wir den Leuten erzählten, daß wir nach Kalifornien fuhren. Wir konnten noch nicht glauben, daß wir jemals dort ankommen würden und waren keineswegs sicher, ob wir es schaffen würden.

Seit ich wieder hier bin, habe ich mich nicht mit dem Knoten beschäftigt. Es gibt so viel zu tun, daß ich mich in hundert Teile teilen müßte, um alles zu bewältigen. Glücklicherweise erledigen sich manche Dinge von selbst oder kommen zumindest ins Rollen, wenn man andere in Angriff nimmt. Und glücklicherweise bin ich ein zusammenhängender Körper. Gerade dachte ich: »Wenn alles andere an mir in Ordnung käme oder zumindest anfinge, von alleine in Ordnung zu kommen, könnte ich vielleicht einmal sehen, ob ich Zähne wachsen lassen kann.« Das klingt extrem, selbst für mich, aber ich würde es nicht ganz ausschließen – das *ich*, das nicht *ich* ist, und in Wirklichkeit doch *ich* ist, oder wirklich ist.

Wo ist »mein Freund?« Ich habe heute noch nichts von ihm gehört, aber in diesem Augenblick erfüllt mich ein freundliches Gefühl. Ich vermisse ihn noch immer. Ich mochte seine Stimme. Ich finde nicht, daß »er« männlich ist, aber vielleicht hat sich meine männliche Seite mit der weiblichen verbunden (ohne in Verwirrung zu geraten). Verglichen mit meiner Stimme zu anderen Zeiten, klingt diese Stimme männlich – aber sie ist nicht an sich männlich. In unserer Sprache muß etwas entweder er oder sie sein – oder es, aber keines dieser drei Attribute stimmt für *mich*.

———•———

Mir ist aufgefallen, daß die Indianer schon länger nicht mehr vorgekommen sind. Wahrscheinlich bin ich darüber hinaus. Aber vielleicht tauchen sie auf wieder auf. Wenn ich aus Vancouver zurückkomme, kann *alles Mögliche* auftauchen, und ich habe noch keine Ahnung was. Ich weiß nur, daß wenn ich bis dahin zurückgefallen bin, es nicht für immer sein wird. Was ist?

Gestern abend bin ich zurückgekommen – nach fünfeinhalb Tagen. In Nanaimo mußte ich zweieinhalb Stunden warten. An der Bushaltestelle saß eine nette alte Dame mit einem grünen Mantel und pinkfarbenem Pullover und Hut, die damit beschäftigt war, ein Teilchen gegen eine Wespe zu verteidigen. Die Wespe war ziemlich hartnäckig. Einmal wich die alte Dame der Wespe aus und verschüttete eine halbe Tasse Kaffe auf ihre Schuhe. Am Ende bekam die Wespe das Teilchen. Sie nahm soviel sie wollte, was sehr wenig war, und flog davon. Die ältere Dame hätte den Rest essen können, aber das tat sie nicht.

In Duncan wartete ich zwei Stunden. Ein junger Inder mit einem blaß-pinkfarbenen Turban lud mich zu einem Bier ein.

Ich war müde gewesen, und froh als ich wieder zurück war. Heute habe ich an Boden verloren. In Vancouver war ich noch beweglich. Marion sah den Unterschied an meinem Gang. Ich spürte, daß mein Kreuz immer noch steif war und machte ein paar Übungen – mit Erfolg. Heute konnte ich überhaupt nichts tun, also habe ich Briefe beantwortet. Als ich müde wurde, legte ich mich ins Bett, konnte aber nicht richtig schlafen, und als ich wach wurde, fühlte ich mich wie erschlagen. Mein Urin brennt. Das ist lange nicht mehr vorgekommen.

Ich fühle mich schrecklich.

Während des Briefeschreibens war mir mehr und mehr danach, das hier zu schreiben, und jetzt, da ich es tue, passiert nichts.

In letzter Zeit hatte ich den einen oder anderen spöttischen Gedanken über das Schreiben – »Es wird mehr und mehr zu einer Art Tagebuch.« Und was habe ich gegen Tagebücher? Eine Zeit lang bekam ich zu Weihnachten immer ein neues, in Leder gebundenes Tagebuch. Ich schrieb nie etwas hinein, aber ich nahm es gerne in die Hand, um es zu fühlen und anzuschauen. Das war meine Geschichte mit Tagebüchern, bis mein Mann darauf bestand, daß ich eins führen sollte, was ich dann auch eine Weile tat – bis es anfing, mich zu langweilen. Dann fing er an, Tagebuch zu schreiben, Jahr für Jahr, aber er bezeichnete seines als »Buch der Redensarten«, was es irgendwie literarisch erscheinen ließ. Aber es war immer noch ein Tagebuch. Jahr für Jahr für Jahr.

Ich habe Marion (ihre Großmutter ist Indianerin) gefragt, worin der bedeutendste Unterschied zwischen Indianern und Weißen besteht. Sie meinte: »Arbeit. Der Indianer arbeitet und ruht sich aus – entspannt. Der Weiße sagt ›Mach weiter‹. Und wenn der Indianer das nicht tut, wird der Weiße verrückt.«

Müde. Schmerzen. Schwerfällig. Schwerfällig. Erschöpft. Zu erschöpft, um nach oben ins Haupthaus zu gehen, zu schwach.

———•———

Irrsinn. Irrsinn. An dieser Stelle habe ich aufgegeben und mich auf die Couch gelegt. Eine ganze Weile schien das Spüren der Schmerzen und der Enge nichts zu bewirken. Ich bin das nicht gewohnt. Mir war danach, aufzugeben. Ich machte weiter – einfach nur wahrnehmen –, und schließlich kam ein Seufzer, eine kleine Erleichterung. Ab diesem Moment war es eine wirkliche Erleichterung. Ich stand auf, ging ins Haupthaus hinauf, fühlte mich wohl und aß zu Abend.

Ich hätte das heute morgen tun können.

Ich hätte das gestern abend tun können.

Kein Wunder, das dieser Tag mir »vergeudet« vorkommt. Ich habe ihn vergeudet – mich vergeudet.

Ich klage nicht. Es ist nur – *Da ist es*. Genau jetzt. Es ist ein gutes Gefühl, daß die Welt sich dreht und dreht und immer weiter dreht, und daß ich am Karussell noch eine Chance habe.

———•———

Ich habe das Gefühl, daß Gestalt hier immer mehr verwässert wird. Es war mir nicht klar genug, um etwas dagegen zu unternehmen. Aber gestern war es mir klar, und heute habe ich etwas unternommen.

Wir hatten eine große Gruppe, was für mich in Ordnung war; vier oder fünf Tage lang hatte ich das Gefühl, daß die Welt bei uns Einzug gehalten hatte. Heute abend war es dasselbe Gefühl. »Suche jemanden aus, von dem du das Gefühl hast, daß er dir am meisten Unterstützung geben würde.« Was heißt »Unterstützung?« Welche Art von Unterstützung? Wofür möchte ich Unterstützung? Dann kommen jeweils zwei Paare zusammen und tauschen sich über ihre »Stärken« und ihre »Schwächen« aus. Ich komme völlig durcheinander. Was heißt »Stärke?« Was heißt »Schwäche?« Alle haben »Spaß« und lernen vielleicht etwas dabei, vielleicht ein bißchen.

Fritz kam spät aus San Franzisko zurück. Er machte einen zufriedenen Eindruck; er verteilte Broschüren über den *Garbage Pail* und zeigte uns Probeabzüge der Illustrationen von Russ Youngreen. Er gefiel mir. Wir teilten noch die Gruppen für morgen früh ein, und Fritz meinte, jeder solle sich denjenigen Therapeuten wählen, mit dem er am liebsten überhaupt nicht arbeiten würde. Ich mußte lachen. Fritz hörte mich lachen, aber mein Lachen hörte er nicht. »Das ist kein Scherz«, sagte er. Es war kein Schmerz, und es war doch einer – für mich. Ich nahm ihn ernst, glaubte, daß er es genau so meinte, und was in mir vorging, ist mehr als ich in Worte fassen kann. Zum einen war mein Lachen Ausdruck meiner Überraschung – es kam so unerwartet. Zum anderen hatte ich ein gutes Gefühl angesichts der Herausforderung, und ich war überrascht, daß ich mich so *gut* damit fühlte.

Als wir die Kleinigkeiten geregelt hatten, sagte ich Fritz, daß ich gerne noch einmal so etwas wie die Woche des »Gewahrseinskontinuums« hätte, die er im Juni mit uns durchgeführt hatte. Ich dachte nicht, daß er gleich darauf eingehen würde. Aber er tat es. Er meinte, das Gewahrseinskontinuum sei das ABC der Gestalttherapie, und ohne es sei man »nur Mittelklasse«. Er forderte die neuen Leute, die noch nicht mit ihm gearbeitet hatten, auf, sich auf den heißen Stuhl zu setzen. »Ihr habt immer ein Gewahrsein von irgend etwas. Achtet darauf.«

In gewisser Weise sehe ich darin nichts Neues: »Jetzt bin ich mir gewahr, daß ...«, oder »Jetzt spüre ich einen Schmerz im Nacken«, oder »Ich sehe Jacks Gesicht«, oder was auch immer, und vielleicht fügt man noch an, ob das Gewahrsein angenehm oder unangenehm ist. Es war so deutlich zu sehen, daß die Leute auf dem heißen Stuhl anfingen zu vermeiden, sobald sie etwas Unangenehmes wahrnahmen. Ich muß das bei mir selbst einmal nachprüfen. Ich glaube, das ist der Teil, den ich in meiner Arbeit mit mir selbst verpaßt habe, und der Grund dafür, warum ich diesen »Tagebuch-Effekt« so satt hatte. Was ich vermeide, wenn ich *mit anderen Menschen* zusammen bin. Es fühlt sich gut an, mich damit zu beschäftigen, es ist ein Gefühl von Stärke und Aufregung. Und ich muß auf mich selbst achten, wenn die Leute, die nicht mit mir als Therapeutin arbeiten wollen, morgen früh zu mir kommen, und Anweisungen mitbringen (von Fritz), um ihre Ablehnung zum Ausdruck zu bringen. Wieviele werden ehrlich sein und so weit gehen? Wieviele werden schwindeln und zu demjenigen gehen, zu dem sie wollen? Ich habe keine Ahnung. ... Jetzt gerade hatte ich die Phantasie, daß alle zu mir kommen. Das ist eine witzige Phantasie, und es wäre witzig, wenn sie wahr wäre. Mein Lachen ist. Ich habe es nicht *gemacht*. Es geschieht. In dieser Phantasie, wo alle zu mir kommen, haben sie die unterschiedlichsten Gesichtsausdrücke, von grimmig bis freudig. Ich sehe ihre Körperhaltungen. Individuelle Körperhaltungen. ... Jetzt gerade dachte ich: »Angenommen sie alle wollen mich *nicht*, kommen pflichtgemäß zu mir und fangen an, sich darüber zu streiten, was an mir nicht richtig ist.«

Alles Phantasie. Ich habe keinen Schimmer, was morgen passieren wird.

Gestern und heute war mir danach, fortzugehen. Mir war klar, daß es nicht so bleiben würde, aber es war mein Gefühl. So viel Friede Freude Eierkuchen. Das kann ich auch sonstwo haben.

Was mich im Augenblick freut, ist eine Verletzung meiner Liebe zur »Freiwilligkeit.« So viel zu meiner Liebe. Ich küsse sie zum Abschied.

Einige konnten mit Fritz' »ABC der Gestalttherapie« nichts anfangen. Sie langweilten sich. Andere konnten viel damit anfangen und waren sehr interessiert. So geht das. Diejenigen, die etwas damit anfangen konnten, sind froh, daß ich den Vorschlag gemacht habe. Die anderen, die nichts damit anfangen können, wünschten sich wahrscheinlich, ich hätte es niemals vorgeschlagen und bestärken damit ihre Abneigung gegen mich. Eine Frau meinte, sie habe nichts davon gehabt und es passe auch überhaupt nicht zu ihrer Therapie (sie ist Therapeutin), weil sie die Dinge ans Laufen kriegen will, aber gleichzeitig hat sie genügend Vertrauen zu Fritz und mir, daß sie dabeibleiben will.

Auf eine andere Art sind die Dinge lebendiger.

Ich finde es gut, daß ich bei meiner Wahrheit geblieben bin. Viele Leute benutzen Gruppen, um Dinge zu sagen, die sie ansonsten nicht sagen würden, und sie wenden sich dabei gerne direkt an den anderen, ohne auf die Unterstützung der Gruppe zurückzugreifen. Ich könnte Fritz ohne weiteres sagen, was ich will, und zwar außerhalb der Gruppe. *Leichter* als *in* der Gruppe. Also sagte ich es ihm in der Gruppe. Das war nicht schwer, aber ich hatte damit *gerechnet*, daß es schwer sein würde, und damit hatte ich nicht gerechnet, wenn ich es nur ihm hätte sagen wollen. *Das* jedenfalls habe ich nicht vermieden.

Als die neuen Teilnehmer auf dem heißen Stuhl saßen (einer nach dem anderen), war es für mich sehr interessant, sie – und Fritz mit ihnen – wahrzunehmen, während ich mich bei mir selbst gleichzeitig über den spürbaren Unterschied zwischen Juni und jetzt freute. Damals hatte ich weniger Gewahrsein als heute, und ich spürte, wie ich da, wo ich vorher nicht weitergekommen war, wieder ein Stück wuchs und aufblühte. Nicht, daß ich überhaupt nicht mehr weitergekommen wäre, aber ich wuchs in diese oder jene Richtung, aber eben in keine andere.

Auch war es ein gutes Gefühl, daß Fritz Vorträge, die er für die neuen Leute hielt, mich langweilten (ich glaube, für ihn war es auch langweilig – er hat damit aufgehört), und heute abend hat er statt dessen diese Gewahrseinsübung gemacht.

Schade, daß es Zeit ist, ins Bett zu gehen. Ich bin nicht besonders müde, aber es ist schon kurz vor eins, und wenn ich bis ein Uhr nicht im Bett bin, werde ich morgen früh, wenn die anderen kommen, nicht fit genug sein. Kolman ist der einzige, von dem ich weiß, daß er nicht kommt. Er sagte, er fände es schade, daß er die ganze Woche über nicht in meiner Gruppe sein kann. Ich fragte ihn: »Keine Abneigung?«, und obwohl er lediglich meinte, daß er eine große Abneigung gegen X verspüre und damit arbeiten wolle, hatte ich den Eindruck, daß seine Antwort darin bestand, daß er einen anderen Therapeuten noch *stärker* ablehnte als mich.

Ich glaube, es wird ein interessanter Vormittag. Diejenigen, die mich nicht mögen (zumindest als Therapeutin – was nicht unbedingt heißt, daß sie mich überhaupt nicht leiden können), kommen von acht bis zehn, und von zehn bis elf haben wir die Fortgeschrittenengruppe mit Fritz, die er Ende August ausgesetzt hat, und die ich immer als sehr fruchtbar empfunden habe.

Der nächste Tag.

(Die Aussicht auf) das Risiko hat mir gefallen.

Heute am frühen Morgen bin ich ein bißchen verrückt geworden. Die ganze Sache mit der »Ablehnung« kam mir absurd vor – wie Kinder, die sich wegen etwas, das sich nur in ihren Köpfen abspielt, in die Wolle geraten. Mir ist zum Lachen, und ich möchte im Regen spazieren gehen. Mit den Leuten.

Aber das würde ihnen nicht gerecht werden, sagte ich. Du mußt sie ernst nehmen.

Also wurde ich ernst, und das war ein ziemlicher Akt.

Also dann lach doch drüber. ... Mir war nicht mehr zum Lachen, also war das jetzt ein Akt.

Was immer mir in den Sinn kam, war ein Akt. Natürlich.

In die Falle getappt.

Ich will nicht *agieren*, und ich sehe nicht, was ich statt dessen tun könnte. Dieser oder jener Akt. Ich will überhaupt keinen, und in fünf oder zehn Minuten muß ich ...

Schließlich setzte ich mich hin und sammelte mich, achtete darauf, was in mir vorging, kam wieder mit mir und der Welt in Kontakt, und der Himmel hellte sich auf – der Himmel und ich.

Um zehn nach acht dachte ich: »Sind sie jetzt alle rücksichtslos geworden? Kommen sie zu spät, weil sie sich ärgern, daß Fritz die Anfangszeit von neun auf acht Uhr verlegt hat?«

Ich fing an, eine Science Fiction Geschichte zu lesen, die ich vor neun Jahren geschrieben habe. Gestern abend meinte Deke, daß es eigentlich eine Gestalt-Geschichte sei. Als ich die Geschichte schrieb, hatte ich überhaupt keine Ahnung von Gestalttherapie. Ich verstand erst, worum es in der Gestalttherapie geht, nachdem ich Jahre gebraucht hatte, um zu entdecken, wie ich mein Talent zu schreiben verloren hatte. Als ich das herausgefunden hatte, wußte ich, wie ich mich anderen Leuten und ihren Texten gegenüber nicht verhalten sollte. Aber ich konnte immer noch nicht schreiben. Also ging ich dem nach. Schließlich schrieb »ich« diese Geschichte, und währenddessen fiel mir wieder ein, daß ich schon als kleines Mädchen gerne schrieb. Manchmal lag ich auf dem Boden und schrieb Geschichten und erzählte meinen Eltern und meiner Schwester, was jetzt gerade in meiner Geschichte passierte. Das gefiel ihnen, und sie erzählten mir nicht, daß ich etwas anderes schreiben solle.

Als ich die Geschichte jetzt wieder las, war ich richtig fasziniert, und erst um zwanzig nach acht merkte ich, daß immer noch keiner gekommen war. Ich dachte: »Vielleicht kommt keiner.«

Ich war enttäuscht. Die neuen Leute waren noch nicht bei mir in der Gruppe, aber es gab ja noch genügend »alte«. Keine Ablehnung? Das konnte ich nicht glauben. ... Jetzt wird mir klar, daß ich erwartet habe, daß ihre Ablehnung sowohl einem Mangel an Erregung als auch der Langsamkeit gelten würde, die gestern abend deutlich wurde, als Fritz das ABC der Gestalttherapie demonstrierte. Wenn das bei einigen der Grund war, ärgern sie sich jetzt vielleicht darüber und nehmen es mir übel.

Spekulation. All diese Gedanken sind reine Spekulation. Meine Spekulation. Eigentlich habe ich überhaupt keine Ahnung.

Wie viele Gefühle hatte ich noch, als heute morgen niemand kam? Ich las die Geschichte weiter und fühlte mich gut dabei. Ich erlaubte mir, so müde zu sein wie ich war, und dann ging die Müdigkeit weg. Dann wurde ich wieder müde und ärgerte mich, daß ich so früh aufgestanden und niemand gekommen war, weil ich unter diesen Umständen auch hätte weiterschlafen können. Dann fiel mir auf, was die Erwartung ihres Kommens mir gezeigt hatte: die Verwirrung im Zusammenhang mit Machen und Agieren und die Erkenntnis, daß mir nichts anderes blieb, als dem Gewahrsein des Augenblicks zu vertrauen.

———•———

An dieser Stelle möchte ich die Geschichte »Window to the Whirled« einfügen. (Die ich zuerst im *Magazine for Phantasy and Science Fiction,* Februar 1962 veröffentlicht habe). Ich weiß, daß alles, was ich vorher geschrieben habe, damit zu tun hatte, was ich jetzt tue, aber bevor Deke die Geschichte erwähnte, hatte ich sie nie mit Gestalt in Verbindung gebracht. Gestalt – ja, selbst in Hinblick darauf, wie sie geschrieben wurde.

Window to the Whirled

Anne war jung, und sie war schön – wallendes, blondes Haar, meergrüne Augen, elfenbeinfarbene Haut und einen Körper, den nichts hätte schöner machen können. Ein so prächtiges Mädchen, aber was sie sich am meisten wünschte, waren eine mechanische Nähmaschine und ihre Großmutter. Dabei hätte sie Fernsehstar werden können, ja eigentlich alles, wofür die meisten Mädchen ihre Seele verkaufen würden. Anne meinte, das langweile sie. Was könnte langweiliger sein, fragte man sie, als eine Nähmaschine und eine Großmutter? Das entsprach nun überhaupt nicht ihrer Sicht der Dinge.

Ihre Großmutter hatte eine solche mechanische Nähmaschine besessen, und Anne durfte sie manchmal benutzen. Wenn Annes Füße auf dem Pedal standen und sie es vor und zurück bewegte, hatte sie das Gefühl, irgendwohin zu gehen. Großmutter hatte immer das gleiche Gefühl gehabt. Sie hätte sich niemals eine elektrische Maschine gekauft, weil, wie sie sagte, sie es nicht aushielt, ständig am selben Ort zu bleiben. Wenn ihre Großmutter in der Nähe war, empfand Anne nie Langeweile. Immer wieder gingen sie gemeinsam irgendwohin, sogar wenn sie mit den anderen zusammen im Wohnzimmer saßen. Eines Tages war Großmutter verschwunden, und Anne weinte. Doch dann hörte sie auf zu weinen und machte sich auf den Weg, um ihre Großmutter zu finden. Als sie auf ihrer Suche in New England angekommen war, fühlte sie sich sehr entmutigt, und als sie sah, daß vor einer Scheune eine Versteigerung stattfinden sollte, blieb sie stehen, um sich ein wenig abzulenken, denn ihre Verzweiflung war unerträglich geworden.

Niemand wußte, was man als nächstes aus der Scheune holen und den herumstehenden Leuten zeigen würde, damit jeder es sehen und mitbieten könnte. ... Und dann war es eine alte mechanische Nähmaschine. Anne gab das erste Gebot ab, einen viertel Dollar. Da sonst niemand mitbot, bekam sie die Maschine für diesen Preis. Plötzlich war ihr, als hätte ihre Lunge einfach aufgehört zu atmen. Eine alte Nähmaschine. Vielleicht würde *die* ihr den Weg zu ihrer Großmutter zeigen.

Als die Männer ihr die Maschine brachten, machte sie sich sofort ans Werk. Sie schaute in den kleinen Schubladen nach, auf jeder Seite gab es zwei Stück, und tatsächlich! In einer der Schubladen lag eine Bedienungsanleitung, etwas zerfleddert zwar, aber darin stand, wie man die Maschine einfädeln mußte. In eine der anderen Schubladen war ein kleines Holzregal mit kleinen Löchern für die Spulen eingebaut, und in jedem Loch steckte eine Spule mit Garn – blaues, grünes, weißes, rotes und gelbes. Die bunten Garne hatten ein merkwürdiges Leuchten. Sie würde sie niemals brauchen können, aber sie wollte sie auch nicht wegwerfen, also nahm sie die Spule mit dem weißen Garn. Es gab noch eine andere Spule mit weißem Garn, und so fädelte sie den oberen Teil mit diesem Garn ein. Dann nahm sie ihr Taschentuch aus der Tasche, faltete es und nähte die beiden Enden zusammen. Durch das Blattwerk einer großen Ulme schien die Sonne hindurch und besprenkelte Anne und ihre Nähmaschine mit Licht und Schatten. Das Taschentuch benutzte sie jetzt als Putzlappen. In einer der Schubladen stand ein Ölkännchen, in dem sich sogar noch etwas Öl befand. Dafür daß es Öl war, duftete es ziemlich gut, eher wie Parfüm, das heißt eigentlich noch mehr nach Blumen. Warum hatte Großmutter Anne nicht mitgenommen? Dieser Gedanke betrübte sie, und dieser Schmerz lähmte sie so sehr, daß sie nichts mehr tun konnte. Also veränderte sie den Gedanken und ließ die Betonung weg, so daß es mehr wie eine Erkundigung klang: »*Warum* hat Großmutter mich nicht mitgenommen?« Wenn man so fragte, gab es eine Antwort, auch wenn sie diese noch nicht kannte.

Sie erkannte, daß sie zu logisch gewesen war. Das war Großmutter nicht. Und sie hatte es zu sehr gewollt, was Großmutter immer als schlecht dargestellt hatte. »Du sollst die Dinge einfach *tun*«, hatte sie erklärt, »und dann werden sie so, wie du sie haben wolltest – auch wenn du vorher nicht wußtest, daß du das so wolltest.« Genau so war es ja auch jetzt gekommen. Hätte sie nicht aufgehört, Großmutter zu verfolgen, dann hätte sie auch von der Versteigerung nichts mitbekommen, und auch die Maschine hätte sie nicht gefunden, die ihr half, in die richtige Richtung zu denken. Wenn sie doch nur auf Großmutter hätte hören können, dachte Anne. Aber es gab ja noch all die anderen Leute, die Anne erzählten, Großmutter sei nicht ganz bei Verstand.

Die Nähmaschine glitzerte jetzt wie blankgefahrene Eisenbahnschienen und lockten sie ... Als sie darüber nachdachte, wohin dieser Lockruf sie führen würde, schüttelte sie den Kopf, strich sich das Haar von der Stirn und nähte weiter. Großmutter hatte gesagt, daß alles, was man sich mit seinen Gedanken vorstellen konnte, winzig sei im Vergleich zu dem, was passieren kann, wenn man es zuläßt, und daß wenn man darüber nachdenkt, was man will, man die Dinge einengt, so daß nur noch ganz kleine und gewöhnliche Dinge passieren können. Und dann sagten die Leute: »Natürlich. Auf mehr kommt es im Leben nicht an. Was hast du erwartet? Fliegende Teppiche?« Als Anne in sich selbst und ihrer Großmutter war, machte sie es so, aber wenn sie in anderen Leuten war, entschloß sie sich, vernünftig zu sein und nicht zuviel zu erwarten. Jetzt fühlte sie sich immer weniger vernünftig – oder in einem anderen Sinne sogar noch vernünftiger.

Nachdem die Nähmaschine eingestellt worden war, so daß sie summte anstatt zu klacken, bat Anne die Männer, sie ihr ins Auto zu tragen und fuhr mit der Maschine davon. Als sie an eine Straßengabelung kam, entschied sie sich für den Weg, der ihr besser gefiel. Sie kam durch eine kleine Stadt und sah ein Geschäft. Sie ging hinein, kaufte Bettzeug und eine kleine Kühlbox, ohne sich bewußt zu sein, daß sie im Laufe der Monate aufgehört hatte, wie sonst in Motels zu übernachten und in Restaurants zu essen. Sie wußte nur, daß sie einfach irgendwie glücklich war und wieder zurück nach Westen wollte. Aber damit hatte es keine Eile. Wenn ihr danach war, hielt sie an und nähte auf der Nähmaschine, und was sie nähte, wurde von Mal zu Mal schöner. Die Leute wollten ihre Sachen kaufen, aber sie gab sie einfach ab und meinte, sie seien zu wertvoll, um verkauft zu werden, und zwar wegen dem, was in sie eingenäht war. Sie wußte selbst nicht, was sie da sagte, aber sie wußte, daß es so war.

Die Leute luden sie ein zu bleiben und boten ihr sehr schöne Plätze an, um dort zu arbeiten, aber immer packte sie eher früher als später ihre Nähmaschine ins Auto und fuhr in eine andere Stadt. Und wieder eine andere Stadt. Und noch eine andere Stadt. Bis sie sich irgendwann fragte, ob das, was sie tat, überhaupt sinnvoll war, oder ob sie nicht einfach ein Märchen nachlebte, das sie als Kind einmal gehört hatte. Manchmal kam es ihr vor, als hätte das Märchen den Menschen gesagt, wie sie leben könnten, aber zu anderen Zeiten war sie sich nicht so sicher. Dann erinnerte sie sich an den Satz: »Denke nicht!«, dann hielt sie an und genoß wieder all die Dinge um sie herum.

Schließlich kam sie nach Kalifornien, wo das Klima normalerweise recht mild ist, und begann, die Nähmaschine auf Ausflüge in die Berge, die Wüste oder an Seen mitzunehmen. Dort saß sie dann in der Sonne, trat das Pedal und ging so auf reisen, was mit einer elektrischen Maschine nicht möglich gewesen wäre, weil man dafür ein Kabel und Strom benötigt. Wenn sie schwimmen ging oder auf einen Berg kletterte, ließ sie die Maschine zurück, und mit jedem Mal wurde sie kräftiger und beweglicher. Auch wurde sie immer schöner – vielleicht ist Ausstrahlung das richtige Wort –, aber sie selbst merkte nichts davon. Sie war zu fasziniert von der Tatsache, daß sie eine Lernende war. Ständig kam ihr etwas Neues in den Sinn. Sie fing an, Mathematik und Physik und eine Menge anderer Dinge zu verstehen, mit denen sie sich nie herumgeschlagen hatte, weil sie sie öde und langweilig fand. Sie dachte daran, an einen Ort zu gehen, wo es eine Universität gab, so daß sie aufs College gehen könnte, aber als sie darüber mit einem Mann sprach, der die Stadt besuchte, ein Professor aus Berkeley namens Stan Blanton, sagte der: »Um Himmels willen, nein! Sie würden das, was Sie haben, verlieren, und bevor sie wüßten, was Sie noch haben, wären Sie fünfzig Jahre alt.« So hätte auch ihre Großmutter sprechen können, und Anne fühlte sich wohl damit – und mit ihm. Er war ein netter Mensch, aber ein bißchen traurig. Er war fünfzig Jahre alt und hatte nicht einmal die Hälfte von dem getan, was er tun wollte, wegen all der Dinge, die er »zu tun hatte«, und er war sich nicht sicher, ob das, was er getan hatte, es wirklich wert gewesen war. Das machte es schwierig für ihn, damit weiterzumachen, also war er ständig müde, obwohl er dachte, das komme daher, daß er alt würde.

Er war sich seines Alters sehr bewußt, und obwohl er sich mit Anne jünger fühlte, als er das jahrelang getan hatte und ihm niemals etwas Schöneres begegnet war als sie, ging er fort. Das machte Anne etwas traurig, denn ihr war, als hätte er Möglichkeiten gehabt, die andere Menschen nicht haben. Sie fühlte sich von etwas getrennt. Doch in ihrem Inneren konnte sie sich immer wieder sammeln, indem sie die Dinge mit Hilfe der Nähmaschine verarbeitete. Sie dachte, sie könnte einmal einen der Aufsätze ausprobieren, die sie noch nicht benutzt hatte. Sie setzte einen auf die Maschine und nahm einen langen, dünnen Streifen Stoff zum Probieren. Doch wie vorsichtig sie auch versuchte, eine gerade Linie zu nähen und die beiden Enden des Stoffes auseinanderzog, er wickelte sich immer wieder zusammen wie ein verdrehter Gürtel, so daß die Außenseite nach innen und die Innenseite nach außen kam bis man nicht mehr wußte, was wohin gehörte. Sie dachte, sie könnte mit dem Garn, das sie aufbewahrt hatte, spielen, also nahm sie die Spule mit dem Gelben Garn und steckte sie an den dafür vorgesehenen Platz. Dann nahm sie die grüne Spule und steckte sie obendrauf, wo sie hingehörte, so daß sich der gelbe mit dem grünen Faden verbinden würde wie die Butterblumen mit der Wiese. Doch als sie anfing, das Pedal zu treten, rutschte der Stoff unter dem Nähfuß weg, und der grüne und der gelbe Faden sponnen sich selbst zusammen. Die Fäden schienen kein Ende zu haben, die beiden Spulen waren ständig voll, und anstatt eines Fadens entstand nun ein Stück Stoff. »Oh, wie gern hätte ich ein Cape aus diesem Stoff!«, dachte sie, und trat weiter. Und der Stoff wuchs, doch jetzt wuchs er zu einem Stück mit einem ganz besonderen Schnitt, und sie sah die Konturen ihres Capes, obwohl es ein bißchen verwirrend war, wie Innen- und Außenseite ständig wechselten. Dann schien sie mit dem Cape fertig zu sein, oder die Maschine, oder sie beide, denn sie war sich nicht sicher, wieviel sie und wieviel die Maschine dazu beigetragen hatte. Und manchmal hatte sie das Gefühl, daß sie und die Maschine eigentlich gar nicht zwei verschiedene Dinge waren. Eine Maschine ist nicht wie die Natur, hatte sie immer gedacht. In die Natur konnte man sich einfühlen. Man konnte wissen, wie es ist, ein Baum oder ein Fels oder ein Teich zu sein. Aber Maschinen! Selbst fußbetriebene Nähmaschinen waren ja nichts, in das man *hineingehen* konnte. Sie waren nicht natürlich, doch jetzt war sie sich nicht mehr so sicher. Ein Vogelnest war etwas Natürliches. Es wurde von einem Vogel hergestellt. Der Damm eines Bibers war etwas Natürliches, denn der Biber hatte ihn gemacht. Und Maschinen wurden von Menschen gemacht, sogar, wenn sie von Maschinen gemacht wurden, denn es waren ja die Menschen, die ....

Als das Cape fertig war, schnitt sie die Fäden von der Maschine ab und spürte, wie sie eine Nabelschnur durchtrennte. Dann stand sie auf, warf sich das Cape über die Schultern, um herauszufinden, wie man es anzog, und es legte sich ganz von selbst um sie herum.

Es klopfte an der Tür. Sie rief »Herein!«, und da stand Stan Blanton. »Was für ein wunderschönes Cape!«, sagte er, obwohl er sicher nicht zweihundert Meilen gefahren war, um ihr das zu sagen. »Ja, nicht wahr?«, sagte Anne, aber ich kann mich nicht entscheiden, welche Seite nach innen und welche nach außen gehört. Als sie das sagte, zupfte sie an dem Cape, und es schien innen und außen in einer raschen Bewegung zu tauschen. Dann war es verschwunden. Und Anne mit ihm.

Stan konnte nicht sagen, welches Gefühl zuerst da war, oder ob sämtliche Gefühle sich gegenseitig überlagerten wie die Farben auf einem sterbenden Delphin. Er war erstaunt, bestürzt, verwirrt, erfreut und noch eine Reihe anderer Dinge, die er nicht auseinanderhalten konnte. Doch als das In- und Übereinander der Gefühle aufhörte, stand er verloren da. Es hatte ihn eine enorme Anstrengung gekostet, die überaus starken Konventionen zu überwinden, die ihm sagten, daß er sich von Anne fernhalten sollte, und sich loszureißen und zu ihr zu fahren. Und jetzt war sie weg. Er setzte sich auf einen Stuhl, stützte den Kopf in die Hände, die Ellbogen auf die Nähmaschine und versuchte herauszufinden, was geschehen war. Die Antwort schien so verlockend nahe zu liegen. Doch plötzlich kam ihm ein anderer Gedanke. Anne war verschwunden. Vermißte junge Mädchen und ältere Männer waren ein gefundenes Fressen für die Skandalpresse. Er würde sich besser so schnell wie möglich auf den Weg zurück nach Berkeley machen. Eilig ging er die Treppe hinunter zu seinem Auto und fuhr nach Hause. Maybelle war nicht da. Er setzte sich ins Wohnzimmer und dachte darüber nach, was er ihr sagen würde wenn sie hereinkommen und ihn fragen würde, wo er gewesen war. Er hatte Kopfschmerzen. Was *konnte* er ihr sagen?

Als Maybelle hereinkam schaute er auf und sagte wie immer: »Hallo Liebes.« Sie sagte: »Hallo Schatz«, auch wie immer, und ging nach oben.

Das machte ihn verrückt. »Nach allem, was ich durchgemacht habe!«, dachte er. Und dann wurde er noch verrückter als er merkte, daß er eigentlich nichts durchgemacht hatte außer einer Menge Unsinn, der sich nur in seinem Kopf abgespielt hatte. Er stürzte aus dem Haus auf die Straße und kam sich ungeheuer dumm vor – nach all den Jahren in denen er ruhig in einem Sessel gesessen, seine Probleme reiflich durchdacht hatte und zu gesunden Schlußfolgerungen gekommen war. Jetzt plötzlich sah er all diese Jahre als ein Zugeständnis an etwas, das ihm eigentlich überhaupt nichts bedeutete, und von wieviel *Reife* zeugte das? Als er sehr plötzlich von Anne aus aufgebrochen war, hatte er gespürt, daß er die Dinge selbst in die Hand nahm, aber er war auch eine Marionette gewesen, an deren Fäden alle möglichen Dinge zogen, mit denen er nichts anfangen konnte. Er hätte *bleiben* und versuchen sollen, Anne zu finden.

Kurz nachdem er den Raum verlassen hatte, war Anne wieder dagewesen, unmittelbar – wenn man dem Wort »unmittelbar« *unser* Zeitverständnis zugrundelegt. *Sie* war wochenlang weggewesen und hatte das sehr erholsam gefunden. Doch dann verbrachte sie mehr und mehr Zeit damit, sich woanders umzuschauen, und die Nachbarn fingen an, ihre Abwesenheit zu bemerken. Als sie das nächste Mal verschwand, rief jemand die Polizei und sagte, sie würde vermißt, und wahrscheinlich sei an der Sache etwas faul. Niemand dachte ernsthaft daran, daß etwas faul sein könnte, aber sie wollten herausfinden, was mit Anne los war, und wenn man wollte, daß die Polizei sich in anderer Leute Angelegenheiten einmischte, mußte man eben die Vermutung äußern, daß etwas »faul« sei. Stan war der einzige Mann, der in diesem Fall auftauchte, also suchten und fanden sie ihn in Berkeley. Maybelle verließ ihn, was sowohl zufriedenstellend als auch bequem war.

Annes Bild erschien in den Zeitungen, zusammen mit dem von Stan. Nicht, daß es irgend einen Hinweis darauf gegeben hätte, daß er etwas mit ihrem Verschwinden zu tun hatte, aber diese Mischung ergab eine gute Story. Stan schrie völlig entsetzt: »Das ist erfunden! *Alles* ist Lüge!«, was die Leute natürlich nicht gerne glauben wollten, weil es sie selbst mit einschloß, also sagte er das alles nur, um es ihnen zu zeigen. Danach erlaubte man ihm, zu Hause zu bleiben, allerdings mußte er sich mehrfach psychiatrisch untersuchen lassen. Eines nachts lag er im Bett und konnte nicht schlafen, als ...

... plötzlich Anne vor seinem Bett auftauchte und sagte: »Was soll das, daß Sie über mich sprechen als wäre ich eine Wunderding!«

Stan vergeudete keine Zeit mit Reden, das konnte er später noch, und außerdem war das auch wahrscheinlicher, wenn er vorher etwas unternahm. Er streckte seine Hand aus, griff nach dem Cape, zog es ihr über den Kopf und sagte: »Bleib einen Moment hier.«

Anne lachte. »Ich war woanders und habe etwas gelernt«, sagte sie – und verschwand.

Traurig legte er das Cape über das Bett und lehnte sich gegen das Kissen. Vor seinen Augen erhob sich das Cape vom Bett und legte sich um Anne, die plötzlich wieder da war und über ihn lachte. »Ohne es kann ich nur verschwinden«, sagte sie. Ich kann nirgendwo *hingehen*. Jetzt, da sie es wiederhatte, ging sie weg.

Jetzt, da Stan nicht mehr versuchte, etwas Bestimmtes zu tun oder zu sein oder irgend etwas gerecht zu werden, kam er zu Sinnen. Er zog sich an und suchte den Ort auf, wo Anne gelebt und ihre Nähmaschine erstanden hatte. Im nächstgelegenen Motel fing er an auszuprobieren, wie man damit umging. Als er die Sache mit dem Moebius-Band herausgefunden hatte, war der Rest ganz einfach. Er ging in Annes Zimmer, »um nach etwas zu suchen.« Anne zu finden, würde ein Kinderspiel sein. Er bräuchte nichts weiter zu tun als da anzufangen, wo sie gewesen war und das Band entlangzugleiten, um zu ihr zu kommen. Er zog sein Cape an und zupfte daran, wie Anne es gemacht hatte.

Im Nirgendwo, dem Ort zwischen allem, war es wunderbar. Er hatte nicht gewußt, daß es so herrlich sein würde. Es war, als wäre er das einzige Schiff auf dem Ozean, oder der einzige Eisläufer auf dem zugefrorenen Lake Michigan. Er hatte schon einmal etwas Ähnliches geträumt, hatte diese Träume aber immer als unvernünftiges Wunschdenken abgetan. Kurven, Kreisen, Hinunterstürzen – und das alles mit nichts, so daß man überhaupt nicht herunterfallen oder abstürzen konnte. Er entwickelte Eifer und Begeisterung, ihn packte die Neugier, wo er wohl landen würde, wenn er das Band verlassen und Anne begegnen würde. Ob sie wohl überrascht wäre?

Zing!

Er war in seinem eigenen Zimmer, genau da, wo Anne gestanden hatte. Aber Anne war nicht da. Was für ein Idiot er doch war! Er warf den Mantel aufs Bett, setzte sich darauf und raufte sich die Haare. Er war so bedrückt wegen des mißlungenen Versuchs, daß es ihm nicht in den Sinn kam, daß er nur einfach wieder zu starten brauchte. Wo *wäre* sie hingegangen? Vergangenheit, Gegenwart und Zukunft – alles auf einmal, und sie konnte irgendwo in irgendeiner Zeit sein. Er war sich so *sicher* gewesen, daß er es herausbekommen hatte, und jetzt hatte er nichts weiter getan, als sich selbst nach Hause zu folgen. Plötzlich hatte er den entsetzlichen Gedanken, daß er vielleicht nicht mehr tun konnte.

Er stand von dem Bett auf und ging im Zimmer auf und ab. Dann ging er nach unten, nicht weil er damit einen Zweck verfolgt hätte, aber irgend etwas mußte er ja tun, um sich nicht dem sicheren Gefühl überlassen zu müssen, nichts zu tun. Er setzte sich auf einen Stuhl und rieb sich mit den Handballen die Augenbrauen, und zwar sehr *fest*. Diesmal würde er es *nicht* mit irgendwelchen vorgefaßten Ideen angehen. Als er sie kommen spürte, löschte er sie aus, eine nach der anderen, bis nichts mehr übrig war. Aber wie sollte ihm das völlige Fehlen von Ideen weiterhelfen? Verärgert schüttelte er den Kopf und dachte: »Zur Hölle mit ihr. Ich mache was *ich* will.« Er rannte nach oben, schwang sich den Mantel über die Schultern und rutschte das Band hinunter durch die Wolken des Nirgendwo an einen Ort, der ihn immer schon interessiert hatte ...

Als er ankam, war es Morgen. Ein heller, klarer, wunderschöner Morgen, klar und scharf wie der Herbst, aber mit der weichen Wärme des Sommers in der Luft. Hoch aufragende Gebäude streckten sich dem Himmel entgegen. Um jedes dieser Gebäude herum befanden sich Gruppen von kleineren Bauten, umgeben von Rasenflächen und Bäumen. Die Leute auf der Straße trugen Kleider, so weich und sanft wie Blumen, die seine eigenen verdächtig matt erscheinen ließen. Eilig ging er zurück auf das Band und kehrte zu dem Motel zurück, wo die Nähmaschine stand und ließ sie neue Kleider für sich nähen. Anstelle des Capes zog er nun die neuen Kleider an und glitt dorthin zurück, wo er gewesen war, und wo er sich jetzt ganz unauffällig bewegen konnte. Dennoch hatte er ein Gefühl von Einsamkeit. Wenn er jemandem begegnete, verschwand seine Einsamkeit, doch schon kurz darauf kam sie wieder. Er hatte das Bedürfnis, sich anderen Leuten anzuschließen, und da einige von ihnen auf ein bestimmtes Gebäude zugingen, ging auch er dorthin. Es schien eine Art Theater oder Versammlungshalle zu sein. Es gab keine Plakate oder etwas Ähnliches, also ging er auf einen Mann in seiner Nähe zu und fragte: »Was wird heute gespielt?«

Der Mann hielt an, und in seinem Gesicht machte sich ein Lächeln breit. Dann sagte er schnell: »Tut mir leid, ich dachte, Sie wären einer von uns. Ich weiß nicht recht, wie ich es Ihnen erklären soll. Ich nehme an, das ist so eine Art Spielplatz. Könnte man das so sagen?« Stan schaute verdutzt, also versuchte der andere es noch einmal. »Wenn wir wollen, gehen wir rein und hören zu oder beteiligen uns an dem Spiel – wie wir wollen. Es gibt kein Drehbuch. Wir machen einfach ... Ich weiß wirklich nicht, wie ich das sagen soll; ich brauchte es noch nie jemandem zu erklären. Wir machen mit wann wir wollen und hören auf wann wir wollen. Es macht wirklich Spaß.«

»Spaß!«, sagte Stan. Das ist ziemlich verwirrend! Woher wissen Sie, wann das Stück anfängt oder aufhört oder mittendrin ist?«

»Eine seltsame Betrachtungsweise«, sinnierte der Einheimische. »Was beginnt schon oder hört auf oder weiß, wo es hingeht? ... Obwohl ich glaube, daß man die Dinge so sehen kann, wenn man seine Sichtweise sehr einschränkt. Aber wie unrealistisch.«

»Unrealistisch!«, sagte Stan, voll Selbstvertrauen, daß er schon wisse, was realistisch ist. »Warum, Sie lassen sich einfach *treiben*!« Doch dann kam ihm sein eigenes Leben in den Sinn, und das war noch nicht so lange her, und er war sich nicht mehr so sicher. Trotzdem konnte er nicht so einfach nachgeben, also sagte er großmütig: »Das gilt natürlich nur für Ihre Stücke.«

»Nein, eigentlich nicht. Genau gesagt trägt unser Spiel dazu bei, daß wir den Kontakt mit der Wirklichkeit nicht verlieren. Ich will damit nicht sagen, daß das der Grund wäre. Wir mögen das Spiel, und das ist Grund genug. Aber außerdem tragen wir auch noch etwas vom Geist der Wirklichkeit in unsere Arbeit hinein, und das bewahrt uns davor, das, was ist, zu ernst zu nehmen, denn schließlich ist das sehr vergänglich und begrenzt.«

Stan dachte über diesen Satz nach. Es brauchte einiges an Nachdenken. »Sind alle Ihre Spiele so?«, fragte er. »Keine hart arbeitenden Schauspieler, die ihr Leben ausschließlich in den Dienst ihres Berufes stellen?«

Diesmal schaute der Einheimische verwirrt. »Warum um alles auf der Welt«, sagte er schließlich, »sollte jemand sein Leben in den Dienst eines *Berufes* stellen?«

»Um etwas zu verbessern«, sagte Stan.

»Und, ist es besser geworden? Ich glaube, Sie müssen von *damals* sein«, sagte der Einheimische. »Eine äußerst tragische Epoche – voller Mißverständnisse.«

»Was haben wir mißverstanden?«, fragte Stan wißbegierig. Der Einheimische schwieg. »Erzählen Sie mir nicht, daß wenn man fragen muß, man die Antwort niemals finden wird«, schrie Stan.

»Nein«, sagte der Einheimische, »ich könnte, aber das tue ich nicht. Aber erzählen Sie mir, wie Sie hierher gekommen sind.« Daraufhin ging er weg, ohne die Antwort abzuwarten. Er schaute sich um, als wolle er Stan einladen, ihm zu folgen, doch Stan bemerkte das nicht. Sein Geist war ein einziger Schmerz und voll von Ideen, die auf dem Kopf zu stehen schienen. Und dann gerieten sie so sehr ins Schleudern, und alles ging so schnell, daß er nicht mehr wußte wo oben und unten war. In diesem Chaos war Anne auf einmal sein einzig möglicher Anker. Schnellen Schrittes ging er die Straße hinunter. Wenn er sie doch nur finden würde! Dann wurde er langsamer. Das war es, was er sich aus dem Kopf schlagen mußte: Anne zu finden. Wenn sie ihm gerade begegnet wäre, dann wüßte sie, wo er war – oder nicht war –, ohne ihn jedoch angesprochen zu haben. Diese Erkenntnis versetzte ihm einen Stich. Er hielt sich zurück, um sich nicht umzudrehen und sich zu vergewissern, ob sie hinter ihm war, und brachte sich in die Gegenwart, in das *Jetzt* all seiner Sinne, so daß er alles wahrnahm, was in diesem Augenblick seines Lebens geschah. Dann spürte er, daß er Hunger hatte. Was sollte er tun, wenn sein Geld hier nichts wert war? Wie wäre es mit einem Münzsammler? Hier und da hatte er Telefonzellen gesehen, also suchte er eine. Das Telefonbuch war ungewöhnlich dünn. Er schaute vorne in dem Buch nach einem Hinweis und sah, daß er, um die gewünschte Information zu bekommen, nichts weiter zu tun brauchte, als Münzsammler zu wählen. In der

Wand leuchtete ein Bildschirm auf und zeigte eine Liste mit sämtlichen Münzsammlern an. Den Instruktionen weiter folgend, nahm er einen Zettel von einem etwas sonderbaren Notizblock neben dem Telefon und hielt ihn vor den Bildschirm. Im Nu war die Information übertragen worden, und er verließ die Zelle mit dem Zettel in der Hand. Ein Gedanke kam ihm, und er ging zurück in die Telefonzelle und wählte »Münzhändler.« Auf dem Bildschirm erschien dieselbe Liste. Also *das* war intelligent.

Sämtliche Händler befanden sich auf derselben Straße, er brauchte also nur diese Straße zu finden. Der erste Mann, den er fragte, zeigte mit der Hand in eine Richtung und sagte höflich: »Gehen Sie zwei Blocks weiter, und fragen Sie da noch einmal nach.« Als er wieder fragte, zeigte der Mann in eine andere Richtung und meinte: »Einen Block weiter, fragen Sie da nochmal nach.« Als er das nächste Mal fragte, zeigte einer die Straße hinunter und sagte: »Rechte Seite, auf der Hälfte des Blocks.«

Es war so wunderbar einfach!

Er ging in das erste Geschäft, das ihn ansprach, schließlich kannte er sie ja alle nicht. Der Mann hinter der Theke sah sich das Geld, das Stan ihm gab, an, gab es ihm zurück und sagte: »Drittes Geschäft auf der rechten Seite. Der gibt Ihnen mehr als ich Ihnen geben kann.«

Völlig erstaunt sah Stan den Mann an. »Warum?«

»Er hat einen Kunden, der mehr dafür zahlt.«

»Aber wollen Sie das Geschäft nicht selbst machen?«

»Natürlich«, sagte der Mann, »aber das ist doch kein Grund, daß Sie nicht das Beste für sich bekommen sollten.«

Etwas ungläubig verließ Stan den Laden. Im nächsten Geschäft war vor ihm eine Frau an der Reihe, und ihm fiel auf, daß sie dasselbe Geld anbot wie er. Jetzt würde er für seines wahrscheinlich weniger bekommen, wenn er überhaupt noch etwas bekam. Die Frau und der Verkäufer schienen überhaupt nicht zu handeln. Beide bewunderten das Geld, dann legte der Verkäufer das Geld in ein Kästchen unter der Theke, holte ein anders Kästchen hervor und zählte der Kundin einen bestimmten Betrag in die Hand. Sie nahm das neue Geld und ging zur Tür. Als sie an Stan vorbeikam, fielen ihm ihre Augen auf. Ein bißchen erinnerten sie ihn an jemanden, aber nicht sehr deutlich. Vielleicht waren es dieselben Augen, aber andere Haare, so daß ihre Augen anders wirkten. Aber er kannte hier ja sowieso niemanden. Er ging zur Ladentheke, der Verkäufer nahm das Geld und sagte erfreut: »Zwei an einem einzigen Tag! Manchmal müssen wir jahrelang warten! Dafür kann ich Ihnen ein bißchen mehr geben als Mrs. Chumley. Mr. Sringo wird sehr froh sein, daß er nicht länger zu warten braucht. Jetzt hat er genug, um seine Reise antreten zu können.«

»Aber wo kann er mit *diesem* Geld etwas anfangen?«, fragte Stan.

»Natürlich im zwanzigsten Jahrhundert. Ihr, die ihr aus der Vergangenheit kommt, habt keine Probleme, weil euer Geld real ist, aber wenn wir in die Vergangenheit reisen, ist unser Geld unecht.«

Stan nahm das neue Geld, das der Verkäufer ihm hinhielt, und ging Richtung Tür. Als er an der Stelle vorbeikam, an der ihm die Augen der Frau aufgefallen waren, fielen bei ihm ein paar Groschen gleichzeitig. »Anne!«, dachte er. Aber nein, das konnte nicht sein. Diese Frau war viel älter als Anne. Er zählte zwei und zwei zusammen und kam auf zweiundzwanzig. Irgend etwas ließ ihm einfach keine Ruhe und bestand darauf, daß er zumindest ein *bißchen* recht hatte. Er wandte sich um und fragte den Verkäufer: »Haben Sie Mrs. Chumleys Adresse?«

»Ebenso wenig wie Ihre.«

Stan ging wieder zur Tür, doch der Verkäufer rief ihm nach: »Sie sagte irgend etwas über ›die Kinder‹ – vielleicht ist sie Lehrerin.«

Auf den Straßen gab es keinerlei auffällige Hinweise auf das Vorhandensein von Restaurants, aber hier und da gab es dezente Hinweise auf Privathäuser, auf denen zu lesen war: »Gäste sind willkommen.« Er ging in eines dieser Häuser und fand sich in einem kleinen Flur wieder, von wo aus er einen Raum mit einem großen runden Tisch einsehen konnte, an dem mehrere Leute saßen. Das Essen auf dem Tisch sah ausgesprochen gut aus und roch sehr appetitanregend, so daß er am liebsten direkt hineingegangen wäre und sich dazugesetzt hätte, aber die Leute plauderten miteinander wie alte Freunde. Auch dabei hätte er gerne mitgemacht, aber andererseits …. So stand er da im Korridor und zögerte. Aber auf dem Schild *hatte* doch gestanden »Gäste sind willkommen«, und er wußte nicht, was er sonst tun sollte, außer hineinzugehen und sich hinzusetzen. Also tat er es.

»Hallo!«, sagte einer der Männer in freundlichem, aber durchaus zurückhaltendem Ton. »Wir sprechen gerade über ….«, und so führte er ihn in das Gespräch ein. Man reichte ihm das Essen. Das Gespräch ging über Dinge, die ihm fremd waren, aber in seinem weiteren Verlauf fühlte er sich zusehends vertrauter. Als ein paar der Gäste mit dem Essen fertig waren, gingen sie und ließen etwas Geld an ihrem Platz zurück. Ein Dienstmädchen kam herein, nahm das Geschirr und das Geld und sah nach, welche Schüsseln aufgefüllt werden mußten. Indessen kamen andere Leute herein, nahmen Platz, und die Unterhaltung, die ein erstaunlich reiches Spektrum an Themen aufwies, nahm ihren Lauf. Und da er immer mehr Orientierung gewann, fing er an, ab und zu auch etwas zu sagen, denn manchmal war es möglich, einen kleinen Irrtum aufzudecken, auch wenn er nicht genau wußte, worum es eigentlich ging. Daß er diese Fähigkeit besaß, hatte er schon als Kind herausgefunden, aber damals hatte man ihm überhaupt keine Beachtung geschenkt. Hier jedoch hörten die Leute ihm zu und lachten, wenn er einen Trugschluß aufzeigte. Sie korrigierten den Fehler und setzten das Gespräch fort. Es gab auch Pausen, in denen niemand etwas sagte, und das schienen die Momente zu sein, in denen die Leute am intensivsten zuhörten. Diese Pausen gaben ihm etwas. Es war, als klärten sich seine Gedanken, während sein Geist neue Informationen aufnahm, die ihm auf eine wohlgeordnete Weise zuflossen. Als Stan hinaus ging und in die Sonne trat, fühlte er sich gestärkt, erfrischt und frei. Er lebte in einer Welt, die größer war als ihm vorher bewußt gewesen war.

———•———

Mrs. Chumley verließ das Geschäft, in dem sie ihr Geld gewechselt hatte und ging zurück zur Schule. Sie summte. Sie hatte es wieder getan. In der Vergangenheit mußte es eine Zeit geben, in der ihr Glück sie verlassen hatte, aber es war noch nicht so weit, als genoß sie es.

Die Kinder begrüßten sie freudig. Es waren besondere Kinder, aber außer ihnen selbst und Mrs. Chumley wußte das niemand. Bei der Schulverwaltung waren sie als außergewöhnliche Kinder verzeichnet, ein Ausdruck, der noch aus der Mitte des zwanzigsten Jahrhunderts stammte, als mit »außergewöhnlich« zunächst solche Kinder bezeichnet wurden, die es gerade nicht waren. Sie nahm das Geld und legte es auf das Pult. Dann kamen die Kinder nach vorne, jeder nahm sich einen Teil davon und steckte es in die Tasche. Danach gingen sie nach draußen, verstreuten sich in alle Richtungen, und kauften irgend etwas Unbedeutendes – ganz gewöhnliche Dinge, die Eltern ihre Kinder manchmal einkaufen schicken: ein Ersatzteil für einen Hubschrauber, ein Schnellflugzeug oder sonst etwas.

Als sie zur Schule zurückkamen, versammelten sich alle in einem Raum, in dem bereits etwas vorbereitet war, und fingen an zu arbeiten, wobei sie die neuen Teile an Stellen anbrachten, die jeden, der etwas von Hubschraubern oder Schnellflugzeugen versteht, in Erstaunen versetzt hätte. Mrs. Chumley schaute zu. Sie liebte es, den Kindern zuzusehen und konzentrierte sich auf ihre Art zu arbeiten. Als sie anfing, mit ihnen zu arbeiten, hatte sie so getan, als sei sie ganz erstaunt. Das tat ihnen gut. Inzwischen brauchte sie nicht mehr so zu tun als ob.

Als es an der Tür klingelte, fragte Mrs. Chumley sich, wer das wohl sein könnte. Sie ging zur Tür, während die Kinder sich wieder verteilten, ihre Bücher nahmen und zu lesen anfingen. Sie waren in Kleingruppen organisiert, in denen die älteren Kinder den jüngeren etwas zeigten – so wie es in jeder guten Schule zugeht. Es gab *Die Maschine*, ja, aber Mrs. Chumley hatte mit ganz gewöhnlichen Maschinen angefangen und erklärte, daß sie sie benutzte, um die Kinder zu unterrichten, und wenn die Maschinen komplizierter würden, bräuchte man einen Experten oder einen Einfaltspinsel, um zu sehen, daß sie sich voneinander unterschieden.

»Mrs. Chumley!«, sagte Stan. »Ich bin so froh, Sie gefunden zu haben!« Und er war sehr glücklich, zu sehen, daß Mrs. Chumley sich ebenfalls freute. Außerdem schien das etwas anderes zu sein, und für Mrs. Chumley gab es nur eine einzige Möglichkeit, zu etwas anderem etwas zu sagen, was sie auch tat: »Kommen Sie doch rein!« Als sie ihn in die Klasse führte, sagte sie: »Ich hatte gehofft, daß jemand anderes mich finden würde, meine Enkelin, aber wahrscheinlich ist sie nicht so schlau wie ich dachte. Manchmal denke ich, ich hätte sie mitnehmen sollen, aber dann hätte sie niemals ihren eigenen Weg gefunden.« Sie seufzte. »Ich glaube, das hat sie auch so nicht.«

Stan sah Mrs. Chumley jetzt noch aufmerksamer an, vor allem ihre Augen. »Anne?«, fragte er.

»Ja«, sagte Mrs. Chumley, »so heiße ich. Ohh! Sie meinen *Anne*!«

»Ich glaube, die meine ich«, sagte Stan. »Wenn es nicht wegen ihr wäre, dann wäre ich wohl nicht hier.«

»Ich bin so froh!«, sagte Mrs. Chumley und setzte sich auf einen Stuhl. »Ich dachte, ich hätte ihr genug gegeben, um weiterzumachen, aber es *ist* schwierig, sich selbst zurückzuhalten, und manchmal habe ich mich gefragt, ob ich es falsch eingeschätzt habe. Aber so lange sie unterwegs ist, geht es ihr gut, auch wenn sie noch nicht angekommen ist. Aber wer ist das schon? Erzählen Sie mir darüber.« Und Stan erzählte. Das heißt, er fing an zu erzählen, doch dann bemerkte er, daß die Kinder zuhörten. Mrs. Chumley gab ihm ein Zeichen, ruhig fortzufahren. »Wir haben keine Geheimnisse«, sagte sie. »Das heißt, ich habe keine vor ihnen.«

Als Stan zu Ende erzählt hatte, erklärte Mrs. Chumley was es mit ihr und den Kindern auf sich hatte.

»Ich dachte, dies wäre eine erleuchtete Welt!«, rief Stan.

»Oh, das ist sie auch«, sagte Mrs. Chumley, »aber sie haben sich schon so daran gewöhnt, daß sie vergessen haben, daß sie *noch erleuchteter* sein könnte.«

»Demnach versuchen Sie, den üblichen Trott zu überwinden.«

»Ja, das versuche ich wohl«, sagte Mrs. Chumley, »aber das ist nicht der *Grund* dafür, daß ich das hier mache.«

Stan ging hinüber zu der Maschine, und die Kinder versammelten sich um ihn herum. Er versuchte, ihre Gesichtsausdrücke zu verstehen. Er versuchte auch, intelligent auszusehen, und fragte: »Und wofür wird das hier gebraucht?«

»Es ist schon gebraucht worden«, meinte einer der älteren Jungen. Er sah sich unter den anderen Kindern um. »Haben alle es verstanden?« Alle nickten oder sagten ja, und er sah sie eins nach dem anderen an, um sicherzugehen, daß niemand vergessen wurde. Dann sagte er »Okay!«, und die Kinder fingen an, die Maschine auseinanderzunehmen, und reihten ihre Einzelteile ordentlich auf dem Boden auf.

Mrs. Chumley sah zu, wobei ihr Gesicht eine gewisse Freude verriet. »Sie haben es wirklich verstanden!«, sagte sie.

»Was?«, fragte Stan.

»Ich kann es nicht genau sagen«, sagte Mrs. Chumley, »aber sie haben noch nichts mit interstellaren Reisen ausprobiert, und vielleicht ist es das.«

»Sie sagten, sie hätten es verstanden«, wandte Stan ein, »also müssen Sie doch auch wissen, was.«

»Sie haben die Grundidee verstanden«, sagte Mrs. Chumley. »Das ist so ähnlich wie wenn man lernt, mathematische Probleme zunächst auf dem Papier zu lösen, bis man irgendwann kein Papier mehr braucht und sie auch im Kopf berechnen kann. Ein paarmal dachte ich, daß sie nicht mehr dahinterkommen würden.«

»Warum haben Sie es ihnen nicht gesagt?«

»Weil sie es dann nur sehr begrenzt hätten einsetzen können. Wenn sie es nicht selbst herausgefunden hätten, wären sie nie in der Lage gewesen, *darüber hinauszugehen.*«

Stan schaute verwirrt, und Mrs. Chumley traurig. »Sie *könnten* es verstehen«, sagte sie, »wenn Sie das, was Sie zu wissen glauben, einfach loslassen würden. Alles, was Sie außen tun können, können Sie auch im Inneren tun – das ist der ursprüngliche Gedanke. Die meisten Leute bleiben außen stehen. Deshalb gibt es 1970 auch noch Telefonleitungen und solche Dinge.«

»Das kommt mir vor«, sagte Stan, »wie ein geistiges Moebius-Band.«

»Exakt!«, sagte sie, »Jetzt haben Sie's verstanden.«

»Nein, habe ich nicht«, korrigierte er sie.

»Aber Sie haben – Sie hätten das außen nicht sagen können, wenn es Ihnen innen nicht klar gewesen wäre, und alles, was Sie jetzt noch zu tun haben, ist es wieder nach innen zu bringen.« Sie wandte sich den Kindern zu. »Ich gehe jetzt nach Hause. Ich nehme an, ihr wollt noch hierbleiben. Erzählt mir, wie es gelaufen ist, wenn ihr wiederkommt.«

»Sagen die Kinder nicht einmal danke – bei allem, was Sie für sie getan haben?«, fragte Stan.

»Warum sollten sie?«, fragte Mrs. Chumley. »Wissen Sie, daß ich in diesem

Augenblick nicht die leiseste Ahnung habe, was ich als nächstes tun werde?«

Während Stan ihr die Tür aufhielt, bekam er langsam ein Gefühl dafür. Er begleitete sie auf die Straße. Wie gut, daß er noch rechtzeitig gekommen war, bevor sie mit etwas anderem anfangen wollte! Wie schön es war, mit ihr zu gehen!

Doch an der Ecke verließ sie ihn und sagte so beiläufig »Auf wiedersehen«, als ob sie ihn morgen tatsächlich wiedersehen würde.

»Aber was ist mit Anne!«, rief er ihr hinterher, um sie aufzuhalten. »Ich bin sicher, sie findet ihren Weg!«

»Ich bin so froh.« Mrs. Chumleys Stimme wehte über ihre Schulter.

»Aber wo wird sie Sie finden?«

»Wie soll ich das wissen, wenn ich nicht einmal weiß, wo ich mich selbst finden soll solange ich nicht angekommen bin?« Und weg war sie.

Das ganze Abenteuer ging wieder aus ihm heraus. Er ging zurück zur Schule und fragte die Kinder: »Wo wohnt Mrs. Chumley?«

»Wo sie gerade will«, antworteten sie ihm.

»Ich muß sie finden!«

Neugierig sahen die Kinder ihn an, als ob er irgendwie aus der Form geraten wäre. Dann erschien auf dem Gesicht eines der Mädchen eine Spur von Mitgefühl, und freundlich sagte sie: »Wie haben Sie sie beim erstenmal gefunden?«

In dem Geschäft! ... Aber vielleicht ging sie nie wieder dorthin. Ihm fehlte ein Stück, das dort war, aber er sah es nicht.

»Lassen Sie es los«, sagte das Mädchen, »dann wird es zu Ihnen kommen.«

Und dann kam ihm das fehlende Stück in den Sinn. Als er Mrs. Chumley über den Weg gelaufen war, hatte er sich nur um sein gegenwärtiges Bedürfnis gekümmert. Aber es könnte lange dauern, bevor ihre Wege sich wieder kreuzen würden.

»Wenn es keinen anderen Ausweg gibt«, sagte das Mädchen, »dann gibt es nur diesen einen.«

Stan empfand Ehrfurcht vor diesem Kind. Sie war sich so sicher, sie wußte so deutlich was er nur gelegentlich erahnte und dann wieder verlor. »Danke«, sagte er, und ging.

Er mußte über vieles nachdenken, und er hätte sich gewünscht, er wüßte, worüber. Langsam kam ihm der Gedanke, daß es ihm mit den beiden Annes so ähnlich ging wie einem alten Mann, der versucht, durch die Jugend eines anderen seine eigene Jugend wiederzugewinnen. Wenn sie ihn verließen, war er wieder alt. Aber für eine Zeit lang *hatte* er sie wiedergefunden, er selbst – und in sich. Wie hatte er das gemacht?

Er lief durch die Straßen ohne zu wissen wo er war oder wohin er ging, bis er an einen großen, sonnigen Platz kam. Der Sonne zugewandt stand eine langgezogene Mauer, und vor der Mauer standen Bänke, alle aus einem Material, das die Wärme speicherte. Er setzte sich auf eine der Bänke, machte es sich darauf bequem und ließ die Wärme von allen Seiten in sich einströmen, so daß seine Muskeln sich entspannten, und während er seinen Körper losließ, entspannte sich auch sein Geist.

Warum fiel es ihm so schwer, *mit sich allein* zu sein? Für Anne und ihre Großmutter schien das so einfach zu sein, und als er bei ihnen war, ... Nein, wenn er bei ihnen war, ging er mit ihnen, aber er war dabei nicht so *frei* wie sie.

Jemand kam und setzte sich ruhig auf das andere Ende der langen Bank. Er öffnete seine Augen nicht, aber für eine Weile ließ er all seine Gedanken los und horchte. Er hörte knisternde, knackende Geräusche, dann den Flügelschlag der Vögel, die sich in seiner Nähe niederließen, dann ihre Füße auf dem Pflaster, ihre pickenden Schnäbel und ihre kleinen Sprünge, wenn sie aneinanderstießen und wieder zurückwichen, um danach wieder aneinanderzustoßen. »Sie machen alles so leicht und einfach«, dachte er. »Warum sollten die Menschen das nicht auch können?« Die Menschen mußten arbeiten und Kinder großziehen, natürlich, aber warum war das so *schwer*? Sollte es den Menschen auf ihre Art nicht genauso leicht fallen wie den Vögeln auf deren eigene Art?

Warum waren die Menschen so dumm?, fragte er, während er all die Dinge in seinen Kopf strömen ließ, die er vorher draußen gehalten hatte. In der Hochschule, fiel ihm plötzlich auf, traf sich wahrscheinlich gar nicht diese isolierte und besondere Gruppe von Menschen, wie er immer gedacht hatte. Wahrscheinlich waren sie, zu denen auch er gehört hatte, mit ihrer inthronisierten Inkompetenz überall gleich. Oh, die anderen hatte er erkannt. Wen er nicht erkannt hatte, war er selbst. Er hatte es nie versucht, und er würde niemals so werden wie seine Lehrer.

Er stöhnte, als er an einen intelligenten aber rebellischen Studenten dachte (angesichts des »aber« zuckte Stan zusammen), der ein Siegel entworfen hatte, auf dem ein aufgeschlagenes Buch und eine brennende Kerze zu sehen war, und der Schriftzug: Mach mit beim Ausmerzen der Hochschule. Stan hatte mit diesem Studenten über »professionelle Würde« gesprochen. Der Student hatte gesagt: »Ich mag dieses Wort ›Würde‹ nicht.« Jetzt erkannte Stan, daß die »Würde«, die er beschworen hatte, nichts als Großspurigkeit war. Das hatte der Student ihm gesagt, aber er hatte nicht hingehört. Damals nicht. Der Student hatte gesagt: »Sie sind doch nur *nett* und *höflich*. Können sie nicht einfach *menschlich* sein?« Und Stan hatte sehr vernünftig (selbstgefällig, wie ihm jetzt schien) geantwortet: »Später werden Sie die Dinge anders betrachten.«

»Ich hoffe nicht!«, hatte der Student geantwortet, so wie die meisten Studenten die Dinge nicht anders betrachteten. »Was ich nicht verstehe«, fuhr er fort, »ist, warum Sie die Leute nicht *denken* lassen. Sobald einer anfängt zu denken, beschneiden Sie seine Flügel und zähmen ihn – falls er bleibt. Aber was Sie ihm genommen haben, ist die Fähigkeit zu fliegen.«

»Die Erfordernisse der wissenschaftlichen Forschung – «

»Ich will nicht forschen und *untersuchen*«, hatte der Student ihn unterbrochen. »Ich will *suchen*. Aber man muß sich anpassen, oder aussteigen, also steige ich aus.«

Wieder zitterte Stan in der Sonne. Was *war* der Mensch? Als er jung war, hatte er versucht, das herauszufinden. Doch dann hatte er eine Rolle angenommen und war zum Schauspieler auf einer Bühne geworden, auf der ein ganz bestimmtes Stück gespielt wurde. Aber *wer* hatte dieses Stück ausgesucht? Als er jung war, hatte er ein anderes Schicksal für sich gesehen. Und während er sich jetzt wieder mit dieser Jugend vereinte und sie in sich eindringen ließ, fühlte er eine neue und andere Art von Schmerz. Er setzte sich auf und putzte sich die Nase, weil er sonst angefangen hätte zu weinen, und Männer weinen nicht.

Als er sein Taschentuch wieder dahin zurücksteckte, wo es hingehörte, lehnte er sich nach vorne, die Hände zwischen den Knien, und erinnerte sich an Dinge, an die er sich nicht erinnern wollte. Denn was er gelehrt hatte, war Mut, aber was er *gelebt* hatte, war sich »den Regeln« zu beugen. Einmal hatte er gehört, wie ein Student zu einem anderen sagte: »Und wieder fällt ein Steinbild in den feuchten Dschungel«, und beide gingen davon.

Wie war er in dieses Durcheinander hineingeraten? Zuerst hatte er sich den Regeln gebeugt, um die Universität zu absolvieren, um einen akademischen Grad zu haben, und damit die Leute hörten, was er zu sagen hatte. Doch als er seinen Doktor machte, sah er, daß er sich Zugang zu den oberen Kreisen verschaffen mußte damit man ihm zuhörte. Und als er einen Namen hatte, für den er zwanzig Jahre lang den größten Teil seiner selbst geopfert hatte, hörten die Leute ihm nur dann zu, wenn er genau das sagte, was sie von ihm erwarteten. Jede Abweichung wurde als altersbedingt abgetan oder auf Überarbeitung zurückgeführt. Die Ferien, in denen er Anne getroffen hatte, waren die einzige Zeit, an die er sich erinnern konnte, in der er wirklich aus sich selbst heraus gesprochen hatte – aus seinem *eigenen* Wissen heraus.

Er schluchzte. Sollten die Leute doch denken was sie wollten, oder denken zu müssen glaubten. Was zählte, war, was er in seinem Innern wußte. Je mehr er schluchzte, desto klarer wurde es – wie ein Kind, das sich durch sein Schreien befreit und wieder den Weg in die Sonne findet.,

Er fing an, die Dinge um ihn herum wahrzunehmen. Vorbeigehende Füße, die Tauben, die immer noch um ihn herumflatterten. Eine Taube setzte sich auf seine Schulter. Langsam drehte er seinen Kopf zu ihr und spürte keinen Unterschied zwischen sich und dem Tier. Dann rief er der Frau, die am anderen Ende der Bank saß, überrascht zu: »Mrs. Chumley!«

»Das ist nicht so wunderlich«, sagte sie. »Ich ging zurück zur Schule, um ein Buch zu holen, und die Kinder meinten, Sie hätten ausgesehen, als ob Sie am ersten Sonnenplatz halten würden.«

»Vorhin sind Sie mir weggelaufen.«

»War das nicht auch gut so?«

Er mußte laut lachen – mit der Seligkeit eines Kindes, ein kosmisches Lachen, das so viel mehr umfaßte als er mit Worten hätte sagen können, daß er es nicht einmal versuchte. Nach einer Weile sagte er: »Ich fühle mich so klein und doch auch so groß.«

»Wenn Sie sich an der richtigen Stelle klein und groß fühlen« meinte Mrs. Chumley, »sind Sie genau da, wo Sie hingehören. Ich habe Hunger.«

Beim Essen erzählten die Leute die herrlichsten Dinge, ernste und lustige, bis jemand die Kinder erwähnte, die meinten, sie seien zu den Sternen gefahren, wenn sie zwischen der Schule und dem Abendessen nur eine Weile unterwegs waren. Mrs. Chumley legte ihre Hand versichernd auf Stans Bein. »Machen Sie sich nichts draus«, sagte sie. »Die Kinder wußten, was sie zu erwarten hatten. Wahrscheinlich haben sie die Wahrheit gesagt, um zu testen, ob ich auch wußte worüber ich sprach. Jetzt glauben sie alles, was ich ihnen gesagt habe. Ich hoffe, ich war vorsichtig.«

»Ich dachte, hier wäre alles *besser*!«, sagte Stan leise.

»Das ist es auch. Es wird nicht lange dauern, bis sie ihren Fehler erkennen, und dann werden sie darüber lachen und vorwärtsdrängen.«

Anne war früher als er in die Stadt gekommen, und es war nicht schwer zu erraten, wer »die Lehrerin« war, von der die Kinder sagten, sie hätte ihnen den Weg zu den Sternen gezeigt. Sie ging in die Schule, fühlte sich in ihre Großmutter ein und lief herum, bis sie durch ein offenes Fenster einen Hauch von ihr wahrnahm. Das heißt, sie hörte Großmutters Stimme. Sie ging herein und setzte sich zu Stan und Großmutter an den Tisch und sagte: »Und wie geht es Ihnen, Mrs. Chumley? Wie kommen Sie übrigens an diesen Namen?«

»Ich habe ihn von einem Engländer«, sagte Großmutter. »Er sagte, er wäre stolz, mir seinen Namen geben zu können, also nahm ich ihn. Setz dich und iß. Ich möchte etwas mit Stan besprechen.« Und zu Stan sagte sie: »Sie gehen zurück?«

»Natürlich«, antwortete er. »Ich muß das Durcheinander, das ich angerichtet habe, in Ordnung bringen. Ich dachte, ich fange damit an, daß ich alle Studenten zusammenhole, die mir nicht zuhören wollen.«

Mrs. Chumley schüttelte den Kopf. »Die sind irgendwo anders auf dieselbe Sache hereingefallen, nur daß sie sich dort etwas anders dargestellt hat. Jetzt werden Sie nur ein alter Mann sein, der nicht mehr ganz bei Sinnen ist. Wenn du dabei bist, dich selbst zu verraten und zu verkaufen, solltest du den anderen schon mögen. Dann mögen sie sogar Spinat, obwohl sie das Zeug eigentlich hassen. Es wird eine neue Art von Schule geben müssen, aber die Leute sind der ›neuen Schulen‹ überdrüssig und suchen die Nostalgie eines Emerson, also könnten Sie sie vielleicht Heisenberg-College nennen. Heisenberg ist gewissermaßen ein moderner Emerson. Aber das kostet Geld. Es gibt da einen jungen Mann – er hat nicht mal einen Magister –, der jetzt Direktor einer der großen Stiftungen geworden ist. ....«

»Was wissen Sie über *jetzt*?«, fragte Anne. »Ich meine, jetzt *damals*?«

»Ich bin nicht *immer* hier gewesen«, sagte Großmutter, »und selbst wenn, wüßte ich mehr über jetzt *damals*, als dort jetzt gewußt wird. In den Geschichtsbüchern steht viel Unsinn, und einiges, was damals noch nicht gesehen wurde, wird erst später deutlich. Dasselbe könntest du in deinem eigenen Leben beobachten«, wies sie Anne zurecht. »Ich bin mehrmals zurückgekommen. Ich habe für Schraffts gearbeitet, die versorgen die großen Stiftungen mit Essen und so. Ich bin bei *vielen* Geschäftsessen dabeigewesen und hatte große Mühe, mich zurückzuhalten.

»Dieser Mann ist offener als die anderen«, erzählte sie Stan. »Ich gebe Ihnen eine Liste mit Namen von Leuten, die geschrieben haben – sie sagen alle dasselbe, aber auf so unterschiedliche Art, daß die Leute es noch nicht zusammengebracht haben. Sie rufen sie zusammen, nehmen die Sahne von dem, was sie zu sagen haben und präsentieren das diesem Mann. ...«

»Großmutter!«, protestierte Anne. »Du manipulierst die Vergangenheit!«

»Manipulieren!«, schnaubte Großmutter. »Dieses Wort benutzen Leute, die sagen wollen: ›Hör auf, die Räder zu schmieren, wir könnten irgendwo ankommen.‹ Außerdem ist es bereits passiert, also wie könnte ich etwas manipulieren?«

Sie wandte sich wieder an Stan und fing an, Namen auf ein Stück Papier zu kritzeln. Stan sah sich die Liste an und bekam einen leichten Schock. »*Diese* Leute!«, protestierte er. »Sie mißachten diejenigen, auf deren Schultern sie stehen!«

Anne, die sich gerade eine Gabel voll Salat in den Mund schieben wollte, hielt ihre Hand plötzlich still. »Vielleicht meinen Sie ... ?«

»Tut mir leid. Wie lange dauert es, bis man darüber hinwegkommt, ein Professor zu sein?«

»Sie haben sich verändert!«, sagte Anne hocherfreut. »Oh, Stan!«

»Du kannst dich später mit ihm unterhalten«, sagte Großmutter. »Was Sie jetzt tun, Stan, ist ... und ich erzähle hier keine Geheimnisse oder dränge Sie zu irgend etwas, weil Sie diesen Teil auch selbst lesen könnten, wenn Sie in die Bibliothek gehen würden. Aber es gibt immer noch einiges, was Sie selbst herausarbeiten müssen, denn die Geschichte ist auch voll von Dingen, die nicht passiert sind.« Sie setzte ihre Liste fort, und er war überrascht, wie viele von ihnen dabei waren. Die Arbeiten der meisten kannte er, hatte sie aber aus diesem oder jenem »Grund« abgelehnt, etwa weil sie ihre Quellen nicht angaben oder sich gegen etablierte Autoritäten auflehnten, weil sie zu mystisch waren oder in manchen Fällen nicht einmal promoviert hatten. Jetzt reorganisierte sich ihre Arbeit in seinem Kopf, und er konnte sehen, was die Religionsstifter auf einem anderen Weg erreichen wollten, einem Weg, der für das zwanzigste Jahrhundert sehr viel verständlicher und nachvollziehbarer war. Und es kam an so vielen unterschiedlichen Stellen durch! Wieder betrachtete er Großmutters immer länger werdende Liste und legte seine Hand darauf, um sie beim Schreiben zu unterbrechen. »Diese Leute schreiben Science Fiction!«, sagte er. »Das sind Eskapisten!«

Großmutter lehnte sich zurück und lachte. Anne zog eine Zigarette hervor, fuhr mit ihrer Hand über das eine Ende der Zigarette, und schon fing die Spitze an zu glühen. »Es ist ein Trick«, sagte sie, »den ich in der Zukunft gelernt habe.«

Stan lachte noch lauter als sie. »In Ordnung Großmutter. Machen Sie weiter.«

»Das ist schon alles. Den Rest müssen Sie selbst herausfinden.« Dann wandte sie sich an Anne: »Hast du schon mit der Arbeit in den psychiatrischen Kliniken angefangen?«

»Das sollte eine Überraschung werden!«

»Es wird Stan überraschen«, sagte Großmutter, »und mich interessiert es auch, weil anscheinend niemand weiß, wie es angefangen hat.«

»Ich arbeitete in mehreren Kliniken, bevor ich die richtige fand, um die Dinge ins Rollen zu bringen«, erzählte Anne ihnen. »Aber inzwischen läuft es ganz gut. Einige Patienten haben sich selbst in andere Kliniken überweisen lassen und fangen an, die Dinge in den Griff zu bekommen. Es war wirklich ziemlich einfach. Wenn man weiß, wo man anfangen kann, ist es immer einfach. Man muß die Dinge nur Stückchen für Stückchen ausweiten, so daß niemand es merkt, und dann achtet auch keiner auf die *Richtung* der Ausdehnung. Die Chefs sind ohnehin zu sehr damit beschäftigt zu schreiben. Wenn sie merken, was passiert ist, denken sie, sie hätten es selbst so gemacht. Wahrscheinlich merken sie nicht einmal, daß es eine Schule ist – keine Abschlüsse, keine Noten, keine Lehrer, jeder lernt einfach nur vom anderen und von den Dingen, und für nichts anderes als die Menschen, die beteiligt sind.

»Die ›Patienten‹ kommen aus allen möglichen Berufen, und wenn sie zu ihrer Arbeit zurückkehren, wird alles ein bißchen anders. Sie verändern die Arbeit. ... Ich meine ... Oh«, sagte sie verärgert, »was spielt es für eine Rolle, wer was verändert? Es *verändert* sich.«

Aber wie schaffen es die Leute, die aus euren Kliniken kommen, an Stellen zu arbeiten, wo immer noch die alten Ideen herrschen? Ich würde meinen, sie müßten zusammenbrechen.«

»Einige tun das auch«, meinte Anne, »aber dann werden sie zu uns zurückgeschickt, und in einer gesunden Gesellschaft geht es ihnen gut, und sobald sie stark genug sind, gehen sie wieder raus. Und manchmal ist es einfach. Sie sind ausgebildet – ob wir wohl jemals lernen, nicht die falschen Worte zu gebrauchen?«, fragte sie sich in verärgertem Ton. »Sie bekommen eine Chance, sie selbst zu werden, und genau das wollen auch eine Menge anderer Menschen. Eine Frau ging kurz vor Weihnachten an eine neue Arbeitsstelle, und sie fand heraus, daß die Leute dort dreißig Jahre lang jedem anderen ein Weihnachtsgeschenk gemacht hatten. Sie dachte, sie würde verrückt werden, wenn sie da mitmachte, also ging sie zu jedem einzelnen hin und sagte: ›Ich werde dir kein Weihnachtsgeschenk machen, also mach du mir auch keins, denn sonst wäre mir das peinlich.‹ Sie versuchte nicht, irgend etwas zu verändern. Sie redete nur über sich selbst. Und schon bald gingen auch die anderen herum, um den anderen zu sagen: ›Ich werde dir kein Weihnachtsgeschenk machen, also ...‹ Sie sagten, es sei das schönste Weihnachtsfest seit Jahren gewesen. Bis in den Januar hinein waren sie froh und glücklich.«

»Alle?«

»Nicht alle. Es gab eine alte Ziege, die Leute einstellte und wieder rauswarf. Sie war die einzige, die den neuen Angestellten von dem alten Brauch erzählte, also dachten sie natürlich, daß sie sich daran halten sollten. Sie ärgert sich immer noch – es gibt noch ein paar andere Dinge, die nicht so laufen wie sie das will – und ich habe gehört, daß sie Krebs bekommt. Ich meine, sie hat schon Krebs, und wahrscheinlich wird sie nicht sehr lange leben, aber das ist besser, als daß *alle anderen* Krebs bekommen.«

»Es wird Spaß machen, zurückzugehen«, meinte Stan.

»Manchmal werden Sie nicht so denken«, antwortete Großmutter. »Sie werden glauben, daß nichts von all dem wirklich passiert, daß Sie das alles nur konstruieren, um das Leben erträglich zu machen, daß alles nur Einbildung ist. Sie werden an sich selbst und ihrer Gesundheit zweifeln. Vielleicht sollten Sie lieber ein paar von diesen Zigaretten mitnehmen, die Anne aufgetrieben hat, dann können Sie Ihre Hand über eine streichen und sich vergewissern, daß alles real ist.«

»Könnte ich Sie nicht dafür gebrauchen?«, fragte Stan. »Sie sind die beste Vergewisserung, die ich mir vorstellen kann.«

Großmutter sagte nichts.

Anne sagte, halb elend, halb beglückt: »Du gehst nicht mit uns zurück?«

»In den Geschichtsbüchern steht rein *gar nichts* über mich«, sagte Großmutter. »Ich bin völlig frei.«

»Und. ...?« Stan versuchte zu raten, war aber ziemlich sicher, daß er es nicht schaffen würde.

»Irgendwo weiter vorne gibt es einen leeren Platz. Ich war schon weiter, das weiß ich. Niemand weiß, was geschehen ist.«

»Das heißt, du gehst dorthin, um es herauszufinden. Ist das nicht riskant?«

»Ich hoffe«, sagte Großmutter.

Ich mag die Idee, diese Geschichte hier einzufügen. Vielleicht baue ich später noch eine andere ein. ... Mir fällt auf, wieviel Freude ich an »Geschichten« habe. Der Wunsch, wieder fiktionale Texte zu schreiben, ist ein wiederkehrender Drang, dem ich nicht nachgehe. Vielleicht ist dieser Drang im Vergleich zu dem, was ich *tatsächlich* tue, um ihn zu übergehen, noch nicht stark genug.

Am Montag abend brachte Fritz wieder neues Leben in die Gemeinschaft, und die städtische Atmosphäre ist inzwischen fast ganz verschwunden. Er ermahnte uns zu weniger Oberflächlichkeit und mehr Ernsthaftigkeit. »Natürlich kann Therapie auch Spaß machen, aber nicht am Anfang.« Ich wünschte, er würde das öfter klarstellen. Ich leite eine Gruppe mit Hal als Co-Therapeut, morgens und abends von acht bis zehn. Nach vier Sitzungen habe ich mein Gleichgewicht wiedergefunden. Mir war nicht klar, was mir während der zehn Tage, in denen ich weder eine Gruppe geleitet noch an einer teilgenommen habe, abhanden gekommen ist, aber ich weiß, daß es sich genau so unsicher anfühlte, wie zitternd auf einem schwankenden Fahrrad zu sitzen. Die Sitzung heute morgen hat mich wieder zu einer ausgeglichenen Sichtweise geführt. Ich habe mit Neville gearbeitet und ihn nicht über den Punkt hinausgebracht, an dem er feststeckt. Mein Gefühl war, daß nichts passierte. Dann kam Janet Ledermann dazu, mit soviel Lob, als gelte es dem Erlöser persönlich. Ich mag sie. Als sie, nachdem ich aufgehört hatte, mit Neville weiterarbeitete und sehr zuversichtlich zu sein schien, dachte ich: »Sie hat es wirklich kapiert. Naja, ich will ja ohnehin keine Therapeutin sein« – was ich tatsächlich nicht will. Das ist nicht gerade ein lustiges Gefühl, daß ich so sehr von diesen Gruppen profitiere und doch keine Therapeutin sein will. So ist das, und das ist okay. Wenn ich mich entscheiden müßte, käme ich in einen Konflikt, aber ich muß mich ja nicht entscheiden. Ich entscheide mich nie, bis ich mich manchmal an irgendeinem Punkt doch entscheide, und *dann* ist es kein Problem.

Auch Janet vollbrachte kein Wunder. Es gefiel mir, ihr beim Arbeiten zuzusehen. In der Arbeit mit ihr kam Neville an einen etwas anderen Punkt als vorher mit mir.

Harriet meinte, sie wolle arbeiten, tat es aber nicht. Ich überließ sie sich selbst. Sie sagte, sie wolle an ihrem Gewahrsein arbeiten. Sie machte es tröpfchenweise. Das sagte ich ihr. Fritz kam dazu und arbeitete mit ihr, und sie engagierte sich wie in einem Puppentheater. Sie weinte deutlich mehr als sie sich gestern zugestanden hätte, wenn auch mit Einschränkungen. Sie lockerte den Korken ein bißchen, ließ ihn aber noch nicht ganz raus. Fortschritt. Kein Durchbruch.

Dann hatten wir eine Stunde Fortgeschrittenen-Training mit Fritz – zu dieser Gruppe gehören ungefähr fünfzehn Leiter und Co-Leiter. Fritz fragte, wer Schwierigkeiten habe. Ruth meldete sich. Sie sagte, sie sei nicht ganz da, und daß zu viel in ihr vorgehe. Fritz forderte sie auf, sich jemanden auszusuchen, mit dem sie besonders viele Schwierigkeiten habe, und mit demjenigen zu arbeiten. Sie wählte Hal aus. Bill war der nächste. Er wählte Greta. In Gretas Arbeit (die Fritz übernahm), forderte Fritz sie auf, zu jedem von uns zu sagen: »Ich habe ein Geheimnis«, und dann etwas über dieses Geheimnis zu sagen. Zu mir sagte sie: »Ich weiß ein Geheimnis über dich – Ich kann dich nicht leiden.« Sie sprach diesen Satz mit sehr viel Härte und Ablehnung. Heiße und kalte Schauer liefen mir über Schultern und Arme und vielleicht noch weiter – zu schnell, als daß ich hätte mithalten können, und dann waren sie verschwunden, wie ein Neonlicht, das kurz aufflackert und dann zu erlöschen scheint. Gerade bis unter die Haut, tiefer nicht. Noch nie zuvor hatte ich heiße Schauer erlebt, und ich mochte dieses Gefühl. Das war ein so witziges »Geheimnis«. Mir war das seit Monaten klar gewesen.

Am Ende dieser Sitzung kam Neville und legte seine Arme um mich, mit einer neuen, angenehmen und sanften Wärme, und meinte, die Sitzung heute morgen sei gut für ihn gewesen, obwohl er das erst später gemerkt habe. Ja, sie *war* gut gewesen.

Das sagte er mir. Vielleicht sagte er dasselbe zu Janet, und vielleicht war auch dort etwas mit ihm passiert. Aber selbst wenn er es ihr nicht sagte und es nicht einmal wußte, hätte sie doch daran teilhaben können.

Ich habe das sehr sorgfältig aufgeschrieben, um den Fortgang der Ereignisse deutlich zu machen. Zusammengefaßt sage ich: Es ist wie ein Leben. Man kann es nicht analysieren, und wenn man es doch tut, kann man nicht mehr tun, als einige der Dinge, die man als angenehm wahrgenommen hat, zusammenzusetzen. Setzt man sie auf eine mißfällige Art zusammen, wie die Tragödie oder das Märtyrertum, dann gefällt einem auch diese Art und Weise, denn sonst würde man es nicht tun, und man tut weder das eine noch das andere, bis nicht an irgendeinem Punkt das Gefallen zum Mißfallen wird: es unterstützt einen nicht mehr.

Witzig, mit was für Mätzchen wir doch beschäftigt sind.

Pater Liebler, ein Priester der Episkopalkirche, erzählte mir, daß er es zwar nur äußerst ungern zugebe, aber daß er das Kreuz, das mit einer Kette an seinem Gürtel befestigt ist, als Unterhaltungsgegenstand benutzt hat, als er vor Zeiten zum erstenmal zu den Navajos kam. Einige Navajos fragten ihn nach dem Kreuz, und er erzählte ihnen darüber. Sie blieben unbeeindruckt. Sie sagten: »Dieser Mann ist verrückt. Ich würde das bestimmt nicht tun!« Pater Liebler erzählte mir, den Navajos sei die Idee der Selbstaufopferung fremd.

Einmal fuhr ich mit mehreren Leuten von Boston nach Washington, D.C. Unter ihnen war ein sehr lebhafter junger Inder, ein Physikstudent. Wir sprachen über Glaubensfragen. Ich erwähnte die Erbsünde, und er fragte, was das sei. Ich erklärte es ihm. Er lachte über diesen absurden Glauben und meinte: »Ich fühle mich nicht schuldig!«

Als ich in New Mexico lebte, starb eines Tages ein junger Mann. Zwei Familien, die ihn gleichermaßen geliebt hatten, waren gleichermaßen von seinem Tod betroffen. Eine dieser Familien waren schottische Protestanten, die andere waren mexikanische Katholiken. Fast alles, was eine der beiden Familien in Hinblick auf die Beerdigung sagte, vorschlug oder tat, war für die jeweils andere schrecklich und unerträglich. Es war grausam. Aber es war auch ziemlich lustig.

Possen.

Konditionierung gegen Konditionierung.

Qual.

Von Menschen empfundene Qual.

Und doch sind es die Konditionierungen – nicht die *Menschen*.

―――•―――

Nach der Sitzung in der Küche fragte Greta mit freundlicher Stimme – nicht ganz entspannt, vielleicht ein bißchen gezwungen: »Barry, kann ich eine Zigarette haben?« Sie war hinter mir. Ich drehte mich um, gab ihr meine Zigaretten und das Feuerzeug, und als sie mir beides zurückgab, schaute ich ihr in die Augen – mit dem Wunsch und der Bereitschaft, ganz da zu sein. Ihre Augen erschienen mir wie ein Haus in der Nacht, ohne Licht und mit verschlossenen Türen. Ich weiß nicht, was in Greta vorgeht, aber jetzt, da sie so weit gegangen ist, mir zu sagen, daß sie mich nicht mag, anstatt es mich nur spüren zu lassen, und mit dieser Fortgeschrittenengruppe, in der wir die Dinge zusammen durcharbeiten können (mir gefällt diese Unbeholfenheit – und die damit verbundene Genauigkeit), kommen wir vielleicht zusammen. Wenn ich versuchen würde, Greta zu gefallen, würde ich verrückt, denn in diesem Fall ist normalerweise alles, was ich mache, verkehrt. An dem Tag, als ich mit ihr auf der Obstplantage war, hatte ich dieses Gefühl nicht; es war einfach schön – keine Abneigung, einfach nur Greta. Für ein paar Augenblicke.

Gestern habe ich in der Fortgeschrittenengruppe mit Fritz gearbeitet. Ich bot mich selbst als Patientin an und wählte Hal und Ray als meine Therapeuten. ...

An dieser Stelle wurde ich müde und ging ins Bett. Jetzt fühle ich mich träge. Und ich habe Hunger. So großen Hunger. Ich sollte keinen Hunger haben. (Es ist noch keine Essenszeit.) Ich *habe* Hunger. ... Jetzt merke ich, daß mein »Hunger« von einer Magenverstimmung herrührt – grüne Paprika und Huhn zu Mittag – und ich erinnere mich, daß ich heute morgen Durchfall hatte. Das kam ziemlich überraschend.

Ich habe meinem Magen Maismehlmuffins mit Butter gegeben. Ich will immer noch nicht über die Arbeit mit Fritz schreiben, also schreibe ich etwas anderes und warte ab, wie es mir damit geht.

Gestern abend bei dem Gemeinschaftstreffen habe ich gesagt, daß ich es schön fände, wenn zwei Stunden nicht gesprochen würde. Fritz: »Mit all den Anfängern? Sie würden die ganze Zeit damit verbringen zu phantasieren!«

Ich weiß nicht, ob er dachte, daß ich die Idee hatte, nur schweigend dazusitzen, was nicht der Fall war. Meine Idee war, daß wir die üblichen Routinearbeiten erledigen könnten, die hier anfallen, nur eben ohne dabei zu reden. Er schlug vor, heute beim Abendessen nicht zu sprechen, so daß sich »vielleicht alle mehr auf das Essen konzentrieren.« (Auf das Kauen, Schmecken, die Bewegungen des Mundes usw.)

Heute morgen – nein, es kommt mir nur so vor. Gestern morgen ... zu denken, daß es *heute* morgen war, macht es mir leichter, reinzukommen – und was soll diese Genauigkeit mit etwas so Unwichtigem?

Ich zitterte ein wenig und ließ das Zittern sich entwickeln. Wenn ich mich selbst schüttle (absichtlich zittere), ist das entweder ein bestimmtes Muster, oder ich mache ein anderes Muster daraus. Wenn es ein organismisches Zittern ist, ist es niemals dasselbe, sondern immer anders – die Bewegung, der Verlauf, die Veränderung, ja selbst das Nachlassen fühlt sich anders an. Zunächst bin ich mir des Raumes und der Menschen um mich herum bewußt, ich spüre meinen Körper auf dem Stuhl usw. – zumindest auf eine diffuse Art und Weise – selbst wenn ich meine Augen schließe. Dann werde ich zittrig. Es gibt nichts außer dem Zittern, und ich werde zu diesem Zittern. Heute war es dasselbe mit dem Atem – nachdem das Zittern nachgelassen hatte. Ray fragte mich: »Was ist los?«, und ich antwortete: »Atmung.«

Letzten Sommer war ich zusammen mit Fritz im Haus. Als ich zu meiner Hütte zurückkehrte, merkte ich, daß ich sauer auf ihn war. Mir war klar, daß ich ihm meine Wut nicht zu zeigen brauchte, um mir Klarheit zu verschaffen, aber ich hatte keine Idee, wie ich anders damit umgehen sollte. In meiner Hütte fühlte ich meine Wut, ich fühlte sie ganz und gar. Ich wurde Wut. Ich stand ganz still, keine Gesten, keine Stimme, ich *wurde* Wut. Außer der Wut existierte nichts. Als ich dann versuchte herauszufinden, auf wen oder was ich wütend war, konnte ich es nicht. Es war, als ob man durch den Nebel hindurch nach etwas greift, das nicht da ist. »Auf« oder »über« schien irrelevant zu sein. Albern. (Wie einige alberne Ideen der Indianer.)

Wut.

Nichts als Wut.

Ich fühlte mich gut.

Es ging vorbei. Ich war nicht mehr wütend. Alles wie weggeblasen. Ich konnte meine Wut auf Fritz nicht mehr reaktivieren, selbst als ich es versuchte. Es war wie etwas, das ich vor Jahren einmal wollte und jetzt nicht mehr will, und selbst die Erinnerung, es einmal gewollt zu haben, ist einfach weg.

Ich hatte mich (unerwartet) auf den heißen Stuhl gesetzt und dabei an »Angst« und »Dunkelheit« gedacht. Ich weiß um meine Angst im Dunkeln, und diese Angst erscheint mir völlig sinnlos. Das war schon immer so. Alles, was ich darüber sagen kann, hat Ausnahmen. Die Reduzierung auf »Angst« und »Dunkel« trifft es am genauesten. »Ich liebe die Dunkelheit und habe Angst vor ihr«, stimmt im wesentlichen, aber es gibt Ausnahmen.

Fritz meinte, er würde gerne eine Abkürzung ausprobieren. Er bat mich, mir vorzustellen, ich wäre im Bauch meiner Mutter. Um es dunkel zu machen, hielt ich mir die Hände vor die Augen. (Diese Geste kam ganz von selbst – ohne meinen Entschluß.) Ich kam nur teilweise in dieses Gefühl hinein. Mich interessierte was geschah: das Sinken meines Kopfes und das Biegen meines Rückens. Brachte ich mich selbst dazu, diese Bewegungen zu machen, aufgrund von Bildern, die ich gesehen hatte? Es kam mir nicht so vor. Gleichzeitig war ich skeptisch. Dann bewegten sich meine Füße, die auf dem Boden nach vorne hin ausgestreckt waren, nach hinten. Auch das bemerkte ich mit Skepsis und dachte, ich könnte sie einfach da lassen, wo sie waren. In den Beinen machte sich ein unerträgliches Gefühl breit, was sofort verschwand, als ich sie sich selbst überließ und sie sich krümmten.

Ich fühlte mich wohl in der Dunkelheit, nur harte Geräusche wie ein Husten oder das Kratzen von Stuhlbeinen auf dem Fußboden verursachten ein geradezu schmerzliches Gefühl – wie ein Schnitt ins Trommelfell. Sanfte Geräusche waren in Ordnung – wie Fritz' sanftes Husten, das ich mehr wie fließendes Wasser erlebte.

Als ich die eine Hand von meinen geschlossenen Augen nahm, um zu zeigen, wie die harten Geräusche in mich eindrangen, erlebte ich das Licht als unerträglich grell und schmerzhaft. So schnell ich konnte, deckte ich das Auge wieder ab.

———•———

Heute beim Abendessen und noch einige Zeit danach sprachen wir kein Wort. Ich genoß das Essen sehr, und gleichzeitig hatte ich das Gefühl, im Meer zu schwimmen. So viel Gewahrsein, so viel Empfinden, und so viel *Platz*. Ich erfreute mich an den Geräuschen, die ich wahrnahm, und erfreute mich am Hören anstatt es wie vorher als Qual zu empfinden.

Von den anderen bekam ich nichts mit. Ich war sehr froh, daß beim abendlichen Gemeinschaftstreffen einige Leute sagten, sie würden diese Erfahrung gerne häufiger machen, und Fritz schlug vor, ab jetzt jedes Abendessen schweigend zu verbringen. Ein paar Leute hatten die Erfahrung zunichte gemacht (nicht in meinem Speisesaal), indem sie Gesten machten und z.B. das Melken einer Kuh mimten, um nach Milch zu fragen, oder lachten. Der Egotrip. Denken, nicht spüren. Ein Mädchen meinte, sie habe nur »ein Wort« gesagt, woraufhin zwei Leute (schweigend) auf sie losgegangen seien. Was sie nicht erwähnte, war, daß es sich um das Wort »Scheiß-Arsch!« gehandelt hatte, und daß sie es mit fauchender Stimme gesagt hatte. Aber offensichtlich hatte sie Schwierigkeiten. Fritz schlug eine Änderung der Schweigeregeln vor, so daß einige der wichtigeren Worte gesagt werden konnten. Den meisten gefiel dieser Vorschlag, während einige hofften, daß diese »wenigen Worte« schweigend gesagt werden würden. Glenn meinte, das sei ein Gefühl wie in einer anderen Welt. Das stimmte sicherlich.

Das ist so viel mehr als ich gehofft hatte, denn eigentlich ging es mir ja nur um ein paar Stunden ohne zu sprechen. Abendessen ohne zu reden!

Jeder sagte etwas anderes. Tom meinte, daß er normalerweise während des Abendessens schweigt und sich jedesmal vor den Kopf schlägt, weil er meint, etwas sagen zu müssen. Jetzt kann er schweigen, ohne sich auf den Kopf zu schlagen.

Ich aß im Wohnzimmer, zusammen mit nur einer anderen Person. Zweimal dachte ich »Ich sollte etwas sagen«, und mußte schlucken, um diesen Gedanken loszuwerden, um die Worte aus dem Hals zu bekommen. Ansonsten war es himmlisch, und das Spülen hinterher ging auch sehr viel ruhiger, so daß ich die Geräusche genoß. Als ich wieder in meiner Hütte war, bemerkte ich die Stille in mir, und als ich das Geschirr vom Vortag abwusch, tat ich auch das langsam und still. Ich wischte den Boden auf dieselbe, einfache Art. Dinge, die vorher unerledigt geblieben waren, wurden nun mit Freude erledigt.

Eine Frau erzählte, daß sie, selbst nachdem sie das Haus verlassen hatte und in ihre Hütte zurückging, keinerlei Phantasien hatte. Einige Leute berichteten, daß sie das Essen besser kauten – und weniger aßen.

Ich bin erstaunt.

In der Sitzung, in der ich in den Bauch meiner Mutter zurückkehrte, erzählte ich Fritz, daß wenn ich alleine bin, Geräusche im Dunkeln in mir Phantasien auslösen, was im Hellen nicht passiert. Fritz empfahl mir, zu versuchen, auf die Geräusche zu achten und sie als Stimmen wahrzunehmen (oder etwas Ähnliches). Das scheint mir eine gute Idee zu sein – sehr viel besser jedenfalls als Angst-Liebe gegenüber der Dunkelheit. Irgendwie fühlt es sich stimmig an, als ob meine Wirbelsäule »ja« sagen würde, auch wenn ich noch nicht weiß, welche Stimmen oder Worte ich werde hören können. Gestern abend wollte ich daran arbeiten, und auch jetzt möchte ich daran arbeiten, aber vielleicht muß ich dazu irgendwo sein, wo ich noch besser alleine sein kann. Vielleicht kann ich mir auch einfach vorstellen, daß nebenan niemand ist, und die Angst erleben, um dann auf die Geräusche zu achten und sie zu Stimmen werden zu lassen.

Als ich krank war und in mir Ordnung schaffen wollte, nahm ich den Satz »Ich mag kein Pink« (den ich schon oft gesagt hatte) und ließ die Worte irgendwie etwas aus meiner Vergangenheit aufgreifen, um dann zu sehen, wo sie herkamen, denn sie paßten mit Sicherheit nicht zu *mir*. Was ich mir vorstellte, war etwas ganz anderes als das, was wirklich passierte. (*Jetzt* wäre ich sehr skeptisch, wenn irgend etwas so herauskäme, wie ich es mir vorgestellt habe. Ich bekomme zwar die Antwort, aber die Art und Weise, wie ich sie bekomme, und das, was ich bekomme, unterscheidet sich deutlich von dem, was ich zuvor erwartet habe.) Ich hörte »eine Stimme«, die sagte: IchmagkeinPinkIchmagkein-Pink – immer und immer wieder, und sehr schnell. Ich hörte zu. Sonst nichts, ich hörte nur zu. Aus der »Stimme« wurden drei Stimmen, und dann wurden alle drei zu eindeutig weiblichen Stimmen, und dann wurden sie zu den Stimmen meiner Mutter, meiner Schwester und meiner Tante Alice. Was ich daraus lernte, spielt hier keine Rolle. Ich sah eine komplette Anordnung, und der Satz »Ich mag kein Pink« wurde mir völlig klar. Jemand anderes mag kein Pink.

Es macht mich etwas traurig, daß ich im Augenblick nicht weiter an dem

Liebe/Angst/Dunkelheit-Thema weiterarbeiten kann. Als ich vorhin darüber schrieb, kehrten einige der Empfindungen zurück, und ich dachte sie würden sich vielleicht weiterentwickeln. Dann kam ein Ferngespräch dazwischen. Dann. Dann. Dann. Vielleicht dieses Wochenende.

Als ich aus der Gebärmutter herauskam und wieder bei den anderen war, bat Fritz mich, meine Augen noch einmal zu schließen. (Ich war nicht ganz bei den anderen.) Er sagte irgend etwas über »Depersonalisierung.« Ich weiß nicht, was das bedeutet. Ich fühlte mich nicht depersonalisiert. Ich war ich, und jeder andere war er oder sie selbst. Ich spürte mich. Wie auch immer, ich machte es. Ich sah Lippen, die auf den Kopf gestellt schienen. Dann drehten sie sich richtig herum, bewegten sich auf meinen Mund zu und verschwanden vor meinem Mund. Ich hatte zwei Klammern auf meinen Schultern – auf jeder Schulter eine – solche, wie die Männer sie beim Fahrradfahren an die Hose klemmen, damit sie sich nicht in der Kette verfängt. Sie waren weiß. Sobald ich sagte, daß sie mich an Fahrradklammern erinnerten, wurden sie dunkel, fast schwarz. Dann war die Klammer auf meiner linken Schulter weiß und verschwand fast völlig, bis nur noch ein kleines Ding übrig war, das wie ein Fingerknochen aussah. Ich wüßte gerne, was das alles zu bedeuten hat, aber wenn ich der Frage nachgehe, werde ich es nicht erfahren. Wenn ich versuchen würde, es herauszufinden, bekäme ich eine Antwort, die ich selbst gemacht hätte. Entweder die Antwort kommt, oder nicht.

Ich vermisse »meine Freundin«, die ich bin.

Aber ich lerne mehr und mehr, mich selbst allein zu lassen.

In der kleinen Gruppe heute abend meinte Hal, er sei müde und mache sich Sorgen um seine Verantwortung als Therapeut, wenn er nicht antworten könne. Jemand wollte Gewahrseinsarbeit machen. Hal machte die Übung als erster: »Jetzt bin ich mir gewahr, daß ...« innerhalb und außerhalb seiner Haut. Als er aufhörte, fragte ich: »Bist du müde?« Hal: »Nein.«

Ich, jetzt: Ja, und ich bin erregt (nicht *über*-erregt) angesichts dessen, was passieren mag, wenn ich mich hinlege und die Augen schließe.

Als ich heute abend gegen zehn Uhr den großen Gruppenraum betrat, kam es mir vor wie ein Theater mit so vielen unterschiedlichen Leuten, so schönen Farben und einer Atmosphäre von leichten und fließenden Bewegungen zwischen den Menschen, und ich war sowohl Beobachterin als auch Teil dieses ganzen Geschehens.

Als ich ins Bett ging, forcierte ich diesen Fluß, anstatt ihn einfach fließen zu lassen. Nicht sofort. Aber dann gefiel mir das, was geschah, und anstatt einfach mit dem Strom zu fließen, wurde ich gierig und drängte – und verlor das, was einfach aus sich selbst heraus geschieht. Ich versuche, das, was ich liebe, zu verändern, und töte es.

Ich versuche, *mehr* davon zu machen, anstatt *weniger*.

Gestern abend kann ich das nicht sehr ausgeprägt getan haben, denn heute morgen spüre ich nur einen Hauch von Traurigkeit, und mein Körper fühlt sich freier an – sehr viel freier. Meine Wirbelsäule ist durchlässig. Meine Schultern sind beweglich. Diese schreckliche Steifheit, die auf »das regnerische Wetter« zurückzuführen war, oder auf die »schlechte Matratze« (das dachte ich manchmal) ist einfach weg. Die Luft ist immer noch feucht. Die Matratze ist immer noch schlecht. Ich habe mich verändert.

Fritz hat recht mit dem, was er über meine Bauchmuskulatur sagt: sie ist fast abgestorben.

Heute morgen. Heute morgen. Wie zum Teufel war das mit heute morgen.

Oh! In der Fortgeschrittenengruppe heute morgen meinte Fritz: »Was das Phänomen betrifft, bin ich mir sicher. Was die Projektionen betrifft, bin ich mir nicht sicher. Bleibt bei dem Phänomen und arbeitet mit der Projektion so, wie es euch in den Sinn kommt.«

Ich bin heiter und fröhlich. Ich habe diese Sache mit den Projektionen nie gelernt. Ich habe nie gelernt, wie man damit umgeht. Ich war mir damit selbst nicht sicher. Als Gruppenleiterin und in gewissem Maße auch als Gestalttrainerin hier hatte ich das Gefühl, all das wissen zu müssen. In meiner eigenen Arbeit mit anderen hatte ich dieses Gefühl nicht. Ich hätte es, wenn ich anderen Gestalttherapie beibringen sollte. Als Hal und ich anfingen zusammenzuarbeiten, erzählte ich ihm, daß ich hoffte, daß er da, wo ich schwach bin, stark wäre. Heute morgen habe ich ihm erzählt, daß ich hauptsächlich mit Projektionen beschäftigt war. Als Fritz uns in der Fortgeschrittenengruppe nach unseren Schwierigkeiten als Leiter fragte, sprach Hal seine Schwäche im Hinblick auf Projektionen an, oder so etwas in der Art, und Fritz antwortete mit dem Zitat von vorhin.

Freiheit!

Die ich immer hatte, aber mir nicht nahm. Nein, ich habe sie mir genommen, aber gleichzeitig dachte ich, daß ich eigentlich nicht in der Lage wäre, mir diese Freiheit zu nehmen – als ob etwas fehlte. Und natürlich fehlte auch etwas. Diese Art von Durcheinander ist sehr verwirrend. Etwas fehlte, und ich wußte, daß mir die Sache mit der Projektion »fehlte«. Meine Wahrnehmung des Fehlenden konzentrierte sich auf den Umgang mit Projektionen. Tatsächlich entzieht jeder Gedanke daran, was ich nicht tue (oder tue), meine Aufmerksamkeit dem Gewahrsein der Phänomene, und durch dieses eingeschränkte Gewahrsein verpasse ich etwas von dem, was bei mir oder anderen geschieht. Es ist dasselbe wie damals, als ich durch meinen Mann davon überzeugt war, verrückt zu sein – und tatsächlich *war* ich verrückt, aber nicht auf die Art, wie ich dachte. Meine *wirkliche* Art des Verrücktseins konnte nicht deutlich werden, solange ich mich auf das Verrücktsein konzentrierte, das ich mir selbst *unterstellte*, während ich gleichzeitig versuchte, zu entscheiden, ob ich nun verrückt war, oder nicht.

Der Organismus *trifft* keine *Entscheidungen*.

Entscheidungen sind eine menschengemachte Institution.

Der Organismus funktioniert immer auf der Grundlage der *Präferenz*. – Fritz.

———•———

Ich lasse mich selbst jetzt leichter geschehen als früher. Nicht sehr viel, aber doch ein wenig. Heute morgen (ein paar Minuten zu spät) ließ ich meinen Ärger auf Harriet, die Hal manipulierte, geschehen, und meinen Ärger auf Hal, weil er das mit sich hatte machen lassen. Daraufhin gab es einen Streit zwischen Harriet und Hal. Sie hatten einige Zeit gearbeitet und sich wieder etwas beruhigt (was vorher schon einmal geschehen war, allerdings ging der Streit dann weiter), als Fritz dazukam. Harriet unterbrach. Ich wollte, daß Hal etwas sagte oder tat, um sie wieder in Bewegung zu bringen, weil (Schimpfwort) er der Therapeut war. Aber er tat nichts, also tat ich es. Harriet und Hal kamen wieder in Bewegung. Nach einer Weile kam Fritz in die Arbeit. Für Harriet war es alles in allem eine gute Sitzung, denn sie kam mit einigen Dingen bei sich in Kontakt. Nach dem Mittagessen kam Harriet zu mir und bedankte sich dafür, daß ich sie angeregt hatte weiterzumachen, als sie kurz davor war, aufzugeben (und Fritz' Mitarbeit hatte ihre Abneigung weiterzumachen sogar noch verstärkt).

In der Fortgeschrittenengruppe fragte Fritz nach einem Streichholz. Er raucht bei weitem nicht mehr so viel wie früher. Ich wollte ihm gerade eine Schachtel Streichhölzer zuwerfen, dachte: »Es wird nicht einmal in seiner Nähe landen«, warf sie dann aber doch sehr schnell und mit einem Schwung, ohne die Hand vorher zu positionieren (die rechte Hand befand sich in Höhe der linken Hüfte) und warf die Schachtel so, wie etwas geworfen werden »sollte«. Sie flog nicht dahin, wo ich wollte, aber doch in Fritz' Richtung, und er fing sie ohne Mühe auf – herrlich. Was für ein Zusammenspiel.

Ich habe keine sehr starke Neigung, mir jemanden zu suchen, mit dem ich als »Patientin« oder als Co-«Therapeutin« arbeiten wollte. Es liegt mir viel mehr, mit dem zu gehen und zu arbeiten, was bzw. wer sich gerade anbietet. Mit Hal als Co-Therapeut (neuer Faktor) habe ich wieder das Zittern bekommen, aber ich fange an, meine Balance wiederzufinden.

———•———

Fritz raucht sehr viel weniger. Wenn ich ihn im Augenblick sehe, raucht er meistens nicht. Das war früher genau andersherum. Nachdem ich im August mit Fritz an meiner Raucherei (und einigen anderen Dingen) gearbeitet hatte, war ich so erleichtert – ich weinte, wand mich und schluchzte mehr als eine Stunde lang – und als ich danach eine Zigarette rauchte, schmeckte sie wirklich vorzüglich. Anderthalb Tage lang spürte ich, ob dieses Gefühl sich einstellen würde, und rauchte dann jeweils eine Zigarette. Wenn ich merkte, daß sie nicht gut schmeckte, rauchte ich entweder gar nicht oder zündete mir eine an und machte sie dann gleich wieder aus. Mein Zigarettenkonsum nahm drastisch ab. Dann geriet ich unter Druck, »meine Sachen zu erledigen«, bevor ich hier abreiste, und ging zusammen mit der ziemlich angespannten Helen von hier fort. Sie war geradezu negativ, äußerte so viel Abneigung und Ekel, und im Auto konnte ich nicht einfach rauchen, wenn mir danach war, und wenn wir anhielten, stieg ich aus und rauchte und war wieder total durcheinander und schlecht dran.

Fritz ist jetzt fast die ganze Zeit über ein sehr warmherziger und freundlicher alter Gentleman. Er verbringt deutlich mehr Zeit damit, mit Leuten zu reden und zu plaudern als früher. Und er ist sehr viel geduldiger geworden.

Ich würde gerne sehr viel mehr Zeit mit anderen Dingen verbringen und etwas anderes tun als Gruppen zu leiten, wie z.B. malen, kochen oder einfach andere Sachen *machen*. Aber ich will jetzt noch nicht hier weggehen. Zwei Stunden Gruppe am Tag wären mir lieber als vier Stunden. Aber so ist es nun einmal, und vielleicht sind zwei Stunden auch nicht das, was ich eigentlich will. Ich habe sehr viel von diesen vier Stunden, und das ist eine Möglichkeit, mehr von mir nach außen dringen zu lassen. Ich hätte gerne mehr Zeit für andere Möglichkeiten. Aber *ich weiß nicht*, ob eine Verkürzung andere Möglichkeiten fördern, oder sie eher behindern würde. Wenn ich *weiß*, daß ich es nicht weiß, ist es sehr viel leichter, zu akzeptieren, was ist, als wenn ich *denke*, daß etwas anderes (mit Sicherheit) schöner wäre.

Heute abend habe ich mich Neville und Hal darüber gesprochen, was Fritz gesagt hat. Mit einem Satz: Projektion ist eine Theorie. Phänomene sind Wirklichkeit.

Ich nehme das an. Eine Theorie ist eine Sichtweise von etwas, die es mir ermöglicht, etwas damit anzufangen. Eine Theorie ist niemals Wirklichkeit.

Fritz wirkte heute abend müde. Im Gemeinschaftstreffen sagte er, die Gruppen hätten zu sehr den Charakter von Encountergruppen. Das glaube ich auch. Vor ein paar Wochen leitete ich die Gruppe auf eine gestalttherapeutische Art. Dann schlug er vor, andere stärker mit einzubeziehen, nicht nur den Co-Therapeuten, »so wie in anderen Gruppen.« Ich hatte den Eindruck, daß uns das stärker in die Encounter-Richtung brachte. Nach allem, was ich gehört habe, glaube ich nicht, daß das in meiner Gruppe so sehr der Fall war, wie in einigen anderen. Ich weiß, daß es immer noch mehr ist, als ich möchte, und daß auch *ich* da hineingerate. Wenn Neville mitmacht, ist er großartig. Einige andere dagegen sind nicht bereit, zu lernen, bevor sie reden.

Ich will mich wieder dem *ich* zuwenden und sehen, wohin das führt. Ich ärgere mich über die eine oder andere Unterbrechung. Ich denke, daß ich sie zu Wort kommen lassen »sollte«, daß sie unterdrückt worden sind und die Erlaubnis erhalten müssen, zu reden. *Ich* spüre meine Ablehnung dagegen, daß ich die Kinder loslassen und sie wachsen lassen »sollte« (mein Sollen).

Mich verwirrt, was sie sagen. *Ich* begebe mich in denselben Zustand von Denken und Sprechen. *Ich* lasse sie machen, wenn ich nicht glaube, daß das, was sie tun, sehr fruchtbar ist.

Unter gewissen Umständen in Ordnung, die Kinder loszulassen. Hier, und was mich betrifft – zur Hölle damit.

Mir entspricht es, vor allem durch Zuhören zu lernen und mich dann einzubringen, und ich will, daß andere es genauso machen.

Das alles ist auch ziemlicher Un-Sinn. Wirf es weg und fang noch einmal von vorn an.

Sei voll dabei; mehr ist nicht nötig. Andere zu beschimpfen ist unnützes Geschrei.

Das ist nicht bloß irgendeine Aussage. Ich bin mir der damit verbundenen Implikationen durchaus bewußt. Huch! Das alles kam jetzt mit einer größeren Welle, zusammen mit noch einigen anderen Dingen. Jetzt wünschte ich, wir würden uns morgen treffen, so daß ich es tun könnte, anstatt bis Montag warten zu müssen.

Die einzige »Vorbereitung«, die ich treffen kann, ist, in allem noch mehr dabei zu sein (nicht »cleverer«) – bewußter, einschließlich dessen, was in mir vorgeht, und es zu sagen, vor allem in den Gruppen.

Wenn ich das nicht tue, ziehe ich mich raus.

Gerade eben habe ich einen weiteren Wellenkreis gesehen, der noch mehr beinhaltet. Alles in diesem Kreis bin ich – meine eigene Sinn-losigkeit – Sinnen-losigkeit. Ich halte mich an das, was ich für die Regeln gehalten habe. Ich weiß nicht einmal, ob es auch dann Regeln wären, wenn ich sie nicht selbst aufgestellt hätte. (Meine Interpretation dessen, was Fritz gesagt hat.) Auf jeden Fall ist es der größte Un-sinn, sich an Regeln zu halten, die nicht funktionieren, und Fritz als Autorität anzuerkennen, anstatt mich selbst, ist der größte Unsinn überhaupt. Ich nehme an, daß er mir da zustimmen würde. Vielleicht würde er sogar sagen: »Es wird Zeit.« Zeit für mich, das zu erkennen.

Bleib bei den Phänomenen. Damit komme ich wirklich weiter. Die Phänomene beim anderen und bei mir selbst. In ständigem Wandel. Mit dem Wandel gehen.

Gerade habe ich noch einen Wellenkreis gesehen, einen noch umfangreicheren. Jesus, bin ich dumm! Ich sage das mit Anerkennung. Ein heller Lichtstrahl beleuchtet das, was ist.

Kein Geschrei, jetzt.

Ich bin wieder bei »Alles ist in Ordnung« angekommen. Es ist in Ordnung, daß morgen morgen, und Montag Montag ist, und daß dazwischen der Samstag und der Sonntag liegen. Ich habe keine Ahnung, was an diesen Tagen passieren wird, und auch das ist in Ordnung. Ich brauche auch nicht zu versuchen, etwas geschehen zu machen. Ich brauche einfach nur mich selbst mit dem geschehen zu lassen, was geschieht.

Kein Affe auf meinen Schultern.

Keine Analyse.

Keine Verallgemeinerungen.

Kein Nachdenken.

Eine Rose ist eine Rose ist eine Rose.

Mir ist danach, wieder eine Geschichte einzufügen. Hier also eine weitere Geschichte, eine, die ich vor einigen Jahren geschrieben habe. Sie ist langsamer als »Window to the Whirled«, aber auch in anderer Hinsicht ist sie anders. Wenn ich sie schnell lese, finde ich sie ziemlich mies. Wenn ich mir Zeit nehme, mag ich sie und habe ein gutes Gefühl gegenüber dem, was sie zu sagen hat.

Here and There

Als man mir sagte, daß ich ausgewählt worden sei, war ich überglücklich und gleichzeitig etwas ängstlich, aber ich war doch mehr glücklich als ängstlich, und das hielt mich beieinander. Als ich auf den Knopf drückte, hielten Glück und Angst sich die Waage, und damit ging es mir immer noch gut. Als ich dort ankam, hatte ich *nur* noch die Angst, nicht mehr zurückkommen zu können. Ich hätte es besser wissen müssen. Meine Mutter hatte mir oft genug gesagt: »Sei vorsichtig, woran du dein Herz hängst; eines Tages wird es zu dir gehören.« Auf eine bestimmte Weise war das auch so. Dennoch, kaum war ich angekommen, schien es mir das Wichtigste überhaupt zu sein, wieder von dort wegzukommen.

Ich war auf jede erdenkliche Weise vorbereitet worden – auf alles und jedes, was ich bei meiner Ankunft in der Zukunft vorfinden könnte. Ich war auf alles Mögliche eingestellt. Und dann, in dem Moment als ich ankam, war nichts – außer mir und einer halbtropischen Nacht. Vielleicht klingt das ganz einfach, aber das war es nicht. Ich konnte es nicht glauben. Ich wagte es nicht. Es ist so, wie wenn man zu lange auf etwas wartet, und wenn es schließlich kommt, gibt es nur noch Leere.

Aus verschiedenen Gründen hatten wir uns für Hawaii entschieden. Welche Kleidung ich bei meiner Ankunft auch trug, wahrscheinlich konnte ich sie den Umständen entsprechend wechseln. Behausung und Essen würden zunächst kein großes Problem darstellen, und waschen könnte ich im Meer. Die Menschen auf Hawaii waren so unterschiedlicher Herkunft, daß ich, wenn ich ungefähr im Jahre 2164 dort ankäme, wohl kaum auffallen würde. Angesichts so vieler unterschiedlicher Sprachen und Akzente würde ich ohne Schwierigkeiten durchkommen, auch wenn der Lauf der Zeit die Unterschiede verwaschen haben würde. Die Inseln sind so klein, daß ich mich ohne weiteres zurechtfinden würde. Andererseits sind sie so stark mit der restlichen Welt verbunden, daß ich die für mich wichtigen Nachrichten mitbekommen würde. Und so weiter. Der Computer war mit allem möglichen Zeug gefüttert worden. Uns war klar, daß die Dinge vielleicht nicht so laufen würden, wie wir uns das dachten, aber wir mußten uns auf unseren Verstand verlassen und den Rest riskieren, was man ja im Leben ohnehin tun muß, außer, daß im normalen Leben ein Jahr dem anderen folgt und man nicht 194 Jahre überspringt. Ich hatte mir eine Zeit ausgesucht, die genauso weit in der Zukunft lag wie die Unabhängigkeitserklärung in der Vergangenheit. Das schien gerade so viel Veränderung zu sein, wie ich mit einem Mal bewältigen konnte.

Als ich im Jahr 2164 ankam, stand ich Kaneohe, auf der Windseite von Oahu. Das heißt, ich war nur halb dort. Irgend etwas war mit der anderen Hälfte passiert, und mir war nicht klar, was. Es sah aus, als ob die andere Hälfte einfach fehlte. Es war Nacht, aber das Mondlicht war hell. Das Kleeblatt in der Straße am Fuße des Pali war verschwunden. Einige Spuren deuteten noch darauf hin, wo es einmal gewesen war, selbst beim Mondlicht; die Vegetation war an dieser Stelle anders und zeichnete noch eine Art Kontur, aber die wildwachsenden Pflanzen hatten es mehr oder weniger verwischt. Es sah aus, als ob die Dinge rückwärts gegangen wären. Mit der kleinen, alten, staubigen Straße, die über den Pali führte, war es dasselbe. Mir war, als sähe ich ziemlich weit oben auf dem Berg ein Auto, aber wenn es ein Auto war, fuhr es ohne Licht, also hatte ich mich vielleicht geirrt. Es war ganz *still*. Ich hatte vergessen, daß es so still sein kann.

Die Nacht schien mir eine gute Zeit zu sein, um die Straße entlang auf die andere Seite des Berges zu gehen und gegen Morgen in der Nähe von Honolulu auszukommen. Ich mußte meinen Weg erspüren. Ich hatte keine Angst vor irgend etwas Bösem, denn nichts dergleichen lag in der Luft. Aber nicht nur das Böse kann einen verletzen. Ich mußte darauf achten, mich nicht zu erkennen zu geben, bevor ich mich nicht orientiert hatte, und selbst dann war es noch eine Frage. Ich könnte mich leicht verraten, indem ich einfach etwas »Falsches« sagte.

Ich machte mich auf den Weg Richtung Pali, die Nachtblumen blühten etwas üppiger als sonst. Ich hoffte, daß das ein gutes Zeichen war. Wenn man sich auf nichts verlassen kann, steht man wirklich in der Wüste. *Vielleicht* geht es, *aber* –

Ich war über irgend etwas gestolpert, und als ich mich wieder gefangen hatte, schaute ich in eine andere Richtung. Direkt vor mir, im Schatten eines Regenbaumes, erblickte ich ein kleines Haus, das mir vorher nicht aufgefallen war. Eigentlich war es kein richtiges Haus. Ich pirschte mich heran und kam mir vor wie ein Voyeur. Ich spähte hinter einem Hibiskusast hervor, so daß ich durch ein offenes Fenster hineinsehen konnte. Das Haus schien fast leer zu sein, aber an der Wand hing der faszinierendste Fernsehbildschirm, den ich jemals gesehen hatte. Er erstreckte sich über die gesamte Wand. Ich mußte lachen. Alles war noch genau wie damals. Menschen, die in Hütten mit Fernsehapparaten leben. Mit dieser Art von Unsinn war ich vertraut.

Genau in diesem Moment schrie in dem Haus ein Kind, und die Frau auf dem Bildschirm stieg geradewegs aus dem Bildschirm heraus und in den Raum hinein. Dann entschwand sie meinem Sichtfeld. Eine Zeit lang hörte ich beruhigende Worte, das Kind hörte auf zu schreien, die Frau kam zurück, stieg wieder in den Bildschirm und machte mit dem weiter, was sie vorher getan hatte!

Dann fiel mir auf, daß in dem Raum niemand saß, der auf den Bildschirm guckte. Das irritierte mich. Ich mußte daran denken, wie George Washington sich gefühlt hätte, wenn er sich an ein Haus des Jahres 1969 herangeschlichen und durchs Fenster hineingeschaut hätte. Selbst wenn dieses Haus das Weiße Haus gewesen wäre.

Es machte mich verrückt, da allein im Mondlicht zu stehen und zu versuchen, dahinter zu kommen. Ich brauchte noch weitere Informationen.

Der kurvige Weg über den Pali war sehr anstrengend zu gehen. Auf der linken Seite ragte der Berg steil empor, und auf der rechten Seite senkte er sich ebenso steil hinab. Aber meine Füße hatten einen guten Halt auf der staubigen Straße, und etwas daran gefiel mir auch. Auf dieser Straße lief es sich leichter als auf einer asphaltierten. Obwohl sie für Autos ziemlich unwegsam war – wenn überhaupt jemand mit dem Auto hier lang fuhr. Doch, natürlich fuhren hier Autos! Auf der Straße waren Reifenspuren zu sehen. Wenn ein Auto vorbeikäme, würde ich es merken. Selbst wenn es ohne Licht führe und ich es nicht sehen könnte, würde ich es doch hören.

Aber dem war nicht so. Es bestand keinerlei Gefahr, denn das Auto fuhr sehr langsam; tatsächlich hörte ich nichts als das leise Knacken des staubigen Bodens als etwas darüberfuhr. Ich ging zur Seite, um es vorbeizulassen, aber es wurde immer langsamer. Und eine männliche Stimme rief: »Haben Sie Fleisch dabei?« Wenn ich ja sagte, konnte ich Schwierigkeiten bekommen, weil ich es nicht beweisen konnte. Also sagte ich nein und wartete ab, was als nächstes passieren würde. »Fangen Sie!«, rief der Mann und lehnte sich etwas weiter zu mir hinaus. Ich konnte sein Gesicht nicht klar erkennen. Er warf mir etwas zu, und ich wußte nicht, ob ich es fangen oder mich ducken sollte. Seine Stimme klang freundlich, und vielleicht fing ich es deshalb, jedenfalls stand ich plötzlich da und hielt ein Stück rohes Schweinefleisch in den Händen, während das Auto langsam und leise weiterfuhr. Ich sah es noch um die nächste Kurve fahren und dann verschwinden. Nach der übernächsten Kurve tauchte es schemenhaft wieder auf. Im Mondlicht sah ich für einen kurzen Moment einen Arm, der etwas den Abhang hinunterzuwerfen schien.

Klick! Das war die Stelle, wo nach dem Glauben der alten Hawaiianer in einer Höhle unterhalb der Straße Peles Hund lebte. Wenn man nachts an dieser Stelle vorbeikam, mußte man ein Stück Fleisch hinunterwerfen, andernfalls würde Peles Hund einen beißen – nein! Das stimmte nicht. Es war so, daß *wenn* man Fleisch dabei hatte, man es zu seinem eigenen Schutz teilen mußte. Die Mythologie mußte völlig durcheinander geraten sein. Nun, das war ja schon früher vorgekommen. Aber ich glaubte so oder so nicht daran. Ich zog eine kleine Plastiktüte aus meiner Tasche und verstaute das Fleisch darin. Bevor ich die Stadt erreichte, könnte ich es grillen und essen.

Was für eine Welt! Fernseher, die ich nicht verstand, Autos, die lautlos dahinschlichen und Menschen, die daran glaubten, von dem nicht existierenden Hund einer nicht existierenden Göttin gebissen werden zu können. Ich glaube, das ist nicht verrückter als die Tatsache, daß wir zum Mond fliegen können, während unsere Schulen immer noch in Vierjahres-Rhythmen unterteilt sind, weil es im 17. Jahrhundert, als unser Schulsystem anfing, in England auch Vier-Jahres-Schulen gab, und England hatte Vier-Jahres-Schulen, weil im zwölften Jahrhundert die reichen Leute ihre Kinder auf den Kontinent schickten, um sie ausbilden zu lassen, und der Ansicht waren, daß vier Jahre von zu Hause weg zu sein für die Kinder lang genug sei.

Als ich die Spitze des Pali erreichte, setzte ich mich eine Weile hin, um mir Kaneohe von oben aus anzusehen. Ich konnte sehen, daß es am Mokapu, wo früher die Naval Air Station gewesen war, keine Lichter gab. Es erinnerte mich an die Verdunkelung während des Krieges. Unwillkürlich zuckte ich zusammen. Nicht noch einmal!

Ich brauchte mehr Informationen. Also riß ich mich zusammen und machte mich auf den Weg durch das Nuuanu-Tal nach Honolulu. Wenn Honolulu überhaupt noch da war.

Das Tal hatte sich verändert. Hier hatte es immer schon alle möglichen Arten von Pflanzen gegeben, wildwachsende ebenso wie Kulturpflanzen, aber der kultivierte Teil war inzwischen völlig verschwunden. Keine Siedlungen, nur Dschungel. Die Straße war ganz verschlammt, und doch gefiel sie mir irgendwie. Seit Jahren war ich nicht mehr auf einer unbefestigten Straße gelaufen.

Ich hielt immer wieder nach Schildern und Wegmarken Ausschau, aber es gab keine. Dadurch erschien der Weg endlos lang. Selbst der große Nuuanu Friedhof, der sich früher zu beiden Seiten der Straße hingestreckt hatte, war nicht mehr da. Nur Dschungel. Der Dschungel hatte alles andere verdrängt. Wäre da nicht die Hütte gewesen, und das Auto, und der Mann mit dem Fleisch – ich hätte geglaubt, der einzige Mensch auf der ganzen Insel zu sein.

Nach dem Marsch über den Berg war ich erschöpft. Ich ließ mich auf den Boden fallen und schlief ein. Als ich wieder aufwachte, stand die Sonne bereits hoch am Himmel. Durch das Blattwerk des schönsten Jacaranda-Baumes, den ich je gesehen hatte, flimmerte und flackerte das Licht auf mich herab. Die Farben waren zwar dieselben, aber dennoch kann man sich den Unterschied kaum vorstellen. Die Helligkeit der Farben war noch intensiver, ja glühend, und die dunklen Stellen erschienen noch dunkler und schattiger. In beide hätte man geradezu eintauchen können. Und genau das tat ich. Ich lag einfach da und betrachtete das Wiegen der spitzen Blätter mit dem Himmel im Hintergrund und spürte die Ewigkeit, fühlte mich selbst vereint mit der Erde, dem Gras, mit allem, was wächst und dem, was niemals wächst – als ob ich selbst und das alles grenzenlos lebendig wäre.

Vielleicht war das der Grund, warum ich die Leute nicht hörte, bis sie fast direkt über mir standen. Ich hörte ihre Stimmen und wünschte mir, sie statt dessen in einem Buch lesen zu können. Zwar sprachen sie englisch, aber der Akzent hatte sich verändert, und das geschriebene Wort ändert sich nicht so schnell wie das gesprochene. Ich hatte Mühe, sie zu verstehen. Ihre Stimmen klangen angenehm, weich, beschwingt, melodiös – mit einer bezaubernden Vielfalt, fast wie ein Lied.

Als sie mich sahen, kamen sie auf mich zu und setzten sich zu mir in den Schatten. Keinerlei Begrüßung. Und dann ignorierten sie mich und schlossen mich gleichzeitig mit ein. Ich wußte nicht, ob ich »drinnen« oder »draußen« war.

Sie trugen einfache, schöne Kleider. Man braucht sich nur seine Lieblingsfarben vorzustellen – genau so sahen sie aus. Die Kleidung der Männer unterschied sich kaum von der der Frauen. Jedesmal, wenn ich etwas Neues an der Kleidung der Männer entdeckte, fand ich dasselbe Merkmal an der Kleidung der Frauen. Allerdings nicht bei allen Frauen. Ich gab auf.

Nach einer Weile fingen wir an, ab und zu ein paar Worte miteinander zu wechseln, und es wurde klar, daß es sich hier genauso verhielt wie überall, wo man keine Eile hat und dem anderen Zeit läßt, nachzudenken, bevor er antwortet, selbst wenn die Antwort lediglich aus einem »Ja« besteht. Es war eine Art Nichts-reden, und es ging dabei mehr um die Musik und die Freundlichkeit als um den eigentlichen Inhalt der Worte. Dann fragte mich einer von ihnen, wohin ich unterwegs war.

»Meine Steuern bezahlen«, sagte ich, und dachte, damit zu jeder Zeit und an jedem Ort auf der sicheren Seite zu liegen. Sie konnten sich kaum halten vor Lachen! Dann standen sie auf, als ob ich ihnen gerade deutlich gemacht hätte, daß sie mir zu nahe getreten waren, und zogen weiter die Straße entlang. Ich hatte keine Ahnung, was hier geschah. Stell eine dumme Frage und du bekommst eine dumme Antwort? Wie auch immer, sie waren nicht gekränkt. Allein aufgrund dieser kurzen Begegnung mit ihnen fragte ich mich, ob sie überhaupt irgend etwas kränken *konnte*.

Ich hatte Hunger. Ich grillte das Stück Fleisch und aß es zusammen mit ein paar jamaikanischen Himbeeren, die überall wuchsen. Dann fielen mir *meine eigenen* Kleider auf; darauf hatten sie anscheinend überhaupt nicht geachtet. Das hätten sie aber *sollen*. Es war dumm von mir gewesen, sie nicht so zu arrangieren, daß sie unauffälliger wirkten, und da ich das nun einmal nicht getan hatte, hätten sie eigentlich überrascht, neugierig oder unruhig reagieren müssen. Dann fiel mir auf, daß ebenso, wie mir ihre Sprache fremd vorkam, ihnen auch meine fremd vorkommen mußte, aber auch darauf hatten sie überhaupt nicht geachtet. War ich unsichtbar, oder was? Nein. Als ich mit ihnen zusammen gewesen war, hatte ich nicht das Gefühl. Ich hatte mich die ganze Zeit über sehr wie ich gefühlt – auf eine Art, wie ich mich nur äußerst selten selbst kenne.

Also, jedenfalls wußte ich jetzt ein bißchen mehr über die Leute, ihre Kleidung und solche Dinge, und daß ich am besten nicht über Steuern redete, es sei denn, ich wollte mir als Komödiant einen Namen machen. Vielleicht wäre das eine ganz gute Rolle. Damit ließen sich eine Menge Fehler überspielen.

Hör auf zu denken! Das ist eine Falle. Angenommen, diese Leute mögen keine Clowns?

Es war schwierig, einen guten Blick auf die Häuser zu bekommen, ohne herumzuschnüffeln, und so streunte ich die kleinen Pfade und Wege entlang. Einige der Straßen waren so schmal, daß sie keinen Platz für Gegenverkehr ließen, selbst bei sehr kleinen Autos. In den Gärten sah ich ein paar Leute arbeiten, andere sangen oder spielten auf Instrumenten, die eine Mischung aus Cello und Gitarre zu sein schienen. Das Beeindruckendste aber war, daß man überall gute Gefühle zu haben schien. Plötzlich mußte ich lachen; ich dachte an all die Vorsichtsmaßnahmen, die ich glaubte treffen zu müssen, und die gleichzeitig völlig überflüssig waren. Ich brauchte nichts weiter zu tun, als auf diese Menschen zuzugehen und mit ihnen zu sprechen. Vielleicht konnte ich sie sogar fragen, ob sie etwas zu essen für mich hatten.

Ich ging also zu einem der Häuser, und eine Frau mit langen blonden Haaren und grau-grünen Augen – sie erinnerte mich an eine nordische Göttin – kam an die Tür und fragte: »Möchtest du vielleicht duschen?«

Buff! Hier stand ich nun und ging mitten hinein, dachte ich, und dann diese Frau – es war, als überspränge man das Heute, um direkt im Morgen zu landen, und dann trifft man jemanden, der bereits im Übermorgen lebt. In diesem Moment wünschte ich mir nichts so sehr, wie ein Bad zu nehmen, und das Angebot kam bereits, bevor ich mir meines Wunsches richtig bewußt geworden war. Ich glaube, das Wort, das mein Gefühl in diesem Augenblick am besten beschreibt, ist »überrascht«, aber dieses Wort ist so abgenutzt, daß es nicht mehr viel Aussagekraft besitzt.

Außen bestand das Haus aus einfachen Holzplanken, die schon so verwittert waren, daß sie sich nahtlos in die Umgebung einpaßten. Innen war es sehr einfach gestaltet, aber die Dusche war unglaublich. Ich ging hinein, zog mich aus, warf die Kleider in eine Ecke, drehte an einem Knopf, und das Wasser rieselte von der ganzen Decke – wie Regen. Ich tanzte in der Dusche herum wie ein nacktes Kind im Regen. Es war mir nie in den Sinn gekommen, wie eng unsere Duschkabinen eigentlich sind, und daß es kaum möglich ist, sich lustvoll in ihnen zu bewegen, und dabei liebe ich diese Freiheit so sehr.

Dann schrie ich erschreckt auf, weil ich meine Kleider in eine Ecke geworfen hatte, von der ich dachte, daß sie trocken bleiben würde, aber es gab keine trockenen Ecken, und meine Kleider waren völlig durchnäßt. Ich drehte die Dusche ab und fing an darüber nachzudenken, was zu tun sei, als die Tür einen Spaltbreit aufging und ein kleiner Junge mit blauen Mandelaugen und einem sehr gelassen wirkenden Gesicht – er sah aus wie ein kleiner Buddha – auftauchte. Er steckte seinen Kopf und seinen Arm in die Dusche, hielt mir ein Stück gefalteten Stoff hin und fragte: »Möchtest du?« Als ich es aufschüttelte, entpuppte es sich als eine Art Kimono. Ich strich mir die nassen Haare zurück, zog den Kimono über und stieg aus dem Duschraum. Es gab einen kleinen Flur, an dessen Ende sich ein langer Raum befand, mit Fenstern, die fast bis zum Boden reichten, und von wo aus man in den dahinterliegenden Garten sehen konnte. In den fast leeren Raum, der nur mit ein paar Matten und einer beträchtlichen Anzahl an Kissen ausgestattet war, strömte ein frischer Ingwerduft. Ich betrat den Raum, um die Matten und Kissen so zu arrangieren, daß ich mich hinsetzen und an die Wand lehnen konnte. Es war wie in einem Traum, in dem man genau weiß, was man tun muß, obwohl man es noch nie zuvor getan hat.

Ein kleines schwarzes Mädchen mit einer afrikanisch anmutenden Frisur kam herein und brachte einen großen Teller mit Essen. Sie glich einem funkelnden, polierten Gagat. Sie konnte kaum älter als vier Jahre alt sein und strahlte vor Erfüllung, als sie mir den Teller reichte. Ich nahm ihn entgegen, und sie setzte sich neben mich. Mit einem tiefen Blick sah sie mich an, und dieser Blick schien mir unglaublich lange anzuhalten. Dann sagte sie: »Du bist anders.«

»So?«, sagte ich. Daraus konnte ich sicherlich etwas lernen. »Inwiefern?«

Immer noch ernst sagte sie: »Anders.«

»Anders als du?«, fragte ich.

Sie schüttelte den Kopf.

»Anders als deine Familie und deine Freunde?«

Sie schüttelte den Kopf.

Ich hatte selbst dieses Gefühl, und es gefiel mir, aber verglichen mit *wem* oder *was* war ich anders? In diesem Moment stand sie auf, schlug ein Rad, gluckste mir über die Schulter zu und lief fort. Bald darauf kam sie mit einem Glas Fruchtsaft zurück, einer Mischung, die mir völlig neu war. Dann lief sie wieder weg, und ich sah, wie sie draußen spielte. Als eine Frau, die im Garten arbeitete, auf sie zukam, sagte das Mädchen: »Er ist anders.« Ich hielt den Atem an und wartete auf die Antwort, doch die Frau sagte nur: »So?«, und arbeitete weiter.

Als ich zu Ende gefrühstückt hatte, sah ich mit Erstaunen auf den leeren Teller. Ich hatte jedes einzelne Teil dieses Mahls genossen, den Geschmack, die Farbe, die Konsistenz, die Komposition, ohne auch nur ein einziges Mal darüber nachzudenken, was ich da aß. Und jetzt war alles weg. Ich konnte es kaum glauben. Was blieb, war ein Gefühl von behaglichem Wohlergehen. Ich nahm das Geschirr und das Besteck und suchte eine Küche, um es zu spülen und abzutrocknen. Es gab keine Handtücher. Sobald ich das Geschirr in die Ablage gestellt hatte, sprang ein Gebläse an und trocknete es ab. Wo ich herkam, wurde dieser Apparat nur als Händetrockner in öffentlichen Toiletten benutzt, und da hatte ich ihn nie besonders gemocht, aber zum Trocknen von Geschirr eignete er sich hervorragend.

Ich ging nach draußen, um mich auf die Treppe zu setzen, dachte dann aber an meine nassen Sachen in der Dusche und wollte sie holen, doch dann sah ich sie draußen frisch und sauber auf einer Leine hängen. Sie gefielen mir nicht. Ihr Schnitt erschien mir absurd, grotesk, wie die Kleider einer Vogelscheuche. Mein Körper wollte diese Kleider nicht. Ich setzte mich auf eine der Stufen. Der leichte Passatwind blies mir ins Gesicht und durchs Gebüsch, und ich hatte das Gefühl, als könnte ich ewig hier sitzen bleiben. Ich sollte mich besser nicht zu lange aufhalten, oder – aber was spielte das wirklich für eine Rolle? Von diesem Ort aus gesehen wirkte das meiste von dem, was mir *dort* so wichtig erschienen war, wie Ratten, die in einem Labyrinth herumliefen. Rückblickend betrachtete ich mich selbst als eine dieser Ratten. Das einzig Positive, das man sagen konnte, war, daß ein Teil dieser Zeit damit verbracht worden war, mich hierher zu bringen.

Niemand beachtete mich, oder war *zu* nett zu mir. Um mich herum wurde gearbeitet. Ich nahm zumindest an, daß es sich dabei um Arbeit handelte. Es sah aus wie das, was wir Arbeit nennen. Aber es hatte auch eine spielerische Qualität. Es war, als ob jeder irgend etwas täte, was erledigt werden mußte, ohne es aber wirklich ernst zu nehmen. Fast hätte man annehmen können, es sei ein Spiel – abgesehen davon, *was* getan wurde.

Ein Kind rief einem andern zu: »Wer als letzter am nächsten Baum ist!«, und sie stellten sich nebeneinander auf und fingen an, sich so langsam zu bewegen, daß man fast annehmen mußte, sie stünden ganz still, aber wenn man auf ihre nackten Füße achtete, sah man, daß sie sich ganz langsam über das Gras bewegten, ein Fuß kaum weiter als der andere, und dann rückte der andere Fuß nach. Es war unheimlich – fast so, als gäbe es die Zeit nicht mehr. »Du hast angehalten!«, rief das Mädchen. »Wir müssen wieder von vorn anfangen!«, rief sie. Und sie liefen zurück, um noch einmal von vorn anzufangen.

Eine junge Frau von ungefähr zwanzig Jahren und hawaiianischem Aussehen kam auf die Treppe zu. Ihre Schürze war voll mit frischem Gemüse. Ich schaute sie direkt an und fragte: »Inwiefern bin ich anders?« Mit einer gewissen Selbstverständlichkeit sagte sie: »Anders als du selbst«, und ging ins Haus. Als sie an mir vorbeiging, wehte der Duft der Früchte über mich hinweg, und dieser Geruch war so angenehm, daß ich sie hätte essen wollen, auch wenn es nur Futterrüben gewesen wären. Nicht sofort. Ich fühlte mich immer noch angenehm satt vom Frühstück. Aber zum Mittagessen würde ich sie doch essen wollen.

Plötzlich fiel mir der Geschirrtrockner ein. Er fiel mir ein, weil ich überhaupt kein Kabel gesehen hatte, das zum Haus führte, und auch das Summen eines Elektromotors war mir nicht aufgefallen.

Die junge Frau kam aus dem Haus und setzte sich so selbstverständlich neben mich auf die Treppe, als wäre sie meine Schwester.

»Woher bekommt ihr euren Strom?«, fragte ich, und wie schon vorher formten sich meine Gedanken so abrupt und ohne jede Einführung zu Worten, wie ich es eigentlich nicht gewollt hatte. Zuerst stellte man sich doch vor. Aber irgendwie konnte ich nicht mehr wie früher einfach so tun als ob. Das erschien mir wie eine Verschwendung des Lebens.

»Woher der Strom kommt?«, fragte sie.

Und da saß ich nun. Er kommt aus Generatoren, dachte ich, aber *sie* denkt an etwas anderes, nur *woran*? Da kam ein kleines Schwein an die Treppe und schnüffelte, und die junge Frau lehnte sich nach vorne und rieb ihm die Ohren. Ich vergaß meine Frage.

Während die Frage verschwand, tauchte in mir der Gedanke »Lotus-Land« auf, doch auch er verschwand wieder. Ich lebte einfach – lebte mit jeder Zelle meines Körpers, so intensiv, wie ich mich nicht erinnern konnte, jemals gelebt zu haben. Alles um mich herum vollzog sich – und auch ich vollzog mich.

Der Rest des Tages glich einem jener Träume, in denen man alles ohne Anstrengung tut. Ich schnitt Bananen von den Bäumen und half beim Verladen in die lautlosen Wagen. Ich grub einen Graben, um Wasser umzuleiten. Was immer einer der anderen tat, ich wollte es auch tun. Wie ein Kind, dachte ich, nur daß ich jetzt in der Lage war, wirklich zu helfen. Als wir uns am Abend alle auf die Wiese setzten, um gemeinsam zu essen, war ich nicht müde. Auch hatte ich nicht dieses unangenehme Gefühl von Rastlosigkeit, das einen treibt, irgendwo hinzugehen oder irgend etwas zu tun.

Letzte Nacht träumte ich, ich wäre ein Schmetterling, und jetzt

weiß ich nicht, ob ich ein Mensch bin, der geträumt hat,

er wäre ein Schmetterling, oder ein Schmetterling, der jetzt

träumt, er wäre ein Mensch.

Es fiel mir schwer, mich daran zu erinnern, warum ich hergekommen war. Ich sollte Informationen sammeln und herausfinden, was hier los war. Aber so sehr ich mich auch bemühte, ich fand keine Form oder Ordnung in der Art, wie die Dinge hier vonstatten gingen. Kein Muster, keine Routine oder irgendwelche Regeln. Und doch lief alles sanft und erfrischend, als ob es nie zuvor genauso gemacht worden wäre. Gelegentliche Zusammenstöße oder Mißgeschicke gaben Anlaß zu spontanem Lachen, nichts weiter, und auch dieses Lachen hatte nie den Charakter einer Wiederholung. Niemand versuchte, dabei zu bleiben oder etwas daraus zu machen. Wie ein Vogel, der über mich hinwegfliegt kam es – und war wieder weg. Diese »Fehler« schienen Teil des Ganzen zu sein, das ohne sie unvollständig bleiben würde.

Nachdem wir gegessen, gesungen und ein bißchen Spaß gemacht hatten, dessen leichtherzige Heiterkeit in der Spontaneität des Augenblicks lag und daher nie wiederholt werden kann, sagte eine alte Frau: »Der Gouverneur wird kommen.«

Sofort beschlich mich ein unheimliches Gefühl. Trotz der Freundlichkeit hatte ich den Verdacht, daß all das am Ende nicht das war, was es zu sein schien. Warum kam der Gouverneur? Ich tadelte mich selbst dafür, daß ich den Grund meines Hierseins und die Notwendigkeit zur Vorsicht vergessen hatte. Ich war so gut vorbereitet worden und hatte innerhalb weniger *Stunden* alles über Bord geworfen. Wie ein Kind, das seine Arbeit fallen läßt und einfach schwimmen geht. Ich verstand mich selbst nicht mehr. Meine Vorsicht war eines der Kriterien meiner Auswahl gewesen. Ich hatte sie abgelegt wie man einen Mantel ablegt, wenn es warm wird. Mir war beigebracht worden, niemals unvorsichtig, und den anderen immer einen Schritt voraus zu sein, und ich hatte den unangenehmen Verdacht, daß diese Leute mir mindestens zwei Schritte voraus waren.

»Warum kommt er her?«, stieß ich nervös hervor, nicht wegen irgend etwas Gegenwärtigem, sondern aufgrund der mißtrauischen Welt, aus der ich kam und die ich – in mir selbst – mit hierher gebracht hatte.

»Er kommt«, sagte die Frau milde. Die Gemüsefrau lehnte sich zu mir rüber und strich mir über den Arm. Sie tat das, wie man ein Kind oder einen Hund anfaßt, der sich vor irgendeiner Nichtigkeit fürchtet. Aber tat sie es um meine Angst zu lindern – oder meine Zweifel?

Das kleine Mädchen, das mir mein Frühstück gebracht hatte, spielte in meiner Nähe. Während sie spielte, sagte sie: »Anders.«

Ein ramponiertes Auto fuhr vor, und ein großer, hagerer Mann stieg aus – zuerst die Beine, und dann der Rest. Zusammen mit ihm kam ein angenehmer Duft nach Melonen auf uns zu. Plötzlich fiel mir auf, daß jeder von ihnen einen *eigenen*, zarten Geruch um sich hatte, und die Gemüsefrau duftete – hauchzart und flüchtig – nach Walnuß. Ich hatte gedacht, daß all diese Düfte aus den Gärten kamen – die Gerüche der Tiere und Pflanzen –, aber auch die Menschen hatten ihren Duft. Und ich? Sie mußten mich sofort erkannt haben. Und vielleicht riefen sie den Gouverneur, sobald Fremde auftauchten?

Der Gouverneur kam zu uns herüber, setzte sich ins Gras und erzählte von den Regenbögen am Morgen. Anscheinend waren es sehr außergewöhnliche Regenbögen gewesen, und er liebte Regenbögen. Er lächelte in meine Richtung und sagte: »Man kann sie nicht sammeln, weißt du.«

Dann gab es eine Pause, in der sich eine Art von Gemeinschaftlichkeit entwickelte, die mich ganz einnahm. Alle waren still. Ich wollte das Schweigen mit all den Fragen, die ich jetzt im Kopf hatte, unterbrechen, aber obwohl mein Mund sich öffnete, bewegte sich meine Zunge nicht. Wellen durchzogen mein Denken und trugen all meine Ängste und Fragen mit sich fort – bis sie sich in Nichts aufgelöst hatten, und die entstehende Leere enthielt alles, was existierte.

Schließlich brach der Gouverneur das Schweigen und überraschte mich. »Bist du aus sehr ferner Zeit hierher gekommen?«, fragte er. Das klingt nicht eigentlich schlimm, aber wer weiß schon, wie es ist, wenn man erleben muß, wie das innerste, tiefste Geheimnis, das außer einem selbst niemand kennt, plötzlich in der Öffentlichkeit verkündet wird?

Ich wollte ausweichen, aber gegen mich selbst und gegen sämtliche Instruktionen, mit denen ich programmiert worden war, antwortete ich: »Ja.«

Er nickte. »Du mußt der erste sein.«

Wenn ich der erste war, wie konnte er dann ...? Dann verstand ich. »Ich nehme es an«, sagte ich. »Gibt es hier noch andere – aus anderen Zeiten?«

»Nein ...«

»Aber dann –«

»Sie sind wieder zurückgegangen.«

»Von *hier*?«, platzte ich ungläubig hervor.

»Von *jetzt*«, korrigierte er mich. »Die Menschen aus der Vergangenheit scheinen kein Talent zu haben, jetzt zu leben.«

Ich grübelte immer noch über diesen Satz nach, als der Gouverneur sich zurücklehnte und die Augen schloß. »Als du hier lebtest, waren die Inseln anders«, sagte er und überraschte mich damit abermals. Er reagierte auf mein Zittern, als hätte er es gehört und seine Bedeutung verstanden. »Alle, die hier hergekommen sind, haben früher einmal auf Hawaii gelebt. Wie ich gehört habe, gehen Araber nach Arabien und New Yorker nach New York.«

Zuerst war es nur ein leichter Schlag gewesen, dann aber traf es mich doch härter, daß all unsere ausgefeilten Begründungen und Computeranalysen auf einem simplen Umstand basierten, nämlich dem, daß ich Hawaii vorgeschlagen hatte, weil ich mich hier zu Hause fühlte. Das machte die ganze Sache so absurd. Die ganze Arbeit, all die Diskussionen und Planungen, die uns allen im Entscheidungsprozeß um Hawaii damals so notwendig erschienen waren – das alles hatte mit *mir* zu tun, mit meinem eigenen Interesse. Es war das, was ich wollte. Wie hatten wir uns mit all den Untersuchungen doch selbst an der Nase herumgeführt. Es hätte nur dann anders laufen können, wenn jemand anders gewollt hätte, daß ich woanders hingehe. Dann hätte er andere Informationen beigesteuert und eine Antwort bekommen, die *seinen* Wünschen entsprochen hätte. Einen Moment lang hatte ich eine Ahnung von der Einfachheit der Menschen hier und verstand die Weisheit, die darin lag. Doch dann verschwand dieses Gefühl wieder. Ich wünschte mir, daß das Wahre sich nicht immer so schnell verflüchtigen würde, während das Falsche leicht zu haben ist – und dann bekam ich wieder Kopfschmerzen, weil das Wahre und das Falsche durcheinander gingen und ich nicht mehr wußte, was was war.

»Ist es jetzt überall so wie hier?«, fragte ich.

»Überall?« Er machte die Augen auf, um mir den Sinn meiner Frage anzusehen. »Nein. Es gibt noch ein paar Orte wie unseren – kleine Orte, die aus unterschiedlichen Gründen unbedeutend geworden sind – obwohl *auch die* natürlich unterschiedlich sind.«

»Und warum ist es hier so, wie es ist?«

»Wir mögen die Vielfalt«, sagte der Gouverneur.

»Vielfalt!«, rief ich – aus meinem starken Gefühl heraus, daß es hier überall gleich schön war. Aber was eigentlich gleich war, war die Leichtigkeit und das Wohlgefühl, die eine gemeinsame Basis bildeten. Das Unterschiedliche lag darin – nun, es gab all diese verschiedenen Dinge, die nicht zusammenpaßten. »Sie scheinen so ländlich zu leben«, sagte ich, »natürlich mit einem gewissen Fortschritt. Ich sah einen Fernsehbildschirm, auf dem eine Frau sprach, und –« Plötzlich kam ich mir äußerst dumm vor. Wahrscheinlich hatte ich das alles mißverstanden.

Der Gouverneur lächelte. »Sie sind interessant, nicht wahr? Manche Leute finden es gut, so einen Bildschirm zu haben.«

»Aber wer stellt sie her?«

»Die Leute, die so etwas gerne herstellen.«

»Aber angenommen, es gibt nicht genügend Leute, die diese Bildschirme herstellen wollen – ich meine, angenommen es gibt mehr Menschen, die Bildschirme haben wollen als solche, die sie produzieren wollen?«

Der Gouverneur sah mich voll Mitgefühl an. Das mußte es gewesen sein, denn sein Blick vermittelte mir nicht das Gefühl, dumm oder beschränkt zu sein, sondern das, in einer Weise verstanden zu werden, wie ich mich selbst nicht verstand. Es gab mir Sicherheit und ein gutes Gefühl, so verstanden zu werden. Es eröffnete die Möglichkeit, daß ich mich eines Tages selbst verstehen würde. Aber es beantwortete nicht meine Frage, und durch meinen Blick wiederholte ich sie noch einmal.

»Niemand möchte immer und immer wieder dasselbe machen«, sagte er. »Und nicht auf dieselbe Art. Ein paarmal, ja.«

»Wenn aber viele so etwas wollen?«

»Das tun sie nicht. Wenn sie alles besäßen, woran sie Freude haben, besäßen sie zu viel. Und wenn alle – oder die meisten – Leute dieselben Dinge hätten, gäbe es keine Abwechslung, wenn man von Haus zu Haus geht, und man könnte nicht teilen, denn wie soll man teilen, was man hat, wenn alle anderen dasselbe haben?«

Für einen Augenblick schien ich es zu verstehen, aber dann war es wieder weg. Ich spürte etwas sehr *Falsches* über diesen Ort, das mir aber so richtig erschienen war. Es war *gut*, wenn alle alles haben, so wie bei uns, und das einzig Falsche war, daß einige es noch nicht hatten.

Dann erklang die Stimme des kleinen Mädchens in mir: »Du bist anders«, und ich erinnerte mich, wie die junge Frau gesagt hatte: »Anders als du selbst.« Flüchtig erkannte ich einen Teil meiner inneren Spaltung – denn ich wollte der Richtigkeit dieses Ortes, die sich so falsch anfühlte, entkommen und mich der Falschheit des Ortes, von dem ich gekommen war, und die sich jetzt so richtig anfühlte, entgegenwerfen. Ich war mir dessen, was ich liebte und hier vorfand, so klar bewußt und hielt sie doch für falsch, ja für bedrohlich. Ich betrachtete es als etwas, dem ich widerstehen mußte, genau wie ich immer schon den ungezügelten Gedanken hatte widerstehen müssen, die mich verführen wollten, alles, was ich hatte, hinzuschmeißen und noch einmal bei null anzufangen. Das zu wollen war schlecht, war verantwortungslos; es bedeutete gerade nicht, seinen Platz im Leben einzunehmen, das Land aufzubauen und dafür zu sorgen, daß alle ein besseres Leben führen konnten. So schnitt ich den Schmerz und die Freude meines Wissens ab – meines eigenen Wissens – und hinkte im Halbleben dessen, was andere sagten, dahin.

In der Welt, aus der ich kam, war jeder anders als er selbst. Das mußte er. Oder er dachte, er müßte, was auf dasselbe hinauslief. Hier hingegen hatte ich eine Chance, mir selbst zu begegnen. Meine Gedanken klärten sich, und ich verstand es – klar und deutlich. Als es mir klar wurde, wurde ich lebendig, als ob die Last von zehn Jahren von meinen Schultern abfiele.

Ich werde nie wieder zurückgehen, dachte ich plötzlich. Diesen Gedanken hatte ich schon vorher gehabt, aber nicht mit dieser Klarheit. Sie konnten meine Maschine zurückrufen, aber sie hatten keine Möglichkeit, mich zum Einsteigen zu zwingen. Diese trostlose, schmutzige Welt konnte sich ohne mich weiterdrehen. Das sagte ich dem Gouverneur.

»Siehst du keine Notwendigkeit, uns zu ändern?«, fragte er. »Du glaubst nicht, daß wir faulenzen und unsere Zeit verschwenden? Du glaubst nicht, daß du unsere Fahrzeuge verbessern könntest, indem du sie auseinandernimmst, um zu sehen, warum sie so leise sind, und dieses Wissen dann deinem eigenen Wissen, wie man sie schneller machen könnte, hinzuzufügen?«

»Nein«, sagte ich. Dann wurde ich aus irgendeinem Grund wieder ehrlich. »Ich hatte solche Gedanken«, sagte ich. »Vielleicht werde ich sie gelegentlich wieder haben. Aber sie werden wieder vergehen. Ich weiß nicht, was passiert, aber sie erscheinen mehr und mehr lächerlich – in dieser kurzen Zeit. Nicht nur lächerlich, sondern eigenartig fremd. Sie gehören nicht zu mir. Es mag seine Zeit brauchen, um sie ganz loszuwerden, aber sie werden euch keinen Ärger bereiten. Das werde ich nicht zulassen.«

Ich war erstaunt, in den Augen des Gouverneurs Tränen zu entdecken. Vielleicht war es auch nur eine Täuschung, die mit dem seltsamen Licht zu tun hatte, das vom Himmel zu kommen schien.

»Hey!« rief ich plötzlich, denn ich hatte ein paar Lichter bemerkt, die sich am Himmel bewegten, allerdings so langsam, daß ich sie zuerst für Sterne gehalten hatte.

»Segler«, sagte der Gouverneur.

»Flugzeuge? Aber wie können sie sich so langsam bewegen? Was sind das für welche?«

»Vögel, könnte man vielleicht sagen – oder vielleicht auch Blätter, die auf dem Wasser schwimmen.«

Ich bat ihn, mir mehr Einzelheiten zu verraten, aber er schüttelte den Kopf. »Nicht, daß ich nicht wollte, aber was kann ich wirklich sagen?«

»Wie werden sie angetrieben?«, wollte ich wissen, und er antwortete: »Könntest du Benjamin Franklin erklären, wie ein Düsenjet funktioniert?«

»Aber ich komme aus dem Atomzeitalter!«, betonte ich. »Inzwischen wissen wir so viel mehr – ich meine *damals*.«

»Genug, um alles zu verstehen?«

»Nun ja, natürlich, ich meine nicht, daß wir es schon wissen, aber wir wissen genug, um interpretieren und ableiten zu können, egal wie komplex ...«

»Das ist ein Teil des Problems«, sagte er, stand auf und ging zu seinem Wagen. Was war das, was ich über Einfachheit verstanden hatte? Bevor ich anfangen konnte, darüber nachzudenken, blinkte ein Lichtsignal von dem Wagen in den Himmel – nur ein einziges Mal, dann erlosch es wieder. Fast augenblicklich war der Himmel voll von riesigen Knospen: Hibiskus, Tuberose, Frangipani, Keni-Keni, sogleich brachen die Knospen auf und wurden zu prachtvollen Blüten, die dann wieder starben und neue Knospen hervorbrachten. Sterne wuchsen zu einer ungeheuren Größe, explodierten und zerstoben in Millionen winzig kleiner Sterne, die sich über die Berge und das Tal verstreuten. Sie regneten auf uns herab und leuchteten zwar, brannten aber nicht. Als ich meine Hand ausstreckte, um sie zu fangen, erloschen und verschwanden sie. Draußen über dem Pazifik schrien die Felsen auf ihrem Weg zum Himmel, wo sie mit einem Dröhnen und Krachen explodierten, das die Berge um uns herum erzittern ließ. Ich zitterte und vibrierte am ganzen Körper und war von einer so himmlischen Erregung ergriffen, daß ich dachte, es nicht mehr ertragen zu können. In einem Augenblick wurde der Himmel klar. Eine nachtblühende Cereus tauchte auf und wuchs und wuchs, bis ihre weißen Blütenblätter großen Kanus glichen, während die goldene Mitte der Blüte leuchtete. Ich war überwältigt, ergriffen, verloren, außer mir.

Dann wurde das laute Getöse von einer plötzlichen Stille abgelöst. Die nachtblühende Cereus verblaßte, und während sie immer blasser wurde, wurde durch ihre Blätter hindurch etwas sichtbar, das wie ein Spiegelbild der Insel Oahu aussah – oder war es andersherum? Während die Insel am Himmel immer wirklicher wurde, erschien die, auf der ich saß, immer weniger wirklich. Welche von beiden war nun Illusion? Dann wurde die Stille von Musik durchweht, aber nicht als Geräusch, sondern mehr wie ein spielender Zephir, so sanft, daß ich nicht sicher sein konnte, daß das, was ich hörte, Musik war.

Ich legte mich ins Gras zurück, drehte mich, bettete mein Gesicht auf den Armen und verlor – das Bewußtsein hätte ich beinahe gesagt, aber wenn es das Bewußtsein war, das ich verlor, was war dann das, was ich fand?

Als ich mir der Menschen und der Dinge um mich herum wieder bewußt wurde, war ich in so etwas wie einer Wolke. Die Figuren waren wie Schatten, die Stimmen ein kaum vernehmbares Murmeln. Dann ein zarter Walnußduft, und ich wußte, daß die junge Gemüsefrau bei mir war. Ich schien in etwas zu liegen, das mir vertraut war und mich traurig machte.

»Es tut uns leid«, sagte sie, und ich konnte ihre Sorge hören. »Aber ohne dich – dort – könnten wir nicht sein. Du bist ein Teil unseres Werdens.« Ich sah mein Leben auf eine Weise, wie ich es noch nie zuvor betrachtet hatte. Sie wischte mir eine Träne vom Gesicht, und ich wußte nicht, ob es ihre oder meine Träne war – doch dann erkannte ich: es war unsere.

Sie nahm meine Hand und legte sie an eine Stelle, die meine Finger als Startknopf erkannten. Gemeinsam drückten wir auf den Knopf.

———•———

Heute morgen traf Fritz sich mit der ganzen Gruppe. Zuerst sprach er über Träume. Alles, was er sagte, war mir sehr klar, und ich dachte, ich würde es behalten. Ich habe es nicht behalten. Ich kann mich an *nichts* mehr erinnern. Aber ich habe wirklich verstanden, was er gesagt hat, also ist es in Ordnung. Was er gesagt hat und ich angenommen habe, ist in meinem inneren Computer abgespeichert, wo es nach Bedarf abrufbar ist. Ich kann nicht wiedergeben, was er gesagt hat. Bei einer Prüfung würde ich sang- und klanglos durchfallen. Aber wenn ich es brauche, weiß ich es, nur eben nicht in Prüfungen.

Mrs. Chumley ist gerade zurückgekommen. Hier eine Geschichte, die sie über mich geschrieben hat.

Seht die Lilien auf dem Felde
– oder wie man ein gutes Kartenspiel spielt

Der Titel dieser Geschichte – wenn es eine ist – könnte auch »Der Weg des Zen« heißen, aber man muß nicht unbedingt den ganzen Osten durchqueren, wenn man in den Westen will. Auf jeden Fall handelt sie von Mrs. Chumley, die in die siebziger Jahre des zwanzigsten Jahrhunderts zurückgekehrt ist, um ihre Enkelin Anne zu besuchen. Einige von Annes Freunden fragten Mrs. Chumley, wo sie das, was sie über das Leben wisse, gelernt habe. Darauf gab es so viele

Antworten, daß Mrs. Chumley ihrem Gefühl nachgehen mußte, welche für diejenigen, die sie fragten, die beste war. Das hieß nicht, daß sie die Unwahrheit sagte, sondern, daß sie etwas *sehr* Wahres sagte. Wenn man glaubt, es gäbe nur einen Weg nach Rom, ist das ein Zeichen dafür, daß man Rom nicht sehr gut kennt.

Was die Freunde von Anne betraf, bediente sich Mrs. Chumley eines Kartenspiels zur Erläuterung. Man kann zwar aus keinem Spiel lernen, wie man lebt, erklärte sie ihnen, aber ich werde Solitär nehmen, damit ihr es selbst ausprobieren könnt und niemandem hinterherjagen müßt. Schließlich müßt ihr euer Leben auch alleine leben. Nur dann könnt ihr einem anderen Menschen wirklich begegnen. Ein weiterer Vorteil von Solitär ist, daß ihr niemandem die Schuld oder die Anerkennung dafür geben könnt, wie es gelaufen ist. Es liegt einzig und allein an euch und den Karten.

Sie mischte das Spiel, zuerst auf eine ziemlich »professionelle« Art, und dann noch einmal ganz normal. Das schien ihr die beste Methode zu sein, sie vollkommen durchzumischen, obwohl sie sich zwischendurch fragte, ob die Karten auf diese Art nicht wieder dahin zurückkamen, wo sie hergekommen waren. Aber das schien nie vorzukommen, und deshalb maß sie dieser Frage nicht allzu viel Bedeutung bei – nur soviel, daß sie sicher sein konnte, keine Möglichkeit auszuschließen.

Dann begann sie, die Karten auf dem Tisch zu verteilen, eine Achterreihe aufgedeckt. Die zweite Reihe legte sie so, daß die Karten der ersten Reihe teilweise, aber nicht ganz verdeckt wurden und machte so weiter, bis alle zweiundfünfzig Karten aufgedeckt auf dem Tisch lagen. Die letzte Reihe enthielt natürlich nur vier Karten.

Eine der Regeln, sagte Mrs. Chumley, beschreibt, wie man die Karten hinlegen muß. Wenn man diese Regel nicht beachtet, spielt man nicht dieses, sondern irgendein anderes Spiel. Kein Spiel hat viele Regeln. In diesem hier werden Asse – wenn man an sie herankommt – an den oberen Rand des Tisches gelegt, so wie in den meisten Solitärspielen, und von da aus bildet man die Reihe ganz normal nach Folge und Farbe. Am unteren Ende stellt man sich vier freie Plätze vor. Man kann jede beliebige Karte zeitweilig auf einen dieser freien Plätze legen, um an andere heranzukommen, bis man sie woanders unterbringen kann.

Mrs. Chumleys Nase fing an zu laufen, wie sie das manchmal tat, wenn sie mit den altmodischen Bakterien des zwanzigsten Jahrhunderts in Berührung kam. Ihr Taschentuch flog aus ihrer offenen Tasche, die am anderen Ende des Raumes stand, heraus, und direkt in ihre Hand. Schnell schickte sie es zurück und sagte zu ihrer Enkelin: »Anne, wärst du so nett, mir mein Taschentuch zu bringen? Ich habe vergessen, wann ich hier bin.«

So wie das Spiel jetzt ausgelegt ist, fuhr sie fort, ist es chaotisch. Eure Aufgabe ist es, es in Ordnung zu bringen, indem ihr die Karten auf die oberen vier Stapel legt. Es darf immer nur eine Karte bewegt werden. Wenn mehrere Karten in Folge hintereinander liegen, müßt ihr entweder die ganze Folge legen, oder überhaupt keine; es sei denn, ihr wollt die Karten eine Zeit lang auf einen der freien Plätze legen, dann könnt ihr immer nur eine Karte nehmen.

Ihr seht, es gibt wirklich nicht viele Regeln, die allerdings sind nötig, denn völlig ohne Regeln, kommt man nicht aus dem Chaos heraus. Völlig ohne Regeln – die nur Begrenzungen darstellen – würde man das Chaos nicht einmal als solches erkennen. Wenn man keine Regeln hat, muß man welche erfinden. Sie engen nicht ein, sondern ermöglichen es zu spielen.

Konventionen sind etwas anderes. Leute, die hoffen, den Weg zu finden, stellen Konventionen auf, um spielen zu können, ohne denken zu müssen, und dafür benutzen sie noch andere Regeln. Dadurch wird es Arbeit, und nicht Spiel. Es ist die falsche Art, nicht zu denken, auf die richtige Art gehe ich später noch ein. Konventionen sind Wahrscheinlichkeiten, und wenn man sich darauf beschränkt, begrenzt man die Möglichkeiten. Das ist sehr eintönig. Außerdem funktionieren Konventionen in einem Spiel mit mehr als einem Spieler nur dann, wenn jeder sie einhält. Wenn nur zwei Menschen mit unterschiedlichen Konventionen zusammenkommen, kann das buchstäblich zum Mord führen, obwohl die Regel sagt, daß der Tod langsam vonstatten geht. Das macht es wirklich nicht besser.

Wenn die einen sich an Konventionen halten, und die anderen nicht, verlieren die Konventionstreuen. Einmal schlug ein Sechsjähriger mich beim Schachspiel, weil er die Regeln kannte, nicht aber die Konventionen. Er behandelte seine Dame wie einen Bauern und überraschte mich damit, weil ich immer nur gegen konventionelle Spieler gespielt hatte. Ich verlor. Ich konnte mich nicht einmal über ihn ärgern, obwohl ich das einen Moment lang tat, denn zu der Zeit spielte ich viel mit den Springern und war bereit, alles andere zu opfern, um sie zu retten. Meine Gegenspieler waren außer sich, wenn *sie* verloren, weil die Konventionen für sie zu Regeln geworden waren, und so saßen sie in der Klemme, weil ich etwas brach, das zwar wie eine Regel aussah, aber keine war, wofür sie mir also auch keinen Vorwurf machen konnten. Es ist dasselbe wie mit einem Polizisten, der einen nicht ins Gefängnis stecken kann, weil man gegen kein Gesetz verstoßen hat, auch wenn er das vielleicht denkt. Man hat lediglich eine Konvention verletzt. Wenn man natürlich »denkt« wie der Polizist (man konnte hören, wie Mrs. Chumley das Wort in Anführungszeichen setzte), geht man widerstandslos ins Gefängnis, um eine Strafe für etwas abzusitzen, das man nie getan hat und eine Schuld zu sühnen, die reine Phantasie ist.

Nachdem das Spiel mit den Springern anfing, mich zu langweilen, weil es nicht mehr viel zu lernen gab, beschäftigte ich mich mit den Läufern, dann mit den Türmen usw. Ich kam so weit, daß ich mit den Bauern einen ganz schönen Trubel veranstalten konnte. Als ich alle Figuren durch hatte, benutzte ich sie abwechselnd und auf ihre jeweils beste Art und Weise. Aus diesem Grund spiele ich nicht mehr oft Schach. Meine Gegner laufen mir weg, weil sie sich aufregen, was eigentlich albern ist. Versteht ihr, sie versuchen, mich auf eine Art zu schlagen, die sie immer noch für ihre eigene halten, obwohl jeder so spielt, anstatt ihren eigenen Stil zu entwickeln und damit auf meinen Stil zu reagieren . Erst dadurch wird Schach zu einem wirklich interessanten und aufregenden Spiel. Dasselbe gilt für Bridge oder Tennis.

Derjenige, von dem ich Solitär gelernt habe, brachte mir ein paar Konventionen bei, die er wie Regeln behandelte. Sein Lehrer wiederum hatte ihm diese Konventionen auch beigebracht, und keiner von beiden machte irgendwelche Unterschiede zwischen Regeln und Konventionen. »Lege die Karten in acht Reihen aus« und »Besetze niemals alle vier freien Plätze gleichzeitig« wurden gleichzeitig gelehrt und der selben Kategorie zugeordnet. Doch während das erste eine Unumgänglichkeit darstellt, ist das zweite lediglich eine Wahrscheinlichkeit. Manchmal helfen einem Wahrscheinlichkeiten aber nicht aus der Klemme, und dann muß man sich nach den Möglichkeiten umschauen – was man natürlich nicht kann, wenn man sie für unmöglich hält. Also kommt man nicht weiter. Dann denkt man, die ganze Welt sei gegen einen, was in gewisser Weise auch stimmt, aber dabei handelt es sich lediglich um die fiktive Welt der Konventionen. Wenn man versucht, da herauszukommen, dann schreien die Leute: »Das kannst du doch nicht machen!«, und sie sind sich ihrer Sache so sicher, daß man es wahrscheinlich mit der Angst bekommt. Und dann bleibt man drin. Und das beweist jedem, daß es keinen Ausweg gibt, weil noch niemand versucht hat, ihn zu finden.

Wenn jemand gegen eine Konvention verstößt und damit durchkommt, sagen die anderen, er habe Glück gehabt. Dabei war er nur akkurat und hat sich der Wirklichkeit seiner Zeit entsprechend verhalten. Auf irgendeiner anderen Grundlage zu handeln, ist Illusion. Wie kann ich *dieses* Spiel auf der Grundlage dessen spielen, wie die Karten in einem vorherigen Spiel gelegen haben oder in einem zukünftigen liegen werden? Vergangenheit und Zukunft haben keine wirkliche Existenz, weil die einzige Zeit, in der man handeln kann, die Gegenwart ist. Man kann über die Vergangenheit oder die Zukunft nachdenken, aber das heißt nicht *Leben*, weil man nur *darüber nachdenkt* und man weder in der Vergangenheit noch in der Zukunft irgend etwas *tun* kann.

Plötzlich wurde Mrs. Chumley sich ihres gegenwärtigen Zeitbezugs bewußt und fügte hinzu: Es sei denn, man befindet sich dort – aber dann ist man natürlich hier, in dem der Gegenwart entsprechenden Raum.

Und hier, sagte sie und schaute auf die Karten, die auf dem Tisch ausgebreitet lagen, ist dieses Spiel. Es ist das einzige, das wir jetzt spielen können. Anders als bei den meisten Kartenspielen, kann man sehen, wo sich jede einzelne Karte befindet. Das ist mehr wie im Leben. Man verfügt immer über die relevanten Informationen, um hier und jetzt handeln zu können. Erst, wenn wir mit der Zukunft, der Vergangenheit und anderen Orten durcheinandergeraten, wissen wir nicht mehr, was wir tun sollen. Aber wir brauchen uns um die anderen Zeiten und Orte keine Sorgen zu machen. Die Vergangenheit ist vorbei, und die Zukunft erwächst aus der Gegenwart; wenn wir also jetzt den richtigen Zug machen, wird auch die Zukunft kein Problem darstellen.

Mrs. Chumley schaute wieder auf die Karten und erklärte: Wenn es offene Asse gibt, spielt man sie nach oben, und danach alle weiteren offenen Karten, die auf das As passen usw. Es ist nicht erforderlich, das sofort zu tun, es ist eher so ähnlich wie beim Geschirrspülen: Es droht keinerlei Gefahr, es räumt nur eine bestimmte Anzahl an Karten beiseite, so daß wieder Platz für etwas anderes entsteht.

Wenn ihr danach eine Karte seht, die auf eine andere gelegt werden kann, wartet noch ab. Ihr habt noch nicht das ganze Feld erkundet. Es würde bedeuten, ein Problem lösen zu wollen, ohne sämtliche relevanten und zur Verfügung stehenden Informationen eingeholt zu haben. Man kommt durcheinander.

Wie sieht dieses spezielle Spiel übrigens für euch aus? Sie fragte die sechs Leute, die um sie herum saßen.

»Hoffnungslos«, sagte eine.

»Unmöglich« eine andere.

Wieder ein anderer meinte etwas vorsichtiger: »Für mich sieht es nicht sehr aussichtsreich aus.«

Mir geht es genauso, sagte Mrs. Chumley. Es gehört nicht zu den Spielen, die einfach aussehen, was nicht heißen soll, daß alle, die einfach aussehen, es auch sind. Aber wenn ich anfangen würde, darüber nachzudenken, würde ich dieses Spiel sicherlich aufgeben und ein neues anfangen. Also höre ich auf zu denken.

Einer der jungen Männer stand schnaubend auf und entfernte sich vom Tisch. Dasselbe tat ein älterer Mann, wenn auch ohne zu schnauben, denn er mochte Mrs. Chumley. Ein junges Mädchen ging ebenfalls schnaubend weg, weil sie den jungen Mann mochte.

Wenn ich aufhöre zu denken, fuhr Mrs. Chumley fort, habe ich keine Meinung. Das eröffnet eine Menge Möglichkeiten. Wenn ich keine Meinung habe, spüre ich kein Verlangen, etwas zu tun – weder das Spiel wegzuwerfen, noch mich mit ihm herumzuschlagen. Ich bin lediglich daran interessiert, es mir anzusehen – wie ein kleines Kind, das euch noch nie gesehen hat. Es erforscht euch, bevor es sich entscheidet, was es mit euch anfangen will. Ein anderes Wort dafür ist abtasten.

Ich beginne zufällig, sehe eine Karte, sagen wir, diese Pik-Sieben hier. Sie gehört entweder auf eine Pik-Acht oder braucht eine Pik-Sechs über sich. Also schaue ich mir das Blatt an und suche die Acht und die Sechs. Ich *sehe* sie – das ist alles. Versucht nicht, dabei zu bleiben, denn dasselbe macht ihr mit allen anderen Karten, und der Teil eures Geistes, der das tut, kann sie nicht alle behalten. Also suche ich sie einfach, und diese Information wird irgendwo in meinem Hinterkopf gespeichert. Wenn sie vollständig sind, weiß ich, was ich tun muß.

»Hey!«, sagte der junge Mann, der weggegangen war, und kam an den Tisch zurück. »Sie programmiert sich selbst!« Das junge Mädchen kehrte ebenfalls an den Tisch zurück und stellte sich neben ihn. Er dachte, wie wunderbar sie doch war, während sie versuchte, sich an seine Bewegungen anzupassen. Der ältere Mann blieb wo er war – mit dem Rücken zu den anderen –, hörte aber zu.

Mrs. Chumley fuhr fort, das ganze Blatt abzutasten, bis sie fast jede einzelne Karte erfaßt hatte, und ein paar, die sie nicht direkt gesucht hatte, waren indirekt registriert worden. Jetzt, sagte sie, ist das ganze Blatt in meinem Kopf, auch wenn ich nicht weiß wo, und deshalb weiß ich, was ich tun muß, obwohl ich nichts darüber weiß. Die Art, wie ich die Karten hin und herbewege, erscheint mir nicht immer einsichtig. Manchmal komme ich mir einfach dumm vor, und manchmal habe ich das Gefühl, voreilig zu sein und mich in die Katastrophe zu stürzen. Aber der Impuls kommt so sicher von meinem *inneren* Computer, daß ich es tun *muß*. Wenn man diese anfängliche Disziplin jedoch nicht hat, kommt der Impuls woanders her. Dann kann es sein, daß sich alles wunderbar anfühlt, aber schließlich endet es doch in einem Durcheinander.

Die Karten bewegten sich so schnell in ihren Händen, daß niemand ihren Bewegungen wirklich folgen konnte, aber es gelang auch keinem der anwesenden Personen, die sehr genau hinsahen, einen Fehler zu beobachten. Und auf einmal war das ganze Blatt offensichtlich aufgeräumt und so vorbereitet, daß es in die vier oberen Stapel gelegt werden konnte.

»Selbst wenn sie mogeln würde, könnte sie es nicht!«, sagte der junge Mann, der Interesse am Programmieren hatte. »Würden Sie das noch einmal machen?«

Mrs. Chumley mischte die Karten und legte sie wieder aus. Dieser Teil am Anfang ist am lästigsten, sagte sie, als alle Karten an ihrem Platz lagen. Ich meine, zumindest so lange, bis man sich daran gewöhnt hat und es schnell erledigen kann. Man will etwas *tun*. Man ist so sehr daran gewöhnt, etwas zu tun, daß man sich schuldig fühlt, wenn man nichts tut. Irgend etwas stimmt nicht. Man hat das Gefühl, loslegen zu müssen. Wenn man aber wirklich mit sich selbst in Kontakt ist, spürt man, daß das nicht stimmt, und daß man eigentlich Angst davor hat, daß wenn man nicht selbst loslegt, es jemand anders tut. Die meisten von uns haben Angst davor, daß man ohne Antrieb nichts zuwege bringt. Vielleicht kommt das durch die mechanistischen Erklärungen in der Wissenschaft – eine Maschine reguliert sich nicht selbst und hält sich nicht selbst in Bewegung, sie muß durch äußere Krafteinwirkung erst in Gang gesetzt und dann gehalten werden, oder aber sie hört auf zu arbeiten. Und wenn wir lebendige Geschöpfe mit einer mechanistischen Sichtweise betrachten, fühlen wir uns verpflichtet, sie am Laufen zu halten und üben Druck aus, um sicher zu gehen, daß sie weiterlaufen; und wenn sie aufgehört haben, setzen wir sie wieder in Gang.

Ihr braucht überhaupt keine Angst davor zu haben, aufzuhören. Euer Herz schlägt weiter, und eure Lungen atmen weiter. Und dennoch – wenn ihr das tut, was ihr als Aufhören erlebt, ist das so anders als das, was ihr vorher getan habt, daß es sich falsch anfühlt – wie das kleine Mädchen, das so lange verkrüppelt war, daß sie sich, als der Arzt sie wieder einrenkte, bei ihm beschwerte: »Sie haben mich krumm gemacht!«

Natürlich gibt es eine falsche Art des Nichts-Tuns, ebenso wie es eine falsche Art des Nichts-Denkens gibt. Das macht es so verwirrend. Ihr könnt euch dazu bringen, nichts zu tun, indem ihr euch unter Druck setzt, und das ist falsch. Wenn ihr es richtig macht, entzieht ihr euch allem Druck, einschließlich dem, den ihr euch selbst macht. Es fühlt sich an wie ein Schritt zurück, aber in Wirklichkeit ist es eine Verlangsamung des Tempos. Wenn man langsam über eine Straße geht, während die anderen Leute schnell an einem vorbeieilen, fühlt es sich an, als ginge man rückwärts, vor allem wenn man selbst daran gewöhnt ist, es eilig zu haben.

Während sie sprach, hatte Mrs. Chumley angefangen, einen Finger auf die eine oder andere Karte zu legen, um darauf hinzuweisen, daß sie dabei war, die Karten mit den Augen zu registrieren. Dann fing sie an, die Karten zu bewegen – manchmal so, daß die Zuschauenden es nachvollziehen konnten, und manchmal so, daß sie es nicht konnten. Dann waren alle Karten geordnet, und entweder lagen sie als Stapel auf den vier Assen am oberen Ende, oder aber sie waren so aufgereiht, daß sie jetzt nach oben gelegt werden konnten.

»Geht es nie daneben?«, fragte eine Frau, die bis dahin noch nichts gesagt hatte.

Doch, sagte Mrs. Chumley, die keine Schwierigkeiten hatte, irgend etwas zuzugeben. In diesem Fall bin ich mir nie sicher, ob das Spiel unmöglich war, oder ob ich nicht aufgepaßt habe – oder ob ich vielleicht nicht aufgepaßt habe, um ein paar Spiele zu verlieren, weil ich keine Lust mehr hatte, immer zu gewinnen.

»Keine Lust zu gewinnen!«, sagte der Schatten einer Stimme.

Die einfachste Art zu gewinnen ist, sich nicht darum zu kümmern. sagte Mrs. Chumley. Jeder von euch muß diese Erfahrung irgendwann schon einmal gemacht haben. Es ist dir egal, also sagst du was du denkst, und die Dinge laufen so, wie du es dir nicht vorgestellt hättest, wenn du sagen würdest, was du denkst. Wenn du sagst, was du denkst und es dir nicht egal ist, kann das gut sein, oder zumindest besser als es nicht zu sagen, aber es kommt nicht dasselbe dabei heraus, oder aber es dauert länger. Mit dem *Handeln* ist es genau dasselbe.

Es gibt auch Anfängerglück. Wenn du weißt, daß du überhaupt keine Ahnung hast, daß du keinen Ruf zu verlieren hast, niemanden zu beeindrucken versuchst – auch nicht dich selbst, dann läßt du es einfach drauf ankommen, und – Ping! Es hat geklappt. Nur daß du dann versuchst, es zu wiederholen, und der *Versuch* geschieht unter anderen Vorzeichen. Beim ersten Mal hattest du kein Bild davon, was passieren würde. Du hast es einfach gemacht, und dann ist es passiert, und das hat dich überrascht. Beim zweiten Mal versuchst du, das, was beim ersten Mal passiert ist, hervorzubringen, indem du versuchst, deinen Körper auf dieselbe Art handeln zu lassen. All das geschieht in einem Teil deines Kopfes, der darin nicht besonders gut ist. Wenn du hart genug arbeitest, kann es sein, daß du Erfolg hast, aber gleichzeitig machst du dich selbst kaputt, weil du einen Teil von dir benutzt, um einen anderen zu beeinflussen, anstatt das Ganze durch dich als Ganzes hindurch geschehen zu lassen.

Wenn du etwas durch einfache Anziehung tust, ist es nicht wirklich dasselbe, wie es zu versuchen. Alle deine Teile spielen zusammen, und zwar entsprechend deiner persönlichen Eigenart. Du stehst dir selbst nicht im Weg. Wenn du *versuchst*, machst du die Dinge in deinem Kopf ab, oder du »nimmst dich zusammen«, um es zu schaffen. Wenn du auf diese Weise Erfolg hast, dann obwohl, und nicht weil, und du verbrauchst dich selbst im Laufe dieses Prozesses. Das ist dasselbe, wie eine Maschine ohne Öl zu betreiben. Man wird steif und ungelenk.

Ich nehme an, das hat etwas mit unseren zwei Nervensystemen zu tun, sagte sie. Sie konnte nicht sagen, daß sie es wußte, denn dann hätte sie erklären müssen, was sie wußte, und die Worte und Konzepte, die geeignet waren, das angemessen zu erklären, lagen hier immer noch in der Zukunft. Also konnte sie es nur grob und unpräzise skizzieren.

Eigentlich sind unsere zwei Nervensysteme ein einziges System, sagte sie, weil sie zusammenarbeiten. ... Eines von beiden läßt unser Herz schlagen und unsere Lunge atmen, ob wir wollen oder nicht. Es arbeitet von alleine – wie der innere Computer. Fritz benutzt das Wort »Computer« für den Planer- oder Verschwörergeist, den ich nicht habe, wie ich leicht feststellen kann. Der eine heißt »Denken«, der Ich-Computer, der, den ich benutzen kann. Das ist der *andere*, der ziemlich genau in Übereinstimmung mit unseren Intentionen agiert oder überagiert. Mache Leute benutzen ihn für zufälliges Malen oder zufälliges Kuchenbacken. Sie erkennen nicht die Absurdität des Versuchs, *absichtlich* »spontan« sein zu wollen. Was heißt Absurdität. Es ist *unmöglich*. Genau wie der Satz »Ich bin spontan«.

Wenn er überagiert, gerät er mit dem anderen in Konflikt, anstatt daß beide gut zusammenarbeiten – so wie sie das können, ich hingegen nicht. Wenn ich »mich selbst herausnehme« oder »keine Wünsche habe«, dann tue ich das nie ganz. Ich bin immer noch interessiert. Allerdings nicht über-interessiert. Und alles an mir funktioniert so, wie ich gebaut bin. Dann hält das eine System die Verbindung zwischen mir und der Zeit und dem Bewußtsein, und das andere die zwischen mir und der Zeitlosigkeit und dem Unbewußtsein, und ich bin genau da, wo ich hingehöre – überall und nirgends. Harmonie und Genauigkeit. Zwischen Geschäft und Kunst zu unterscheiden, ist albern, sagte sie. Es kommt nur darauf an, *wie* etwas getan wird.

Dann seufzte sie, was nicht sehr häufig vorkam, aber diese beiden jungen Leute, die neben ihr standen, glaubten zu wissen, was Liebe ist, und versanken darin, vergaßen die Welt und all das.

HÖRT ZU!, sagte sie, so plötzlich, daß sie alle außer Anne, die das verstand, damit erschreckte. Alle außer Anne suchten nach dem Klang, den sie hörten, nach etwas, worauf sie hören sollten, und verpaßten die Symphonie aus Klang, Vogelgezwitscher, Motoren, Atem, Rascheln, Kratzen, Murmeln, gelegentlichem Hupen und Klappern – und verpaßten ebenso die Stille, die dahinterlag. Aber Mrs. Chumleys und Annes Stille hielt an. Zunächst umgab sie die anderen, dann drang sie in sie ein, bis sie selbst Stille wurden, während sie gleichzeitig und weiterhin sie selbst blieben. Sie waren und erkannten sich selbst als wirbelnde Atome, zwischen denen es einen gewaltigen Raum gab, und gleichzeitig als die Personen, die berührt und gefühlt werden konnten, und die man sogar umrennen konnte. Und dann hörten sie die Symphonie. Der Raum war von Liebe erfüllt, von Liebe ohne Grenzen oder Dimensionen, und jeder einzelne voll unerwarteter Schönheit.

Die Augen des jungen Mannes wurden ein bißchen feucht, als sie zu dem Mädchen sagte: »Ich dachte, er wüßte ...«

Und sie antwortete: »Ich weiß ... Ich dachte, daß auch ich es wüßte.«

Der ältere Mann sagte leise: »Und eine Uhr ist stehengeblieben. ... und erkannte die Bedeutung der Zeit.«

———•———

Jetzt möchte ich noch ein paar andere Geschichten einfügen, Geschichten, die andere geschrieben haben.

Nein!, sagt der Zensor. Die Abstände zwischen deinen Geschichten werden immer kürzer. Du solltest sie besser verteilen.

Wer sagt das? Wer ist dieser Diktator, der voller Regeln steckt und der alles reglementiert und zeigen will, daß er regiert?

Das bin ich! Ich bin die Herrscherin. Ich bin die Regeln, und ich regiere.

Ha. Du bist nur ein Haufen Worte, die glauben, Gedanken zu sein. Schein.

ICH BIN MACHT-VOLL.

Ha. Deine Macht wohnt in mir. Du hast sie nur so lange, wie ich es zulasse.

Mir ist danach, noch eine Geschichte einzufügen, und hier ist sie. Tolstoi müßte das Copyright inzwischen verloren haben, also bringe ich sie einfach. Ich frage mich, ob *das* schon einmal jemand gemacht hat. Ich noch nicht, und ich freue mich an meinem Erstaunen über mich selbst, daß ich es jetzt tue.

Die drei Fragen
Leo Tolstoi

Einst dachte ein König darüber nach, wie es wäre, wenn er immer wüßte, wann der rechte Zeitpunkt ist, um etwas Neues anzufangen, wem er zuhören sollte und wem lieber nicht, und vor allem welche von allen Aufgaben die wichtigste sei, und er dachte, daß wenn er all das immer wüßte, keine seiner Unternehmungen jemals fehlschlagen würde.
Und als er darüber nachgedacht hatte, ließ er im ganzen Königreich verkünden, daß er demjenigen reichen Lohn geben wolle, der ihm sagen könnte, welcher der rechte Zeitpunkt für jede Handlung sei, wen er am meisten brauchte und welche von allen Aufgaben die wichtigste sei.
Und es kamen gelehrte Männer zu dem König, doch jeder von ihnen gab dem König eine andere Antwort.
Auf die erste Frage antworteten einige, um für jede Handlung den rechten Zeitpunkt zu kennen, müsse man frühzeitig einen Kalender erstellen, der Tage, Monate und Jahre im voraus erfaßt und an den man sich streng halten müsse. Nur dann, so sagten sie, könne alles zu seiner rechten Zeit getan werden. Andere erklärten, es sei ganz unmöglich, im voraus den rechten Zeitpunkt für alles zu bestimmen, daß man aber, ohne sich in eitlem Müßiggang zu verlieren, jederzeit alles Geschehen beobachten, und dann dasjenige tun solle, was am meisten vonnöten sei. Wieder andere meinten,

daß es – ungeachtet dessen, wie aufmerksam auch immer der König alles Geschehen beobachten möge – für einen einzelnen Menschen doch ganz unmöglich sei, den rechten Zeitpunkt für jedes Handeln genau zu bestimmen, und daß er statt dessen einen Rat von weisen Männern um sich versammeln solle, die ihm helfen würden, den rechten Zeitpunkt für alles zu bestimmen.
Doch dann sagten wieder einige, daß es Dinge gäbe, die auf die Einberufung des Rates nicht warten könnten, sondern über deren Durchführung oder Nichtdurchführung man sehr schnell eine Entscheidung zu treffen habe. Um das aber zu können, müsse man bereits im voraus wissen, was geschehen werde. Da aber nur die Magier solches Wissen hätten, solle er, um den rechten Zeitpunkt für alles zu erfahren, sie befragen.
Ebenso unterschiedlich waren die Antworten auf die zweite Frage. Einige sagten, die Leute, die der König am dringendsten brauche, seien seine Berater, andere nannten die Priester, wieder andere die Ärzte, und einige meinten, die Krieger seien die wichtigsten.
Zur dritten Frage, welches die wichtigste Aufgabe sei, erwiderten einige, das Wichtigste auf der Welt sei die Wissenschaft. Andere meinten, es sei die Kunst der Kriegsführung, und wieder andere hielten die religiöse Verehrung für das Wichtigste.
Da die Antworten nun so verschieden waren, war der König mit keiner wirklich zufrieden und gab niemandem den versprochenen Lohn. Weil er aber immer noch die richtige Antwort auf seine Fragen finden wollte, entschloß er sich, einen Einsiedler aufzusuchen, der wegen seiner Weisheit überall bekannt war.
Der Einsiedler lebte in einem Wald, den er niemals verließ, und er empfing nur die ganz einfachen Leute. Also zog der König gewöhnliche Kleidung an, stieg von seinem Pferd, bevor er die Zelle des Einsiedlers erreichte, ließ seine Wächter zurück und ging allein zu ihm.
Als der König zu der Hütte des Einsiedlers kam, war dieser gerade dabei, in seinem Garten die Erde umzugraben. Als er den König sah, grüßte er ihn und grub weiter. Der Einsiedler war gebrechlich und schwach, und jedesmal, wenn er seinen Spaten in die Erde stach und ein wenig Erde umgrub, atmete er schwer.
Der König ging zu ihm und sagte: »Ich bin zu dir gekommen, weiser Eremit, um dich zu bitten, drei Fragen zu beantworten: Wie kann ich lernen, zum rechten Zeitpunkt das Richtige zu tun? Wer sind die Menschen, die ich am meisten brauche, und wem sollte ich daher mehr Aufmerksamkeit schenken als anderen? Und, welche

Aufgabe ist die wichtigste, der ich mich daher vor allen anderen zuwenden muß?

Der Einsiedler hörte dem König zu, antwortete jedoch nicht. Er spuckte sich nur in die Hände und fing wieder an zu graben.

»Du bist müde«, sagte der König, »gib mir den Spaten und laß mich eine Weile für dich arbeiten.«

»Danke!«, sagte der Einsiedler, gab dem König den Spaten und setzte sich auf den Boden.

Als er zwei Beete umgegraben hatte, hörte der König auf und wiederholte seine Fragen. Wieder gab der Einsiedler keine Antwort, sondern stand auf, streckte seine Hand nach dem Spaten aus und sagte: »Jetzt ruh dich eine Weile aus, und laß mich ein bißchen arbeiten.«

Doch der König gab ihm den Spaten nicht und grub weiter. Eine Stunde verging, und dann noch eine. Hinter den Bäumen ging bereits langsam die Sonne unter, und schließlich steckte der König den Spaten in die Erde und sagte: »Ich bin zu dir gekommen, weiser Mann, um eine Antwort auf meine Fragen zu bekommen. Wenn du mir keine geben kannst, so sag es mir. Dann will ich nach Hause zurückkehren.«

»Da kommt jemand angelaufen«, sagte der Einsiedler, »laß uns nachsehen, wer es ist.«

Der König drehte sich um und sah, wie ein bärtiger Mann aus dem Wald gelaufen kam. Der Mann hielt sich die Hände vor den Bauch. Blut floß unter den Händen hervor. Als er vor dem König stand, fiel er ohnmächtig zu Boden und stöhnte kraftlos. Der König und der Einsiedler öffneten die Kleidung des Mannes. Auf seinem Bauch klaffte eine große Wunde. Der König wusch die Wunde so gut er konnte aus und verband sie mit seinem Taschentuch und einem Handtuch, das dem Einsiedler gehörte. Doch die Blutung hörte nicht auf, und wieder und wieder nahm der König die mit warmem Blut durchtränkte Binde, wusch sie aus und erneuerte den Verband. Als die Blutung schließlich zum Stillstand kam, wachte der Mann auf und bat um etwas zu trinken. Der König holte frisches Wasser und gab es ihm. Inzwischen war die Sonne untergegangen, und es war kalt geworden. Da trugen der König und der Einsiedler den Verwundeten in die Hütte und legten ihn auf das Bett. Und als er da auf dem Bett lag, schloß der Mann seine Augen und war still; doch der König war so müde von seiner Wanderung und der Arbeit, die er verrichtet hatte, daß er sich auf die Schwelle legte und ebenfalls einschlief – die ganze, kurze Sommernacht hindurch schlief er tief und fest. Als er am Morgen aufwachte, konnte er sich eine ganze Weile nicht erinnern, wo er war, und wer dieser seltsame bärtige Mann war, der da auf dem Bett lag und ihn mit leuchtenden Augen aufmerksam ansah.

»Verzeih mir«, sagte der bärtige Mann mit schwacher Stimme, als er bemerkte, daß der König wach wurde und ihn ansah.

»Ich kenne dich nicht, und ich habe dir nichts zu verzeihen«, sagte darauf der König.

»Du kennst mich nicht, aber ich kenne dich. Ich bin dein Feind, der geschworen hat, sich an dir zu rächen, weil du meinen Bruder getötet und sein Land genommen hast. Ich wußte, daß du alleine loszogst, um den Einsiedler zu besuchen und beschloß, dich auf dem Rückweg zu töten. Doch der Tag verging, und du kamst nicht zurück. Also verließ ich mein Versteck, um dich zu suchen, doch da traf ich auf deine Wächter, die mich erkannten und verletzten. Ich konnte ihnen entkommen, doch hättest du nicht meine Wunden versorgt, wäre ich verblutet. Ich wollte dich töten, und du hast mir das Leben gerettet. Jetzt, da ich lebe, und wenn du es wünschst, will ich dir als dein ergebenster Sklave dienen, und ich werde meinen Söhnen gebieten, dasselbe zu tun. Verzeih mir!«

Der König war sehr froh, auf so einfache Weise mit seinem Feinde Frieden geschlossen und ihn als Freund gewonnen zu haben, und nicht nur verzieh er ihm, sondern sagte auch, er wolle seine Diener und seinen eigenen Leibarzt schicken, um nach ihm sehen zu lassen, und versprach, ihm sein Land zurückzugeben.

Nachdem er sich von dem verwundeten Mann verabschiedet hatte, trat der König hinaus vor die Hütte, um den Einsiedler zu suchen. Bevor er sich auf den Weg machte, wollte er noch einmal um eine Antwort auf seine Fragen bitten. Der Einsiedler war draußen. Er kniete auf dem Boden und säte Samen in die Beete, die am Tag zuvor umgegraben worden waren.

Der König ging zu ihm und sagte: »Zum letzten Mal flehe ich dich an, meine Fragen zu beantworten, weiser Mann.«

»Dir ist bereits geantwortet worden!«, sagte der Einsiedler, der immer noch auf seinen schmächtigen Beinen herumrutschte und zu dem König aufschaute, der vor ihm stand.

»Wie, geantwortet? Was meinst du?«, fragte der König.

»Siehst du denn nicht«, erwiderte der Einsiedler. »Wenn du gestern kein Mitleid gehabt und diese Beete für mich umgegraben hättest, sondern deines Weges gezogen wärst, dann hätte dieser Mann dich getötet, und du hättest es bereut, nicht bei mir geblieben zu sein.

Die wichtigste Zeit war also die, als du die Beete umgrubst, und ich war der wichtigste Mensch, und mir zu helfen und Gutes zu tun, war deine wichtigste Aufgabe. Später, als dieser Mann angelaufen kam, war die wichtigste Zeit die, als du ihn pflegtest, denn wenn du seine Wunden nicht verbunden hättest, wäre er gestorben, ohne mit dir Frieden geschlossen zu haben. Also war er der wichtigste Mensch, und was du für ihn getan hast, war deine wichtigste Aufgabe. Und denke daran: es gibt nur eine Zeit, die wichtig ist – Jetzt! Es ist die wichtigste Zeit, weil es die einzige Zeit ist, in der wir überhaupt die Macht haben, etwas zu tun.«

———•———

Dicks Augen zittern und flackern. Was er sieht, zittert und flackert. Inzwischen hat er mit seiner Brille (die er mit sieben Jahren bekommen hat) genauso viel Ärger wie ohne sie. Er will sich um eine neue Brille kümmern, und er will ganz ohne Brille auskommen. Er kam zu mir, um ein paar Bates-Huxley-Übungen zu lernen. Eine geht so: Stell dir einen weichen Ball vor, den du zwischen Daumen und Mittelfinger hältst. Schließ die Augen und bewege die Finger aufeinander zu, so als ob du den Ball quetschen wolltest, und stell dir vor, wie der Ball langsam seine runde Form verliert und eine ovale Form annimmt. Dann nimm den Druck langsam wieder zurück. Als Dick das machte, wurden seine Finger krumm und steif. (Dick sieht immer total entspannt aus.) Er bemerkte nicht nur diese Steifheit, sondern auch seine eigene Anstrengung. »Zum erstenmal spüre ich die Verbindung zwischen meiner Anstrengung und der meiner Augen!« Fritz hatte ihm erzählt, daß es zwischen den Augäpfeln und den Hoden eine Verbindung gäbe. Dick war bereit, diese Möglichkeit einzuräumen, konnte es aber nicht fühlen. Und jetzt, da er in der Lage war, die Anstrengung seiner Hände mit der seiner Augen in Verbindung zu bringen – wer weiß?

Fritz beschreibt Konfluenz des öfteren als etwas »Schlechtes«, was es natürlich auch ist, wenn man dabei stehenbleibt; und ein Therapeut wird wahrscheinlich schlechte Arbeit machen, wenn er mit seinem Klienten, Patienten oder Gegenüber konfluent wird. Solange man sich nicht darin verliert, ist es sehr schön, vor allem wenn man mit der ganzen übrigen Natur konfluent ist – wohingegen die Konfluenz mit einem anderen Menschen leichter zu Komplikationen führt. Mir gefällt die folgende Beschreibung von Kenneth L. Patton:

Worte, unsere eigenen oder die eines anderen, können nie mehr sein als ein Kommentar über lebendige Erfahrung. Lesen kann Leben nie ersetzen. Was verstehe ich von einem Baum? Ich kletterte in die Krone und spürte den Stamm sich im Wind wiegen und versteckte mich hinter den Blättern wie ein Apfel. Ich legte mich auf die Äste und ritt auf ihnen und zerriß mir beim Rauf- und Runterklettern an der rauhen Rinde Haut und Kleider. Ich schälte die Rinde der Weide und streichelte das weiße, weiche Holz, und meine Axt durchdrang die nackten Fasern, und meine Säge legte Jahresringe und Kernholz frei. Durch das Mikroskop betrachtete ich die Struktur der Zellen, und die feinsten Wurzeln schüttelte ich auf meine Hand wie Haare. Ich kaute das Harz und ließ den Saft auf meiner Zunge zergehen und zermalmte die hölzernen Fasern zwischen meinen Zähnen. Ich lag auf dem Herbstlaub, und meine Nüstern tranken ihren Opferrauch. Ich hobelte das gelbe Rohholz und schlug Nägel hinein und polierte das weiche Treibholz mit meinen Händen.

Jetzt ist eine Körnigkeit in mir und eine Blättrigkeit, ein Zusammenfließen von Wurzeln und Ästen, von Wäldern über mir und in weiter Ferne, und eine leichte Erde, entstanden aus tausend Jahren ihrer Verwesung, und dieses Flüstern, die Erinnerung an Finger und Nüstern, und das zarte Ausschlagen der Blätter zittert in meinen Augen. Was ist mein Verständnis von Bäumen, wenn nicht jene Wirklichkeit, die hinter diesen ärmlichen Namen liegt? Und so vereinigen die Lippen, die Zunge, die Ohren und Augen ihre Stimmen und bezeugen innerlich das Verstehen. Bin ich weise, dann versuche ich nicht, einen anderen an diesen seltsamen, ortlosen Ort meiner Gedanken zu führen, sondern führe ihn in den Wald und lasse ihn bei den Bäumen bis er die Bäume in sich selbst findet – und sich selbst in den Bäumen.

(aus: Kenneth Patton, *Man's Hidden Search. An Inquiry into Naturalistic Mysticism*. Meeting House Press 1954, S. 18f.)

Aber wie können wir frei sein, um zu schauen und zu lernen, wenn unser Verstand vom Augenblick unserer Geburt an bis zu dem Augenblick, da wir sterben, durch eine bestimmte Kultur in den engen Grenzen der Ichbezogenheit geformt wird? Seit Jahrhunderten sind wir geformt worden durch Nationalität, Kasten, Rangstufen, Tradition, Religion, Sprache, Erziehung, Literatur, Kunst, Gewohnheiten, Konventionen, durch Propaganda jeder Art, durch wirtschaftlichen Druck, durch die Nahrung, die wir zu uns nehmen, durch das Klima, in dem wir leben, durch unsere Familie, unsere Freunde, unsere Erfahrungen – durch jeden nur denkbaren Einfluß, und entsprechend bedingt sind unsere Reaktionen auf jedes Problem.

Nehmen Sie die Tatsache wahr, daß Sie voreingenommen sind? Das ist die erste Frage, die Sie sich stellen müssen, und nicht, wie Sie sich von Ihrer Voreingenommenheit befreien können. Sie mögen durchaus nicht davon frei sein, und wenn Sie sagen: »Ich muß frei davon sein«, werden Sie nur in eine andere Falle, in eine andere Abhängigkeit geraten. Sind Sie nun Ihres Bedingtseins gewahr? Wenn Sie auf einen Baum schauen und sagen: »Das ist eine Eiche«, oder »Das ist ein Feigenbaum«, wissen Sie dann, daß das Benennen des Baumes, dieses botanische Wissen, Ihren Geist so eingeengt hat, daß das Wort zwischen Ihnen und dem wirklichen Sehen des Baumes steht? Um mit dem Baum in Fühlung zu kommen, müssen Sie ihn mit der Hand berühren; das Wort kann nicht dazu verhelfen, mit ihm Kontakt zu haben.
(aus: Jiddu Krishnamurti, *Einbruch in die Freiheit,* Hrsg. von Mary Lutyens, Berlin 1999 (21. Auflage), Ullstein Buchverlage, S. 26 f.)

———•———

Ich bringe das Haus in Ordnung und bringe alles rein, was ich mit mir herumgetragen habe. Es ist, als hätte ich sie alle in einem einzigen, komfortablen Koffer. Aber das war nicht der Grund. Der Gedanke an Bequemlichkeit ist zweitrangig. Das vornehmliche Interesse war, sie so hier zu haben, wie sie in meine Welt getreten sind, sie aus dem Ordner – wo sie lange Zeit in Vergessenheit geraten waren – heraus, und in dieses Buch hinein zu holen. Als der erste auftauchte, wußte ich noch nicht, daß andere folgen würden. Jetzt ist mir danach, diesen Ordner aufzuschlagen und zu sehen, was noch da ist. *Das* ist vorrangig. Was danach geschieht, ist zweitrangig.

The Listener von John Berry fällt mir ein, ohne daß ich den Ordner aufgeschlagen habe. Jetzt schaue ich. Ich hab's. Ich sehe den Himmel in der Dämmerung mit Wolken, die aussehen, als hätten sie sich in Streifen und Schatten verflüchtigt – und einen hellen Fleck am Himmel in einem Wirbel dunkler Wolken, die Bäume auf den Hügeln sehen immer noch aus wie gemalt, hier und da kräuselt sich der See, andernorts kleine Strudel oder Strömungen, die trockenen Ahornblätter bedecken das Ufer, und ich sage: »Ja. Das ist wahr.«

The Listener
John Berry

In Schweden lebte einmal ein kleiner tschechischer Konzertgeiger namens Rudolf. Einige seiner Freunde hielten ihn nicht für einen besonders guten Musiker, weil er sehr rastlos war; andere dachten, er sei rastlos, weil er kein besonders guter Musiker war. Auf jeden Fall fand er sein Auskommen und hatte keine Konkurrenten. Ob aus Lust oder aus Notwendigkeit, ganz allein besegelte er mit seinem kleinen Boot sämtliche skandinavischen Länder, um in den kleinen Hafenstädten Konzerte zu geben. Wenn er Mitspieler fand, die ihn begleiteten – gut und schön, und wenn nicht, spielte er Werke für Solovioline. Ein oder zweimal geschah es, daß er sich so sehr ein Klavier als Begleitung wünschte, daß er sich eins vorstellte, und dann spielte er ganze Sonaten für Violine und Klavier, obwohl weit und breit kein Klavier vorhanden war.
In einem Jahr segelte Rudolf bis nach Island hinaus und arbeitete sich die felsige Küste entlang von einer Stadt zur nächsten. Es war ein hartes, stures Land; aber die Menschen in diesen unwirtlichen Gegenden vergessen niemals das Gesetz der Gastfreundschaft gegenüber dem Fremden, denn es kann geschehen, daß ihr Gott auch sie auf dieser Erde zu Fremden werden läßt. Das Publikum war für gewöhnlich klein, und selbst wenn Rudolf wirklich zu den Besten gehört hätte, wären die Zuhörer nicht sehr überschwenglich gewesen. Seit alter Zeit steckten sie ihre Energie zu allererst in ernsthafte Arbeit. Manchmal wurden sie vom örtlichen Lehrer zusammengerufen, der sie an ihre Verpflichtung gegenüber Bach, Beethoven, Mozart und noch ein oder zwei anderen erinnerte, deren Musik in dieser Gegend vielleicht nicht sehr viel gehört wurde. Allzu oft saßen sie einfach stumpf da, betrachteten den kleinen, lauten Geiger und gingen mit einem Gefühl tiefgründiger Erbauung wieder nach Hause. Aber sie zahlten.
Während Rudolf einmal die dünn besiedelte Küste entlang von einer Stadt zur nächsten segelte, färbte sich der Himmel im Nordosten bedrohlich schwarz. Ein Sturm hielt auf Island zu. Rudolf umrundete ein rauhes, gefährliches Kap, und seine Karte verriet ihm, daß der nächste Hafen noch eine halbe Tagesreise entfernt war. Als er einen Leuchtturm ausmachte, der in weniger als einer Meile Entfernung von der Küste auf einer winzigen Felseninsel stand, fing er an, sich Sorgen zu machen. Am Fuße des Leuchtturms lag eine tiefe, enge und durch die Felsen geschützte Bucht.

Trotz der stürmischen See gelang es ihm, die Bucht zu erreichen, wo er an einem Eisenring festmachte, der in einen der Felsen geschlagen war. Eine aus dem Fels gehauene Treppe führte zum Leuchtturm hinauf. Oben auf der Klippe sah er vor dem Hintergrund der vorbeijagenden Wolken die Silhouette eines Mannes.
»Seien Sie willkommen!« dröhnte die Stimme über das Rauschen der Wellen hinweg, die an dem Eiland zerschellten.
Schnell brach die Dunkelheit herein. Der Leuchtturmwärter führte seinen Gast die Wendeltreppe hinauf ins Wohnzimmer, das auf der dritten Ebene lag und beschäftigte sich sodann mit den Vorbereitungen auf den Sturm. Vor allem hatte er auf die große Lampe im Turm zu achten, die die ganze Gegend überragte. Es war ein dauerhaft leuchtendes Licht, verstärkt durch mehrere Reflektoren und verdunkelt durch Blenden, die sich regelmäßigen Abständen vor die Lampe schoben. Die Dauer von Licht und Dunkelheit war genau gleich bemessen.
Der Leuchtturmwärter war ein großer alter Mann mit einem grauen Bart, der bis auf seine Brust reichte. Langsam und bedächtig wie ein Bär bewegte er sich durch diese begrenzte Welt, die er beherrschte. Er sprach nur wenig, als ob Worte, verglichen mit den anderen Kräften, die sein Leben durchzogen, nur wenig bedeuteten. Und doch wirkte er anders als jene anderen Elemente, ausgewogen.
Nach dem Abendessen, das aus Schwarzbrot, gekochten Kartoffeln, Hering, Käse und heißem Tee bestand und das sie in der Küche über dem Wohnzimmer einnahmen, setzten die beiden sich hin und betrachteten die Anwesenheit des jeweils anderen. Über ihnen befand sich der Wartungsraum, und darüber sandte die große Lampe majestätisch lautlose Botschaften aus Licht an die Schiffe draußen auf dem Meer. Wie ein Rammbock hämmerte der Sturm gegen die Wände des Leuchtturms. Rudolf bot Tabak an und kam sich dabei plötzlich sehr unreif vor. Der alte Mann lächelte ein wenig, während er mit einer kleinen Bewegung seines Kopfes ablehnte; es war, als wisse er sehr wohl um den Wert des Tabaks und das Bedürfnis, ihn anzubieten, und er bejahte das alles, doch war er auch hier halbwegs bescheiden und selbstgenügsam – ohne jedes Bedürfnis nach Dingen, die nicht bereits in seiner Macht standen oder um derentwillen er auf seine Macht verzichtete. Und so saß er da, freundlich und nachdenklich, seine großen, von der Arbeit gezeichneten Hände auf den gespreizten Schenkeln.
Es schien Rudolf, daß der Leuchtturmwärter sämtliche Geräusche,

die der Sturm machte, und die gewaltige Kraft, die er auf den Leuchtturm ausübte, mitbekam, aber er kannte all das so gut, daß er nicht darüber nachzudenken brauchte; sie glichen den unwillkürlichen Bewegungen seines eigenen Herzens und Blutes. In gleicher Weise war er – abgesehen von den simplen Höflichkeiten, die ihn veranlaßten, auf bestimmte Weise mit seinem Gast zu sprechen oder ihm zuzuhören – auf eine ruhige und mysteriöse Art ein Teil von ihm, so sicher wie das Festland mit der kleinen Insel und die Inseln selbst auf so weitläufige Art am Grunde des Meeres miteinander verbunden waren.

Nach und nach erfuhr Rudolf die wenigen Daten im Leben des alten Mannes: Vor dreiundachtzig Jahren war er in eben diesem Leuchtturm zur Welt gekommen. Damals war sein Vater Leuchtturmwärter gewesen. Seine Mutter – die einzige Frau, die er jemals gekannt hatte – hatte ihm beigebracht, die Bibel zu lesen, und er las sie täglich. Andere Bücher besaß er nicht.

Als Musiker hatte auch Rudolf kaum Zeit zum Lesen gehabt, aber immerhin hatte er in Städten gelebt. Er bückte sich und nahm seine geliebte Geige aus dem Koffer.

»Was machen Sie damit, Herr?«, fragte der Alte.

Für eine Sekunde dachte Rudolf, sein Gastgeber würde scherzen, aber die Tiefe seines Ausdrucks zeigte ihm, daß er es nicht tat. Er entdeckte nicht einmal Neugier angesichts des Instruments, sondern eher ein umfassendes Interesse an ihm, dem Menschen, und dieses Interesse schloß seine »Arbeit« mit ein. Unter den meisten Umständen wäre es Rudolf schwergefallen zu glauben, daß es jemanden gab, der nicht wußte, was eine Geige ist; und doch war ihm jetzt überhaupt nicht nach Lachen zumute. Er fühlte sich klein und unzulänglich.

»Damit mache ich – Musik«, stammelte er mit leiser Stimme.

»Musik«, sagte der alte Mann umständlich. »Ich habe davon gehört. Aber ich habe noch nie welche gesehen.«

»Man kann Musik nicht sehen. Man hört sie.«

»Ah, ja«, sagte der Leuchtturmwärter zustimmend und fast demütig. Auch das lag in der Natur der Dinge, wo jede Arbeit ein Wunder war, und alles in seiner Ewigkeit und seiner zerreißenden Vergänglichkeit gekannt wurde. Seine großen, grauen Augen ruhten auf dem kleinen Geiger und verliehen ihm all die Bedeutung, zu der jeder Mensch fähig ist.

Und dann gab es etwas im Sturm, dem Leuchtturm und dem alten Mann, das Rudolf aufrichtete und mit Mitgefühl, Liebe und einer

Weite erfüllte, die unendlich viel größer war als er selbst. Er wollte für den alten Mann ein Werk aus Feuer und Sternen erschaffen. Und vom Sturm begleitet stand er auf und begann zu spielen – die Kreutzer Sonate von Beethoven.

Die Momente verstrichen, Momente, die Tage waren in der Schöpfung dieser Welt aus Feuer und Sternen; Abgründe und Höhen leidenschaftlichen Kampfes, die Idee der Ordnung und die Auflösung dieser Ordnung in der Größe des menschlichen Geistes. Nie zuvor hatte Rudolf mit solcher Meisterschaft gespielt – und mit einer solchen Begleitung. Mit riesigen Händen schlugen Wellen und Wind den Turm. Über ihnen glühte das Leuchtfeuer in seinem beständigem Rhythmus von hell und dunkel. Die letzte Note verklang, und schwer atmend ließ Rudolf den Kopf auf die Brust sinken. Mit einem vielstimmigen Brüllen schäumte das Meer über die Insel.

Das ganze Werk hindurch hatte der alte Mann unbewegt dagesessen – die großen, knorrigen Hände auf den Schenkeln, den Kopf gebeugt, hatte er intensiv zugehört. Eine Zeit lang saß er noch still da. Dann schaute er auf, hob ruhig und bedächtig die Hände und nickte.

»Ja«, sagte er. »Das ist wahr.«

(aus: *New World Writing*, No. 15, 1960)

Lieber Fritz. Ich hatte ihn für heute abend auf eine Tasse heiße Schokolade eingeladen. Kurz nachdem er hereingekommen war, sagte er: »Ich denke, daß ich am Ende ...« Sechsundsiebzig Jahre alt.

»Zum erstenmal in meinem Leben lebe ich in Frieden. Kämpfe nicht mehr gegen die Welt an«, sagte er. Wenn ich darüber nachdenke, was das bedeutet. ... Ich habe Verwirrung und Sorge erlebt, und es gab Zeiten, in denen ich mit der Welt im Krieg lag, aber so würde ich nicht mein Leben beschreiben. ... In gewisser Weise habe ich mein ganzes Leben lang mit der Welt im Krieg gelegen, nur in unterschiedlichem Ausmaß. Lange Zeit war es mehr wie eine Unterströmung, nicht so stark wie ein richtiger Sog, und im Wasser wurde viel geschwommen, und die Sonne glitzerte auf dem Wasser, und ich glitzerte in der Sonne.

Es ist so wunderschön, mit Fritz zusammenzusein, wenn er Frieden gefunden hat.

»Ist es nicht herrlich, daß wir in unserem Alter in der Lage sind ...« Das ist es sicher. ...

———•———

Lasha ist so liebenswürdig – und so intelligent. Sie ist auch sehr intellektuell, sehr vernünftig, so wenig in Kontakt mit ihrem Gefühl – und durcheinander. Fritz erzählte heute abend, daß er ihr beigebracht habe, wie man küßt, daß sie rot wurde und dann etwas sagte wie: »Warum sollte ich mich nicht so fühlen?« Was auch immer für ein fieser alter Mann er gewesen sein mag (ich weiß nicht, was davon nur Gerede ist, und was Angeberei), gegenüber Lasha war er das nicht. Ich könnte mir ohne weiteres vorstellen, das selbst zu machen.

Als Fritz ging, gab er mir die Hand. Ich fühlte mich geküßt.

Nachdem mir gestern abend klar wurde, daß ich meinen eigenen Weg als Gruppenleiterin und in gewisser Weise auch als Lehrerin (im Sinne einer lernenden Lehrenden) gehen werde, sagte Fritz heute abend: »Ich muß eine Möglichkeit finden, es zu lehren.« (Gestalt) Ich fühlte mich frei, Gestalt auf meine eigene Art kennenzulernen. Gestalt ist ein Mittel, um Menschen zu helfen, gewisse Erfahrungen zu machen und sie zu befähigen, selbst weiterzuarbeiten. Das ist meine Definition von »Therapie«, die ich zu Beginn dieses Buches erneuern wollte, ohne zu wissen wie. Ich kann am besten lernen, »sie zu lehren«, indem ich an mir selbst arbeite, gleichzeitig auch mit anderen arbeite und darauf achte, was passiert.

Das Problem ist über die Jahre dasselbe geblieben – bei Jesus, bei Buddha (seit Jahrhunderten geheiligt) – das Problem, das Zen zu überwinden versucht, indem nichts gesagt wird, was intellektuell verstanden werden könnte. Das Problem mit dem »Baum des Wissens«.

Das Problem mit den neun Punkten besteht darin, sie mit Hilfe von vier Linien zu verbinden, die sich zwar kreuzen, aber niemals rückwärts laufen dürfen, und zwar ohne den Stift vom Papier zu nehmen. Um das zu schaffen, muß man über die Punkte hinausgehen (die wie eine Begrenzung erscheinen). Sieht man die neun Punkte als Intellekt, muß man über den Intellekt hinausgehen, obwohl der Intellekt die einzige Möglichkeit zu sein scheint, das Problem zu lösen. So dreht man sich im Kreis und landet doch nicht hier.

Jetzt suche ich nach etwas, das an dieser Stelle paßt – eine Seite aus *In and Out the Garbage Pail*, in gotischer Schrift. Ich finde sie nicht. Ich frage mich, ob ich sie Fritz zurückgegeben habe. Ich weiß noch, daß ich sie vorsichtig weggelegt habe. Wenn das so ist, kann ich es auch vergessen.

Wie auch immer, ich habe etwas gefunden, das ich letztes Jahr geschrieben habe und das ausgemistet werden kann. Weg damit! Es gefällt mir, auszumisten.

Hier ist es.

Es ist klar, daß das Potential eines Adlers sich darin erfüllt, daß er die Lüfte durchzieht, sich auf kleinere Tiere stürzt, um sie zu fressen, und Nester zu bauen.

Es ist klar, daß das Potential eines Elefanten sich in seiner Größe, seiner Kraft und seiner Schwerfälligkeit erfüllt.

Kein Adler wird je ein Elefant sein wollen, und kein Elefant ein Adler. Sie »akzeptieren« sich selbst, sie akzeptieren ihr »Selbst«, ja, sie akzeptieren sich nicht einmal wirklich, denn das hieße, daß sie es genausogut nicht tun könnten. Sie sind sich selbst selbstverständlich. Nein, sie sind sich nicht einmal selbst selbstverständlich, denn das würde die Möglichkeit des Andersseins mit einschließen. Sie sind einfach. Sie sind was sie sind was sie sind.

Wie absurd es doch wäre, wenn sie – wie wir Menschen – Phantasie, Unzufriedenheit und Selbsttäuschung kennen würden! Wie absurd es doch wäre, wenn der Elefant, des Wanderns auf der Erde müde geworden, anfangen wollte zu fliegen, Kaninchen zu fressen und Eier zu legen. Und wenn der Adler die Kraft und die dicke Haut des Monstrums haben wollte.

Das bleibt den Menschen überlassen: etwas zu sein, das sie nicht sind: Ideale zu haben, die unerreichbar bleiben, den Fluch des Perfektionismus zu kennen, ebenso wie die Sicherheit vor Kritik, und die Fähigkeit, den Weg zu unendlicher geistiger Qual zu beschreiten.

Ich habe einen Cartoon gefunden. Ich weiß noch, von wem ich ihn habe, aber ich weiß nicht, wer ihn gezeichnet hat. Ich will ihn Fritz geben, ihn ans Schwarze Brett hängen und ihn Russ Youngreen schicken, damit er ihn für das Buch mit schwarzer Tinte nachzeichnet. Das letzte finde ich am besten. Ich werde ihn aufkleben, wenn dieses Blatt aus der Schreibmaschine kommt.

Jetzt denke ich an mein Bett, da ist es warm und gemütlich. Verführerisch. Es zieht mich an – und weg von dem kalten Boden. Ich überlasse mich meiner Müdigkeit, die dieses Bild in mir hat entstehen lassen.

———•———

Heute morgen ist meine Stimmung verändert. Ich weiß nicht, was es ist.

Der See ist irgendwie mystisch-trüb. Bin ich heute morgen mystisch-trüb?

Eine Möwe fliegt kreischend vorbei.

Es ist (mir) (jetzt) wichtiger, jemanden zum Leben zu bringen als moralisch zu sein.

Jetzt bin ich durcheinander.

Zwei Enten fliegen vorbei. Oder sind es Gänse?

Aber natürlich muß einer wissen, was er tut.

Er darf nicht sein eigenes Leben bei jemand anderem suchen und glauben, er täte das für ihn.

Wer weiß also, was er tut, und wie oft weiß ich es erst, *nachdem* ich es getan habe?

Erkenne. Erkenne »Ich tue das für mich.«

Paß auf!, sagt fast jeder, vor allem Eltern zu ihren Kindern. Paß auf! Mach keinen Fehler, oder es wird etwas Schreckliches passieren. Du ruinierst dein Leben. Die Gesellschaft wird dich nicht anerkennen. Du wirst es im Leben zu nichts bringen.

Du wirst nicht akzeptiert werden. Du wirst es zu nichts bringen.

Paß auf! meint eigentlich: Sei wachsam!

Sei wachsam – wirklich wachsam – und du brauchst dir um nichts Sorgen zu machen. Keine Angst. Da ist keine Angst. Nicht: Paß auf! (Sei vorsichtig.) Sei einfach wachsam.

———•———

Deke meinte, die Leute hier hätten zwei Wochen gebraucht, um mit dem Unsinn aufzuhören, der hier los war und mit dem Fritz innerhalb weniger Minuten Schluß machte – oder den er zumindest stark einschränkte, so daß etwas anderes geschehen konnte –, indem er ein paar Dinge sagte und ein paar Veränderungen einführte.

Was ist »besser«?

Weiß das irgend jemand? *Kann* das irgend jemand wissen?

Mit einer Woche Durcheinander bei einem vierwöchigen Workshop sind zwei Wochen zum Entdecken und Verändern zuviel.

Zuviel.

Zuviel für mich.

Ich kann nie wissen, wie etwas gelaufen wäre, wenn ich es anders gemacht hätte. Ich kann nie zurückgehen und es beweisen. Das ist mir klar geworden als ich krank war und der Arzt und ich noch einmal ganz von vorne anfangen wollten, um zu sehen, was passiert wäre, wenn wir es ganz anders angegangen wären. Das ging nicht. Alles, was aufgrund dessen geschehen war, was wir getan hatten, hatte bereits Veränderungen bewirkt. Wir konnten nicht dahin zurückkehren, wo wir gewesen waren, sondern konnten die Dinge nur vom Jetzt aus in Angriff nehmen.

»Man steigt niemals zweimal in denselben Fluß.«

Die Torheit des »Beweisens«. Etwas beweisen zu wollen, indem man es noch einmal macht. Die Torheit von Ausdrücken wie »etwas noch einmal machen«. Ich kann nichts »noch einmal machen«. Etwas hat sich immer verändert.

Heute morgen liebe ich dieses dicke, fette, kleine Wörterbuch. Meine Hände können es richtig fühlen. Meine Augen können es wirklich sehen. Wenn ich es anschaue, es in die Hand nehme oder wieder weglege, empfinde ich Zuneigung.

»Beweis« kommt von einem Wort, das »Test« bedeutet.

Ich schlage das Wort »Test« nach. Überraschung! Es kommt von einem Wort, das »irdener Topf« bedeutet »Ziegel, Krug, Schale etc.« Diese Art von Test. Eine Verbindung aus Stärke und Jod.

Ich kann meinen Finger heute nicht in eine Schüssel mit Wasser tauchen und feststellen, wie es gestern war – oder vor ein paar Minuten. Ich kann nur spüren, wie es jetzt ist.

Ich kann nicht wissen, wie es *mir* gestern ging. Ich kann lediglich etwas von mir-gestern abstrahieren. Wenn ich etwas von meinem gestern abstrahiere und du etwas von deinem gestern abstrahierst, und wenn ich von meiner gestrigen Erfahrung von dir abstrahiere und du von deiner gestrigen Erfahrung von mir abstrahierst, und all das durcheinander und gegeneinander ...

Eine junge Frau war wütend, verletzt, aggressiv; sie schimpfte: »Du wolltest sofort fahren, und ich habe mich so ins Zeug gelegt (und so hart gearbeitet), um alles vorzubereiten, damit wir fahren können, und jetzt willst du nicht mal für ein paar Tage weg.« »Ich habe das alles für *dich* getan«, klang aus jedem ihrer Sätze. Ihr Mann fing an: »*Wer* wollte denn sofort losfahren« (als die Ferien anfingen), machte dann eine Handbewegung und sagte: »Vergiß das.« Und mit neutraler Stimme fragte er: »Was möchtest du jetzt?« Sie sagte nichts. Es war nicht nötig. Ihr Gesicht verriet, daß sie sofort losfahren wollte, daß sie das die ganze Zeit schon gewollt hatte und daß sie sich und ihn gedrängt hatte, um zu bekommen was sie wollte.

Gestern abend erzählte ich Fritz, daß ich heute morgen gerne Frühstück für ihn machen würde. Ausdruck von Bereitschaft. Heute sind keine Gruppen. Kein frühes Aufstehen. Er sagte ein paar Worte, ich weiß nicht mehr was. Sie bildeten keinen Satz, aber sie ergaben einen Sinn. Er macht sich gerne selbst Frühstück.

Wolken auf Bergen.

Eine Möwe sitzt auf einem der großen Pfähle, die das Dock befestigen. Ein anderer Vogel fliegt vorbei. Wieviele Vögel fliegen auf der ganzen Welt?

Traurigkeit. Wasser in meinen Augen. Hände leicht und sanft auf der Schreibmaschine. Meine Natur existiert noch – trotz aller Versuchungen, sie zu zerstören. Sanft, sanft die Worte. Zärtlichkeit. Ich spüre Auflösung in meinen Schultern. Auflösen. Den Panzer auflösen. Scharfes, fast schmerzvolles, sehr gutes, exzellentes, köstliches Gefühl – wie vor einem Orgasmus. Meine Genitalien hüpfen. Pumpen. Auflösen. Auflösen. Meine nackten Fersen auf dem Boden fühlen sich hart und kalt an. Löse sie auf. Ich mache das selbst (unecht), bis die Auflösung – von selbst geschieht. Dann lasse ich sie. Berühre sie nicht. Nicht einmal ganz leicht mit meinen Gedanken. Meine Füße werden lebendig, sie gehen von der Taubheit in ein Kribbeln über. b b b b Ich sehe diesen Buchstaben mit geschlossenen Augen. Etwas will sich dazugesellen, ein anderer Buchstabe, der sich mit dem b zusammentun will. Ich sehe ihn sehr genau. Es ist von selbst passiert. Ich bewege ihn, um sie zu trennen. Es ist ein e. e b, nicht b e. Meine Augen sind immer noch zu. Ich habe gemerkt, daß ich keinen Abstand gemacht habe (die Klingel des Schlittens macht Ping!, und ich fahre den Schlitten zurück). Ich bin mir nicht sicher, ob ich die richtige Taste für diese Klammer getroffen habe. b e. Der Intellekt meldet sich und sagt Ja! be [sein] Das Modewort heutzutage. Mal sehen, ob noch etwas kommt. sich hier formt. jetzt ein ausxxxen von etwas, das hinterherkam. Durch die xxxe kann ich es nicht lesen. in meiner Vorstellung ist es weggesprungen, ich sehe es wie mit einem neuen Farbband geschrieben. Jetzt, keine Wörter. Helles, lavendelfarbenes Licht, rosa getönt. (Augen offen) Ich habe lange hingeschaut, und nichts hat sich geformt. Nur ein wunderschönes, rosa getöntes lavendelfarbenes Licht.

——•——

Gerade merke ich, daß dieses vor-orgiastische Feuerwerksgefühl aufgehört hat. Ich weiß nicht wann. Jetzt fühlt es sich an, als ob es durch mich hindurch gegangen wäre wie Leben/Freude Fleisch, das vorher nicht tot gewesen zu sein schien, das jedoch jetzt, im Rückblick, stinkt. Als ob es nicht einmal blutete. Wo ich jetzt bin, ist nicht das Ende. ... Jetzt noch ein paar genitale Hüpfer, als ob sie »Ja« sagen wollten – und ich spüre meine Stirn lebendig werden, meinen Rücken, meine Schultern und meine Brüste. Das zu forcieren wäre verrückt. Laß es kommen und gehen. »Es« heißt das Organismische, das so viel mehr weiß als ich ... Meine Schultern. Was geschieht in meinen Schultern? Als ob starke Hände sie hin und herbewegen. So fühlt es sich an. Doch was für eine Botschaft! Als ob die Hand eines Riesen meine Schulter massiert – stark, sanft und groß – groß im Verhältnis zu den Händen eines Menschen, genau die richtige Größe für meine Schultern. Jetzt massieren diese Hände meinen Brustkorb – ohne dabei von meinen Schultern wegzugehen. Ich *denke*: »Aber was ist mit meinen Bauchmuskeln. Sie hätten es am nötigsten.« Ich bin bereit, meinen Organismus – *mich* sich so bewegen zu lassen, wie er will. *Ich* braucht keine Anweisungen – am allerwenigsten von *ich* ... Wasser kommt in meine unteren Augenlider, nicht genug, um überzulaufen. Durch mein Zwinkern haben meine Augäpfel das Gefühl, gebadet zu werden.

Jetzt scheinen die Hände meine Schultern einfach nur festzuhalten – fest. Niemand sonst macht das. Meine Schultern tun es. Wie stark ich mich fühle. Wie stark ich bin. Mein Nacken und mein Hals werden stärker. Stärke strömt auch in meine Brust – meine Hüften, meine Schenkel, meine Beine unterhalb der Knie, meine Knöchel, meine Füße. Ich stehe auf und recke und strecke mich. Die rechte Hand und der Arm zittern wie verrückt. Mit kräftigen Schüttelbewegungen schüttle ich sie aus. Ich höre auf zu tippen, mache es noch einmal und beziehe meine ganze rechte Körperhälfte mit ein. Ich spüre, daß meine linke Seite, bis hinunter zu meiner Fußsohle, sich stark angefühlt hat – Schwäche in der rechten Hälfte. Ich bin immer noch nicht ausgeglichen, aber in meiner rechten Hälfte geschieht etwas, das ich mich nicht erinnern kann, schon einmal erlebt zu haben. Bewegung. Innere Bewegung. Etwas passiert.

Das reicht für den Augenblick. *Don't push the river, it flows by itself.* Wenn ich jetzt mehr wollte, würde ich anfangen zu forcieren. Ich ziehe mich zurück und überlasse das weitere Vorgehen mir selbst.

Ich sitze wieder an der Schreibmaschine. Als ich vorhin aufstand, ging ich zuerst Richtung Toilette. Dann blieb ich stehen und fing an, von einer Seite zur anderen zu schwanken. Ich seufzte, streckte die Arme seitwärts aus und machte eine Auf-und-ab-Bewegung im Rhythmus meines Schwankens.

Mein Nacken fühlt sich großartig an. Mein Nacken fühlt sich an.

Ich bin wieder von der Schreibmaschine aufgestanden, und als ich wieder die paar Schritte gegangen war, drängte mein Bauch nach vorne und meine Hüften nach hinten. Ich blieb auf einer Stelle stehen, beugte mich in der Mitte vor und zurück und ließ die Arme hängen und ihren eigenen Bewegungsimpulsen nachgehen. Niemals dasselbe noch einmal. Wenn ich angefangen hätte, dasselbe noch einmal zu machen, wäre klar, daß ich es tue. Das organismische Ich ist unendliche, sich verändernde Vielfalt, niemals derselbe Fluß und immer voller Überraschungen.

———•———

Zwei Tage lang wollte ich keine Gestalttherapeutin sein, und ich *war* keine Gestalttherapeutin. Heute morgen hat Fritz mit Lasha und Tom gearbeitet. Lasha war sich selbst gegenüber mehr als drei Monate lang sehr hart gewesen; sie hatte Schwierigkeiten, sich ihre Weiblichkeit zuzugestehen. Heute morgen ließ sie endlich los und weinte und liebte – es war schön, das mitzuerleben. Ich mochte Lasha vom ersten Tag an. All meine ehrlichen und unmittelbaren Reaktionen ihr gegenüber wies sie zurück – wenn ich meine Hand auf ihre Schulter legte, wurde sie steif und wenn ich sagte: »Ich freue mich, dich zu sehen«, antwortete sie: »Bist du sarkastisch?«, und ich: »Wenn du Sarkasmus gehört hast, müssen deine Ohren verrückt sein.« Als heute morgen ihre Hülle aufbrach und sie so weich wurde, zögerte ich (gedanklich), meinem Impuls zu folgen und zu ihr zu gehen. Was, wenn *mein* Auf-sie-Zugehen sie veranlaßte, sich wieder zu verschließen? Ich kam damit zurecht, ausgeschlossen zu werden – das hatte ich ja schon erlebt. Aber ich käme nicht damit zurecht, wenn Lasha sich wieder ausschließen würde. Ich zögerte eine ganze Weile (ich bin sicher, es kam mir länger vor als es war), ließ mir selbst und meiner Liebe dann aber doch freien Lauf und ging zu ihr. Sie zögerte einen Moment – das Zögern stand in ihren Augen –, sah mich dann aber offen an. Ich umarmte sie, und sie umarmte mich und hielt meinen Kopf und wiegte und streichelte mich wie man ein Kind in den Armen hält und streichelt. Die echte Lasha. Jetzt kommen mir Tränen, in denen das Licht der Sonne zu tanzen scheint. Eine Träne läuft mir über die Nase, andere tropfen von innen aus der Nase heraus. Und jetzt weine ich. Kein sentimentales Weinen. Keine Gedanken. Nur Weinen, und das Weinen ist auch gut.

Eine Möwe läuft über einen der Pfähle. Ihr Spiegelbild im Wasser läuft verkehrt herum. Jetzt ist sie von einem Pfahl zum nächsten gesprungen – zwanzig oder fünfundzwanzig Zentimeter weit – sowohl richtig als auch verkehrt herum. ... Jetzt hat sie es wieder gemacht. Diesmal war oben der Vogel und im Wasser ein Schatten. Jetzt regnet es, und das Wasser hat sich verändert. Es reflektiert nicht mehr, weil die Tropfen die Oberfläche durchlöchern.

Dies ist ein so hervorragender Ort, um Veränderungen zuzulassen und stärker im Jetzt zu leben. Auch die Menschen verändern sich. Ein Mann, der sagt, er sei nur hier, um etwas zu lernen, das er zu Hause bei seinen Patienten gebrauchen und anwenden kann, entdeckt vielleicht eines Tages, daß er auch für sich selbst hier ist. Vielleicht hat er es schon entdeckt. Jemanden da zu treffen, wo er einmal *war*, heißt ihn da zu verpassen, wo er jetzt ist. Entweder begegne ich den Menschen jetzt, oder ich begegne ihnen nirgendwo. Wenn ich ihnen in meiner Erinnerung begegne, dann begegne ich nicht *ihnen*, und ich begegne ihnen nicht. Erinnerung ist Begegnung, und Erinnerung bin nicht *ich, jetzt*.

———•———

Heute fühle ich mich irgendwie bedrückt und finde das, was ich schreibe, dumpf und unklar. Aber in diesem Moment *muß* ich mich bedrückt fühlen, und das Bedrücktsein und die Dumpfheit sind okay. ... Das habe ich jetzt wirklich gefühlt, und aus der *Dumpfheit* ist ein Glitzern und Funkeln entstanden! Was ist mit der Dumpfheit passiert?

Der See *spiegelt* jetzt alles in bunten Farben.

———•———

Glenn: Um es Fritz recht zu machen, mußt du etwas tun, was du nicht kannst.

Shawn: Um es Fritz recht zu machen, mußt du etwas tun, wovon du *denkst*, du kannst es nicht. Und es muß dir scheißegal sein, ob du es Fritz recht machst, oder nicht.

Ich weiß, was ich tun muß, um es Fritz recht zu machen. Das heißt, Fritz mag es, wenn ich es tue. Bei anderen Dingen gefällt es ihm bereits. Aber ich muß es tun, um es mir selbst recht zu machen, und nicht ihm, aus meinem eigenen Gefühl und Wollen heraus. Solange ich es nicht getan habe, ist es bloße Phantasie. Und jetzt höre ich am besten auf, darüber nachzudenken, oder ich tue es überhaupt nicht mehr. Ich kann ewig und drei Tage darüber nachdenken und das, was nie geschehen ist und was auch nicht geschehen kann, solange ich darüber nachdenke, mit immer mehr Details füllen.

Der Erste Grundsatz

Über dem Eingang des Obaku-Tempels in Kyoto sind die Worte »Der erste Grundsatz« eingraviert. Die Buchstaben sind ungewöhnlich groß, und von den Liebhabern der Kalligraphie werden sie als wahres Meisterwerk bewundert. Kosen zeichnete sie vor zweihundert Jahren.
Der Meister zeichnete sie zuerst auf Papier, und daraufhin schnitzten die Handwerker sie in Holz. Als Kosen den Schriftzug zeichnete, war ein mutiger Schüler bei ihm, der für die Kalligraphie mehrere Krüge voll Tinte angefertigt hatte und niemals müde wurde, die Arbeit seines Meisters zu kritisieren.
»Das ist nicht gut«, sagte er Kosen nach dem ersten Entwurf.
»Wie ist das hier?«
»Schwach. Noch schlechter als das erste«, erklärte der Schüler.
Geduldig zeichnete Kosen ein Blatt nach dem anderen, bis sich vierundachtzig Erste Grundsätze angesammelt hatten, von denen keiner die Anerkennung des Schülers fand.
Als der junge Mann einen Augenblick nach draußen ging, dachte Kosen: »Das ist die Gelegenheit, seinem scharfen Blick zu entgehen.« Eilig, und ohne abgelenkt zu werden, schrieb er »Der Erste Grundsatz«.
»Ein Meisterwerk«, sagte der Schüler.

(aus: Paul Reps, *Zen Flesh, Zen Bones*. Charles E. Tuttle Co., Inc., Tokyo)

———•———

Schlamm. Schlamm. Schlamm. Ich fühle mich wie eingewickelt. Als ob ich mit einer schweren Last auf meinem Rücken eine Straße entlangstapfen würde. Ich habe den Kontakt verloren und weiß nicht, ob ich die Stufen gehen oder bauen muß. Eine Treppe in den zweiten Stock ist leicht, und wenn ich da bin, fühle ich mich gut, aber trotzdem muß ich zurück, um die Treppe zu bauen. Ohne –

Ich denke darüber nach! Ich denke. Erfinde meine Arbeit. Matsch, stapf. AUS!

Laß kommen, was kommt.

Ich liebe Van. Letztes Frühjahr rief ich ihn an und sagte: »Ich rufe wegen George an; er weiß nicht, was er mit seiner Mutter machen soll.« »Sie erschießen«, sagte Van wohlmeinend – ohne George oder dessen Mutter zu kennen.

Wie hat Lashas Arbeit heute morgen angefangen? Einen Anfang festzusetzen heißt, an den Anfang der Zeit zurückzugehen; ich nehme an, das ist der Moment, als der erste Organismus – welcher Art auch immer – sich der Zeit bewußt wurde.

Willkürlich wähle ich den Moment als Fritz mit einem zischenden Geräusch ihre Stimme nachmachte und sie aufforderte, ein paar Teilnehmer anzuzischen. Das tat sie und fing an, Mücken zu verscheuchen – so empfand sie selbst das Geräusch. Daraufhin sollte sie mehreren Leuten als Mücke begegnen. Das machte sie vielleicht mit acht Teilnehmern, bis sie schließlich bei Deke landete. Aus dieser Situation heraus bat Fritz sie, Dekes Therapeutin zu sein. Danach forderte er sie auf, wieder auf den heißen Stuhl und zu dem Therapeuten zurückzukehren, den sie sich zu Beginn ausgesucht hatte. Ich erinnere mich, daß sie zu ihm sagte: »Du bist immer so nett. Wann fängst du an, zu fordern?« Ich weiß nicht mehr, was dann gesagt wurde, sondern nur noch, daß die Worte sanft und leise klangen und daß Lasha daraufhin wirklich und echt wurde.

Wenn ich so etwas sehe, denke ich: »Gib es dran. Dir bleibt nicht mehr genug Zeit zum Lernen.« Aber ich weiß auch, daß es nicht nur um die Zeit als Therapeutin geht, sondern darum, wo ich in mir selbst stehe. Ich muß an mir selbst arbeiten, alles andere wird sich dann ergeben. Solange ich mich sperre, wird das Gewahrsein immer wieder unterbrochen werden. Hundert Jahre als Therapeutin werden mir nicht soviel bringen wie wenn ich jetzt aufhöre, mich zu sperren. Die Vielfalt in Fritz' therapeutischer Arbeit entsteht aus seinem Gewahrsein. Was er als Therapeut aus jahrelanger Erfahrung weiß, ist wahrscheinlich ebenso häufig hinderlich wie hilfreich. Es hebt sich auf. Fritz sagt, daß er so weit wie möglich versucht, nicht zu denken. *Während* der Therapie ist er wie Carl Rogers und kommt zum selben Schluß: Carl sagte, daß die Theorien den Therapeuten *während* der Therapie nur verwirren.

Wenn ich mich selbst zumache, fange ich an zu denken. Damit fangen meines Erachtens die Schwierigkeiten an – wie bei Kindern. Nachdem ich mich heute morgen zugemacht hatte, hörte ich auf zu denken, weil ich mich auf meinen Körper konzentrierte und die Dinge dort geschehen ließ. Danach fühlte ich mich viel kraftvoller, ich war da – ohne zu denken – und folgte interessiert Hal's Arbeit mit Bob. Ich war ganz gegenwärtig. Aber ich habe immer noch nicht ganz das Gefühl, einen Mund zu haben.

———•———

F: Bist du stolz auf dich?

Fritz: Nein, ich bin nicht stolz auf mich, aber ich habe aufgehört, mich zu verachten.

———•———

Pat: Fritz, ich habe Angst vor dir. Ich kann mich nicht auf dich verlassen.

Fritz: Du kannst dich auf meine Liebe verlassen. Du kannst dich nicht auf meine Unterstützung verlassen.

———•———

Heute morgen in der Fortgeschrittenengruppe bin ich wieder auf die Nase gefallen. Karl setzte sich auf den heißen Stuhl und bat Romily und mich, mit ihm zu arbeiten. Er fing in der Vergangenheitsform an. Anstatt ihm zu sagen, daß ich ungeduldig wurde, weil er nicht weiterkam, versuchte ich geduldig zu sein und wies ihn darauf hin, was er tat. Ich wurde immer nervöser, auch als er im Präsens weitererzählte, denn er war nicht in seinem Traum, sondern erzählte eine Geschichte. Ab da war ich gegenüber allem, was ich wahrnahm, argwöhnisch. Ich bemerkte, daß Romily ganz anders war. Das gefiel mir. Auch fiel mir auf, wie deutlich Karl sichtbar wurde als Fritz die Arbeit übernahm, und auch das gefiel mir. Aber ich hielt *immer noch* an meinem Fehler fest – und machte noch einen. Als Karl fertig war, sagte ich ihm, daß ich am Anfang unecht gewesen war. Wenn man in der Vergangenheitsform spricht, dann spricht man *über* etwas. Das weiß ich. Ich kam ganz durch- – nein, das sind Worte. Ich war nicht durcheinander. ... Ich war klar, aber ich sah nichts. Es war so, als ob ich auf den See schaue, und jemand anders sieht ein Wasserflugzeug landen – ich aber nicht. ... Fritz meinte, ich würde darüber reden. Das merkte ich zwar, wußte aber nicht, was ich machen sollte. Er gab mir einen Hinweis und sagte »Ich bin – ich war.« Bleib im Jetzt. Ich suchte nach einer Möglichkeit, die Vergangenheit (die keine Gegenwart mehr war) in der Gegenwartsform auszudrücken. Ich fand keine Möglichkeit. Ich klammerte mich immer noch an die Vergangenheit, die in mir nicht gegenwärtig war. Was immer ich *jetzt* fühlte, wurde von meinem Festhalten an der Vergangenheit (Erinnerung) verdeckt, die eigentlich nur dadurch in mir gegenwärtig war, daß ich sie dort festhielt. Phantasie.

Fritz forderte mich auf, jedem einzelnen etwas zu sagen, aber ich weiß nicht mehr was. Es war so etwas wie »Ich verliere den Augenblick, indem ich – «, und dann sagte er: Ich verliere den Augenblick, indem ich versuche, etwas zu sein, das ich nicht bin. Ich verliere den Augenblick, indem ich mich zurückhalte. Ich verliere den Augenblick, indem ich darüber nachdenke – und noch einige andere Sätze. Als ich bei Glenn angekommen war, sagte ich es nicht so betont, weil ich mit ihm mehr in der Gegenwart bin. Es war eine »Gelegenheit« – vielleicht »verpasse ich die Gelegenheit«.

Das einzige, was ich mir zugute halten kann ist, daß ich dranblieb. Ich schwächte nichts ab und rechtfertigte mich nicht. Ich blieb *wirklich* dabei. Erst später fiel mir auf, daß ich nicht gesagt hatte: »Bei so und so mache ich das nicht«, »Ich mache das aber nicht immer«, »Heute morgen habe ich es nicht gemacht«, Gestern abend habe ich es nicht gemacht«, und ich sagte nicht:

»Fritz, du weißt doch, daß ich gestern abend, als du im Zusammenhang mit ›Zur Toilette gehen‹ sagtest, daß ich mich körperlich nicht wohlfühle, ich laut und deutlich sagte ›ICH GEHE GERNE ZUR TOILETTE.‹«

Ich war nah genug am Jetzt, um nichts von dem zu denken. Ich hielt mich immer noch zurück und zögerte, das auszusprechen, was mir in den Sinn kam. Ich vergeudete diese Momente. Genauso wie als Ray mich fragte, was meine Hände auf den Armlehnen machten: Ich bemerkte es und *hielt* dieses Bemerken fest (um mich zu vergewissern), bevor ich mir erlaubte, mich – mein Erleben – auszudrücken. In der Gewahrseins-Woche im Juni war es dasselbe: Ich sollte meine Stimme loslassen und das, was ich fühlte, singen: es dauerte nur einen kleinen Moment, das Gefühl zu bemerken, aber viele Momente (die sich wie fünf Minuten anfühlten, obwohl es wohl keine waren), um dieses Gefühl durch die Stimme auszudrücken. (Als ich heute morgen durch die Gruppe ging, sagte ich auch nicht, was mir jetzt gerade wieder einfällt: »Es ging mir *gut*, und ich war glücklich, bis du mir Hal als Co-Therapeuten zugewiesen hast.« Gut, daß ich es nicht gesagt habe. Oder schlecht. Denn das muß ich natürlich mit Hal klären. Dieses Problem hat mich eine Zeit lang ziemlich durcheinandergebracht. Ich mache ein Programm, um etwas zu sagen. Zumindest (ich baue mich selbst ein bißchen auf) verbringe ich damit nicht sehr viel Zeit. Und in der nächsten Sitzung bin ich dann vorbereitet – und alle machen sich verrückt, weil Don geht, und wegen der Art, wie er geht, und *ich* gehe dem nach – und gehe nicht einmal darauf ein, was mich daran stört, wenn ich höre, wie Hal in das Gerede einstimmt. Ich bin in meinem Gebrabbel. Ich habe den Kontakt zu mir verloren, zu mir mir mir mir MIR MIR MIR MIIIIIIIIIIR.

Ich habe drei Regeln aufgestellt.

DENKE NICHT

SEI UN-VERNÜNFTIG

Laß Fehler los – sie hatten ohnehin keinen Wert

Fritz meint, das seien Programme. Die letzte Regel schien ihm zu gefallen, obwohl auch sie ein Programm ist.

Ich habe den Kontakt zu meinem Wissen verloren, daß Fehler keine Rolle spielen.

Hätte ich den ersten nicht gemacht, dann hätte ich auch den zweiten nicht gemacht.

Hätte ich den zweiten nicht gemacht, wäre auch das, was dann kam, nicht passiert, was dazu geführt hat, daß ich (jetzt) durcheinander bin und Kopfschmerzen habe, während ich es gleichzeitig vor mir herschiebe, an meinen Kopfschmerzen zu arbeiten. Ich verschiebe es, zögere es hinaus. Aber was auftaucht, sind die Kopfschmerzen.

Ich habe auf die Kopfschmerzen geachtet. Dabei kam etwas zum Vorschein, woran ich mich vorher nicht erinnern konnte: Fritz meinte, ich solle sagen – jetzt habe ich es wieder vergessen, außer dem Ausdruck »beides« – so, wie ich gestern abend zu Pat sagte: »Ich möchte dich etwas fragen, aber ich tue es nicht, weil ich nicht will, daß du meine Frage beantwortest; ich will nur fragen«, und ich stellte meine Frage. Jetzt kommen die Kopfschmerzen wieder. ... Beides ausdrücken: was ich sagen will und was ich damit mache.

Befreie. Denke nicht einengend.

Als wir Schluß machten und Fritz schon im Begriff war zu gehen, sagte ich: »Hey!« – das brachte ich noch ziemlich schnell heraus. Dann hielt ich inne, während die Worte mir im Hals steckenblieben und ich sie zurückhielt (so ungefähr) »Es paßt mir nicht, daß du die Sache mit der Toilette erwähnt hast (was er wieder getan hatte), obwohl das, was das Thema aufgebracht hat, erst später passiert ist.« Er drehte sich um und sagte »Danke«, aber es klang, als ob er es nicht wirklich meinte, vielleicht meinte er es aber doch so, oder vielleicht später. Bild: Fritz findet den Silberstreif! Das klingt so witzig.

Teufel. Ich weiß. Ich weiß, daß es wichtig ist, mit dem zu leben, was ich weiß. Authentisch. Wirklich. Und ich weiß, daß nur das Ego geschröpft wird und »wehtut«. Er meint tatsächlich »Danke«, auch wenn er dabei verletzend ist. Dasselbe Gefühl habe ich manchmal in bezug auf Jesus und das Kreuz. Mein eigenes Wissen – ich fange gerade erst an, Kontakt damit aufzunehmen. Das Ego-Ich macht mich fertig, bereitet mir Kopfschmerzen, und ich will, daß das Ego stirbt. ... Ich bin aufgestanden und habe ein Kissen gewürgt. Währenddessen sah das »Ego« genauso albern aus wie das flatternde Ende des Kissens über meinen Händen. Füllung mit Stoff darum. Stoff mit Füllung drin. Füllung mit Stoff darum mit Füllung drin.

Tsu! – geht es wie ein Zischen durch meine Zähne.

Nur Ego. Das, was ich loswerden will. Die einzige »Person«, der ich den Tod wünsche, die ich erwürgen und töten will, ist das Ego, und ich will nicht, daß das Ego mich erwürgt. Meine einzige Chance, das zu tun ... gegen das Ego zu kämpfen, hält es am Leben, denn zu kämpfen, gehört zum Ego – heißt unterwürfig zu sein. ... Das, was in meiner Vorstellung als nächstes hätte kommen müssen, kam nicht. Statt dessen verschwanden sowohl das Ego als auch das Würgen als ich mich dem Würgen dem Ego unterwarf. Nicht dem, was das Ego *sagt*, sondern dem, *was es tut*. Wenn ich dem nachgebe, was das Ego sagt, bin ich immer noch Ego. Wenn ich dem nachgebe, was das Ego *tut* – Schmerzen – verschwinden die Schmerzen, und mit ihnen das Ego.

Danke also, Fritz, für den Schmerz.

Danke, Barry, für den Schmerz.

Obwohl ich verletzt bin, danke ich dir, Fritz.

Was sicherlich christlich klingt – das ist der Teil, den ich verabscheue, das heißt Jetzt, da ich es verstehe, verabscheue ich ihn nicht. Ich finde immer noch, wir würden die Bibel besser wegwerfen und noch einmal von vorn anfangen.

Wirf alles weg und fang noch einmal an.

Das fühlt sich richtig an, wirklich richtig, aber es tut immer noch weh, ein bißchen – immer noch Schmerz, den ich nicht akzeptiere. ... Ich achte auf ihn, halte ihn nicht, sondern lasse mich ihn einfach nur spüren, tue nichts – und er verschwindet. Während ich bei dem Schmerz bin, denke ich nicht über ihn nach.

Gestalt-Institut Kanada – eine christlich-jüdisch-buddhistisch-hinduistische Schule. Mir fällt auf, daß ich mich selbst als erstes nenne. (Ich bin auf dieselbe Art Christin wie Fritz Jude ist. Wir werden so klassifiziert. Wir sind in unserer Umwelt damit aufgewachsen. Wir gehen nicht in die Kirche oder den Tempel, und wir *glauben* nicht.) Also gut. Meine Freundin – die Stimme – ist nicht so kraftvoll wie vorhin, aber es gibt eine Art Flüstern: »Höchste Zeit«. Vielleicht fühlt sie sich im Moment ein bißchen abgewürgt – oder sie erholt sich wieder, hat aber ihre Stimme noch nicht wieder. Ich habe sie vermißt.

Letzte und diese Woche habe ich mich in »meiner« Gruppe (das heißt eigentlich nur, daß ich aufstehe, wenn Fritz die Gruppenleiter bittet aufzustehen) mehr auf das Ende dieses Workshops gefreut als auf seinen Fortgang. Jetzt bin ich froh, daß er weitergeht. Die ganze Zeit über habe ich mich gefühlt, als wäre ich unter einer dicken Schicht Erde begraben und müßte mir ganz langsam den Weg nach oben und ins Freie buddeln. Jetzt bin ich schon näher an der Oberfläche und fange an, Licht zu sehen.

Fritz! Du weißt nicht, wie ich ein bißchen herausgekommen bin. Du *weißt* nicht, was ich gestern entdeckt habe, und es hat funktioniert. Du *weißt* nicht, welche Fortschritte ich gemacht habe. (Ich bereite mir selbst wieder Kopfschmerzen.)

Fritz (mein Fritz): Und? Willst du da stehenbleiben?

Ich sitze hier und weiß die Antwort, aber ich sage sie nicht.

Nein! Solange ich nicht aufgehört habe, nachzudenken und vernünftig zu sein, will ich weitermachen.

Fritz, neulich hattest du selbst einen Ausrutscher. Denken, analysieren. Du hast deinen Frieden verloren. Gestern abend hast du etwas erwähnt, was du zu *sollen* glaubst. *Dein* Sollen kommt mir lächerlich vor. Nur das Ego könnte ein solches Sollen haben.

Fritz (*mein* Fritz): Stammt dein Sollen aus unbefleckter Empfängnis?

———•———

Fritz wartet auf das Erscheinen des *Garbage Pail*. Seinen Freunden gefällt das Buch. Er kann es kaum abwarten zu erfahren, was seine Feinde darüber – und das heißt: über ihn – sagen werden. Wieviel Zeit er darauf verwendet hat weiß ich nicht – nur wenn es mir bewußt wird – so wie jetzt, als ich ihn auf dem Weg zum Haus traf. »Irgendwelche Post?«, will sagen »Irgendein Kommentar von« (hier bekomme ich Schwierigkeiten, unterbreche und denke nach, also mache ich weiter –) »Irgendein Kommentar über den *Garbage Pail?*«

Ich weiß nur, daß es ein *Darübernachdenken* ist – die mittlere Zone (Fritz), die Gebrabbelzone (ich), und ich kann nicht in dieser Gebrabbelzone sein, wenn auch nur *etwas* durcheinanderkommt. Wenn ich drin bin, bin ich drin, und dann bin ich offen für jeden Müll.

Wenn Fritz auf mich zukommt, sogar wenn ich ihn gerne anfassen möchte, warte ich normalerweise immer, bis er den ersten Schritt macht. Diesmal ging ich auf ihn zu, legte meine Hände auf seine Schultern, und wir küßten uns. Wenn er glücklich aussieht, sieht er *glücklich* aus. Wunderschön. Ich fühle mich nicht sehr viel stärker, aber ein wenig.

———•———

Es war sicher kein Fehler, einen Fehler zu machen.

———•———

Als ich heute morgen zur Fortgeschrittenengruppe ging ... »Fortgeschritten« gefällt mir nicht. Die Zehn-Uhr-Gruppe. Die Zehnergruppe ... nahm ich eine Bandage mit, um meine Augen zu verbinden. Hätte ich das gemacht – meine Augen verbunden – wäre alles anders gelaufen. In welcher Weise anders, weiß ich nicht. Die Möglichkeiten umfassen sämtliche Möglichkeiten, die diese Situation beinhaltet. Sie umfassen nicht Rußland, Mexiko und Lake Cowichan. Mir sämtliche Möglichkeiten vorzustellen, die innerhalb dieses Raumes mit sechzehn oder siebzehn Menschen gegeben waren, übersteigt meine Vorstellungskraft. Hätte ich mir die Augen verbunden, dann hätte in diesem Rahmen alles Mögliche passieren können. Ich tat es nicht. Ich wollte, und ich tat es nicht. Ich wartete. Wartete auf den »richtigen Zeitpunkt«. Ich fürchte, in diesem Fall heißt das: »wenn niemand auf mich achtet«. Auf jeden Fall war es ein gutes Beispiel dafür, wie es ist, wenn man auf den richtigen Zeitpunkt wartet, der dann doch niemals eintritt.

Verrückt, verrückt. Ich war bereit, Hal bei der ersten Gelegenheit anzugreifen. Keine Gelegenheit. Ich hielt nichts zurück. Ich fühlte mich wohl.

———•———

Heute kam Jerry Rothstein aus San Franzisko hier an. Er tanzte fast vor Aufregung, jetzt endlich hier zu sein. Am Freitag macht er eine Gruppe für Kurzsichtige. Glenn meinte, Karl würde nicht hingehen – er glaubt nicht, daß Augen an sich verändert werden könnten. Ich sagte Glenn, das sei gestern gewesen. Er sagte: »Oh nein, heute morgen.« Ich meinte, er habe doch jetzt das Bates-Buch (er hat es gestern abend von mir bekommen), und er will sich noch Huxleys *The Art of Seeing* besorgen. Glenn: »Aber erst *heute morgen* ... oh nein, das war *gestern* morgen. Heute morgen sprach er über die Elongation der Augäpfel.« (von Bates)

Das gehört zu den besten Dingen hier: man weiß nie, wo jemand ist, es sei denn, man ist mit ihm zusammen. Ansonsten ist es wahrscheinlicher, daß jemand irgendwo *war*, was natürlich auch stimmt, nur hier wird so deutlich, daß es unausweichlich ist. Natürlich entstehen die unmöglichsten Gerüchte, wenn man weiß, daß es in dem Moment, wo man es sagt, schon nicht mehr stimmt.

Gestern in der Zehnergruppe und heute morgen in meiner Kleingruppe nahm Fritz sich Melissa vor. Er frustrierte ihre Versuche, ihn zu kontrollieren, wobei sie alles, was er sagt, mit Wortspielen herunterspielt. Ab und zu weinte sie, dann wieder kämpfte sie. Als sie vom Weinen zum Kämpfen überging, sagte er: »Das ist deine zweite Methode.« Er akzeptierte nicht den geringsten ihrer Manipulationsversuche. Heute abend in der Hütte fragte er sie (es war eine Erkundigung, keine besorgte Nachfrage), wie es ihr gehe, und sie antwortete: »Anders.« Sie klang auch anders.

Aufgrund meiner eigenen Erfahrungen weiß ich, daß wenn die alten Methoden nicht funktionieren, ich etwas verändern muß. Ich glaube nicht, daß ich jemals in der Lage sein werde, jemanden so zu frustrieren wie Fritz das tut, und für ihn scheint diese Art zu stimmen. Abgesehen davon, daß die Leute, die zu ihm kommen, ihn aussuchen – sie wählen *ihn* – und genauso verantwortlich für ihre Entscheidungen sind wie ich für meine. Als Melissa hierher kam, war klar, daß sie aus ihrem vorgeschriebenen Lebensskript ausbrechen wollte, und um das zu schaffen, wählte sie Fritz aus. Ich bin sicher, daß sie das, was sie gestern und heute erlebt hat, nicht wollte. Im übrigen bekommt sie heute zum erstenmal etwas von dem, was sie will.

Bob D. ist wirklich sehr sympathisch. Und er ist so unterwürfig. Ich habe keine Ahnung, was ich damit anfangen soll, und es wäre auch nicht gut, wenn ich es täte. ... Ich fange an, den Nutzen der Frustration zu erkennen, wie hilfreich es sein kann, jemanden in eine Situation zu bringen, in der er nicht mehr unterwürfig sein kann. Mir gefällt die Art wie Carl Rogers seine Klienten frustriert – er gibt keine Antworten, *und* er tut noch etwas anderes. ... Ich sehe auch, wo Bob D. *nicht* unterwürfig ist, und das hat mir eine Weile gefehlt. Ich sehe das, was ist, inzwischen etwas schärfer.

Fritz formulierte mein Dilemma als Spontaneität vs. Bedächtigkeit.

Es gibt *keinen* Zweifel daran, was ich will und welchem ich vertraue.

Ich gehe ins Bett – ohne Bedächtigkeit.

Gestern wollte ich irgendwann tatsächlich, daß die Gruppen weitergehen. Vielleicht manchmal. Zu anderen Zeiten wollte ich nicht einmal hierbleiben. Jetzt, in diesem Augenblick, heute morgen, wo der See und die Hügel in – sie sind in – was für Worte. Sieh an. Es ist sieben Uhr morgens, pazifische Standardzeit, und weit genug nördlich, daß ...

Noch ein Versuch.

Ein wenig Licht am Himmel, nicht viel.

In diesem Moment fühle ich mich wohl hier, was nicht mehr der Fall ist, wenn ich an eine Stunde später denke – dann fange ich an, un-einstimmig zu werden.

In meinen Schultern und meinen Füßen passiert etwas. Es sind keine Schmerzen, und ich habe keine Ahnung, was es ist, aber ich mag es.

Die Haut in meinem Gesicht brennt wie bei einem Sonnenbrand. Das geht jetzt seit ungefähr zehn Tagen so.

Was in meinen Schultern und Füßen passiert und kein Schmerz ist, ist Bewegung. Eine ziemlich große Bewegung. Wie wenn man mit der Hand nassen Sand hin und her schiebt.

Das ist wirklich ein verrückter Ort. Zweieinhalb Morgen Land mit kleinen Häuschen darauf und Leuten, die sich meistens drinnen aufhalten und von denen vierunddreißig hin und her und rein und raus laufen, und man weiß nie, ob jemand drinnen oder draußen ist, und wenn er redet, ob er gerade in seiner eigenen Haut oder der von jemand anderem steckt – außer Fritz, der so viel mehr wahrnimmt und mitbekommt als alle anderen hier, und der nach den Gemeinschaftstreffen seine Zeit damit verbringt, Schach zu spielen oder sich mit seiner Briefmarkensammlung zu beschäftigen. Tut er das? Ich weiß eigentlich nur, daß ich ihn manchmal durch das Fenster an seinem Schreibtisch sitzen sehe, vor sich ein paar seiner dicken Briefmarkenalben, und ich habe keine Idee, was in ihm vorgeht, genauso wenig wie jemand anders das von mir sagen könnte, wenn ich dasitze und Solitär spiele. Warum sollten wir das auch wissen? Warum sollten wir so tun als dächten wir, es zu wissen? Warum sollten wir beurteilen, ob das, was passiert, gut oder schlecht ist?

Was kann ich über einen Ort sagen, an dem die Sichtweise und die Erfahrung jedes einzelnen sich unterscheidet und verändert, wo Gut zu Schlecht und Schlecht zu Gut wird, wo Antipathie sich in Sympathie verwandelt und Sympathie in Antipathie, und jetzt jetzt jetzt schon vorbei ist, noch bevor ich es aussprechen kann.

Mrs. McGillicuddy ist nach Alberta gefahren, um ihre Schwester zu besuchen. Der Präsident ist Golf spielen gegangen. Mrs. McGillicuddy unterhält sich mit ihrer Schwester. Der Präsident unterhält sich mit seinem Golfpartner. Meine Großmutter zog nach London. Der Präsident trug einen blauen Anzug. Mrs. Mac trug ein geblümtes Kleid. Ist ein Zendo wirksamer als ein Gestalt-Institut, und wenn ja, warum etwas, das niemand kennt oder kennen kann. Es gibt keine Möglichkeit, das herauszufinden. Erstens suchen unterschiedliche Menschen sie auf, und zweitens sind diejenigen, die zuerst zum einen und dann zum anderen gehen, um etwas in Erfahrung zu bringen oder zu beweisen, nicht mehr dieselben, die sie vorher waren. Das ist etwas, das ich sehe, nicht etwas, worüber ich nachdenke. Ist diese Schule besser, ist jene besser, und wenn diese schlechter ist, kann sich das am Ende als gut erweisen. Nichts zählt, außer ... Nichts zählt. Nicht wirklich. Gleichzeitig tut es das doch. Frag mich nicht, finde es selbst heraus, du Arsch.

Ich bin die Quelle aller Weisheit.

Der Mensch ist keine Informationsquelle. Er ist eine Senkgrube.

Welche Informationen habe ich *wirklich*?

Von hier nach Lake Cowichan ist es etwas mehr als eine Meile.

Gefallen mir die Gruppen?

Manchmal.

Gefallen mir die Gruppen nicht?

Manchmal.

Bin ich schon zu lange hier?

Von hier nach Lake Cowichan sind es anderthalb Meilen.

Lieber Larry:

Sehr geehrter Herr:

Sehr geehrter Herr Präsident, ich wünschte, Sie würden diese gottverdammte Welt nicht so ernst nehmen. Sie müssen etwas unternehmen.

Liebe Barry, ich wünschte, du würdest diese gottverdammte Welt nicht so ernst nehmen, du mußt etwas unternehmen.

Ich wünschte, du würdest dich selbst nicht so ernst nehmen, du mußt etwas unternehmen. Das klingt wie meine Freundin, die Stimme. Während die Worte aufs Papier kamen, kam die Stimme dazu. Du kannst die Stimme, in der die Worte geschrieben wurden, nicht hören. Wenn du sie liest, liest du meine Worte mit deiner Stimme und sagst mir, was ich gesagt habe. Es ist deine Stimme, also hör zu und erzähl mir nichts.

Jedesmal wenn ich etwas kapiert habe und mir schlau vorkomme, erscheint mir alles, was ich vorher geschrieben habe, wie Gesabber. Deshalb will ich es nicht verwerfen. *Ich* fange jetzt an, nämlich da, wo ich bin. Wie könnte ich ohne das, was vorher war, da sein, wo ich bin?

Heute morgen bat Fritz uns, einen Essay über den »Sollte-ismus« zu schreiben. Ich bin mir sicher, daß er nicht »Essay« gesagt hat. Das kommt von mir. Ich habe zwei Bedeutungen von »Essay« in meinem Kopf. Die eine mag ich, und die andere nicht: Bei der ersten Bedeutung handelt es sich um eine Art Versuch ohne Anstrengung, bei dem ich die Dinge laufen lasse, so daß ich sie kennenlernen kann; bei der zweiten Bedeutung geht es um eine literarische Komposition mit einem bestimmten Stil und Arrangement.

Ich versuche es mit der ersten Version:

Sollte-ismus kommt von Könnte-ismus. Es hätte anders sein können. Ich hätte anders sein können. Du hättest etwas anderes tun können. Das Wetter hätte schön sein können. Ich hätte in eine andere Familie hineingeboren werden können. Mein Kind hätte Karriere machen, berühmt werden und eine Menge Geld verdienen können (auch für mich). Du hättest pünktlich sein können. Ich hätte nicht diesen Fehler machen können. (Wie hätte ich, wenn ich ihn bis zu dem Zeitpunkt als ich ihn machte, nicht als Fehler ansah?) »Du hättest können, ich hätte können« führt auf direktem Wege zu »Du hättest sollen« und »Ich hätte sollen«.

Ein Semantiker namens Harrington, dessen Vornamen ich vergessen habe, sagte einmal, er kenne einen Indianer, der sowohl seine Stammessprache als auch unsere Sprache flüssig spricht. Harrington fragte den Indianer, ob es in seiner Stammessprache auch solche Wörter (Bedeutungen) wie »könnte« und »sollte« gebe. Der Indianer schwieg eine Zeit lang und schüttelte dann den Kopf. »Nein«, sagte er. »Die Dinge sind einfach.«

Ich nehme an, daß es diese Lücke auch in einigen anderen indianischen Sprachen (Vorstellungen) geben muß, denn ich habe schon des öfteren erlebt, wie erstaunt sie waren, wenn Weiße ihnen erzählten, daß es auch anders hätte sein können, daß sie sich anders hätten verhalten können oder etwas anderes hätten tun sollen. Ich habe auch das Erstaunen der Weißen beobachtet, wenn die Indianer einfach weitermachten, nachdem man ihnen gesagt hatte, daß sie etwas nicht sollten, und das Erstaunen der Indianer, wenn die Weißen über das Erstaunen der Indianer erstaunt waren.

Fritz meinte, wenn jemand wüßte, wie man aus dem Sollte-ismus herauskommt ... Ich bezweifle, daß es *einen* solchen Weg gibt, aber ein möglicher Weg, den wir vielleicht ausprobieren können, besteht darin, auf unsere »Könnte's« zu achten, und nicht nur auf unsere »Sollte's«. Das gefällt mir nicht. Ich würde lieber sollte und könnte aus unserer Sprache entfernen und sehen, was passiert. Nicht »schlecht«. Einfach: »Ich will diese Wörter nicht mehr benutzen.« Ich nehme an, daß alle damit einverstanden wären, wenn es darum ginge, daß die *anderen* sie weglassen, während die meisten es schwieriger fänden, das selbst zu tun. Aber wenn wir das täten, würden wir vielleicht anfangen, diese Vorstellungen zu verlieren, und wenn jemand den Anfang machen würde, dann würde er die Könnte's und Sollte's der anderen sicherlich nicht mehr akzeptieren wollen. Wörter werden ja tatsächlich weggelassen und verschwinden aus der Sprache; normalerweise geschieht das nicht absichtlich, aber wenn die Menschen es als Befreiung empfänden, würden viele von ihnen (von uns) das sicherlich tun.

Ich habe genug von diesem Darüberreden.

Wenn wir unsere Sprache (die damit verbundenen Vorstellungen) überwinden wollen, brauchen wir eine Veränderung. Jetzt bin ich doch wieder dran.

In der Großgruppe heute morgen ergab sich eins aus dem anderen, und schließlich äußerte Bart sein Unbehagen über meine Sanftheit. Ein paar Augenblicke später fühlte ich mich stark, und mein Körper stand ganz gerade – das war alles. Bart wich zurück, seine Schultern gingen ein ganzes Stück zurück. Bart meinte, es sei »der plötzliche Wechsel«. Ich sagte: »Okay. Ich stehe hier. Ich bleibe hier ganz gerade stehen.« Ich stand gerade. Bart: »Es ist schwer, sich dir entgegenzustellen.« Als ich das sagte/mich so hinstellte, hatte ich kein bestimmtes Motiv. Der Gedanke kam mir, und ich wollte sehen, was passiert. Ich war sehr überrascht. Wieviel hatten wir beide in diesen wenigen Augenblicken gelernt, einfach indem wir etwas *taten*, anstatt darüber zu reden. Wir machten etwas anders als sonst. Was mit Bart passierte, erstaunte mich. Was in mir vorging, erstaunte mich. Bart hatte *sein eigenes* Erstaunen. *Ich fühle mich anders*, als ob etwas in mir wach geworden wäre.

Was auch immer wir taten, wir sollten jemanden auswählen, den wir nicht mochten. Es gibt niemanden, den ich überhaupt nicht mag. Ich ging herum, um jemanden auszusuchen, und sah Bart alleine da stehen und ging zu ihm. Ich weiß nicht, ob Bart glaubt, ich hätte ihn ausgesucht, weil er mir besonders unsympathisch ist. Wie auch immer, so war es, und ich glaube, daß wenn ich nicht jemanden ausgesucht hätte, der mir besonders unsympathisch ist (oder was auch immer die Aufgabe ist), sondern statt dessen meine Augen geschlossen und wahllos irgend jemanden genommen hätte, auch etwas Wichtiges passiert wäre.

———•———

Nach zwölf Stunden Schlaf bin ich gerade aufgewacht. Die Sonne scheint hell, die Spiegelung des Lichts im Wasser blendet. Die Schultern fest. Fest? Die Muskulatur um die Schulter herum und den Rücken hinunter fühlt sich an, als ob sie sich selbst durchkneten würde.

Zumindest bin ich das »Ich-muß« losgeworden. Wie bin ich dieses »Müssen« losgeworden? Indem ich jedesmal, wenn ich dachte »ich muß«, darauf geachtet und mir klar gemacht habe, was ich nicht muß, sondern nur zu müssen *glaubte* – und wenn ich das »Müssen« wegließ (nicht tat), blieb nur noch das Wollen. Und das Wollen geriet nicht mehr mit dem Müssen durcheinander.

Heute morgen bin ich durcheinander. Am Donnerstag in der Gruppe mit Fritz habe ich mit derselben Stimme (laut und deutlich) gesagt ... zum Teufel damit. Sobald ich anfange, es aufzuschreiben, gerate ich in Schwierigkeiten. Verwirrung. Nichts ist klar. Alles ist weich und verschwommen und löst sich in nichts auf. Ich spüre kein Sollen, es wieder zurechtzurücken.

Fritz, du siehst nicht, welche Schritte ich gemacht habe, diese riskanten und gefährlichen Schritte, die nicht gefährlich sind; das sehe ich, aber sie fühlen sich gefährlich an, also sind sie es auch. Ich spüre, wie du mich drängst. Dränge nicht, es geschieht von selbst. Ich möchte nicht, daß du mir erzählst, wie gut ich vorankomme. Laß mich einfach in Ruhe. Ich habe angefangen. Laß mir mein eigenes Tempo. Sieh, daß ich mich jetzt *wirklich* bewege, auf eine neue Art, schüchtern zwar, aber ich tue es, und das habe ich vorher nicht getan. Laß mich meine schüchternen Schritte gehen und wahrnehmen, wie gut sie sind, und durch meine eigene Erfahrung Vertrauen gewinnen. Zeig nichtmal den Anflug eines Grunzens, wenn ich sage, daß ich mich durch das Problem mit den Kleingruppen hindurcharbeite – durch *mein* Problem mit den Kleingruppen, die anderen haben ihre eigenen Schwierigkeiten. Die anderen interessieren mich nicht, es sei denn, sie bestätigen meine Aussage über *meine* Schwierigkeiten. Diese Schwierigkeiten liegen woanders, nicht hier, und es sind nicht meine.

Wie ungeduldig bin ich mit derselben Art von schüchternen Schritten bei anderen?

Das bin ich nicht. Ich bemerke und mag sie. Beide Bobs haben ein paar von diesen schüchternen Schritten gemacht, und ich mag sie – wie kleine, zarte Knospen. Ich will sie nicht drängen. Ich denke, ich sollte. Nicht, daß ich müßte, aber ich sollte. In diesem Gestalt-Institut mit Fritz als Leiter. Er will, daß ich es tue. Vielleicht will er, daß ich es tue. Vielleicht will er es auch nicht. Ich *weiß* das nicht; ich *denke* es. Was ich *wissen* kann, bin ich selbst. Ich bin erstaunt, daß ich nicht erwarte, mich so gut und stark zu fühlen.

Gelegentlich habe ich gedrängt (nach meinem Verständnis), ob ich das wollte oder nicht, und manchmal stimmte es für mich. Wie ein Stottern. Unecht/echt/unecht/echt. Ohne zu sagen, was ich tue, nicht einmal mir selbst. Ohne klar zu sein, weder in mir selbst noch mit irgend jemand sonst. Bei Fred ging es diese Woche so oft um Tod, daß ich dachte, ich sollte etwas tun, und manchmal tat ich es auch. Ich wollte es nicht.

Also ändere ich mein »Sollte«, und die Bedeutung des Wortes verändert sich. Wird buchstäblich ausgewischt, sie existiert nicht mehr. Ich »sollte« das tun, was ich tun will? Albern! (Ein Gefühl von Absurdität, keine »vernünftige« Entscheidung oder Sichtweise.) Ich *will*. Mehr muß ich nicht, und mehr sollte ich nicht.

Ich will.

Ich will nicht.

Wahrnehmen.

Und keine verdammten Erklärungen.

(Eric Berne sagt, wir bräuchten nur drei Worte – ja, nein, und *wow*.)

Wie der Brief an Jordan, für den ich drei Anläufe gemacht habe. Der erste – sieben Zeilen – beantwortet drei Fragen aus zweien seiner Briefe. Der zweite versucht, eine Frage zu beantworten. Es geht jedesmal über ungefähr fünfundzwanzig Zeilen, und dann gefällt mir nicht, was ich geschrieben habe, und ich weiß, daß ich seine Frage nicht beantwortet habe, also werfe ich es weg und versuche es noch einmal. Ich will diese Frage nicht beantworten, außer vielleicht mit dem Satz »Ich bin hier, und es gefällt mir.« Ich denke, ich *sollte* mehr Informationen über diesen Ort und das, was hier geschieht und meine Begeisterung rüberbringen. Wenn ich enthusiastische Briefe schreibe, dann *passiert* das. Ich bringe mich nicht dazu. Es fließt. Bei diesem Brief an Jordan, verlange ich es von mir, und es gelingt nicht. Je länger ich es von mir verlange, desto schlechter wird es und desto frustrierender finde ich es.

Niesen niesen niesen niesen niesen – ich weiß nicht wie oft. Ein ganzer Schwall. Die Sonne scheint durchs Fenster. Ich merke, daß mir heiß ist und ich schwitze. Ich habe ein Flanellnachthemd an. Ich bin allein in meiner Hütte, nichtmal draußen ist jemand, und ich trage mein Nachthemd. Ich ziehe es aus und fühle mich wohl. »Ich will« ist so leicht.

Ich »sollte« Jordan nicht über dieses Projekt hier schreiben ... nicht nur »sollte« ich nicht, sondern wenn ich nicht dabei bin, bin ich nicht dabei, und was immer ich schreibe, klingt am Ende wie ein Klappentext, und nicht wie die spontane Begeisterung, die ich verspüre wenn ich sie verspüre.

Ein »Sollte« weniger. Der Brief an Jordan wird mir jetzt leicht von der Hand gehen, acht Zeilen, und er wird abgeschickt, anstatt hier auf meinem Schreibtisch herumzuliegen.

Ob Fritz mich drängt oder nicht, ist etwas, das ich nicht wissen kann, selbst dann nicht, wenn er es mir sagt: Die Frage ist dann, ob ich ihm glaube oder nicht – wenn ich da bin, wo ich jetzt bin. Manchmal ist es ein *Spüren*: dann weiß ich es. Ohne störende Gedanken.

Ob Fritz mich gedrängt hat, ist irrelevant. Ich habe mich gedrängt. Wenn ich mein eigenes Drängen loswerde, drängt mich auch das Drängen der anderen nicht, und dann fühle ich mich auch nicht gedrängt. Ich leiste keinen »Widerstand«. Ich bin einfach. Wie die Navajos, wenn sie weder unser Drängen an sich heranlassen noch sich selbst drängen.

Ich spüre meinen Körper – »von innen«, in Abgrenzung zu dem, was ich spüre, wenn ich mich mit den Händen berühre. Aber »von innen« erscheint mir albern. Ich bin mein Körper, und mein Körper (ich) ... Ich lebe. *Agito ergo sum.*

Was wir doch für eine miserable Grammatik haben, um auszudrücken, was wirklich ist, was ist. Wenn ich mich ausdrücke, tappe ich in die Falle der Sprache. Der See ist nicht »da draußen«. Ich spüre ihn in mir fließen. Die Hügel und Bäume sind nicht »da draußen«. Ich spüre ihre Stille in mir. Der Himmel ist nicht »da draußen«. Ich spüre dieselbe Weite und Leichtigkeit in mir. Der Boden ist nicht »da draußen«. Ich bin in Kontakt mit dem Boden. Der Stuhl, auf dem ich sitze – hmmm ... Wenn es um den Stuhl geht, tappe ich wieder in die Sprachfalle, oder immer noch. Dieser Stuhl und ich. Ich fühle mich zwischen uns fließen *und* in Kontakt (Berührung).

Entweder/oder – die intellektuelle Spaltung, die unsere Sprache geformt hat bzw. aus der unsere Sprache geformt wurde. Ich kann die Sprache benutzen, um zu sagen »Die Schreibmaschine steht auf dem Tisch« und »Ich sitze auf dem Stuhl« und »Ich tippe«, aber *nicht* um auszudrücken, was in mir zwischen uns vorgeht.

Hmmm. *Meine* Erfahrung ist nicht *deine*, und außer der Sprachfalle gibt es für mich keinen Grund, meine Erfahrung auszudrücken. Tatsächlich *drücke* ich sie aus, durch meinen Körper, der ich bin. Augen, Hautfarbe, Haltung ... *all* diese Ausdrucksformen und ihre Veränderungen sind offensichtlich. Ich brauche kein Wort zu sagen. Aber bei einem Leben, das so sehr mit/von der Sprache verstrickt ist, verliere *ich* den Kontakt mit dem, was ich erfahre. Indem ich versuche zu beschreiben, was ist, erkunde ich die Falle. Wovon unsere Sprache sagt, »es geschehe«, verzerrt die Wirklichkeit, und wenn ich die Wörter und die Grammatik verwende, verzerre ich mich. In meinem Bemühen werde ich mir der Verzerrung und dem Miß-Verständnis zwischen meinen Worten und mir stärker bewußt.

Gerade ist Marcia gekommen. Ich sah sie kommen und hatte einen leichten Impuls aufzustehen und einen Kimono zu holen. Ich lasse es.

Die Sonne ist warm. Mir ist warm. Ich werde von der Sonne gewärmt. Die Sonne wärmt mich. An diesem ersten Novembertag in Kanada, wo ich nie zuvor am 1. November gewesen bin, ist mir warm, fast schon heiß.

Mir kommt ein Gedanke – ich denke, daß ich beim Schreiben viele unerledigte Situationen ausgelassen habe. Ist mir egal. Wo ich den letzten Absatz begonnen habe ist nicht die Stelle, wo ich aufgehört hatte. Unerledigte Situationen gibt es überall, auf der ganzen Welt. Nur diejenigen, an denen ich festhalte, müssen »abgeschlossen« werden, damit ich sie loslassen und sie »Vergangenheit« sein lassen kann. Angefangen habe ich diesen Absatz mit: Die Sonne ist warm. Mir ist warm. Ich werde von der Sonne gewärmt. Die Sonne wärmt mich. ... Ich wollte weiter über Grammatik schreiben, dann tauchte etwas anderes auf.

Sonne. Ich warm. Sagt alles und läßt sehr viel mehr Raum, um »Ich warm. Sonne« zu genießen.

Als Rick nicht bereit war, Shakespeare aufzugeben, um zu *sein*, dachte ich er sei verrückt. Ich entdecke meinen eigenen Widerstand, den Fluß der Worte um eines Pidgin-English willen aufzugeben. Gib acht. Wenn ich den Fluß der Worte unterbreche – gerade getan, dann – bin ich so *viel* achtsamer. Mein Gespür wird so über das übliche hinaus verfeinert, daß ich eine fast *schmerzliche* Freude verspüre. ... und jetzt widerstrebt es mir, zu den Worten zurückzukehren.

»Aber für jemand anderen könnten sie hilfreich sein.«

Die anderen sollen ihren eigenen Weg finden.

»Aber du hast Bücher benutzt ...«

Die Diskussion in meinem Kopf geht noch ein bißchen weiter. Ich beachte sie nicht. Sie ist nicht mehr da.

Kinder spielen mit dem Wasser.

Kinder und Wasser spielen.

Füll den Rest mit was du willst. Das tust du ja ohnehin. Wer nimmt sich aus *Person to Person* etwas, das er nicht will?

Kinder und Wasser spielen.

So viel ist wirklich. Was immer ich danach mache, ist Phantasie. Geh du mit deiner eigenen.

Was bringt dir mein wirkliches »Kinder und Wasser spielen«?

Einmal sah ich in der öffentlichen Bibliothek in Honolulu eine kräftige Frau mit einem Regenschirm unter dem Arm –

Ich dachte wirklich, ich hätte das Buch auf der letzten Seite beendet. Es war kein wirklicher Schluß.

Etwas bleibt immer dasselbe: Jeden Sonntag wünsche ich mir, das Wochenende hätte einen Tag mehr.

Gestern meinte Jerry, er wolle so schnell wie möglich zurückkommen (jetzt ist er weg), weil er noch Zeit mit Fritz und mir haben will, und wir gehen beide fort. Ich sagte, daß ich mit dem Schreiben vielleicht noch nicht fertig sein und eventuell länger bleiben würde. Er sagte, das mache es ihm schwer, weil er einerseits möchte, daß ich bleibe, und andererseits, daß ich mit dem Buch fertig werde.

Mit meinem Sohn habe ich gerade genau das gleiche erlebt, und wenn ich sage: »Ich wünschte, es würde aufhören zu regnen«, und die Leute sagen: »Wünsch das lieber nicht! Wir brauchen den Regen für die Felder«, ist es genauso. Was macht es für einen Unterschied, es regnet sowieso weiter – oder es hört sowieso auf. Wenn die Menschen Regen machen könnten, hätte diese Fähigkeit nichts mit meinem Wunsch zu tun.

Ich weiß, warum dieses Buch mir häufig so matschig vorkommt. Es ist Matsch. Als ich *Person to Person* beendet hatte, sagte ich: »Jetzt muß ich hinausgehen und es so gut wie möglich umsetzen.« Das ist nicht leicht. Am Ende von *Person to Person* sah ich den Weihnachtsbaum. Jetzt schlage ich mich durchs Unterholz, um ihn zu kriegen. Ich kann mich *dazu bringen*, mystische Erfahrungen zu machen. Mit Drogen wäre das sicher kein Problem. Ich habe noch keine Drogen ausprobiert. Mystische Erfahrungen sind nicht mein Ziel. Das habe ich aufgegeben. Ehrlich. Es ist kein Unterdrücken, ich habe diesen Wunsch einfach nicht. Ich habe kein Ziel – außer einem sehr unmittelbaren. In diesem Sinne fließe ich mit dem Strom, und versuche nicht, ihn zu lenken. In anderer Hinsicht bin ich immer noch dabei, zu lernen, mich selbst geschehen zu lassen, und das ist verzwickt. Die Verzwicktheit zeigt sich mir im Augenblick am deutlichsten im Zusammenhang mit diesen genitalen Hüpfern, die ich erwähnt habe. Tagsüber bleiben sie normalerweise aus. Aber wenn ich mich abends hinlege, kommen sie meistens. Wenn sie nicht kommen, merke ich, daß ich probiere, und damit will ich aufhören. Meistens ist dieses Probieren nicht sehr stark: wenn ich auf meinen Körper achte, hört es auf. Neulich nachts konnte ich nicht aufhören zu probieren. Ich machte immer weiter und wurde immer müder. Spontanes Bild: Ein schwarzes Rechteck, wie die Schwämme, mit denen man in der Schule die Tafel putzt, wischte über meine Stirn. Das war wie im Traum, weil meine Stirn gar nicht wirklich da war. Der Schwamm wischte meine Gedanken weg. Ich spürte Erleichterung. Dann kamen die Gedanken wieder. Jetzt kommt mir gerade die Idee, wie es wäre (damit zu experimentieren), diese Proben zu beobachten.

Als ich krank war, machte ich die Erfahrung, daß die ganze Welt – wirklich die ganze Welt – voll von lieben und freundlichen Menschen war, und das machte mich froh und glücklich. Dann plötzlich machte es – klick! – wie bei einer Kamera, und die Welt war voll von Menschen, die sich gegenseitig fertigmachten, und ich hatte Angst, lehnte mich auf und konnte in dieser Welt nicht leben. All diese Worte nehmen Zeit in Anspruch und treffen nicht die Erfahrung, die klick/klack/klick/klack/klick/klack/klick/klack/klick/klack machte, und zwar unglaublich schnell und oft. Ich fühlte mich völlig verknotet, hin und hergerissen, dann wieder aus dieser Verknotung herausgerissen in einen Zustand des Glücks, und dann aus diesem Glück herausgerissen und wieder verknotet. Freude/Verzweiflung/Freude/Verzweiflung usw. Beides sind kraftvolle Emotionen, und das hin und herwechseln zwischen beiden war wie ein Schock. Ich mußte etwas tun. Ich machte mich selbst zur Beobachterin des Geschehens, und betrachtete es, als geschähe es »da draußen«.

———•———

Die Schreibmaschine ist ausgegangen. Die Lichter auch. Als ich duschen ging, tröpfelte das Wasser nur noch. Also tat ich etwas, wozu ich weder Strom noch Wasser benötigte. Das weckte mein Interesse, und das Interesse am Schreiben verschwand. Jetzt habe ich wieder Lust zu schreiben. Ich spüre auch, daß ich nach einer weiteren Landung wieder durchstarte – ohne zu wissen, was die Landung war oder dieser Start jetzt ist.

———•———

Ein junger Japaner, der sich nicht auf den heißen Stuhl setzen wollte und sonst nur wenig sagt, sprach über seinen Rücken und arbeitete sich seine Schwierigkeiten vom Leib, indem er einfach geschehen ließ, was geschehen wollte. Ich bin immer wieder beeindruckt, was die Experimente in *Gestalttherapie* bewirken. Ich habe noch nicht alle gemacht. Wenn man sie so nimmt, wie sie in dem Buch beschrieben sind, ist es als ob man ein paar Stücke aus dem Matsch nimmt und sie zusammensetzen will, während sie noch naß sind. Es kommt mir vor, als würde ich sie neu schreiben. Ich glaube, das ist so ähnlich wie der Versuch, ein idiotensicheres Kochbuch zu schreiben. Aber ich versuche nicht, sie idiotensicher zu machen, sondern lesbar.

———•———

Ich will damit nicht weitermachen. Wem glaube ich wohl zu helfen, wenn ich die Gestalt-Experimente in einfaches Englisch übertrage? »Sobald du glaubst, daß du »hilfst«, machst du die ganze Sache unwirksam.« (Swami Vivekananda.)

Verrückte Morgensitzung. Gestern abend war es auch verrückt, aber anders. Am Schluß konnte ich mich an nichts erinnern, hatte aber das starke Gefühl, daß die ganze Sache ziemlich *verrückt* war, geradezu *wahnsinnig*. Ich habe viel gelernt, aber ich weiß nicht, was. Macht nichts. Es gehört zu meiner Erfahrung, und daraus lerne ich.

Heute morgen »wollte keiner irgend etwas tun« – in der Sprache der Gruppen gesprochen. Ich machte einen Vorschlag, Stella war dagegen, und sonst sagte niemand etwas. Dann kam Fritz. Auf seinen Vorschlag hin fing David etwas an, kam aber nicht sehr weit. Ich glaube nicht, daß jemals *nichts* passiert. Ich *weiß*, daß immer etwas passiert. Wenn »nichts passiert ist«, heißt das entweder, daß nichts Besonderes passiert ist, oder daß ich nicht gemerkt habe, was passiert ist.

Ein paar Leute fingen in der Gruppe an, Cocktailpartygespräche zu führen. Als ich das sagte, merkte ich an meiner Stimme, daß ich *verärgert* war. Das *ist* Langeweile – was Langeweile ist.

Ich versuchte, die Dinge herumzudrehen – *alles* – und alles blieb so unbeweglich wie es war. *Ich* war unbeweglich. Das sagte ich. Neville nahm eines meiner Prismen, um die Dinge für mich auf den Kopf zu stellen. Als ich die anderen durch das Prisma anschaute, waren sie im reinsten Sinn des Wortes interessant – ohne Meinung, Urteil, Bewertung oder Forderung. Ich freute mich einfach an ihnen.

Ich merkte, was ich tun konnte: Ich saß (was Leute in Gruppen tun). Ich stand auf, ging umher und kehrte wieder an meinen Platz zurück. Diese einfache Bewegung fühlte sich gut an. Ich fing an, umherzulaufen und Dinge zu tun, wie z.B. ein paar halbleere Kaffeetassen ausspülen, ein paar Briefe zusammenlegen, die beantwortet werden mußten und auf meinem Schreibtisch verstreut lagen. Ich ging ins Badezimmer, und auf dem Rückweg fiel mir eine Cowichan-Indianer-Kette auf. Ich dachte: »Die würde Natalie gefallen« und gab sie ihr. Ich sortierte ein paar Sachen aus und gab einiges weg.

Was die anderen taten, bekam ich nur am Rande mit. Kein Interesse. Keine Langeweile. Interessiert, aber nicht eifrig in dem, was ich tat.

Es passierten noch einige andere Dinge in mir, an die ich mich jetzt nicht mehr erinnere. Es war, wie wenn man ein kleines Fenster öffnet und dann ein größeres sieht. Man öffnet auch das, und sieht wieder ein größeres und öffnet auch dieses.

Plötzlich – LICHT.

Nicht eins nach dem anderen, sondern alles gleichzeitig. Keine »Reihenfolge der Ereignisse«. Ich muß sie in eine Ordnung bringen, weil es sonst nicht geht, aber daß du sie so erfährst, entspricht nicht meiner Erfahrung, also bring sie wieder irgendwie durcheinander – egal wie – und dann hast du's:

Ich fühlte mich nicht mehr durch die Gruppe »gebunden«, weil ich mich auf eine bestimmte Weise verhalten mußte.

Ich tat Dinge, die ich in meiner Hütte tun wollte. Alles in meiner Hütte war jedermann zugänglich. Sie konnten damit machen, was sie wollten. Farben, Pinsel, Papier, Filzstifte, ein Bett, in dem man schlafen oder von wo aus man die Blätter vor dem Fenster betrachten konnte, ein bißchen Geschirr, das noch gespült werden mußte, Bücher zum lesen oder durchblättern – und wenn sie wollten, konnten sie die Hütte auch verlassen. Das konnte ich ihnen nicht sagen. Dann hätten sie nicht die Freiheit gehabt, sondern wären mit meiner Erlaubnis »frei« gewesen.

Schule. Ich mochte die Schule nicht. Das zeigte sich auf verschiedene Art und Weise. Was macht man, wenn die Schule einen langweilt?

Ich hörte auf. Ich ging nicht zum Supervisionsseminar oder dem Fortgeschrittenentraining, oder was auch immer es war.

Die Erweiterung meines Wochenendes, das ich wollte!

Ich lese die Worte und sage nichts. Es ist nur Denken, ohne jeden Ausdruck meines *Gefühls*. Also wirf es alles durcheinander und mische es mit Licht und Luft und Sonne und Sehen und Wind und fühle das alles mit Lachen und –

Huhhh! Freiheit. Hier und jetzt, in diesem Trainingscenter, dem Gestalt-Institut Kanada.

Ich habe mir meine Freiheit genommen, und das ist die einzige Möglichkeit, sie jemand anderem zu geben. Dann beschuldige ich den *Ort*, mich zu fesseln. Meine *Vorstellung* von diesem Ort – nicht die Wirklichkeit.

Meine Vorstellung von diesem Ort. Meine Vorstellung von der Rolle. Meine Vorstellung von den »Gruppen« und davon, was in ihnen passieren »sollte«. Was ich »für andere tun sollte«. Was ich hinkriegen »sollte«.

Erst gestern sagte ich zu Tom: »Wie soll ich spontan sein, wenn ich morgens von acht bis zehn und abends von acht bis elf in Gruppen gehe?« Jaaaaa. Ich *müßte* ja nicht hingehen. ... Das hätte ich sehen sollen: Ich dachte an ein paar andere Leute: »Ihr hättet nicht kommen müssen.« Aber *ich* »mußte« hier sein und mich auf eine bestimmte Weise verhalten.

Ich dachte an Orte, wo ich spontaner war als ich es hier bin, sehnte mich nach ihnen und wußte, daß ich das *hier* klären wollte. Aber wie zum Teufel könnte ich das? Jaaaaaaaaaaaa.

Irgendwie, während ich heute morgen machte, wonach mir war, innerhalb der Möglichkeiten dieser Hütte, die auch jedem anderen offenstand – und wieviel Zeug es hier gibt, womit man etwas machen kann, wenn einem danach ist – nicht genug für mehrere Tage, für uns alle – jetzt, da bin ich mir nicht ganz sicher – aber für sieben Leute und zwei Stunden, *das* auf jeden Fall.

Irgendwie, während ich machte und erzählte, und was immer in Deke vorgegangen sein mochte, merkte er (drückte es aus, und es klang, als wäre das für ihn etwas Neues), wie eine »Schule« (»Bildung«) aussähe, wenn es wirklich um Bildung ginge, und was er sagte, ist dasselbe was Fritz über das »College« sagte, das er gerne hätte.

Ich sehe jetzt fast alles anders.

Und jetzt bin ich müde.

———•———

Habe geschlafen und geträumt.

Jetzt weiß ich, daß dieser Ort gut für mich ist und schlecht – was ich immer gewußt habe. Im Juli habe ich mich nicht lange damit herumgeärgert, ob ich die Seminare blaumachen soll oder ob ich es schaffen würde, sie blauzumachen. Ich tat e einfach. Ich merkte, daß ich einige von Fritz' Ideen, die nicht mit meinen übereinstimmen, akzeptierte – sie wurden zu einem Teil von mir, und sie entsprachen *nicht* meiner Sicht. ... Der ganze Schrott um die Frage, *wen* man introjiziert und *warum* man das tut. Warum merken einige Psychologen nicht, was *sie* tun und kümmern sich darum?

Ein Satz aus meinem Traum: Fritz sagt, wirklich gemein und total ekelhaft: »Carl Rogers ist ein *Lügner*.« Vielleicht hieß der Satz auch: »Ich *hasse* Carl Rogers, weil er ein *Lügner* ist.« Im Traum dachte »ich«: »Kein Wunder, daß Carl nicht mit Fritz zusammenkommen will.« Ich habe versucht, das auf den heißen Stuhl zu setzen, aber es klappte nicht.

Ich werde etwas anderes aus der Gestaltarbeit ausprobieren. Ich werde »meinen Fritz« fragen.

Ich: Ich dachte, diese beiden Männer könnten zusammenkommen. Jetzt sehe ich, daß das nicht geht. (Ich überspringe meinen Fritz und bekomme meine Antwort ohne ihn.) Außerhalb von mir kommen sie *nicht* zusammen. Keiner von beiden will. In mir –

Nicht »mein Fritz« – »meine Barry«. Was soll ich damit anfangen? Ich habe Kopfschmerzen. Ich weiß, wie ich diese Kopfschmerzen auflösen kann, und daß ich von Fritz gelernt habe. Wenn ich sie auflöse, werde ich nicht erfahren, was der Traum mir zu sagen hat.

Meine Barry: Also erzähl den Traum.

Ich: Traum, du nervst mich. Ich fühle mich *nicht* so gemein und gehässig, und auch Carl gegenüber fühle ich mich nicht gehässig oder gemein.

Traum: Habe ich dir das gesagt?

Ich: Nein, Fritz hat das gesagt, wie *immer* in Träumen. »Jeder Teil des Traumes ist ein Aspekt von dir.«

Traum: (Stille)

Ich: Du überläßt mich also mir selbst; ich muß meine eigene Antwort finden. Aber du hast mir den Hinweis gegeben, nicht wahr?

»Unterwürfig« kam auch in dem Traum vor. Ich war zwei Typen gegenüber unterwürfig, von denen ich keinen besonders mochte. Sie waren zu zweit, aber in Wirklichkeit nur einer. Sie kamen miteinander aus wie ein einziger. Sie sagten mir, was ich tun sollte, und ich tat es – um ihnen zu gefallen. »Um ihnen zu gefallen.« Ja. Ich hatte keine Abneigung, es zu tun, ich hatte nur nicht eine besondere Lust, es zu tun, und wenn sie es nicht gewollt hätten, hätte ich es wohl nicht getan.

Ich tue es noch immer – was ich immer schon getan habe. Wenn ich eine Abneigung hatte, etwas zu tun – eine *starke* Abneigung – tat ich es nicht. Im übrigen »wollen sie, daß ich es tue, und was soll's?«

Es war nicht diesen beiden Typen zuliebe. Ich mochte sie nicht, abgesehen davon, daß sie Menschen waren, und das mag ich.

Hmmm. Ich tat es auch, um »zu zeigen«, daß ich »frei« war, daß ich in der Lage war, es zu tun.

Wie letzte Nacht.

Die ganze Sache ist letzte Nacht.

Ich tat, wonach mir nicht war – auch wenn ich nicht ausgesprochen dagegen war –, um anderen zu gefallen. Aber ich *wollte* nicht. Ich war unterwürfig. Unterwürfig gegenüber der Gruppe. Ein Teil davon gefiel mir. Einen anderen Teil, der mir nicht gefiel, wehrte ich ab. Ich lehnte es so sehr *ab*, daß ich etwas unternahm, um es draußen zu halten, warf es dahin zurück, wo es hergekommen war, nahm es *nicht* an. Es war ein gutes Gefühl, es aus mir rauszuhalten. Und gleichzeitig war das kein gutes Gefühl, weil... Ich sah kein Weil. Jetzt sehe ich es. Ich wäre nicht da hineingeraten, wenn ich nicht *vor allem anderen gegenüber* unterwürfig gewesen wäre.

Hmmmm.

Ich lasse mich mich selbst auf den »heißen Stuhl« setzen – Fritz meinte gestern abend, ihm sei aufgefallen, daß wir für die Englische Sprache noch nicht bereit sind. Die Englische Sprache ist *noch nicht bereit für mich*. Offensichtlich setze ich mich selbst auf den »heißen Stuhl«, aber das sagt noch *nicht* alles, was diese Handlung beinhaltet. Ich habe es aus dem falschen Willen heraus getan. Der rechte Wille bin *ich*. Der rechte Wille – das einzige Sollte, dem ich mich unterwerfen sollte – hat mich nicht von der Couch, auf der ich saß, wegbekommen.

———•———

Ich bin mit Deke nach Lake Cowichan gegangen. Wir sprachen darüber, was wir hier erreichen und wie wir immer wieder dasselbe erreichen – es verlieren und wiederfinden. Als wir wieder hier waren, saß ich in der Küche und fand es schwierig, an meinem Wissen festzuhalten, und mir wurde klar, daß wir es immer wieder verlieren, weil die Gesellschaft, in der wir leben, dagegen ist, daß wir daran festhalten. Die Sprache ist gegen uns. Die Etikette ist gegen uns. Die Gewohnheit ist gegen uns. Die Konventionen sind gegen uns. Wir brauchen eine andere Art von Gemeinschaft, in der wir stärker werden können, eine mit mehr Bereitschaft zu Veränderung, mit einem tieferen Verständnis der *grundlegenden*

Veränderung (oder »radikalen Veränderung« – mit Krishnamurtis Worten), die wir bewirken müssen und bewirken wollen. Kein *Sollen*. Ein *Ich will*.

Als Deke sagte, daß er nach Lake Cowichan wollte, wußte ich, daß ich mitgehen wollte. Dann dachte ich: »Vielleicht will er alleine gehen.« Ich ließ den Gedanken fallen und fragte: »Hast du etwas dagegen, wenn ich mitkomme?« Immer noch die zaghafte, umständliche Art. In einer indianischen Sprachweise hätte ich sagen können: »Ich will nach Lake Cowichan.« Ich hätte es Deke überlassen können, was er damit macht, und akzeptieren können, was er von sich selbst gesagt hätte.

Auf dem Weg nach Lake Cowichan erzählte ich Deke meine Gedanken, und wir übten ein bißchen. Das tat gut – als ob ein Schleier von meinen Augen genommen würde.

Das ist es, was ich will: einen Ort, an dem ich üben kann, und Leute, mit denen ich üben kann. Im Juni und Juli haben wir das häufiger getan. Im August – als so viele neue Leute kamen – hörte das auf. Als wir im September wieder anfingen, dachte ich: »Gestalt ist so verwässert worden.«

In der Gruppe heute morgen scherzten ein paar Leute über die Frage: »Was für einen Durchbruch hast du erlebt?« »Ich hatte einen Freudschen Durchbruch.« »Ich einen Reichianischen.« usw. Ich sagte: »Ich hatte einen Barry-Durchbruch.« Natalie wollte wissen, was das ist, und ich konnte es ihr nicht sagen. Ich konnte nur Teile davon beschreiben. Etwas später wußte ich, was ein »Barry-Durchbruch« ist, und hielt die Antwort zurück, weil »man es nicht verstehen würde«. Ich erzählte der Gruppe was in mir vorging, schaltete meinen Zensor aus und sagte es: »Ich habe mit Gestalt gearbeitet (mit meinem Traum) und gegen die Gestalt-Regeln verstoßen. Und das ist Gestalt.«

Niemand schien das zu verstehen, und das war in Ordnung.

Das ist mein Diplom.

Ich habe das Gelände noch nicht verlassen, aber ich bin kurz davor. Eine Woche nach Hornby Island, um mir einen Ort anzuschauen, wo Fritz gerne hinziehen würde und den er ausbauen möchte. Klingt wie eine Möglichkeit für das, was Fritz sich vorstellt – ein »Satelitensystem« mit einem Zentrum im Zentrum, um das herum dann »Bewegung«, »Therapie«, »Kunst« usw. kreisen. Das ist nicht das, was ich will. Ich will einen Ort – darüber zu reden ist viel schwieriger. Seine Idee ist leicht verständlich. Dadurch erscheint meine etwas duselig, aber das *ist sie nicht*. Ungeformt, ja. Ich möchte, daß all diese Aktivitäten aus *uns* heraus entstehen, auf ihre eigene Art, was immer das sein mag, und daß Gestalt zu dieser Freisetzung beiträgt. Das alles ist vor allem aus uns heraus gewachsen – so hat es angefangen. Ich möchte einen neuen Anfang.

Kalifornien, 1970.

Das Leben verläuft nicht so, wie wir es erzählen oder aufschreiben – oder glauben, daß es laufen sollte – oder es zu leben versuchen. Es läuft eher so:

Fritz hatte die Sorge, daß die meisten Teilnehmer Gestalt nicht verstehen würden. Sie benutzten die Tricks, ohne wirklich zu verstehen. Wenn man das macht, kann daraus etwas Gutes entstehen, aber das ist nicht Gestalt. Es kann sogar Anti-Gestalt werden.

In meiner Hütte sagte Fritz eines abends im November: »Sie spielen Gestalt-Spiele.« Er trank heiße Schokolade mit süßer Sahne, die er so sehr mag. »Ich muß eine Möglichkeit finden, es zu lehren«, sagte er, und meinte damit, es so zu lehren, daß das nicht passieren konnte.

Auch ich war besorgt, wegen dem, was ich damals als »verwässerte Gestalt« bezeichnete und was sich mehr und mehr von Gestalt zu entfernen schien. Ich wußte, daß das in meiner Gestalt-Gemeinschaft nicht passieren würde. Die Leute, die dort hinkamen, verpflichteten sich, es *wirklich* zu begreifen – um ihrer selbst willen.

Ein paar Wochen bevor wir nach Cowichan gingen, nahm Fritz mich in Vancouver mit zu Stan Fox, um uns ein paar von den Musterkopien der Aquarian-Filme, der Lehrfilme, die von Fritz und der Gestalttherapie gemacht worden waren, anzusehen. Anschließend sprachen wir über die Idee, ein Kibbuz einzurichten, denn das wollten wir. Er kaufte Cowichan, weil er die Lage am See mochte, das Grundstück nur zwölftausend Dollar kostete und er dort etwas machen konnte, bis wir das haben konnten, was uns vorschwebte. Bei dem, was wir wollten, gab es sowohl Ähnlichkeiten als auch Unterschiede. »Du bist Psychotherapeut und willst ein Trainingszentrum«, sagte ich ihm. »Ich bin keine Therapeutin, will nicht mal eine werden, und ich will eine Gestalt-Gemeinschaft.« Ich sagte, daß wenn ich ein ausreichend großes Grundstück finden würde, er darauf sein Trainingszentrum einrichten könnte. Ich stellte mir vor, daß es ein ganzes Stück von der Gemeinschaft entfernt sein würde, mit viel Platz dazwischen.

In Cowichan wurde mir klar, daß ein Trainingszentrum auf demselben Gelände die Gemeinschaft durcheinanderbringen würde. Beides zusammen war unvereinbar. Ich verstand das nicht, ich wußte es einfach – auf dieselbe Weise wie ich wußte, daß manches in Cowichan mich befruchtete und anderes mich kaputtmachte. Jetzt verstehe ich auch das.

Letzten Winter dachte ich gelegentlich an Fritz' Problem mit der Ausbildung von Gestalttherapeuten. Ich schrieb ihm nach Berlin: »Du suchst nach einer Möglichkeit, Gestalttherapie zu lehren. Wie lernen wir sie?« Das schien mir eine gute Frage zu sein – eine, die zu einer Antwort führen könnte, »wie man sie lehrt«.

Gestern kam eine siebenundsechzigjährige Frau aus Oregon zu mir. Durch einen Freund aus Australien, den ich im März dort traf, hatte sie von mir – und Gestalttherapie – gehört. Sie hatte Verbatim gelesen und bat mich, mit ihr an einem Traum zu arbeiten, der ihr Sorgen machte. Früher war sie bei einer Psychoanalytikerin gewesen und hatte große Schwierigkeiten, bei dem Traum zu bleiben. Sie fing an, den Traum wiederzuerleben und schweifte dann fast sofort ab in »freie Assoziationen«, ihre Fallgeschichte, Erklärungen und Interpretationen. Der junge Mann und der Wald in ihrem Traum erinnerten sie an ein Erlebnis in Bali, und sie fing an, mir davon zu erzählen. Es fiel ihr sehr schwer, diese Erzählung zu unterbrechen und sich wieder ihrem Traum zuzuwenden. Der junge Mann hatte eine gewisse Ähnlichkeit mit Jesus, und so fing sie an, mir zu erzählen, was sie über Jesus dachte, über ihren religiösen Hintergrund usw. Die Frau, die im Traum auf sie zukam, erinnerte sie an eine Graphologin, die sie zwar nicht getroffen hatte, von der sie aber eine Deutung bekommen hatte. Sie hatte die Analyse mitgebracht, damit ich sie lesen sollte.

Sie verstand ihre Angewohnheit und wollte sie ablegen, aber das fiel ihr ungeheuer schwer. In der einen Stunde, die sie da war, verbrachten wir mehr Zeit damit, zu dem Traum zurückzukehren als damit, uns mit ihm zu beschäftigen. Beides brachte ihr etwas, und sie ging mit der Zuversicht, jetzt selbst an ihren Träumen arbeiten zu können. Das wird sie auch tun. Sie war noch nicht bereit, die Botschaft, die der Traum ihr gab, anzunehmen, nämlich: »Hör auf, dich abzumühen!«

Wieviele Stunden hätten wir in den Wäldern von Bali verbringen können, mit ihrem religiösen Hintergrund und ihrem Glauben und mit der Graphologin, ohne bei dieser einfachen und unmittelbaren Botschaft des Traumes anzukommen – die sie sich selbst gab?

Aus der Zeit, die ich mit ihr verbracht habe und auf eine Weise, die ich nicht verstehe, wurde mir plötzlich klar, daß wenn irgend jemand von den Menschen, die in meiner Gestalt-Gemeinschaft gelebt haben – die *wirklich* dort gelebt haben – auf die Idee käme, Therapeut zu werden, er oder sie erstklassige Gestalttherapeuten wären, und daß sie Methoden einsetzen würden, die sie wirklich verstanden haben.

Ich will keine Therapeuten ausbilden, und ich würde es auch nicht tun, und daraus würden wirklich gute Therapeuten hervorgehen – von denen es verdammt wenige gibt.

»Es zu lehren« heißt, es nicht zu lehren.

Wie einfach das Leben doch ist. Ein Leben mit Gewahrsein, nicht eines, das sich an Regeln oder Konditionierungen oder Gedanken oder Sollte oder Sollte-nicht orientiert. Und wie schwierig es ist, all die Regeln und Konditionierungen und Gedanken und Sollte und Sollte-nicht zu sehen, die zwischen Ich und Du stehen, zwischen Ich und mir. Natürlich – das ist nicht die *Menschheit*, denn die Menschen unterscheiden sich von Ort zu Ort, von Zeit zu Zeit, von Kultur zu

Kultur, von Subkultur zu Subkultur. Und wenn wir versuchen, damit zu brechen, laufen wir Gefahr, wieder in eine Falle zu tappen. Der Widerstand gegen die Konvention ist immer noch an die Konvention gebunden. Wenn ich meine Meinung ändere, habe ich immer noch eine Meinung.

Das Gewahrsein, daß ich eine Meinung habe, ist Gewahrsein. Wenn ich darüber eine Meinung habe, bin ich wieder in der Falle – und ohne Gewahrsein. »Die Musik ist laut, und das finde ich anstrengend« ist keine Meinung, sondern eine Beobachtung. Es ist merkwürdig, daß das Leben mit Fakten sich lebendig anfühlt und in ständiger Veränderung ist, während das Leben mit Illusionen eintönig, langweilig und dumpf wird. Wir leben mit Illusionen in der Hoffnung oder der Erwartung, daß irgendwann in der Zukunft etwas passieren wird, das uns unserer Langeweile entreißt.

Gewahrsein.

Geschehen.

Freude.

Mein Neubeginn hat bereits begonnen. Ich will immer noch eine Ranch oder eine Farm, wo ich mit ein paar anderen meinen Neubeginn bestärken kann, und wo keiner weiß, was aus uns heraus geschieht.

Frage: Wie kann ich sicher sein, daß ich sehe, was ich tun soll?
Krishnamurti: Du kannst nicht sehen, was du tun sollst, du kannst nur sehen, was du nicht tun sollst. Die totale Verneinung des Weges ist der Neubeginn, der andere Weg. Dieser andere Weg ist nicht auf der Karte, und nie kann er in eine Karte eingezeichnet werden. Jede Karte ist eine Karte des falschen, des alten Weges.

———•———

Wenn die menschliche Epoche,
    die dabei ist, sich selbst zu zerstören,
Es weiterhin verweigert, sich der
    reinen Natur auszusetzen
Wird sie verrotten.

Der reinen Natur ist das egal.

Puma Gallery
San Franzisko

Detlev Kranz

Barry Stevens
Eine bemerkenswerte Frau

Mit Barry Stevens begegnen wir einer bemerkenswerten Frau, die in der Entwicklung der Gestalttherapie Ende der sechziger bis weit in die siebziger Jahre hinein eine bedeutende Rolle gespielt hat, die in Deutschland aber kaum bekannt ist.

Dies gilt insbesondere für ihre Form gestalttherapeutischer Arbeit mit dem Körper, die der »Zuhilfenahme« außer-gestalttherapeutischer Körpertherapien nicht bedarf, sondern die gestalttherapeutischen Ressourcen selbst nutzt. Ihre Unterstützung der Entwicklung der Gestalttherapie ist jedoch auch durchaus »handwerklich«-praktischer Natur. Sie hilft zeitweise bei der Verlagsarbeit im Verlag *Real People Press,* den ihr Sohn John O. »Steve« Stevens 1967 gründet, und der sich die Verbreitung gestalttherapeutischer Literatur zum Ziel setzt.(1)

John O. »Steve« Stevens dürfte vielen Gestalttherapeutinnen und -therapeuten als Autor des Buches *Die Kunst der Wahrnehmung* (2) bekannt sein. Er ändert später seinen Namen in Steve Andreas, und ist seit langem ein angesehener NLP-Trainer.

Barry Stevens ist in erfrischender Weise nicht-autoritär und herrschaftskritisch. Sie trägt in ihrer persönlichen Art die rebellische, gesellschaftskritische Grundhaltung der Gestalttherapie weiter, wachsam und höchst sensibel gegenüber jeder Form von Herrschaftsausübung, Überwältigung und Entfremdung des Individuums. Dabei verfällt sie keiner isolierenden Selbst-Genügsamkeit, sondern sie bleibt gesellschafts-fähig und erhält sich ihre Vorstellung von Gemeinschaft und Mit-teilen.

Gestalttherapie machte ihr Leben nicht aus. Sie gab der Gestalttherapie eher Impulse als andauernde Einwirkungen. Aber ich kenne niemanden in der Gestalttherapie, der einsichtsvoller und schöner über Bewußtheit geschrieben hat; über eine Bewußtheit, die beständig eingewoben ist in das alltägliche Leben. Und die dadurch das alltägliche Leben heilsam sein läßt, weit ab von regelmäßigen Therapiesitzungen.

Gestalttherapie spielt in ihrem Leben eher die Rolle einer Durchgangsstation, – wenn auch die einer längeren. Ihre Grundvorstellungen über Bewußtheit, Regeln und Erfahrungen hatte sie sich bereits vorher, zum Teil mit Mühsal und unter Schmerzen, weitgehend selbst erarbeitet. Freunde wie Bertrand Russel und Aldous Huxley, oder andere, weniger prominente Menschen in der Bevölkerung Hawaiis, in der Navajo-Reservation oder unter den Hopi-Indianern waren dabei eine Hilfe.

Schließlich trafen sich ihre eigenen Erfahrungen und Gedanken in fruchtbarer Weise mit denen der Gestalttherapie.

Bewußtheit (und damit verbunden das Schulen der eigenen Erfahrung und Wahrnehmung, um zu lernen, diesen zu vertrauen, – etwas, das die meisten Menschen eher abtrainiert bekommen haben im Laufe ihres Lebens):

Genau dies ist Barry Stevens zentrales Thema; es ist eine Art Lebensthema. Es war dies schon, bevor sie mit Gestalttherapie in Berührung kam.

In mühsamen Kämpfen hatte sie sich aus alten Konditionierungen gelöst, die verwirrenden Einflüsterungen anderer Menschen abgeschüttelt, um wieder zu sich selbst zu gelangen. Dieser Prozeß war aus ihrem Verständnis heraus lebenslang. Zu sich selbst zu gelangen schloß ein, den persönlichen Wandel zu begreifen, und sich dabei zu folgen, alte Vorstellungen über sich selbst loslassen zu können und sich in die jeweils »neue«, erweiterte Barry Stevens hinein zu entfalten.

Genau dies ist es, was mich an Barry Stevens so berührte und auch heute noch ergreift; ihr Mut eingeschlossen, sich auch unter Schmerz und im Annehmen der entstehenden Ungewißheit und Unsicherheit aus den alten Konditionierungen zu schälen und die eigene Wahrnehmung und Bewußtheit freizulegen und sich selbst zu vertrauen zu lernen.

Schließlich, wenn sie über ihre Lebensweise schreibt, geschieht es mit berührender Aufrichtigkeit, Würde und Selbstachtung.

BIOGRAPHISCHE NOTIZEN

Barry Stevens wurde 1902 in New York geboren und starb 1985 in Meridian, Idaho. Sie führte ein ungewöhnliches, unkonventionelles Leben, das schon vor ihrem Kontakt mit Gestalttherapie durch ein Begreifen der Bedeutung von Bewußtheit für ihr Leben gekennzeichnet war. Leben mit Bewußtheit im Gegensatz zu Leben nach Regeln könnte man als ihr »Lebensthema« bezeichnen. Ihr letztes Buch *Burst Out Laughing,* das weitgehend autobiographischen Charakter trägt, und dessen Erscheinen sie noch kurz vor ihrem Tod im Jahre 1985 erlebte, illustriert dies durch eine Reihe unterschiedlicher Episoden. (3)

Ihr Lebensweg führte sie kreuz und quer durch die USA, Hawaii eingeschlossen, wo sie 1941 den Angriff japanischer Truppen auf Pearl Harbour aus nächster Nähe miterlebte.

Eine lange Phase der Krankheit in den fünfziger Jahren – »chronisches rheumatisches Fieber«, »eine 'nicht-existente' Krankheit zu der Zeit, für die es keine Behandlung gab«, wie Steve Andreas später schreibt (4), zwingt sie in die

Auseinandersetzung mit ihrem Körper, und mit dem, was Kranksein/Gesundsein bedeutet oder bedeuten kann.

Hier entdeckt sie die Grundlagen dessen, was sie *'de-controlling'* nennt, und was sie viele Jahre später zu ihrer Form gestalttherapeutischer Körperarbeit entwickelt.

Ihre Erfahrungen, Erlebnisse und Auseinandersetzungen mit der Krankheitszeit gehen u.a. in das Buchprojekt *Person to Person. The Problem of Being Human (deutsch: »Von Mensch zu Mensch ... «)* ein, das sie 1967 zusammen mit Carl Rogers gestaltet.

Im selben Jahr, als dieses Buch erscheint, also 1967, begegnet sie zum ersten Mal Fritz Perls und damit der Gestalttherapie. Sie war zu dem Zeitpunkt 65 Jahre alt. Auf Anregung ihres Sohnes John nahm sie an einem Workshop mit Fritz Perls in San Francisco teil. Als Fritz Perls 1969 die USA verließ und sein Projekt des *Gestalt Institute of Canada* am Lake Cowichan in der Nähe von Vancouver gründete, fuhr sie ebenfalls dorthin und begann dort im Juli, zusammen mit rund zwanzig weiteren Personen, ihre Gestalttherapie-Ausbildung. Ihre Erfahrungen, Erlebnisse und Überlegungen aus dieser Zeit bildeten die Grundlage für ihr Buch *Don't Push The River.*(5)

Mit diesem Buch erreicht Barry Stevens einen noch größeren Bekanntheitsgrad, wird von anderen zum »Star«, zum »Guru«, gemacht, – gegen ihren Willen, und trotz aller Versuche, sich dem Star-/Guru-Rummel zu entziehen.

Noch Jahre später, auf der ersten Seite ihres letzten Buches *Burst Out Laughing,* (6) berichtet sie von ihrer ungewollten und für sie überraschenden Guru-Karriere. (7)

1976 gründen das *Center for Gestalt Development,* New York, und Joe Wysong die halbjährliche Zeitschrift *The Gestalt Journal.* Barry Stevens' Unterstützung charakterisiert Joe Wysong später als »fundamental für den Anfangserfolg«. (8)

GEMEINSCHAFT

An Fritz Perls' Projekt am Lake Cowichan faszinierte Barry Stevens von Beginn an die Idee einer Gestalt-Gemeinschaft. Die ersten drei Monate erlebte sie als ein Zusammenwachsen mit den Menschen dort auf eine Gemeinschaft hin, die sich organismisch selbst regulierte und in einer experimentellen, bewußten Grundhaltung ihre jeweilige Form fand.

Dies änderte sich allerdings im Laufe der Monate, u.a. auch dadurch, daß mehr und mehr Menschen in die Gemeinschaft kamen; – und nach einer längeren Abwesenheit von sowohl Fritz Perls als auch Barry Stevens hatte sich die traditionelle, nicht-organismische Organisationsform durchgesetzt. Für Barry Stevens war damit aus einer Gestalt-Gemeinschaft ein Therapie-Ausbildungszentrum geworden, was ihr nicht entsprach.

Sie schreibt dazu später (– alle Zitate aus englischen Titeln im Literaturverzeichnis erscheinen in meiner eigenen Übersetzung; D.K.):

»'Du bist ein Psychotherapeut und Du willst ein Ausbildungszentrum,' sagte ich zu ihm (zu Fritz Perls; D.K.). 'Ich bin keine Therapeutin, will nie eine Therapeutin sein, und ich möchte eine Gestalt-Gemeinschaft.'...« (9)

Es ist interessant zu sehen, wie Barry Stevens' Selbstverständnis in bezug darauf, ob sie sich als Gestalttherapeutin begreift oder nicht, sich ändert. Zu jenem Zeitpunkt in Lake Cowichan nimmt sie gerade wieder Abstand von dieser Rolle. Über einen längeren Zeitraum betrachtet versteht Barry Stevens Gestalttherapie für sich nicht als »Profession«, nicht als Berufsausbildung, sondern als einen Zusammenhang von Einsichten und Erkenntnissen, die ihr Leben bereichern können – und das anderer Menschen ebenfalls.

Sie spricht in diesem Sinne viel häufiger von Gestalt – oder gestalt, mit kleinem g, »keine Glorifizierung« - als von Gestalt*therapie*. (10) *Gestalt* definiert sie zusammen mit ihrem Sohn »Steve« in einer Weise, die weit über traditionelle Psychotherapie hinausgeht:

»Vielleicht ist die bemerkenswerteste und dennoch offensichtliche Botschaft von gestalt diese: Wenn man die Ereignisse seines Lebens klar sieht, dann verläuft das Leben gut, ohne Verwirrung und unnötiges Elend. Manchmal ist das Leben schwierig und schmerzhaft, und manchmal ist das Leben voll Freude und erfüllt. Mit Bewußtheit kann man den Schmerz minimieren und die Freuden und Befriedigungen maximieren.

Gestalt ist tatsächlich mehr eine persönliche Übung, eine Lebensweise, als eine professionelle 'Therapie' oder eine 'Behandlung'. Es ist etwas, das man mit anderen tut und nicht an ihnen. Walter Kempler sagt es gut:

'Gestalttherapie, obwohl sie ursprünglich als eine Form der Psychotherapie vorgestellt wurde, basiert auf Prinzipien, die man als eine vernünftige Lebensweise betrachten kann. Mit anderen Worten, sie ist erst eine Philosophie, eine Seinsweise, und darauf aufgesetzt sind Wege, wie man dieses Wissen anwenden kann, so daß andere davon Nutzen haben können...Hoffentlich wird ein Gestalttherapeut mehr daran identifiziert, wer er ist, als daran, was er ist oder was er tut.'...« (11)

Es ist schon erstaunlich, wie sehr hier die Lebensweise, die auf gestalt(therapeutischen) Grundsätzen basiert, als Grundlage dessen gesehen wird, auf dem ein Gestalttherapeut ruht und aus dem heraus er oder sie zum Gestalttherapeuten oder zur Gestalttherapeutin wird. Die Perspektive, die sich darin eröffnet, deutet von Beruf auf Lebensweise; und Barry Stevens geht es um diese Art zu leben. Das, was sie mit gestalt meint, deckt sich mit vielem von dem, was sie bereits vorher in ihrem Leben selbst und für sich herausgefunden hat. Und dies ist etwas Anderes für sie, als eine Psychotherapie im engeren Sinne, die unter dem Namen Gestalttherapie existiert.

Der Wunsch nach ganzheitlichen, gemeinschaftlichen Lebensweisen kommt auch in Fritz Perls Projekt am Lake Cowichan zum Ausdruck, oder in seinen Überlegungen zu einem Gestalt-Kibbuz gegen Ende seines Lebens. Und auch für Barry Stevens führen die Erfahrungen mit Gestalttherapie zu dem Wunsch nach einer neuen, gemeinschaftlichen Lebensform, – viel mehr als nach Ausbildung oder Entwicklung in Richtung einer traditionellen Einzeltherapeutin.

Aus ihrer Sicht führt nichts, aber auch gar nichts, an der Entwicklung von Bewußtheit vorbei. Das ist der Kern, in Gestalttherapie wie in Gestalt oder gestalt.

BEWUSSTHEIT

Bewußtheit (13) kann sehr rätselhaft sein, wenn man »den Dreh nicht raus hat«, meint Barry Stevens (14). Und anschließend: »Aber dies weiß ich: bei all meiner Unwissenheit sage ich, daß Bewußtheit ist wie der Berggipfel von dem aus man alles umher sehen kann. Ich hatte meine Nase so oft in meinem Leben am Boden, wie ein Schwein, das Trüffel sucht, und das, – diese Art und Weise, wie ich es tat –, ist nicht Bewußtheit.«

Bewußtheit hat den Aspekt der Sinneswachheit gegenüber (Konzept-)Wissen. Bewußtheit gerät in Berührung. Es ist der Unterschied zwischen »wissen, daß ich eine Straße hinuntergehe, und mir *bewußt* sein, daß ich eine Straße hinuntergehe, wobei ich sinnlich wahrnehme, wie sich mein Körper bewegt, wie Fuß und Straße sich berühren...« (15). Bewußtheit ist dabei ohne Absicht, nimmt zur Kenntnis, ohne zu vergleichen oder Bedeutungen zuzuschreiben.

Insofern setzt Barry Stevens Beobachten mit Bewußtheit ab von dem, was sie als Denken bezeichnet. Gemeint ist Denken als Denken-über, als gedankliche Vorstellungen, Vor-Stellungen; Konzepte, die vor/über die bewußt *erfahrbare* Wirklichkeit gelegt werden; gedanklich-bildliche Fantasien über die Vergangenheit, Gegenwart, Zukunft, mich, andere etc.

»Ohne Worte (oder Bilder, die eine andere Form von Worten sind) bin ich genau *(accurate)*, ich bin genau *(right)* hier und jetzt mit dem, was gerade geschieht, und tue, was angemessen ist in *dieser* Situation ohne *darüber* nachzudenken.« (17)

Diese Erkenntnis allein ist jedoch noch nicht ausreichend. Leicht öffnet sich eine Falle in Form von »zur *Regel* machen«. Mache ich meine Erkenntnis über die Bedeutung von Bewußtheit zur Regel, zu einem neuen muß, zu: »Oh ja, ich muß aufmerksam sein, ich muß dies merken, ich muß jeden Moment bewußt sein!« (18), bin ich schon wieder gefangen. Eine neue Regel anstelle von Bewußtheit; mit dieser Regel beschäftigt sein anstelle von bewußt sein. Auf die Regel schauen und den Augenblick verpassen.

Die gilt auch, oder besonders, für die therapeutische Arbeit: »Gestalt ist: keine Regeln. Wann auch immer ich bemerke, daß ich nach einer Regel vorgehe, weiß ich, wo ich nicht bin – sogar, wenn meine Regel lautet, bewußt zu sein. Gegen Regeln zu gehen, ist dasselbe. Mich ohne Regeln zu bewegen, ist in sich selbst nicht schwer: Ich bewege mich und handle einfach angemessen, innerhalb der Bedingungen zu diesem Zeitpunkt. Jede Regel, egal ob mit guter Absicht, bringt mich irgendwann in Schwierigkeiten, denn alles verändert sich ständig...« (19).

Barry Stevens kritisiert in diesem Zusammenhang eine Tendenz, die sie unter Teilnehmern an Gestalt-Gruppen bemerkt, nämlich, daß Übungen, die als *Experiment* gemeint sind, z.B. »nicht über jemanden sprechen, sondern ihn/sie ansprechen«, oder »keine Fragen stellen, sondern Aussagen machen«, »auf das Wort weil verzichten, aber ersetzen« etc. zu *Regeln* gemacht und damit versteinert, und auch von der ursprünglichen Intention entfernt werden (20).

Von den 'du-mußt' zu den 'ich-möchte' zu gelangen ist ein wichtiger Schritt auf dem Weg zu heilsamerem Leben. Doch für Barry Stevens ist dies nur ein *weiterer* Schritt, dessen Vollendung für sie Bewußtheit ohne Ziele oder Absichten bedeutet. (Sie würde zu dem Begriff *Vollendung* anmerken, daß hier nur die Richtung des sich auf Vollendung hinbewegens gemeint ist, kein *erreichbares* Ziel in vollkommener Perfektion; ein sich annähern also). Und mit der Formulierung »ohne Ziele und Absichten« meint sie: Ziele und Absichten im Augenblick des Handelns loslassen, »vergessen« können; innerhalb des therapeutischen Handelns heißt dies besonders, keine Ziele für den Patienten zu haben.

»Wenn ein Therapeut ein Ziel für seinen Patienten hat, dann glaube ich, daß der Patient in Schwierigkeiten ist. Natürlich ist auch der Therapeut in Schwierigkeiten, aber das ist eine jener 'normalen' Schwierigkeiten, die wir für gegeben nehmen. Die Schwierigkeit, die ein Patient hat, wenn ein Therapeut ein Ziel für ihn hat, ist eine Vermischung mit den Schwierigkeiten, die er zu Anfang hatte, die ihn dazu veranlaßten, zum Therapeuten zu gehen.« (21)

Für Barry Stevens liegt die Aufgabe der Therapeutin darin, den Patienten zu begleiten, ihm zu helfen, seine Form der Gesundheit zu finden. Das schließt aus, daß die Therapeutin Ziele für den Patienten hat, die sie ihm als neue Introjekte anbietet. »Laß jeden Menschen sich in seiner eigenen Weise bewegen, mit seiner eigenen Geschwindigkeit. Ich bin nicht so weise, daß ich wissen kann, was andere Menschen tun sollten – oder wann sie es tun sollten.« (22)

Ziel- und Absichtslosigkeit, nicht nach Regeln vorgehen, gehört zu dem, was sie als den Verzicht auf Denken bezeichnet. Dazu gehört der Verzicht auf Konzepte in der direkten Arbeit. Diese Fähigkeit ist es, die zu qualitativ guter, therapeutischer Arbeit führt, und die sie sowohl bei Carl Rogers als auch bei Fritz Perls vorfand. (23)

PHÄNOMENOLOGIE

Mit ihren Auffassungen zur Ziel- und Absichtslosigkeit, zum Verzicht auf Regeln und auf Konzepte (bzw. vorgefaßtes konzeptionelles Denken) und ihrer Betonung von Bewußtheit als Grundlage gestalttherapeutischen Arbeitens legt Barry Stevens (unausgesprochen) ihre Aufmerksamkeit in radikaler Form auf die phänomenologischen Seiten der Gestalttherapie.

Im weiteren Verlauf der Entwicklung der Gestalttherapie nimmt diese phänomenologische Seite zunehmend mehr Raum ein, wobei die Grundeinstellungen späterer Autoren sich kaum von denen Barry Stevens' in diesem Bereich unterscheiden.

So formuliert Robert Resnick: »Die erste Ebene ist bewußt zu werden. Die zweite Ebene ist die Bewußtheit des Bewußt-werdens, und des Lernens, wie man sich bewußt wird, so daß es ein sich selbst aufrechterhaltender Prozeß mit vielen Entscheidungsmöglichkeiten wird.« (24)

Die phänomenologische Grundhaltung erfährt später eine spezifische Ausformung als *dialogische Gestalttherapie,* wobei auch hier eine große Nähe zu Barry Stevens' rund zehn bis fünfzehn Jahre früher gemachten Aussagen besteht:

»Es gibt keine Regeln im voraus wie eine Sitzung geleitet werden soll. Der Therapeut muß auf einem engen Grad wandern zwischen Objektivität und Subjektivität, jedoch sicherlich an beiden teilnehmen. ... Einer der ersten Schritte des Therapeuten, um eine dialogische Position zu beziehen, sieht so aus, daß er/sie, so wie es eben menschenmöglich ist, seine/ihre Vor-Annahmen ausklammert. In anderen Worten, der Therapeut versucht, wenigstens für den Augenblick, all sein Allgemeinwissen über Menschen, über Psychopathologie und diagnostische Kategorien auszusetzen, *um so vollständig wie möglich offen zu sein für die Einzigartigkeit des anderen Menschen.«* (25)

Und schließlich sei hier noch einmal Robert Resnick zitiert, und zwar mit einer Aussage aus neuerer Zeit:

»Der zweite wichtige Aspekt der Phänomenologie, der entscheidend für die Gestalttherapie ist, ist als phänomenologische Methode bekannt. Es ist die Art zu lernen, wie man wieder frisch zuhört, indem man so viel wie möglich ausklammert – unsere Überzeugungen, Werte, Theorien, Interpretationen, Wissen etc. ... Im Grunde ist jeder therapeutische Ansatz, der den Gedanken beinhaltet, daß 'ich dich besser kenne als du es tust', verbunden mit einem Satz von Prinzipien, die geformt wurden, um zu entscheiden, was richtig für dich ist, nicht kompatibel mit Gestalttherapie.« (26)

Man kann Barry Stevens als eine radikale Phänomenologin bezeichnen (mit einer kleinen Entschuldigung an sie für diese Etikettierung). Ihre Radikalität zeigt sich in ihrer Ablehnung des Interpretierens (27) von Klientenäußerungen oder -verhalten und in ihrem Bemühen – auf der anderen Seite – nur Beobachtungen mitzuteilen und sich auf das Offensichtliche zu beziehen.

THERAPIE UND MEDITATIONS-WEG

Wenn in einer Psychotherapie so viel Wert gelegt wird auf Bewußtheit, auf das Offensichtliche, auf Ziel- und Absichtslosigkeit, auf das Erkennen und die Distanzierung von Konzepten/konzeptuellem Denken, dann liegt es fast schon auf der Hand, wenn Bezüge zu meditativ-spirituellen Systemen hergestellt werden, wenn nach Ähnlichkeiten oder Übereinstimmungen Ausschau gehalten wird.

Auch Barry Stevens tut dies. Sie stellt für sich Verbindungen her zwischen Bewußtheit in der Gestalttherapie und Bewußtheit wie sie Teil traditioneller, meditativer Wege ist; z.B. im Zen-Buddhismus oder im Tai Chi. Gleiches gilt für Ziel- bzw. Absichtslosigkeit, die sie als Teil ihrer therapeutischen Haltung wie auch als Teil ihrer Lebensweise im allgemeinen beschreibt.

Ich halte diese Vergleiche oder gar Gleichsetzungen, wenn man sie verallgemeinert, allerdings für ausgesprochen heikel. Und, meines Erachtens, wagt sich Barry Stevens manchmal sehr weit vor, wenn sie Formulierungen prägt wie diese: »T'ai Chi ist Zen ist Dhana ist Meditation ist Yoga ist gestalt ist Bewußtheit ist Zen – und ich muß sie alle in einen Kreis bringen und irgendwo anfangen, um das zu erkennen.« . Ich kann jedoch ihren Enthusiasmus nachvollziehen, wenn sie die übergreifende, die umfassende Qualität von Bewußtheit entdeckt, die nicht an bestimmte Systeme gebunden ist. Und die sie auch in den Worten ihres Vaters wiederfindet, als dieser ihr das Autofahren beibrachte: »Lausche auf die Gänge. Lausche auf den Klang der Reifen auf der Straße. Lausche auf den Motor ... rieche ihn. Erwarte nicht, daß die Straße hinter der Kurve so verläuft wie du glaubst.« (29)

Vieles, was Barry Stevens über ihre Lebensweise mit Bewußtheit als zentraler Grundlage sagt, was sie als identisch betrachtet in Meditation und in Gestalttherapie und gestalt, erscheint mir auch als ähnlich; und die Art und Weise, wie sie *ihre* Erfahrungen und Erlebnisse wiedergibt, machen *für mich,* also aus *meiner* subjektiven Sicht, und aus *meinen* eigenen Erfahrungen mit Meditation, diese Aussagen bei Barry Stevens plausibel.

Aber losgelöst aus dem ganz speziellen Kontext ihres Lebens finde ich diese Gleichsetzungen problematisch und bedenklich im besten Sinne des Wortes: als wert, in Ruhe bedacht zu werden. Aus meiner Sicht können solche Aussagen im Rahmen von Gestalt*therapie* nicht personenunabhängig gemacht werden.

Ob Gestalttherapie-Bewußtheit ähnlich oder gleich mit Meditations-Bewußtheit ist, läßt sich nur durch denjenigen oder diejenige wirklich beurteilen, der/die beides in ausreichender Weise gegangen ist: den Weg einer Gestalttherapie-Ausbildung und den WEG der ÜBUNG in einer spirituell-meditativen Richtung. (30)

Einflüsse und Prägungen in bezug auf Meditation und Spiritualität erhielt Barry Stevens im Verlauf ihres Lebens von Menschen wie Aldous Huxley, Swami Vivekananda, Al Huang, Shunryu Suzuki-Roshi, und Tarthang Tulku Rinpoche; darüber hinaus insgesamt aus dem Zen-Buddhismus, aus Tai Chi, von den Vorstellungen der Indianer und der Bevölkerung Hawaiis.

Sie beschreibt *Spontaneität* einmal eingebettet in einem Zusammenhang mit Bewußtheit, Absichtslosigkeit, Nicht-Haften und Handeln:

»Sie ist das, was in einer Notfallsituation operiert, und es 'Keine Zeit zum Denken' gibt. Sie ist Beobachtung-Verstehen-Handeln ohne einen Zeitraum des Nachdenkens, der dazwischen geht. ... Die richtige Handlung wird von Moment zu Moment erkannt, wobei die Person sich immer in Übereinstimmung mit dem Geschehen befindet. *Ich* ist nicht präsent – ... Was also ist? Der funkelnde Moment, das in Freiheit sein ohne Gedanken. Nichts Bindendes. Es gibt weder Aktion noch Reaktion. Einfach 'es gibt'. ... Ball trifft Schläger trifft Ball. Der Mensch trifft den Menschen mit der Frische des Nicht-Erinnerns und der Himmel und die Wolken und die Erde sind einfach Teil von allem. Ich schluchze, während ich dies schreibe, und mich erinnere. Kein Ich.« (31)

Eine ähnliche Beschreibung der Einheit von Bewußtheit und Handeln könnte man wahrscheinlich auch in Texten über asiatische Kampfkünste finden. Weit entfernt ist Barry Stevens schließlich auch nicht davon, gehören doch Zen und Tai Chi zu wichtigen Erfahrungen in ihrem Leben. Aber viel bedeutsamer als diese sachlichen Bemerkungen, ist für mich Barry Stevens eigene Berührtheit angesichts ihres Erlebens, angesichts der Welt und ihres Teil-dieser-Welt-seins, mit einer durch ihre Worte durchscheinenden, bescheidenen Klarheit und einer Menschlichkeit, die verbunden ist mit der gesamten Schöpfung.

KÖRPER-BEWUSSTHEIT

Innerhalb der Gestalttherapie gilt Barry Stevens besonderes Augenmerk dem Körper. Sie veröffentlicht einen Aufsatz unter dem Titel *Body work* (32). Nun ist es allerdings nicht unproblematisch im Zusammenhang mit Gestalttherapie von Körperarbeit zu sprechen; schließlich handelt es sich hier um eine *ganzheitliche* Therapie. Es besteht die Gefahr, daß auf diese Weise die Körper-Seele-Geist-Spaltung, die die Gestalttherapie durch ihre ganzheitliche Betrachtung des Menschen gerade überwunden hatte, durch die Hintertür wiedereingeführt wird.

Sprachregelungen sind hierbei nicht unbedeutend. Im Verlauf ihres Artikels macht Barry Stevens klar, daß sie den Körper-Aspekt nicht losgelöst von der Ganzheit des Organismus sieht. *Die primäre Aufmerksamkeit* liegt bei ihrer Arbeitsweise auf dem Körper(-Aspekt des Organismus); – wendet sich jedoch im Rahmen des Gestaltbildungsprozesses die Aufmerksamkeit in eine andere Richtung, sei es zu Gedanken oder Gefühlen, so folgt Barry Stevens dabei ihrem Klienten.

Ich finde es erstaunlich, daß Barry Stevens' Vorstellungen von gestalttherapeutischer Körperarbeit nur wenig Resonanz gefunden haben. In den letzten Jahren konnte ich nur eine Arbeit finden, die direkt Bezug nimmt auf Barry Stevens; und zwar handelt es sich dabei um eine Studie zur Wirkung des Gestalt-Ansatzes auf das Körperbild im Sinne des Bildes vom eigenen Körper (33).

Barry Stevens nennt innerhalb des Artikels ihre Vorgehensweise *body de-controlling,* und macht dabei folgendes deutlich: »Zu lernen, wie ich meinen Körper ent-kontrolliere – nicht nur 'entspanne' – ist einer der Wege, auf dem ich zu einer Art Verstehen des natürlichen Funktionierens gelangen kann und zu einem In-Berührung-kommen damit, wie ich mich in dieses natürliche Funktionieren (störend; D.K.) einmische.« (34)

Barry Stevens *body de-controlling* hat nichts zu tun mit starren Übungen und festen Zielen. Ihr Verhältnis zu ihrer jeweiligen Klientin oder zum jeweiligen Klienten ist nicht hierarchisch, sie hat keine Ziele für den Klienten. Ihre Methode ließe sich im Rahmen von Gestalttherapie-Theorie am ehesten als Experiment und Bewußtheitsübung im Sinne des Bewußtheits-Kontinuums bezeichnen, wobei die Betonung auf der Bewußtheit der Körperprozesse liegt, dort aber nicht bleiben muß.

VERLAUF

Sie selbst spricht auch von *Erforschen:* »Ich bitte die Person, die bereit ist, ihren Körper zu erforschen, sich mit dem Rücken flach auf den Boden zu legen.« Damit beginnt ihre Körperarbeit. Der Klient wird gebeten, die Knie zu heben bis die Fußsohlen flach auf dem Boden stehen. Aber: »Dies ist nur die Anfangsposition, die sich als am besten herausgestellt hat. Du mußt nicht dabei bleiben. Tatsächlich mußt du bei gar nichts bleiben.« (36).

Der Klient wird gefragt, ob es irgendetwas in seinem Körper gibt, das seine Aufmerksamkeit auf sich zieht; oft ist das ein Schmerz, eine Spannung oder ein unangenehmes Gefühl. Er soll damit in Berührung bleiben, und zwar so leicht wie möglich; so daß er ganz leicht weitergehen kann, wenn etwas anderes in seinem Körper seine Aufmerksamkeit zu sich ruft. Manchmal reicht das In-Berührung-kommen mit unangenehmen Körperempfindungen bereits aus, um diese Empfindungen sich auflösen zu lassen.

Geschieht dies nicht, wird der Klient gebeten, bei dieser Empfindung zu bleiben, sich vertrauter mit ihr zu machen bzw. sie zu erforschen und dabei darauf zu achten, ob etwas geschieht oder nicht.

Gibt es keine unangenehmen Empfindungen, Schmerzen o.ä. schlägt Barry Stevens vor: »Schau dich in deinem Körper um, von innen. Fang irgendwo an und gehe irgendwo hin. Mach dieses Erforschen langsam ...« (37).

So lauten die Anweisungen am Anfang der Körperarbeit. Anweisungen, wenn man darunter eher strenge Vorschriften versteht, ist nicht das passende Wort für das, was Barry Stevens macht. Es handelt sich mehr um Vorschläge, die den Bewußtheitsfluß unterstützen sollen.

Sie beschreibt weiter, wie sie verbale Äußerungen des Klienten aufgreift, – also nicht auf der Körperebene bleibt –, und diese in einer Weise vertieft oder stärker ins Bewußtsein hebt, wie es aus gestalttherapeutischer Arbeit bekannt ist. Das Annehmen der Empfindung und das sich ihr so weit wie möglich zu überlassen, spielt dabei eine besondere Rolle. Der Gestaltbildungsprozeß erscheint als Leitlinie. Die Richtung kann zu Bildern oder Gedanken wechseln oder sich erneut dem Körper zuwenden.

Barry Stevens *body work/de-controlling* schließt die organismische Ganzheit nicht durch Beschränkung auf den Körper aus. Denken wird nicht diskriminiert. Isadore Froms Kritik an den »body workern«, daß diese »mit Befehlen auftauchten wie 'geh raus aus dem Kopf und hinein in den Körper', als ob der Kopf nicht Teil des Körpers ist«, wobei Gestalttherapie »mit dem ganzen menschlich-animalischen Organismus in seinem Umwelt-Feld arbeitet, nicht mit Köpfen oder Körpern.«, trifft somit auf Barry Stevens nicht zu. (39)

Es bestehen Verbindungen zwischen ihrer Form der gestalttherapeutischen Körperarbeit und dem Tai Chi, so wie sie es bei Al Huang kennengelernt hat. Genau genommen ist es die Verbindung zu dem, was Al Huang mit Wu Chi bezeichnet: Tai Chi, das der Form vorausgeht. (40)

Manchmal, wenn eine Klientin oder ein Klient sich nicht von störenden Gedanken lösen kann, schlägt sie vor, kurz zum Atem zurückzukehren und dann wieder zu den Gedanken, u.U. mehrere Male. Wichtig ist ihr dabei, daß sich der Klient oder die Klientin nicht unter Druck setzt und antreibt. Allerdings stellt *Aufmerksamkeit auf die Atmung* keine Regel dar. »Ich lenke nicht generell die

Aufmerksamkeit der Person auf ihre Atmung. Wenn das Ent-kontrollieren übernimmt, verändert sich die Atmung der Person, und sie geht oft durch genau so viele Veränderungen wie andere Teile ihres Körpers.« (41)

KRITISCH-WACHSAMER GEIST

Nach ihren leidvollen Erfahrungen mit Fremdprägungen der eigenen Persönlichkeit, mit wirkungsvollen Konditionierungen durch Familie und Gesellschaft, die zu überwinden für Barry Stevens ein oft schwieriger und schmerzhafter Prozeß war, erhält sie sich eine kritische und wachsame Grundhaltung zu dem, was sie selbst erlebt und zu dem, was um sie herum geschieht: »Seit dreißig Jahren oder so habe ich da und dort einmal gehört, daß wir uns auf eine 'Bewußtseins-Evolution' *(conscious evolution)* hin bewegen. Ich hatte einige hochfliegende mystische Gedanken darüber zu der Zeit – Konzepte (Fantasien) darüber, wo wir ankommen würden. Jetzt verstehe ich das Hinbewegen zu einem weiteren Konzept nicht als 'Evolution' – es ist nur das Auswechseln einer Fantasie durch eine neue. Indem ich meinen Geist von allen Fantasien kläre, erlebe ich mich und die Welt in einer anderen Weise, manchmal jenseits meiner eigenen Vorstellungskraft *(believing).*«

Die schnelle Bereitschaft, sich anzupassen und sich an Regeln zu orientieren, speziell in Gruppen, betrachtet Barry Stevens als verhängnisvoll:

»Das Unterscheiden zwischen Denken und Fühlen ist mächtig wegen seiner Genauigkeit. In Encounter-Grupen vor einigen Jahren erlebte ich Menschen, die schnell lernten, daß es in den Gruppen richtig war, Gefühle auszudrücken und falsch, Gedanken auszudrücken. Als Ergebnis sagten die Leute 'Ich fühle...' zu dem, was Denken war, und brachten sich selbst und die anderen noch mehr durcheinander.« (43)

Zum Zeitpunkt der Fertigstellung ihres Artikels body work hat Barry Stevens das von ihr entwickelte de-controlling immer wieder auch mit sich selbst und für sich selbst durchgeführt (44). Entdeckt hatte sie es erstmals 1955, in der Zeit ihrer schweren Krankheit. Damals begannen die Prozesse, die es bei ihr auslöste, ihr Angst zu machen; und so tat sie es für lange Zeit nicht weiter.

ZUM ABSCHLUSS

Gegen Ende der siebziger Jahre erschweren zunehmende gesundheitliche Einschränkungen Barry Stevens Mobilität. Sie unternimmt ein weiteres Buchprojekt: *Burst Out Laughing,* und erlebt die Veröffentlichung im Jahre 1985.

Über Barry Stevens zu schreiben, oder, besser gesagt, über ihre Erfahrungen und ihre Vorstellungen wie sie in ihren Texten zum Ausdruck kommen, bedeutet immer Verwässerung und Verschlechterung der Originale. Barry Stevens

Texte sind komplex, vielschichtig und reich an Aspekten. Oft wechselt sie in kurzem Abstand die Ebenen und wendet sich anderen Seiten des jeweiligen Themas zu. Durch all die Richtungsänderungen hindurch bleibt die Person Barry Stevens in sehr persönlicher Weise spürbar.

Anläßlich ihres Todes schreibt Steve Andreas, früher John O. Stevens, über seine Mutter Barry Stevens: »Sie starb nicht ... in den Herzen und in dem Geist jener, die sie kannten, und die wußten, wie sie aus ihrem Kampf, das Leben zu verstehen, heraus schrieb, wobei sie immer ihr bestes tat, wie wir alle, und, ebenfalls wie wir alle, manchmal herausfand, daß es nicht gut genug war, was sie als Zeichen nahm, weiter zu gehen und es noch einmal zu versuchen ... und noch einmal ...« (45)

Und ? ... Ist es nicht so?

ANMERKUNGEN

(1) Stevens 1970, 67. • (2) Stevens, J.O. 1971. • (3) Stevens 1985. • (4) Andreas 1985, 5. • (5) Stevens 1970; zur weiteren Biographie s.a. Kranz 1998. • (6) Stevens 1985. • (7) Stevens 1985, 1. • (8) Wysong 1986, 74. • (9) Stevens 1970, 266/67. • (10) Stevens J.O. 1975, i. • (11) Stevens J.O. 1975, ii. • (12) Perls 1969b, 322. •
(13) Das englische/amerikanische Wort, das ich mit Bewußtheit übersetze, lautet awareness. In der Regel wird es entweder mit Bewußtheit oder Gewahrsein übersetzt. Ich habe mich für Bewußtheit entschieden, weil dieses Wort im Deutschen am besten den aktiven Aspekt von awareness wiedergibt, nämlich, daß Bewußtheit kein Zustand ist, der einmal »eingeschaltet« wird und dann andauert, sondern daß Bewußtheit von Moment zu Moment neu erschaffen wird, es sich also um eine Art ständigen Erwachens in den jeweiligen Augenblick handelt.
(14) Stevens 1985, 125. • (15) Stevens 1970, 117. • (16) Stevens 1975b, 186ff. • (17) Stevens 1975b, 192. • (18) Stevens 1975a, 182. • (19) Stevens 1975a, 182/83. • (20) Stevens 1970, 63. • (21) Stevens 1970, 35. • (22) Stevens 1975a, 177. • (23) Stevens 1970, 239. • (24) Resnick 1984, 26. • (25) Hycner 1985, 34 + 37. • (26) Resnick 1995, 4 + 8.
(27) Diese Auffassung wird nicht von allen Gestalttherapeuten geteilt. Als Beispiel hier eine Äußerung von Joel Latner: »Ich kann in der Gestalttheorie nichts gegen Interpretieren finden. Die scharfe Kritik richtet sich eher gegen ungesundes Introjizieren. Interpretationen sind wie die anderen Reaktionen, die der Therapeut gegenüber dem Menschen hat, der zur Therapie kommt; von: ob er den neuen Bart oder Haarschnitt mag, bis zu Urteilen über die Qualität der Figurbildung. Sie sind Bestandteil der Begegnung zweier Menschen an der Kontaktgrenze, die Erfahrung von Unterschied. Die Regel – über den Daumen – (weil sie die therapeutische Arbeit fördert), nicht ein Gebot, ist, daß diese Unterschiede durch den Therapeuten nur in dem Ausmaß eingeführt werden, wie der Mensch, der sich in Therapie befindet, den Kontakt auch unterstützen kann.« (Latner 1987, 15).
(28) Stevens 1985, 73. • (29) Stevens 1985, 73.
(30) Dieses Problem geht weit über den Artikel hinaus, ist aber bedeutsam; denn mir scheint, daß es in den letzten Jahren eine Tendenz gibt, zu schnell die Grenzen und Unterschiede zwi-

schen Gestalttherapie und Meditations-Wegen zu verwischen, – gerade in bezug auf Bewußtheit und Transformation. Wir sollten zurückhaltend sein in diesen Fragen. Irrtümer und Täuschungen sind meist schneller in die Welt gesetzt als wieder herausgeschafft.

Dabei kann ein Gestalttherapeut in seinem persönlichen, spirituellen Weg ja durchaus authentisch sein, so wie ich es auch bei Barry Stevens und bei einigen meiner Gestalttherapie-Lehrern erlebt habe. Ich bin dankbar und froh über die Reichhaltigkeit ihrer Persönlichkeiten.

Aber, noch einmal zum Abschluß, vorschnelle Gleichsetzungen von Therapie und meditativ spirituellen Wegen halte ich für sehr problematisch.

(31) Stevens 1985, 27. • (32) Stevens 1975a. • (33) Clance u.a. 1994, 96. • (34) Stevens 1975a, 157. • (35) Stevens 1975a, 157. • (36) Stevens 1975a, 157. • (37) Stevens 1975a, 159. • (38) Stevens 1975a, 160. • (39) From, 1984, 10. • (40) Stevens 1975a, 172 + 178. • (41) Stevens 1975a, 162/63. • (42) Stevens 1975a, 162. • (43) Stevens 1975a, 162. • (44) Stevens 1975a, 173. • (45) Andreas 1985, 5.

LITERATUR

Andreas, S. (1985): Text zum Tode Barry Stevens, Boulder, Col. (unveröffentlicht)

Clance, P.R. u.a. (1994): The Effects of the Gestalt Approach on Body Image. In: The Gestalt Journal, No. 1, 95-114

From, I. (1984): Reflections on Gestalt Therapy. After Thirty-Two Years of Practice. In: The Gestalt Journal, No. 1, 4-12

Huang, A. C. (1973): Lebensschwung durch T'ai Chi. München (1973: Real People Press/1979: O.W. Barth)

Hycner, R.H. (1985): Dialogical Gestalt Therapy. An Initial Proposal. In: The Gestalt Journal, No. 1, 23-49 [dt. (1999) Für eine dialogische Gestalttherapie. In: Doubrawa, E. und F.-M. Staemmler (Hg.): Heilende Beziehung. Dialogische Gestalttherapie. Wuppertal (Edition Gestalt-Institut Köln/GIK Bildungswerkstatt im Peter Hammer Verlag, 53-75)]

Kranz, D. (1998): Barry Stevens – Versuch über ein unregel-mäßiges Leben. In: Gestalttherapie, Heft 2, 3-14, (Edition Humanistische Psychologie)

Latner, J. (1983): This is the Speed of Light. Field and Systems Theories in Gestalt Therapy. In: The Gestalt Journal, No. 2, 71-90

– (1987): Machinery in the Basement. In: The Gestalt Journal, No. 1, 8-17

Perls, F.S. (1969a): Gestalt-Therapie in Aktion. Stuttgart (1969: Real People Press/1976: Klett)

– (1969b): Gestalt-Wahrnehmung. Verworfenes und Wiedergefundenes aus meiner Mülltonne. Frankfurt (1969: Real People Press/1981: W. Flach)

Rawle, M. (1987): The Beginnings. In: The Gestalt Journal, No. 1, 37-40

Resnick, R.W. (1984): Gestalt Therapy East and West. Bi-coastal Dialogue, Debate or Debacle? In: The Gestalt Journal, No. 1, 13-32

– (1995): Gestalt Therapy. Principles, Prisms and Perspectives. Interview by Malcolm Parlett. In: The British Gestalt Journal, No. 1, 3-13

Rogers, C./Stevens, B. (1967): Von Mensch zu Mensch. Möglichkeiten, sich und anderen zu begegnen. Paderborn (1967: Real People Press/1984, 1986: Junfermann) [Neuauflage in Vorbereitung: vgl. Seite 2 dieses Buches]

Stevens, B. (1970): Don't Push the River. Lafayette, Cal. (Real People Press; Neuauflage Anfang der 80er Jahre bei Celestial Arts, Berkeley, Cal.)
– (1975a): Body Work. In: Stevens, J.O., Hrsg.: gestalt is. Moab, Utah, (Real People Press), 157-184 [dt. (1985) Gestalt-Körperarbeit, In: Petzold, H. (Hg.): Die neuen Köpertherapien. Paderborn (1985: Junfermann); Neuveröffentlichung in: Gestaltkritik. Zeitschrift für Gestalttherapie, 2/2000, 18-47; Bezugsanschrift: s.u.]
– (1975b): Voids, Voids, Voids, – Noddings! In: Stevens, J.O., Hrsg., a.a.O., 185-200 [dt. (2000) Das Leben findet nicht im Kopf statt. Gewahrsein als Grundlage der gestalttherapeutischen Haltung. In: Gestaltkritik. Zeitschrift für Gestalttherapie, 1/2000, 42-49; Bezugsanschrift: Gestalt-Institut Köln, Rurstr. 9, 50937 Köln]
– (1985): Burst Out Laughing. Berkeley, Cal. (Celestial Arts)
Stevens, J.O. (1971): Die Kunst der Wahrnehmung. Übungen der Gestalttherapie. München (1971: Real People Press/1975, 91986: Chr. Kaiser)
– Hrsg. (1975): gestalt is. Moab, Utah (Real People Press)
Wysong, J. (1986): Barry Stevens. In Remembrance. In: The Gestalt Journal, No. 1, 71-75

Überarbeitete und erweiterte Fassung eines Artikels von Detlev Kranz, der zuerst unter dem Titel »Barry Stevens. Gestalttherapie, Bewußtheit und Körper« erschienen ist in: Gestaltkritik 1/1999 – Zeitschrift für Gestalttherapie aus dem Gestalt-Institut Köln/GIK Bildungswerkstatt.

Edition Gestalt-Institut Köln / GIK Bildungswerkstatt im Peter Hammer Verlag

Friedrich S. Perls
WAS IST GESTALTTHERAPIE?
Mit einer Einführung von Anke und Erhard Doubrawa

Gestalttherapie an ihren Wurzeln. Einfach und kraftvoll. Immer im Hier und Jetzt. Erlebnis- und erfahrungsbezogen. Denn das, was in der Psychotherapie wirkt, sind neue Erfahrungen und nicht einfach neue Erklärungen. Zum großen Teil erscheinen die hier veröffentlichten Texte von Fritz Perls, dem weltberühmten Mitbegründer der Gestalttherapie, zum ersten Mal in Schriftform: Vorträge, Demonstrationen, ein wirklich außergewöhnliches Interview und schließlich seine autobiographischen Stichworte. Mit seltenen Fotos.

122 Seiten / broschiert / ISBN 3-87294-811-3 / DM 28,80

Lore Perls im Gespräch mit Daniel Rosenblatt
DER WEG ZUR GESTALTTHERAPIE

Dieses Buch macht zum ersten Mal eine Reihe von Gesprächen zugänglich, die Daniel Rosenblatt mit Lore Perls – der Mitbegründerin der Gestalttherapie – führte: Sie erzählt über ihre Kindheit und Jugend, ihre Flucht aus dem Nazi-Deutschland und vor allem über den Weg von der Psychoanalyse zur Gestalttherapie.

139 Seiten / broschiert / ISBN 3-87294-758-3 / DM 19,80

Herausgegeben von Anke und Erhard Doubrawa

Edition Gestalt-Institut Köln / GIK Bildungswerkstatt im Peter Hammer Verlag

James S. Simkin
GESTALTTHERAPIE
Minilektionen für Gruppen und Einzelne

Mit einem neuen Vorwort von Erving Polster

Ein historisches Dokument der Gestalttherapie, von einem der ersten Gestalttherapeuten. Ein kraftvolles Buch, leicht zu lesen, gut verständlich und voll mit Anregungen für die eigene Suche als KlientIn.

128 Seiten / broschiert / ISBN 3-87294-634-X / DM 23,00

Daniel Rosenblatt
GESTALTTHERAPIE FÜR EINSTEIGER
Eine Anleitung zur Selbst-Entdeckung

»Hier erfinde ich, was zwischen dir und mir geschehen könnte, damit du eine Ahnung davon bekommst, wie das Denken und wie die Techniken funktionieren, die womöglich benutzt werden, damit du wachsen, in Berührung mit deinen Gefühlen kommen und versteckte Seiten deiner selbst erforschen kannst, um du selbst zu werden.«

119 Seiten / broschiert / ISBN 3-87294-699-4 / DM 19,80

Herausgegeben von Anke und Erhard Doubrawa

Edition Gestalt-Institut Köln / GIK Bildungswerkstatt im Peter Hammer Verlag

Daniel Rosenblatt

ZWISCHEN MÄNNERN

Gestalttherapie und Homosexualität

Der bekannte amerikanische Gestalttherapeut Daniel Rosenblatt, Schüler und Vertrauter von Lore Perls, der Mitbegründerin der Gestalttherapie, erzählt in seinem sehr persönlichen und lebendigen Buch über seine Erfahrungen aus mehr als 30 Jahren gestalttherapeutischer Arbeit mit schwulen Männern – in der Einzeltherapie und in der Gruppentherapie.

204 Seiten / broschiert / ISBN 3-87294-790-7 / DM 28,80

Stephen Schoen

WENN SONNE UND MOND ZWEIFEL HÄTTEN

Gestalttherapie als spirituelle Suche

Dieses Buch handelt von der spirituellen Dimension des Kontaktes zwischen TherapeutInnen und KlientInnen. »Es könnte für Euch TherapeutInnen und KlientInnen verblüffend sein, wenn Ihr erkennt, daß Ihr in Eurer Therapie immer etwas Spirituelles tut.«

119 Seiten / broschiert / ISBN 3-87294-735-4 / DM 19,80

Herausgegeben von Anke und Erhard Doubrawa

Edition Gestalt-Institut Köln / GIK Bildungswerkstatt im Peter Hammer Verlag

Arnold Beisser
WOZU BRAUCHE ICH FLÜGEL?
Ein Gestalttherapeut betrachtet sein Leben als Gelähmter

Arnold R. Beisser, hatte an der Stanford Universität Medizin studiert und gerade die nationalen Tennismeisterschaften gewonnen, als er im Alter von 25 Jahren an Kinderlähmung erkrankte und fast vollständig gelähmt wurde. In seinem Buch schildert Beisser eindrucksvoll seine Versuche, mit diesem radikalen Einschnitt in sein Leben fertig zu werden.

156 Seiten / broschiert / ISBN 3-87294-774-5 / DM 26,80

Erhard Doubrawa / Stefan Blankertz
EINLADUNG ZUR GESTALTTHERAPIE
Eine Einführung mit Beispielen

Dieses Buch bietet eine leicht verständliche Einführung in die Gestalttherapie; es zeigt, wie Gestalttherapie heilt und für wen diese Therapieform gut ist. In einem erzählenden, sehr persönlichen Stil zeigen die Autoren, wie das zugrundeliegende humanistische Menschenbild der Gestalttherapie ihre Ziele bestimmt: Mündigkeit und seelisches Wachstum der Klientin/des Klienten. Daß Heilung immer aus der dialogischen Praxis resultiert, gehört zu den Grundeinsichten der Gestalttherapie, und es ist die »provokative Einfühlsamkeit« der Therapeutin/des Therapeuten, die Heilungsprozesse in Gang bringt. Zahlreiche Beispiele aus der deutschen Praxis machen das Buch zu einer anschaulichen Einstiegslektüre.

104 Seiten / broschiert / ISBN 3-87294-847-4 / DM 19,80

Herausgegeben von Anke und Erhard Doubrawa

Edition Gestalt-Institut Köln / GIK Bildungswerkstatt im Peter Hammer Verlag

Stefan Blankertz
GESTALT BEGREIFEN
Ein Arbeitsbuch zur Theorie der Gestalttherapie

Dieses Buch will die Frage beantworten, wie gestalttherapeutische Praxis und gesellschaftskritische Theorie miteinander verzahnt sein müssen, damit aus GestalttherapeutInnen nicht AnpassungstechnikerInnen werden. Es ist die Quintessenz aus über 20 Jahren Studien zu Paul Goodman, dem Mitbegründer der Gestalttherapie, 15 Jahren Reflexion therapeutischer Theorie und 10 Jahren Erfahrung in der Ausbildung von GestalttherapeutInnen.
160 Seiten / A 5 / ISBN 3-87294-725-7 / DM 39,80]

Stefan Blankertz
DIE THERAPIE DER GESELLSCHAFT
Perspektiven zur Jahrtausendwende

Das Vorhaben des Autors Stefan Blankertz ist mutig in seiner Zielsetzung, zurückhaltend in der Forderung nach Nutzanwendungen, eindeutig in seiner Grundhaltung zu Moral und Würde. Aus Einsichten von Mystik, Philosophie und Theologie der Vergangenheit Einsichten für heute und morgen gewinnen, Geschichte aus dem Blickwinkel zum Ende des Jahrtausends sehen, führt bei Stefan Blankertz nicht zu neuen Lehrgebäuden, sondern zu provisorischen Gedanken, knappen Argumentationen, Kurzgeschichten mit offenem Ausgang. So schreibt er nicht nur über die Therapie der Gesellschaft, sondern versucht sie auch praktisch voranzutreiben: Denn erst in der eigenen Stellungnahme der Leserinnen und Leser entsteht die wirkliche Einsicht.
226 Seiten / broschiert / ISBN 3-87294-781-8 / DM 29,80

Herausgegeben von Anke und Erhard Doubrawa

Edition Gestalt-Institut Köln / GIK Bildungswerkstatt im Peter Hammer Verlag

Erhard Doubrawa / Frank-M. Staemmler (Hg.)
HEILENDE BEZIEHUNG
Dialogische Gestalttherapie

Die dialogische Philosophie Martin Bubers gehört zu den wichtigsten Quellen der Gestalttherapie. Dieses Buch gibt einen Eindruck von der Person Bubers und befaßt sich eingehend mit jenen Dimensionen der Gestalttherapie, die durch sein Denken maßgeblich beeinflußt wurden. Beiträge von Heik Portele, Gary M. Yontef, Rich Hycner, Lynne Jacobs, Frank-M. Staemmler, Stephen Schoen, Renate Becker, Erhard Doubrawa.
187 Seiten / A 5 / broschiert / ISBN 3-87294-820-2 / DM 38,80

Frank-M. Staemmler und Werner Bock
GANZHEITLICHE VERÄNDERUNG IN DER GESTALTTHERAPIE

Fritz Perls entfaltete sein therapeutisches Können mehr intuitiv als in theoretisch gesichertem Rahmen. Die Autoren dieses Buches folgen einer kritischen Revision der Entwicklung der Gestalttherapie und legen eine neue, systematische Beschreibung vor. Ein Buch, das aus mehr als einem Viertel Jahrhundert der praktischen und theoretischen Beschäftigung mit Gestalttherapie erwachsen ist.
140 Seiten / A5 / broschiert / ISBN 3-87294-780 / DM 38,80

Herausgegeben von Anke und Erhard Doubrawa

Edition Gestalt-Institut Köln / GIK Bildungswerkstatt im Peter Hammer Verlag

Gordon Wheeler / Stephanie Backman (Hg.)
GESTALTTHERAPIE MIT PAAREN
International anerkannte PraktikerInnen der Gestalttherapie berichten über ihre Arbeit mit Paaren und gehen dabei auf wesentliche Themen wie Intimität, Scham und das Geben und Nehmen in Paarbeziehungen ein. Sie nehmen verschiedene Klientengruppen in den Blick und berichten u. a. über die therapeutische Arbeit mit heterosexuellen, schwulen und lesbischen Paaren, mit wiederverheirateten Paaren und mit Traumaüberlebenden und Mißbrauchsopfern. Ein Buch, nicht nur für TherapeutInnen, sondern ganz ausdrücklich auch für Interessierte und Betroffene.
376 Seiten / A 5 / broschiert / ISBN 3-87294-835-0 / DM 49,80

Herausgegeben von Anke und Erhard Doubrawa

Gestalttherapie

Workshops, Gruppen, Beratung, Aus- und Weiterbildung
für Menschen mit professionellem Weiterbildungsinteresse und für alle,
die persönliche Wachstumswünsche haben.

Ausbildung

Nächste **Gestalttherapie-Aus- und Weiterbildung:** Termin bitte erfragen.

Zeitschrift

Gestaltkritik: Die Gestalttherapie-Zeitschrift mit dem jeweils aktuellen
Programm des Gestalt-Instituts Köln / GIK Bildungswerkstatt
Themenschwerpunkte:
Gestalttherapie – Gesellschaft – Spiritualität
Für Zeitschrift und Programm bitte DM 5,-
in Briefmarken beifügen.

Audiokassetten

Vorträge und Gespräche aus unseren »Werkstätten« und denen
unserer Freunde u. a. mit Stefan Blankertz, Lore Perls, Daniel Rosenblatt
und Stephen Schoen.

Gestalttherapie im Internet: Artikel aus der »Gestaltkritik«,
Leseproben aus unseren Büchern und unser aktuelles Veranstaltungsprogramm

gik Gestalt Institut Köln Bildungswerkstatt

Gestalt-Institut Köln/GIK Bildungswerkstatt
Institutsleitung: Erhard Doubrawa
Staatlich anerkannte Einrichtung der Weiterbildung
Rurstraße 9 · 50937 Köln (Nähe Uniklinik)